MATHEMATICS

张荣华　蓝云波　编著

数学高考经典
排列组合与概率统计

中国科学技术大学出版社

内 容 简 介

本书是"数学高考经典"系列图书的一本分册,涵盖了排列组合与概率统计这一高考重要板块的所有内容.每节由知识梳理、例题精讲、考题回放、参考答案组成.每道试题均选自历年高考真题,并且基本都有相应地由易到难的变式.对高考中重要的问题尽可能一网打尽,并对经典问题做了较为细致的研究,以便读者通过训练,达到举一反三、触类旁通的效果.

本书展现了四十多年高考数学的演变过程,脉络清晰,具有指导性、实战性、资料性和工具性,是高中生高考数学备考的首选资料,也为广大教师、教研人员的备课与研习提供了宝贵的第一手资料.

图书在版编目(CIP)数据

数学高考经典:排列组合与概率统计/张荣华,蓝云波编著.—合肥:中国科学技术大学出版社,2022.9

ISBN 978-7-312-05495-2

Ⅰ.数…　Ⅱ.①张…②蓝…　Ⅲ.中学数学课—高中—升学参考资料　Ⅳ.G634.605

中国版本图书馆 CIP 数据核字(2022)第 123299 号

数学高考经典:排列组合与概率统计

SHUXUE GAOKAO JINGDIAN: PAILIE ZUHE YU GAILÜ TONGJI

出版	中国科学技术大学出版社
	安徽省合肥市金寨路 96 号,230026
	http://press.ustc.edu.cn
	https://zgkxjsdxcbs.tmall.com
印刷	合肥华苑印刷包装有限公司
发行	中国科学技术大学出版社
开本	787 mm×1092 mm　1/16
印张	21.5
字数	468 千
版次	2022 年 9 月第 1 版
印次	2022 年 9 月第 1 次印刷
印数	1—4000 册
定价	58.00 元

序

高考真题是最好的高考备考资料,是研究高考必不可少的第一手资料,具有不可替代的参考价值.

高考真题都是精雕细磨的产物,渗透着命题人的意图与要求,体现了命题人对课程的研究把握,反映了命题人对考试内容的深思熟虑、对设问和答案的准确拿捏、对学生水平的客观判断.研究这些试题,就如同和命题人对话.当你真正把这些试题研究通透,临考时对试卷就绝无陌生感,并会触类旁通.

本系列图书通过整理研究 1978 年以来的所有高考数学真题,筛选出具有代表性的经典试题,作了科学合理的分类与分析.各册图书按高考中的重要知识点分章节进行编写,每节由知识梳理、例题精讲、考题回放、参考答案四部分组成.对于历年高考中形成的经典专题,特别用一章的篇幅加以详尽分析与论述,这部分内容也是本系列图书的一大亮点,为广大学生的学习备考、广大教师的教学均提供了方便.书中每节所选的试题均是经过精挑细选的.对于年代较为久远的试题,选择的原则是,既要保证符合目前高考的要求,试题的风格也要尽可能符合现今的高考方向.对于以往高考要求掌握而现今高考不要求掌握的内容和相关试题均不选用.因此,本书对现今高考具有极高的备考价值.本系列图书最大的特色是通过题组变式,体现高考中试题的继承、发展与变迁.通过研究可以发现,很多试题虽然早就出现过,但并未随时间流逝而湮没,反而愈发焕发出生机与活力.下面请看几组题目,由此可以感受到研究历年真题对于广大师生的重要意义.

例1 (2020 全国Ⅰ卷·文 21/理 20) 已知 A,B 分别为椭圆 $E:\dfrac{x^2}{a^2}+y^2=1(a>1)$ 的左、右顶点,G 为 E 的上顶点,$\overrightarrow{AG}\cdot\overrightarrow{GB}=8$,$P$ 为直线 $x=6$ 上的动点,PA 与 E 的另一个交点为 C,PB 与 E 的另一个交点为 D.

(1) 求 E 的方程;

(2) 证明:直线 CD 过定点.

变式 1(2010 江苏卷·文理 18) 如图 1 所示,在平面直角坐标系 xOy 中,已知椭圆 $\dfrac{x^2}{9}+\dfrac{y^2}{5}=1$ 的左、右顶点为 A,B,右焦点为 F.设过点 $T(t,m)$ 的直线 TA,TB 与椭圆分别交于点 $M(x_1,y_1)$,$N(x_2,y_2)$,其中 $m>0$,$y_1>0$,$y_2<0$.设 $t=9$,证明:直线 MN 必过 x 轴上的一定点(其坐标与 m 无关).

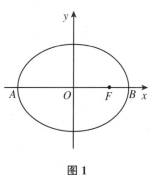

图 1

例2 (2019 全国Ⅱ卷·理 21) 已知 $A(-2,0)$，$B(2,0)$，$M(x,y)$ 为坐标系内任意一点，且满足直线 MA 和 MB 的斜率之积为 $-\dfrac{1}{2}$，设 M 的轨迹为曲线 C.

(1) 求曲线 C 的方程，并说明 C 表示什么曲线；

(2) 过坐标原点的直线交 C 于 P，Q 两点，点 P 在第一象限，$PE \perp x$ 轴，垂足为 E，连接 QE 并延长交椭圆 C 于点 G，证明：$\triangle PQG$ 为直角三角形.

变式 1(2011 江苏卷·文理 18) 如图 2 所示，在平面直角坐标系 xOy 中，M，N 分别是椭圆 $\dfrac{x^2}{4}+\dfrac{y^2}{2}=1$ 的顶点，过坐标原点的直线交椭圆于 P，A 两点，其中 P 在第一象限，过 P 作 x 轴的垂线，垂足为 C，连接 AC，并延长交椭圆于点 B，设直线 PA 的斜率为 k. 对任意 $k>0$，证明：$PA \perp PB$.

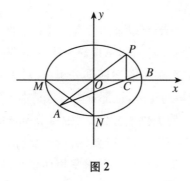

图 2

例3 (2018 全国Ⅰ卷·理 21) 已知函数 $f(x)=\dfrac{1}{x}-x+a\ln x$.

(1) 讨论 $f(x)$ 的单调性；

(2) 若 $f(x)$ 存在两个极值点 x_1，x_2，证明：$\dfrac{f(x_1)-f(x_2)}{x_1-x_2}<a-2$.

变式 1(2011 湖南卷·文 21) 设函数 $f(x)=x-\dfrac{1}{x}-a\ln x$.

(1) 讨论 $f(x)$ 的单调性；

(2) 若 $f(x)$ 有两个极值点 x_1，x_2，记过点 $A(x_1,f(x_1))$，$B(x_2,f(x_2))$ 的直线的斜率为 k，问：是否存在 a，使得 $k=2-a$？若存在，求出 a 的值；若不存在，请说明理由.

例4 (2018 全国Ⅰ卷·文 12) 设函数 $f(x)=\begin{cases} 2^{-x}, & x\leqslant 0, \\ 1, & x>0, \end{cases}$ 则满足 $f(x+1)<f(2x)$ 的 x 的取值范围是（　　）.

  A. $(-\infty,-1]$ B. $(0,+\infty)$ C. $(-1,0)$ D. $(-\infty,0)$

变式 1(2010 江苏卷·文理 11) 已知函数 $f(x)=\begin{cases} x^2+1, & x\geqslant 0, \\ 1, & x<0, \end{cases}$ 则满足不等式 $f(1-x^2)<f(2x)$ 的 x 的取值范围是_____.

通过以上几组试题,我们明显可以感受到,近几年的很多试题与往年的很多试题都具有形似且神似的特点.由此,我们也更加明确出版本系列图书的价值所在.

通过综合统筹,数学高考经典系列图书将分 6 册出版,分别为《函数与导数》《数列与不等式》《三角函数、平面向量与复数》《立体几何》《解析几何》《排列组合与概率统计》.

本系列图书特别适合准备参加高考的所有考生、备战在高考一线的教师阅读,对在读师范生与初等数学爱好者也有较高的参考价值.

由于时间仓促、工作量大,加之水平有限,书中存在不足之处在所难免,敬请广大读者批评指正(作者邮箱:winner-230@163.com;QQ 群号码:618097188).

张荣华

2021 年 6 月

前　　言

不知不觉间,经过我们的不懈努力,"数学高考经典"丛书的第五分册《数学高考经典:排列组合与概率统计》将要与读者朋友们见面了.这离我们完成这套丛书的全部编写目标也越来越近了,我们将一如既往地高质量完成后续的编写工作,为一直关心与支持我们的读者朋友们贡献我们的全部力量.

随着高考命题的深入开展与新课标的实施,概率统计综合问题越来越受到广大师生的关注与重视.这主要是因为近几年高考中对概率统计的考查越来越灵活,阅读量与难度较大的试题不断涌现,造成概率统计综合问题的得分率偏低,甚至在好多年份的高考试题中概率统计综合问题的得分率比导数综合压轴问题还低,这给广大考生的备考造成了很大困扰.加之市面上概率统计方面的专题书籍很少,好的更是寥若晨星,这也给广大考生的复习备考带来了很大的不便,广大考生备考概率统计模块时的焦虑感也越来越强.为了解决这个问题,我们精心编写了本书,希望能为广大考生解决这一令人棘手的问题,并指明概率统计综合问题的高考复习备考方向.

从近几年高考的考情来看,概率统计综合问题的题号位置飘忽不定,既有较为基础的送分题,也有难度适中的中档题,还有对考生造成极大恐慌的压轴题.不少试题的阅读量与信息量较大,情景较为陌生,干扰因素较多,知识交叉较强,题型千变万化.这些都对广大考生的备考造成了很大的困难,甚至有一部分考生已经达到了谈概率统计色变的地步.细细分析出现这些问题的原因,主要有考生对概率统计的基本概念与原理理解不够到位,对排列组合知识合理运用的掌握不够灵活熟练,对概率统计的各种基本题型不够熟悉,教师对概率统计的教学普遍存在经验主义与教条主义,不能与时俱进,等等.针对以上这些情况,我们在编写本书时,把主要的注意力放在了如何深化读者对概率统计的基本概念的理解上,同时对概率统计的核心主干知识与各种题型做了较为细致的分类归纳与总结.特别对概率统计中的超几何分布、二项分布与正态分布这三大概率分布做了极为细致的分析与研究.对概率统计中三大概率分布问题,我们从历年高考真题中遴选出了所有值得研究的高质量试题,并进行了系统的归类与剖析,帮助读者奠定解决概率统计综合问题的基础.对于近年来较为热门的比赛与闯关问题、概率决策问题、概率统计综合问题等经典专题,我们在第5章中进行了详细论述,以提高读者解决概率统计综合问题的能力,希望读者在打好基础之上,不断挑战自我,突破难点.

本书的编写延续了之前的一贯体例,每节均由知识梳理、例题精讲、考题回放、参考答案四部分组成,读过前几本分册的读者应该非常清楚.同时,我们在写作本书时,增加了点评文字,这些点评有些是从解题技巧的角度加以剖析的;有些则是从试题命题的视角进行剖析的;还有些则是从命题的背景立意方面剖析的.这些都对读者具有较大的帮助,希望读者认真用心体会,不能为了做题而做题.阅读本书时,读者应在独立思考并尝试解答的基础上再看解析,这样才能触及问题的本质,达到事半功倍的效果,这一点读者是特别需要明白的.第5章是本书的精华部分,对读者的数学素养有一定要求,希望读者不要畏难怕苦,要克服困难,迎难而上,进而不断提高自己的解题能力与数学素养.

下面谈谈本书的一些特色:

(1) 本书的写作十分注重选题的代表性.选题时不排斥任何年份的高考真题,只要试题具有足够的代表性,又能符合当前的高考考情,均会作为例题或练习收录.很多人认为,早期的高考试题与当前的高考风格格格不入,已经不具有参考价值,只做近几年的高考真题即可.其实,只要读者翻阅一下历年高考试题,就会清楚这是十分武断的.本书的编写尤其注重经典问题的形成与发展变化过程.对较为热门的题型与方法,尽可能做了详尽的分析与研究.高考中的经典问题从开始涌现到成为经典,往往需要一定的时间与过程.对于特别经典的问题,基本上囊括了所有的高考相关试题,比如非线性回归分析问题、概率与数列交汇问题、概率与函数交汇问题.通过研究可发现,高考中的经典问题常会在一段时间后再次以不同的面貌回归.当然对目前高考不考查的内容,在编写的过程中也完全舍弃了,使本书特别适合师生备考之用.

(2) 本书注重读者的数学核心素养的培养,特别关注数学思想方法的形成;对于重要的内容,分门别类加以剖析.编写时,特别注重试题的各种变式,每类变式试题按由易到难的顺序加以编排.同时通过对问题的多角度的深入分析,尽量使读者能够达到"会一题通一类"的效果.

(3) 关注高考中形成的经典问题,为此专门在本书第5章中设置了9个专题加以剖析.这些经典专题是高考试题中的瑰宝,放射出迷人的光辉.这些专题往往也是高考中的高频热门题型,应引起读者的足够重视,基本上囊括了历年高考中的所有相关精华试题.因此,这些专题具有很强的参考价值,相信一定会对读者有所裨益.在新一轮高考改革后,高考题型千变万化,对本专题的学习与研究,不应过度套路化、模式化,以至于僵化了自己的数学思维,这一点是特别需要指出的.

最后,我们要感谢中国科学技术大学出版社的各位编辑为出版本书所作出的努力,感谢他们的辛勤付出,使得我们能有与读者进行交流的机会.感谢读者朋友们的鼓励与鞭策,使我们在写作时充满信心,并对图书的编写不断完善与改进,不敢辜负读者的期望.正是在大家的鼓励与帮助下,本书才能有机会呈现在读者的面前.由于时间和水平所限,书中存在错漏之处在所难免,恳请大家批评指正,以便再版时订正.

蓝云波

2022 年 6 月于兴宁市第一中学

目　　录

第 1 章 计 数 原 理

1.1 排列与组合

知识梳理

1．分类计数原理与分步计数原理

（1）完成一件事有 n 类办法，各类办法相互独立，每类办法中又有多种不同的方法，则完成这件事的不同方法数是各类不同方法数的和，这就是分类计数原理．

（2）完成一件事，需要分成 n 个步骤，每一步的完成有多种不同的方法，则完成这件事的不同方法数是各步骤的不同方法数的乘积，这就是分步计数原理．

2．分类计数原理与分步计数原理的区别

分类计数原理与分步计数原理都涉及完成一件事的不同方法的种数．它们的区别在于：分类计数原理与分类有关，各种方法相互独立，用其中任一种方法都可以完成这件事；分步计数原理与分步有关，各个步骤相互依存，只有各个步骤都完成了，这件事才算完成．

3．排列

（1）定义：从 n 个不同元素中取出 $m(m \leqslant n)$ 个元素，按照确定的顺序排成一列，叫作从 n 个不同元素中取出 m 个元素的一个排列．

（2）排列数定义：从 n 个不同元素中取出 $m(m \leqslant n)$ 个元素的所有排列的个数，叫作从 n 个不同元素中取出 m 个元素的排列数，用 A_n^m 表示．

（3）排列数公式：$A_n^m = n(n-1)\cdots(n-m+1)$．

（4）全排列：n 个不同元素全部取出的一个排列，叫作 n 个不同元素的一个全排列，即

$$A_n^n = n \cdot (n-1) \cdot \cdots \cdot 3 \cdot 2 \cdot 1 = n!.$$

于是，排列数公式写成阶乘形式为 $A_n^m = \dfrac{n!}{(n-m)!}$．其中，约定 $0! = 1$．

4．组合

（1）定义：从 n 个不同元素中取出 $m(m \leqslant n)$ 个元素并成一组，叫作从 n 个不同元素中取出 m 个元素的一个组合．

（2）组合数定义：从 n 个不同元素中取出 $m(m \leqslant n)$ 个元素的所有不同组合的个数，叫作从 n 个不同元素中取出 m 个元素的组合数，用 C_n^m 表示.

（3）计算公式：

$$C_n^m = \frac{n(n-1)\cdots(n-m+1)}{m(m-1)\cdots 1} = \frac{n!}{m!(n-m)!}.$$

由于 $0! = 1$，故 $C_n^0 = 1$.

5. 组合数的性质

（1）$C_n^m = C_n^{n-m}$；

（2）$C_{n+1}^m = C_n^m + C_n^{m-1}$.

例题精讲

例 1 （2020 新高考全国 II 卷·6） 3 名大学生利用假期到 2 个山村参加扶贫工作，每名大学生只去 1 个村，每个村至少 1 人，则不同的分配方案共有（ ）.

A. 4 种   B. 5 种   C. 6 种   D. 8 种

解析 要安排 3 名学生到 2 个山村做志愿者，每名学生只能选择去 1 个村，每个村里至少有 1 名志愿者，则不同的安排方法共有 $C_3^2 C_1^1 A_2^2 = 6$.故选项 C 正确.

点评 对于所有元素都需分配出去的问题，一般使用先分组后分配的方法进行处理，将 3 个人分成两组，每组至少 1 人的分组方法有 $C_3^2 C_1^1$ 种，由于两组的人数不相同，不用乘以排列数 A_2^2.

变式 1（2021 全国 I 卷·理 6） 将 5 名北京冬奥会志愿者分配到花样滑冰、短道速滑、冰球和冰壶 4 个项目进行培训，每名志愿者只分配 1 个项目，每个项目至少分配 1 名志愿者，则不同的分配方案共有（ ）.

A. 60 种   B. 120 种   C. 240 种   D. 480 种

解析 5 名志愿者分成 4 组，有 $\frac{C_5^2 C_3^1 C_2^1 C_1^1}{A_3^3} = C_5^2$ 种方法，然后 4 组进行全排列，有 A_4^4 种，因此共有 $C_5^2 A_4^4 = 240$ 种.故选项 C 正确.

点评 将 5 个人分成 4 组，每组至少 1 人，每组的人数分别为 2,1,1,1,与上一题不一样的是，这里分组时有 3 组的人数是一样的，因此分组时要除以 A_3^3.这一点特别要注意！

变式 2（2007 海南、宁夏卷·理 16） 某校安排 5 个班级到 4 个工厂进行社会实践，每个班级去 1 个工厂，每个工厂至少安排 1 个班级，不同的安排方法共有 ＿＿＿＿＿＿ 种.（用数字作答）

解析 可先把 5 个班级分成 4 组，每组至少 1 人，然后再分配到 4 个工厂，因此共有 $\frac{C_5^2 C_3^1 C_2^1 C_1^1}{A_3^3} \times A_4^4 = 240$ 种安排方法.

点评　本题与上一题如出一辙,连数据与答案都是一样的,仅仅是试题的情景不一样.这表明,对高考中的经典问题,我们要做到心中有数,触类旁通.

变式3(2017全国Ⅱ卷·理6)　安排3名志愿者完成4项工作,每人至少完成1项,每项工作由1人完成,则不同的安排方式有(　　).

A. 12种　　　　B. 18种　　　　C. 24种　　　　D. 36种

解析　可以先把4项工作分组3组,每组至少1项,然后再分配给3人,因此满足题意的不同的安排方法有 $\dfrac{C_4^2 C_2^1 C_1^1}{A_2^2} \times A_3^3 = 36$.故选项D正确.

点评　与前三题相比,本题更灵活,因为本题不是对人进行分组,而是对工作先进行分组,再分配给人,对数学原理的理解起到决定性的作用.

例2　(2017天津卷·理14)　用数字1,2,3,4,5,6,7,8,9组成没有重复数字,且至多有1个数字是偶数的四位数,这样的四位数一共有_____个.(用数字作答)

解析　将数字1,2,3,4,5,6,7,8,9分成1,3,5,7,9和2,4,6,8两组,没有重复数字且至多有1个数字是偶数的四位数共有 $A_5^4 + C_4^1 C_5^3 A_4^4 = 1080$.

点评　对于部分元素的分配问题,一般采用先选后排法.至多有1个数字是偶数的没有重复的四位数包含两种情形,即没有1个是偶数的四位数,或只有1个是偶数的四位数.没有1个是偶数的情形,可以直接从5个奇数中选出4个排成一列,即有 A_5^4 种;而只有1个是偶数的四位数,则第一步可以先选元素,共有 $C_4^1 C_5^3$ 种方法,第二步再把4个元素排成一列,有 A_4^4 种方法,根据乘法原理,一共有 $C_4^1 C_5^3 A_4^4$ 种方法.最后再利用加法原理实现问题的求解.

变式1(2018浙江卷·16)　从1,3,5,7,9中任取2个数字,从0,2,4,6中任取2个数字,一共可以组成_____个没有重复数字的四位数.(用数字作答)

解析　若不取数字0,则组成 $(C_5^2 C_3^2) \times A_4^4 = 720$ 个数字;若取数字0,则组成 $C_5^2 C_3^1 C_3^1 A_3^3 = 540$ 个数字.所以共有 $720 + 540 = 1260$ 个数字.

点评　由于0比较特殊,不能排在四位数的第一位,因此可以采用分类加法原理,分不含0的情形和含0的情形,然后再利用先选后排法进行求解.计算含0的情形时,在选好元素后,应先排千位,再排其余位.

变式2(2013山东卷·理10)　用0,1,…,9十个数字,可以组成有重复数字的三位数的个数为(　　).

A. 243　　　　B. 252　　　　C. 261　　　　D. 279

解析　所有的三位数个数为 $9 \times 10 \times 10 = 900$.没有重复数字的三位数有 $C_9^1 A_9^2 = 648$,所以有重复数字的三位数的个数为 $900 - 648 = 252$.故选项B正确.

点评　本题采用间接法,通过计算出没有重复数字的情形,再用所有的三位数的个数减去没有重复数字的三位数的个数,实现问题的求解.这是排列组合中一种很常用的方法,特别适合正面解决较为困难,或直接计算情形较多种的相关问题.

变式3(2016 四川卷·理4) 用数字 1,2,3,4,5 组成没有重复数字的五位数,其中奇数的个数为( ).

A. 24 B. 48 C. 60 D. 72

解析 由题意,要组成没有重复的五位奇数,则个位数应该为 1,3,5,其他位置共有 A_4^4,所以其中奇数的个数为 $3A_4^4 = 72$.故选项 D 正确.

点评 本题采用的是特殊位置优先法,由于个位比较特殊,要排奇数,故可先排个位,再排其余位.

变式4(2015 四川卷·理6) 用数字 0,1,2,3,4,5 组成没有重复数字的五位数,其中比 40000 大的偶数共有( ).

A. 144 个 B. 120 个 C. 96 个 D. 72 个

解析 若末位数字为 0,则首位数字为 4 或 5,共有 $C_2^1 A_4^3 = 48$ 个;若末位数字为 2,则首位数字为 4 或 5,共有 $C_2^1 A_4^3 = 48$ 个;若末位数字为 4,则首位数字为 5,共有 $A_4^3 = 24$ 个.因此满足条件的数共有 120 个.故选项 B 正确.

点评 本题在前几题的基础上,加入比某数大的限制条件,因此可采用对首位进行分类的方法,转化为之前的问题,在求解时,同样要注意特殊位置优先排列的原则.

变式5(2007 全国 Ⅱ 卷·理10) 从 5 位同学中选派 4 位同学在星期五、星期六、星期日参加公益活动,每人一天,要求星期五有 2 人参加,星期六、星期日各有 1 人参加,则不同的选派方法共有( ).

A. 40 种 B. 60 种 C. 100 种 D. 120 种

解析 (解法1)先在 5 人中任选 2 人参加星期五的公益活动,有 $C_5^2 = 10$ 种选派方法,再在剩余的 3 个中选 2 人分别参加星期六、星期日的公益活动,有 $A_3^2 = 6$ 种选派方法,由分步计数原理可得不同的选派方法共有 $10 \times 6 = 60$ 种.故选项 B 正确.

(解法2)从 5 位同学中选 4 位同学参加公益活动,共有 C_5^4 种方法,再从所选的这 4 位同学中选 2 人安排到星期五参加公益活动,有 C_4^2 种方法,最后把所选的剩余的 2 位同学安排到星期六、星期日参加公益活动,有 A_2^2 种方法,由分步乘法计数原理知满足条件的方法共有 $C_5^4 C_4^2 A_2^2 = 60$ 种,故选项 B 正确.

点评 解法1直接从 5 人中进行安排活动,而解法2则使用了先选后排法.

例3 (2020 上海卷·9) 从 6 个人挑选 4 个人去值班,每人值班一天,第一天安排 1 个人,第二天安排 1 个人,第三天安排 2 个人,则共有 _____ 种安排情况.

解析 根据题意,可得排法共有 $C_6^1 C_5^1 C_4^2 = 180$ 种.

点评 本题直接考查了分步乘法计数原理与组合数公式的计算,较为直接,难度不大.

变式1(2017 浙江卷·文理 16) 从 6 男 2 女共 8 名学生中选出队长 1 人,副队长 1 人,普通队员 2 人,组成 4 人服务队,要求服务队中至少有 1 名女生,共有_____种不同的选法.(用数字作答)

解析 (解法 1)从 8 名学生中选出 4 名学生,至少有 1 名女生的方法有 $C_2^1 C_6^3 + C_2^2 C_6^2$ 种,再从这 4 名学生选出队长 1 人,副队长 1 人,普通队员 2 人组成服务队,有 $C_4^1 C_3^1 C_2^2$ 种方法,则满足题意的选法有 $(C_2^1 C_6^3 + C_2^2 C_6^2) C_4^1 C_3^1 C_2^2 = 660$ 种.

(解法 2)由题意可得,总的选择方法为 $C_8^4 \times C_4^1 \times C_3^1$,其中不满足题意的选法有 $C_6^4 \times C_4^1 \times C_3^1$ 种,则满足题意的选法有 $C_8^4 \times C_4^1 \times C_3^1 - C_6^4 \times C_4^1 \times C_3^1 = 660$ 种.

点评 解法 1 使用了先选成员后安排职务的方法,较为直接,直抵问题的核心,而解法 2 则使用了排除法,先把服务队的组成确定下来,再把没有女生的情况排除.

变式2(2013 重庆卷·理 13) 从 3 名骨科、4 名脑外科和 5 名内科医生中,选派 5 人组成一个抗震救灾医疗小组,则骨科、脑外科和内科医生都至少有 1 人的选派方法种数是_____.(用数字作答)

解析 按各类医生的人数比,可分为两类:人数比为 3 : 1 : 1 和 2 : 2 : 1;则人数为 $C_3^3 C_4^1 C_5^1 + C_3^1 C_4^3 C_5^1 + C_3^1 C_4^1 C_5^3, C_3^1 C_4^2 C_5^2 + C_3^2 C_4^1 C_5^2 + C_3^2 C_4^2 C_5^1$.故总数为 590.

点评 本题可先确定各类型的医生人数再选医生,进而实现问题的求解.

变式3(2018 全国Ⅰ卷·理 15) 从 2 位女生,4 位男生中选 3 人参加科技比赛,且至少有 1 位女生入选,则不同的选法共有_____种.(用数字作答)

解析 (解法 1)第一种情况,有 1 位女生入选,则有 $C_2^1 C_4^2 = 2 \times 6 = 12$ 种选法;第二种情况,有 2 位女生入选,则有 $C_2^2 C_4^1 = 1 \times 4 = 4$ 种选法.由分类计数原理,共 $12 + 4 = 16$ 种选法.

(解法 2)没有女生入选的选法有 $C_4^3 = 4$ 种,因此至少有 1 位女生入选的选法有 $C_6^3 - C_4^3 = 20 - 4 = 16$ 种.

点评 解法 1 使用了直接法,通过分类讨论实现问题的求解,而解法 2 使用了排除法,难度不大.

变式4(2009 海南/宁夏卷·理 15) 7 名志愿者中安排 6 人在周六、周日两天参加社区公益活动.若每天安排 3 人,则不同的安排方案共有_____种.(用数字作答)

解析 从 7 名志愿者中选择 3 人参加周六的社区公益活动,有 $C_7^3 = 35$ 种安排方法,再在剩下的 4 人中选择 3 人参加周日的社区公益活动,有 $C_4^3 = 4$ 种安排方法.由分步计数原理可得不同的安排方案共有 $35 \times 4 = 140$ 种.

点评 本题直接安排周六、周日的人员即可,没有其他特别的要求,因此较为简单.

例4 (2019 全国Ⅲ卷·文 3) 2 位男同学和 2 位女同学随机排成一列,则 2 位女同学相邻的概率是( ).

A. $\dfrac{1}{6}$ B. $\dfrac{1}{4}$ C. $\dfrac{1}{3}$ D. $\dfrac{1}{2}$

解析 用捆绑法将2个女生捆绑在一起作为一个整体进行排列,有 $A_3^3 A_2^2 = 12$ 种排法,而4个人全排列有 $A_4^4 = 24$ 种排法,利用古典概型求概率的原理得 $P = \dfrac{12}{24} = \dfrac{1}{2}$.故选项D正确.

点评 相邻问题一般取用捆绑法,把相邻的元素看作一个整体与其他元素进行排列,还要注意相邻元素内部之间的排列.

变式1(2014 四川卷·理6) 6个人从左至右排成一行,最左端只能排甲或乙,最右端不能排甲,则不同的排法共有( ).

A. 192 种   B. 216 种   C. 240 种   D. 288 种

解析 若甲排最左端,有 $A_5^5 = 120$ 种排法;若乙排最左端,有 $C_4^1 A_4^4 = 96$ 种排法,故共有216种排法,故选项B正确.

点评 本题使用了特殊位置优先法,先把最左端的位置排好,然后再排其他位置.排最左端的时候,又分为甲在最左端与乙在最左端两种情形.因为甲在最左端时,其余位置无论怎么排,甲都不可能在最右端了,而乙在最左端时,甲是有可能排在最右端的,所以要分开讨论.

变式2(2013 浙江卷·理14) 将 A,B,C,D,E,F 六个字母排成一排,且 A,B 均在 C 的同侧,则不同的排法共有_____种.(用数字作答)

解析 先考虑 A,B 均在 C 的左侧的情况,C 的左侧有 2 人,3 人,4 人,5 人,故满足 A,B 均在 C 的左侧的排法有 $A_2^2 A_3^3 + C_3^1 A_3^3 A_2^2 + C_3^2 A_4^4 + A_5^5 = 240$ 种.根据对称性 A,B 均在 C 的右侧的排法也有 240 种,故一共有 480 种排法.

点评 本题充分利用对称性,转化为研究 A,B 均在 C 的左侧的情形,A,B 均在 C 的左侧又分为 C 的左侧有 2 人,3 人,4 人,5 人的情形,本题充分使用了分类加法计数原理.

变式3(2013 全国大纲卷·理14) 6个人排成一行,其中甲、乙两人不相邻的不同排法共有_____种.(用数字作答)

解析 可使用插空法.第一步先排甲、乙之外的其他 4 人,有 A_4^4 种方法;第二步,已经先排好的 4 人产生 5 个空位,选择 2 个空位来排甲和乙,有 A_5^2 种方法.因此,不同排法一共有 $A_4^4 A_5^2 = 480$ 种.

点评 不相邻问题一般使用插空法,注意要先排无特别要求的元素,再排要求不相邻的元素,这一过程不能相反,否则会造成错误.

变式4(2022 新高考 II 卷·5) 有甲、乙、丙、丁、戊 5 名同学站成一排参加文艺汇演,若甲不站在两端,丙和丁相邻的不同排列方式有多少种( ).

A. 12种　　　　B. 24种　　　　C. 36种　　　　D. 48种

（解）（析）因为丙、丁要在一起,先把丙、丁捆绑,看作一个元素,连同乙、戊看成三个元素排列,有3!种排列方式;为使甲不在两端,必须且只需甲在此三个元素的中间两个位置任选一个位置插入,有2种插空方式;注意到丙、丁两人的顺序可交换,有2种排列方式,故安排这5名同学共有3!×2×2=24种不同的排列方式.故选项B正确.

点评　本题综合考查了捆绑法与插空法,是一道较为灵活的排列组合试题.通过分析,可先利用捆绑法处理丙和丁,再用插空法安排甲,最后利用排列组合与计数原理即可得到答案.难度比较适中.

例5 (2021 全国Ⅱ卷·文10)　将3个1和2个0随机排成一行,则2个0不相邻的概率为(　　).

A. 0.3　　　　B. 0.5　　　　C. 0.6　　　　D. 0.8

（解）（析）将3个1和2个0随机排成一行的方法可以是00111,01011,01101,01110,10011,10101,10110,11001,11010,11100,共10种排法.其中,2个0不相邻的排列方法可以是01011,01101,01110,10101,10110,11010,共6种方法.因此满足题意的概率为$\frac{6}{10}=0.6$,故选项C正确.

点评　本题部分元素相同,直接安排较为困难,可采用列举法,这也是排列组合中较为重要的方法,希望能引起读者足够的重视.

变式1(2014 辽宁卷·理6)　6把椅子摆成一排,3人随机就座,任何两人不相邻的坐法种数为(　　).

A. 144　　　　B. 120　　　　C. 72　　　　D. 24

（解）（析）(解法1)若将6把椅子排成序号为1,2,3,4,5,6,则3人可以坐在1,3,5;或1,3,6;或1,4,6;或2,4,6这四类不同的位置,因此坐法种数为$4A_3^3=24$.故选项D正确.

(解法2)3把空椅子之间形成4个空位,可以在这4个空位中选出3个空位排这3人(可以看作每人都带着1把椅子),有$A_4^3=24$种方法.

点评　解法1使用了列举法,较为直观,而解法2则使用了插空法,直抵问题的核心.

变式2(2000 上海卷·文理10)　有红、黄、蓝三种颜色的旗帜各3面,在每种颜色的3面旗帜上分别标上号码1,2,3.现任取3面旗帜,它们的颜色与号码均不相同的概率是_____.

（解）（析）从9面旗帜中随机取出3面,有C_9^3种方法.满足题意的取法可这样计算:从红色旗帜中随机取出1面,有3种方法;再从黄色旗帜中取出1面异于红色旗帜的数字的旗帜,有2种方法;最后从蓝色旗帜中取出1面异于红色与黄色旗帜数字的旗帜,有1种方法.

因此所求事件的概率为 $p = \dfrac{3 \times 2 \times 1}{C_9^3} = \dfrac{1}{14}$.

点评 本题以古典概型考查了基本的排列组合问题,本题也可以使用列举法求解,读者可自行尝试.

变式3(2006 江苏卷·13) 今有 2 个红球,3 个黄球,4 个白球,同色球不加以区分,将这 9 个球排成一列有_____种不同的方法.(用数字作答)

解析 由题意可知,因同色球不加以区分,实际上是一个组合问题,故共有 $C_9^4 C_5^2 C_3^3 = 1260$ 种排法.

点评 分步计数原理与分类计数原理是排列组合中解决问题的重要手段,也是基础方法,在高中数学中,只有这两个原理,尤其是分类计数原理与分类讨论有很多相通之处,当遇到比较复杂的问题时,用分类的方法可以有效化简问题,达到求解的目的.

例6(2008 全国卷·理12) 如图 1.1 所示,一环形花坛分成 A,B,C,D 四块,现有 4 种不同的花可供选种,要求在每块里种 1 种花,且相邻的 2 块种不同的花,则不同的种法总数为( ).

图 1.1   A. 96   B. 84   C. 60   D. 48

解析 第一步,先安排好 A、D 两块,共有 $A_4^2 = 12$ 种种法;第二步,分情况安排 B、C 两块,若选择剩下的 2 种花,则有 $A_2^2 = 2$ 种种法;若从第一步 A,D 中用的花中选 1 种,剩下的 2 种花中选 1 种,则有 $C_2^1 \cdot C_2^1 = 4$ 种;若全用第一步 A、D 中用的花,有 1 种种法.于是共有 $A_4^2 \times (A_2^2 + C_2^1 C_2^1 + 1) = 84$ 种种法.故选项 B 正确.

点评 本题虽然表面上不是涂色问题,但本质上是一致的,只不过背景略有不同而已.由于所种的花是不一样的,故可按所种花的不同进行分类讨论,进而实现问题的求解.

变式1(2003 旧课程卷·文理16) 如图 1.2 所示,一个地区分为 5 个行政区域,现给地图着色,要求相邻地区不得使用同一颜色,现有 4 种颜色可供选择,则不同的着色方法共有_____种.(以数字作答)

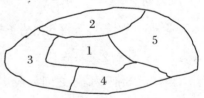

图 1.2

解析 (解法1)以颜色为主分类计数,按颜色的多少分两类.第一类用 3 种不同颜色时,若区域 2、4 同色,区域 3、5 也必同色,则共有 A_4^3 种;第二类用 4 种不同颜色时,若区域 2、4 同色有 A_4^4 种,若区域 3、5 同色有 A_4^4 种,故 4 种颜色时共有 $2A_4^4$ 种.由加法原理得不同的涂色方法共有 $A_4^3 + 2A_4^4 = 72$ 种.

(解法2)以不相邻区域为主分类计数,可分两类涂色:第一类,当区域 2、4 同色时,区域 1 有 4 种,区域 2 有 3 种,区域 3 有 2 种,区域 5 有 2 种,故共有 $4 \times 3 \times 2 \times 2 = 48$ 种;第二类,当区域 2、4 不同色时,区域 1 有 4 种,区域 2 有 3 种,区域 3 有 2 种,区域 5 有 1 种,区域 4 有 1 种,故共有 $4 \times 3 \times 2 \times 1 \times 1 = 24$ 种.由加法原理得不同的涂色方法共有 $48 + 24 = 72$ 种.

(解法3)捆绑法,以颜色为主分类计数,因为相邻最多的区域3、1、5或区域2、1、4不同色,故可将间隔开的区域3、5或区域2、4捆绑涂成同色,第一类用4种不同颜色时,有$2A_4^4$种;第二类用3种不同颜色时,先选色有C_4^3种,后染色有A_3^3种.故不同的涂色方法数共有$2A_4^4 + C_4^3 A_3^3 = 72$种.

点评 解法1以涂色的颜色数量为依托进行分类讨论,是一种较为常见的分类方法.解法2则以区域2、4是否为同色进行分类,这是涂色过程中自然产生的讨论,因为在涂完区域1、2、5后,区域2、4的颜色是否同色决定着区域3的涂色方法.而解法3则使用了捆绑法,令人耳目一新.

变式2(2003 新课程卷·15) 某城市在中心广场建造一个花圃,花圃分为6个部分(图1.3).现要栽种4种不同颜色的花,每部分栽种1种且相邻部分不能栽种同样颜色的花,则不同的栽种方法有_____种.(以数字作答)

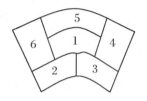

图1.3

解析 (解法1)依题意只能选用4种颜色,可分为以下四类:

(1) 2与5同色,4与6同色,则有A_4^4种染法;

(2) 3与5同色,4与6同色,则有A_4^4种染法;

(3) 2与5同色,3与6同色,则有A_4^4种染法;

(4) 3与5同色,2与4同色,则有A_4^4种染法;

(5) 2与4同色,3与6同色,则有A_4^4种染法.

所以根据加法原理得染色方法的总数为$5A_4^4 = 120$(种).

(解法2)区域模型转为模式结构图,如图1.4所示.

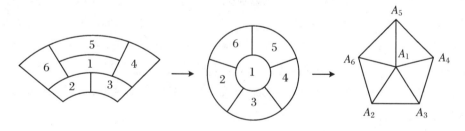

图1.4

以区域为主分步计数(从相邻颜色最多的区域开始(最大相邻原则)),分4步涂色:第一步先涂1,有4种;第二步再涂2(与1不同色),有3种;第三步涂3(与1,2不同色),有2种,此时只剩1种颜色染4、5、6,不相邻点可同色,则有$1×2×1+1×(1×1+1×2)=5$种.由乘法原理得染色方法共有$4×3×2×5 = 120$种.

(解法3)以颜色为主分步计数,第一步先涂A_1,有4种;第二步从剩余5个点中再选1个点染色,有$3×C_5^1 = 15$种;第三步剩余4个点两两重色的方案是唯一的,用剩余的2种颜色染有 2 种染法. 由乘法原理得染色方法共有 $4 \times 15 \times 2 = 120$ 种.

点评 上题拓展如下: 设一个圆分成 $P_1, P_2, \cdots, P_n$, 共 n 个扇形, 用 m 种不同的颜色对这 n 个扇形涂色 ($m \geq 3, n \geq 3$), 每个扇形涂 1 种颜色, 相邻扇形涂不同颜色, 如图 1.5 所示, 共有多少种不同的涂色方法?

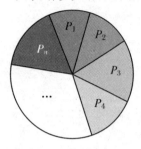

图 1.5

设 a_n 为符合要求的对 n 个扇形的涂色方法, 对扇形 P_1 有 m 种涂色方法, 扇形 P_2 有 $m-1$ 种涂色方法, 扇形 P_3 有 $m-1$ 种涂色方法······扇形 P_n 有 $m-1$ 种涂色方法. 于是, 共有 $m(m-1)^{n-1}$ 种不同的涂色方法. 但是 $a_n \neq m(m-1)^{n-1}$, 因为这种涂色方法可能出现 P_1 与 P_n 涂色相同的情形, 这是不符合题意的, 因此, 答案应从 $m(m-1)^{n-1}$ 中减去这些不符合题意的涂色方法. 那么, 这些不符合题意的涂色方法又怎样计算呢? 这时, 把 P_1 与 P_n 看作一个扇形, 其涂色方法相当于用 m 种颜色对 $n-1$ 个扇形涂色(这种转换思维相当巧妙), 不同的涂色方法有 a_{n-1} 种, 于是有 $a_n = m(m-1)^{n-1} - a_{n-1}(n \geq 3)$. 显然 $a_3 = m(m-1)(m-2)$, 上述的式子就是数列的递推公式, 由此, 我们就可以推导出 a_n 的通项公式为 $a_n = (m-1)^n - (-1)^n(m-1)(n \geq 3)$. 令 $n = 5, m = 3$, 即得答案为 $C_4^1 a_5 = 120$.

变式 3(2007 天津卷·理 16) 如图 1.6 所示, 用 6 种不同的颜色给图中的 4 个格子涂色, 每个格子涂 1 种颜色, 要求相邻的两个格子颜色不同, 且两端的格子的颜色也不同, 则不同的涂色方法共有_____种.(用数字作答)

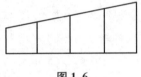

图 1.6

解析 分为 3 种颜色和 2 种颜色, 即 $3A_6^3 + A_6^2 = 390$.

点评 本题以"四色问题"为基点, 考查排列组合的知识和方法. 四色问题是世界近代三大数学难题之一. 四色猜想于 1852 年提出, 当时毕业于伦敦大学的弗南西斯·格思里来到一家科研单位进行地图着色工作时, 发现了一种有趣的现象: "看来, 每幅地图都可以用 4 种颜色着色, 使得有共同边界的国家着上不同的颜色."

"四色问题"是名副其实的超级难题, 虽然已经得到计算机的证明, 但其逻辑证明至今还有众多的数学爱好者在不懈地寻求"改其头, 换其面"的"四色问题", 在考试中也屡见不鲜.

例7 (1993 全国卷·文理 17) 将数字 1, 2, 3, 4 填入标号为 1, 2, 3, 4 的 4 个方格里, 每格填一个数字, 则每个方格的标号与所填的数字均不相同的填法有( ).

A. 6 种   B. 9 种   C. 12 种   D. 23 种

解析 设 4 人分别标为 a, b, c, d, 写的卡片分别标为 A, B, C, D, 由于每个人都要拿别人写的卡片, 即不能拿自己写的卡片, 故 a 有 3 种拿法, 不妨设 a 拿了 B, 则 b 可以拿剩下 3 张中的任一张, 也有 3 种拿法, c 和 d 只能有 1 种拿法, 所以共有 $3 \times 3 \times 1 \times 1 = 9$ 种分配方式. 此时问题相当于"装错信封问题"$n = 4$ 时的情形, 对应有 $D_4 = 9$ 种方法. 故选项 B 正确.

点评 本题以装错信封问题为背景考查了计数问题,只要前2人的卡片发下去了,后面2人就唯一确定.对此问题感兴趣的读者,可参考变式题后面的背景知识.

变式1(2008 全国 I 卷·文 12) 将 1,2,3 填入 3×3 的方格中,要求每行、每列都没有重复数字,图 1.7 是 1 种填法,则不同的填写方法共有( ).

1	2	3
3	1	2
2	3	1

A. 6 种   B. 12 种   C. 24 种   D. 48 种

图 1.7

解析 根据题意,先排第一列,即将 1,2,3 作全排列,共有 A_3^3 种排法;再排第二列,此时问题相当于"装错信封问题"$n=3$ 时的情形,对应有 $D_3=2$ 种方法.当第一、第二排确定后,第三排就确定了,因此不同的排列方法共有 $A_3^3 \cdot D_3 = 12$ 种.故选项 A 正确.

点评 本题在排好第一排之后,即转化为"装错信封问题"$n=3$ 时的情形.

变式2(2012 全国 II 卷·理 11) 将字母 a,a,b,b,c,c 排成三行两列,要求每行的字母互不相同,每列的字母也互不相同,则不同的排列方法共有( ).

A. 12 种   B. 18 种   C. 24 种   D. 36 种

解析 根据题意,先排第一列,即将 a,b,c 作全排列,共有 A_3^3 种排法;再排第二列,此时问题相当于"装错信封问题"$n=3$ 时的情形,对应有 $D_3=2$ 种方法.因此不同的排列方法共有 $A_3^3 \cdot D_3 = 12$ 种.故选项 A 正确.

点评 在本题中,只要排好第一列,剩下的元素显然就只有一种排法了.

变式3(2012 天津卷·理 10) 如图 1.8 所示,用 4 种不同颜色给图中的 A,B,C,D,E,F 六个点涂色,要求每个点涂 1 种颜色,且图中每条线段的两个端点涂不同颜色.则不同的涂色方法共有( ).

A. 288 种   B. 264 种

C. 240 种   D. 168 种

图 1.8

解析 (解法1)第一步,先给 A,D,E 三点涂色,共有 $A_4^3=24$ 种方法;第二步,给 B,F,C 三点涂色,此时需分类:若不用第 4 种颜色,相当于"装错信封问题"$n=3$ 时的情形,对应有 $D_3=2$ 种涂法;若用到第 4 种颜色,则还需从 A,D,E 三点涂好的颜色中选择 2 种,共 $C_3^2=3$ 种,不妨设 D 点的颜色不再用,则第 4 种颜色若涂在 C 处,相当于"装错信封问题"$n=2$ 时的情形,对应有 $D_2=1$ 种涂法,若不在 C 处,相当于"装错信封问题"$n=3$ 时的情形,对应有 $D_3=2$ 种涂法.综上所述,不同的涂色方法共有 $A_4^3 \times \left[D_3 + C_3^2(D_2 + D_3)\right] = 264$ 种.故选项 B 正确.

(解法2)分三类:(1) B,D,E,F 用 4 种颜色,则有 $A_4^4 \times 1 \times 1 = 24$ 种方法.

(2) B,D,E,F 用 3 种颜色,则有 $A_4^3 \times 2 \times 2 \times 1 + A_4^2 \times 2 \times 1 \times 1 = 192$ 种方法.

(3) B,D,E,F 用 2 种颜色,则有 $A_4^2 \times 2 \times 2 = 48$ 种方法.

所以不同的涂色方法共有 $24+192+48=264$ 种.

点评 本题是一道难度较大的涂色问题,解法 1 在涂完 A,D,E 三点后,不用第 4 种颜色与用第 4 种颜色的两种情形,都可化为"装错信封问题".而解法 2 通过对 B,D,E,F 的涂色颜色种类进行分类,最终也实现了问题的求解.

变式 4(2004 湖北卷·文 11/理 14) 将标号为 $1,2,\cdots,10$ 的 10 个球放入标号为 $1,2,\cdots,10$ 的 10 个盒子里,每个盒内放 1 个球,恰好 3 个球的标号与其所在盒子的标号不一致的放入方法共有( )种.

  A. 120   B. 240   C. 360   D. 720

解析 先将 7 按相应编号放入盒子,有 C_{10}^7 种方法,余下的问题相当于"装错信封问题" $n=3$ 时的情形,对应有 $D_3=2$ 种方法.因此,不同的排列方法共有 $C_{10}^7 \times D_3=240$ 种.故选项 B 正确.

点评 本题在确定好 7 个球的标号与 7 个盒子的标号对应后,剩下的问题显然就是一个经典的"装错信封问题" $n=3$ 时的情形.

装错信封问题的背景知识简介:

上述的几个问题,实质上是一样的,是被著名数学家欧拉称为"装错信封题"的特例.18 世纪的数学家丹尼尔·伯努利提出了这样一个问题: n 个人写了 n 封信,并且写了 n 个对应的信封,这个人随机将这 n 封信分别装入这 n 个信封,问都装错的情况有多少种?

伯努利只是提出了这个问题,但他并没有解决这个问题,后来,欧拉对此问题产生了兴趣,他称其为"组合数论的一个妙题",并在与伯努利毫无联系的情况下,独自解出了这道难题,给出了"装错信封问题"一劳永逸的答案:

设 n 个信封都装错的情况数为 D_n,则

$$D_n = n!\left[\frac{1}{0!} - \frac{1}{1!} + \frac{1}{2!} - \frac{1}{3!} + \cdots + \frac{(-1)^{n-1}}{(n-1)!} + \frac{(-1)^n}{n!}\right].$$

由此得 $D_1=0, D_2=1, D_3=2, D_4=9, D_5=44$.这些结论在解题中非常有用.

例8(1990 全国卷·理 14) 以一个正方体的顶点为顶点的四面体共有( ).

  A. 70 个   B. 64 个   C. 58 个   D. 52 个

解析 从正方体 8 个顶点中每次取 4 点,可构成 C_8^4 个四面体,但 6 个表面和 6 个对角面的 4 个顶点共面都不能构成四面体,所以四面体共有 $C_8^4-6-6=58$ 个.故选项 C 正确.

点评 本题以正方体为背景考查了组合问题,可使用排除法实现问题的求解.

变式 1(1997 全国卷·理 15) 四面体的顶点和各棱中点共 10 个点,在其中取 4 个不共面的点,不同的取法共有( ).

  A. 150 种   B. 147 种   C. 144 种   D. 141 种

解析 10 个点中任取 4 个点共 C_{10}^4 种取法.其中 4 点共面的有 3 种情形:① 在四面

体的 4 个面上,每面内 4 点共面的情况为 C_6^4,4 个面共有 $4C_6^4$ 个;② 过空间四边形各边中点的平行四边形共 3 个;③ 过棱上三点与对棱中点的三角形共 6 个.所以 4 点不共面的种数为 $C_{10}^4 - 4C_6^4 - 3 - 6 = 141$.故选项 D 正确.

点评　本题以四面体为背景考查了组合问题,同样可使用排除法实现问题的求解,只不过需要排除的情形更多,难度也就更大一些.

变式 2(1997 全国卷·文 15)　四面体的一个顶点为 A,从其他顶点与各棱的中点中取 3 个点,使它们和点 A 在同一平面上,不同的取法有(　　).

A. 30 种　　　B. 33 种　　　C. 36 种　　　D. 39 种

解析　只能在点 A 所在的 3 个平面上取点,而每个平面上有 5 个不同于点 A 的点,故不同的取法有 $3C_5^3 = 30$ 种.从点 A 所在的 3 条棱与其对棱的中点取 3 点共 3 种,所以不同的取法共有 $30 + 3 = 33$ 种.故选项 B 正确.

点评　前面两题试题考查的是 4 点不共面的计数问题,本题考查的则是 4 点共面问题,故直接求解即可.

变式 3(2002 旧课程卷·文 12/理 11)　从正方体的 6 个面中选取 3 个面,其中有 2 个面不相邻的选法共有(　　).

A. 8 种　　　B. 12 种　　　C. 16 种　　　D. 20 种

解析　(解法 1)直接法.6 个面只有相邻或相对两种位置关系,先从 3 对对面中取 1 对对面,再从余下 4 个面中选 1 个面即可.因此不相邻的选法共有 $3 \times 4 = 12$ 种.故选项 B 正确.

(解法 2)间接法.先从 6 个面中任选 3 个,再减去 3 个面共点的 8 个面,因此不相邻的选法共有 $C_6^3 - 8 = 12$ 种.故选项 B 正确.

点评　解法 1 使用了直接法,合理分步是解题的关键,而解法 2 则使用了排除法,把不合题意的情形排除掉即可.

考题回放

1. (2014 全国大纲卷·文 7/理 5)有 6 名男医生,5 名女医生,从中选出 2 名男医生,1 名女医生组成一个医疗小组,则不同的选法共有(　　).

A. 60 种　　　B. 70 种　　　C. 75 种　　　D. 150 种

2. (1991 全国卷·文 10/理 9)从 4 台甲型和 5 台乙型电视机中任意取出 3 台,其中至少要有甲型与乙型电视机各 1 台,则不同的取法共有(　　).

A. 140 种　　　B. 84 种　　　C. 70 种　　　D. 35 种

3. (1994 全国卷·文理 10)有甲、乙、丙三项任务,甲需 2 人承担,乙、丙各需 1 人承担.从 10 人中选派 4 人承担这三项任务,不同的选法共有(　　).

A. 1260 种　　　B. 2025 种　　　C. 2520 种　　　D. 5040 种

4. (2002 北京卷·理 9)12 名学生分别到 3 个不同的路口进行车流量的调查,若每个路口 4 名学生,则不同的分配方案共有(   ).

A. $C_{12}^4 C_8^4 C_4^4$ 种

B. $3C_{12}^4 C_8^4 C_4^4$ 种

C. $C_{12}^4 C_8^4 A_3^3$ 种

D. $\dfrac{C_{12}^4 C_8^4 C_4^4}{A_3^3}$ 种

5. (2021 全国 II 卷·理 10)将 4 个 1 和 2 个 0 随机排成一行,则 2 个 0 不相邻的概率为(   ).

A. $\dfrac{1}{3}$ B. $\dfrac{2}{5}$ C. $\dfrac{2}{3}$ D. $\dfrac{4}{5}$

6. (2008 湖北卷·理 6)将 5 名志愿者分配到 3 个不同的奥运场馆参加接待工作,每个场馆至少分配 1 名志愿者的方案种数为(   ).

A. 540   B. 300   C. 180   D. 150

7. (2020 山东卷·3)6 名同学到甲、乙、丙三个场馆做志愿者,每名同学只去一个场馆,甲场馆安排 1 名,乙场馆安排 2 名,丙场馆安排 3 名,则不同的安排方法共有(   ).

A. 120 种   B. 90 种   C. 60 种   D. 30 种

8. (2002 北京卷·文 9)5 本不同的书,全部分给 4 个学生,每个学生至少 1 本,不同分法的种数为(   ).

A. 480   B. 240   C. 120   D. 96

9. (1998 全国卷·文 10)2 名医生和 4 名护士被分配到 2 所学校为学生体检,每校分配 1 名医生和 2 名护士.不同的分配方法共有(   ).

A. 6 种   B. 12 种   C. 18 种   D. 24 种

10. (2016 全国 II 卷·理 5)如图 1.9 所示,小明从街道的 E 处出发,先到 F 处与小红汇合,再一起到位于 G 处的老年公寓参加志愿者活动,则小明到老年公寓可以选择的最短路径条数为(   ).

A. 24   B. 18   C. 12   D. 9

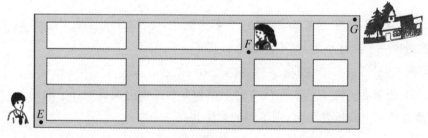

图 1.9

11. (2006 天津卷·理 5)将 4 个颜色互不相同的球全部放入编号为 1 和 2 的两个盒子里,使得放入每个盒子里的球的个数不小于该盒子的编号,则不同的放球方法有(   ).

A. 10 种　　　　B. 20 种　　　　C. 36 种　　　　D. 52 种

12. (2004 辽宁卷·文理 12)有两排座位,前排 11 个座位,后排 12 个座位,现安排 2 人就座,规定前排中间的 3 个座位不能坐,并且这 2 人不左右相邻,那么不同的排法种数是(　　).

A. 234　　　　B. 346　　　　C. 350　　　　D. 363

13. (1996 全国卷·文 5)6 名同学排成一排,其中甲、乙两人必须排在一起的不同排法有(　　).

A. 120 种　　　　B. 360 种　　　　C. 240 种　　　　D. 120 种

14. (1990 全国卷·理 13)A,B,C,D,E 五人并排站成一排,如果 A,B 必须相邻且 B 在 A 的右边,那么不同的排法共有(　　).

A. 60 种　　　　B. 48 种　　　　C. 36 种　　　　D. 24 种

15. (2014 四川卷·理 6)6 个人从左至右排成一行,最左端只能排甲或乙,最右端不能排甲,则不同的排法共有(　　).

A. 192 种　　　　B. 216 种　　　　C. 240 种　　　　D. 288 种

16. (2007 北京卷·理 5)记者要为 5 名志愿者和他们帮助的 2 位老人拍照,要求排成一排,2 位老人相邻但不排在两端,不同的排法共有(　　).

A. 1440 种　　　　B. 960 种　　　　C. 720 种　　　　D. 480 种

17. (2007 北京卷·文)某城市的汽车牌照号码由 2 个英文字母后接 4 个数字组成,其中 4 个数字互不相同的牌照号码共有(　　)个.

A. $(C_{26}^1)^2 A_{10}^4$　　　　　　　　B. $A_{26}^2 A_{10}^4$

C. $(C_{26}^1)^2 10^4$　　　　　　　　D. $A_{26}^2 A^4$

18. (2007 福建卷·文 12)某通讯公司推出一组手机卡号码,卡号的前七位数字固定,从"×××××××0000"到"×××××××9999"共 10000 个号码.公司规定:凡卡号的后 4 位带有数字"4"或"7"的一律作为"优惠卡",则这组号码中"优惠卡"的个数为(　　).

A. 2000　　　　B. 4096　　　　C. 5904　　　　D. 8320

19. (2003 北京卷·文 9/理 8)从黄瓜、白菜、油菜、扁豆 4 种蔬菜品种中选出 3 种,分别种在不同土质的 3 块土地上,其中黄瓜必须种植,不同的种植方法共有(　　).

A. 24 种　　　　B. 18 种　　　　C. 12 种　　　　D. 6 种

20. (2013 四川卷·理 8)从 1,3,5,7,9 这 5 个数中,每次取出两个不同的数分别为 a,b,共可得到 $\lg a - \lg b$ 的不同值的个数是(　　).

A. 9　　　　B. 10　　　　C. 18　　　　D. 20

21. (1989 全国卷·理 12)由数字 1,2,3,4,5 组成没有重复数字的五位数,其中小于 50000 的偶数共有(　　).

A. 60 个　　　　B. 48 个　　　　C. 36 个　　　　D. 24 个

22. (2004 天津卷·理16)从 1,3,5,7 中任取 2 个数字,从 0,2,4,6,8 中任取 2 个数字,组成没有重复数字的四位数,其中能被 5 整除的四位数共有_____个.(用数字作答)

23. (2015 上海卷·文10/理8)在报名的 3 名男教师和 6 名女教师中,选取 5 人参加义务献血,要求男、女教师都有,则不同的选取分式的种数为_____.(用数字作答)

24. (2006 湖北卷·理14)某工程队有 6 项工程需要单独完成,其中工程乙必须在工程甲完成后才能进行,工程丙必须在工程乙完成后才能进行,有工程丁必须在工程丙完成后立即进行.那么安排这 6 项工程的不同排法种数是_____.(用数字作答)

25. (1995 全国卷·文理20)4 个不同的小球放入编号为 1,2,3,4 的 4 个盒中,则恰有 1 个空盒的放法共有_____种.(用数字作答)

26. (2000 旧课程卷·文理13)乒乓球队的 10 名队员中有 3 名主力队员,派 5 名参加比赛,3 名主力队员要安排在第一、第三、第五位置,其余 7 名队员选 2 名安排在第二、第四位置,那么不同的出场安排共有_____种.(用数字作答)

27. (1999 全国卷·文理16)在一块并排 10 垄的田地中,选择 2 垄分别种植 A、B 两种作物,每种作物种植 1 垄,为有利于作物生长,要求 A、B 两种作物的间隔不小于 6 垄,则不同的选垄方法共有_____种.(用数字作答)

28. (2011 湖北卷·理15)给 n 个自上而下相连的正方形着黑色或白色.当 $n \leqslant 4$ 时,在所有不同的着色方案中,黑色正方形互不相邻的着色方案如图 1.10 所示.由此推断,当 $n = 6$ 时,黑色正方形互不相邻的着色方案共有_____种,至少有两个黑色正方形相邻的着色方案共有_____种.(用数字作答)

29. (2008 重庆卷·文16)某人有 3 种颜色的灯泡(每种颜色的灯泡足够多),要在如图 1.11 所示的 6 个点 A、B、C、A_1、B_1、C_1 上各安装 1 个灯泡,要求同一条线段两端的灯泡不同色,则不同的安装方法共有_____种.(用数字作答)

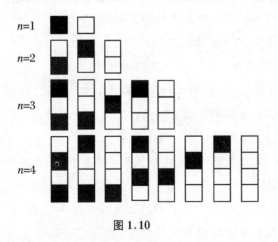

图 1.10

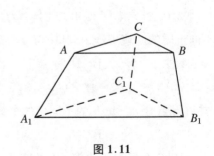

图 1.11

参考答案

1. 第一步,先从 6 名男医生中选出 2 名男医生,有 $C_6^2=15$ 种选法;第二步,从 5 名女医生中选出 1 名,有 $C_5^1=5$ 种选法.因此,根据分步计数原理可知,选出 2 名男医生,1 名女医生组成一个医疗小组的不同选法,共有 $C_6^2 C_5^1=15\times 5=75$.故选项 C 正确.

2. (解法 1)直接法.不同取法有 $\dfrac{C_4^1 C_5^1 C_7^1}{2}=70$.故选项 C 正确.

(解法 2)间接法. $C_9^3-C_4^3-C_5^3=70$.故选项 C 正确.

3. 由分步计数原理,得不同的选法共有 $C_{10}^2 C_8^1 C_7^1=2520$ 种.故选项 C 正确.

4. 3 个路口依次分配 4 个同学,共有 $C_{12}^4 C_8^4 C_4^4$ 种分配方法.故选项 A 正确.

5. (解法 1)4 个 1 和 2 个 0 随机排成一行,共有 $\dfrac{A_6^6}{A_4^4 A_2^2}$ 种排法(另解 $C_6^2=15$);2 个 0 不相邻,先将 4 个 1 全排列,再用插空法将 2 个 0 放入,共有 $C_5^2=10$ 种排法.因此 2 个 0 不相邻的概率为 $\dfrac{10}{15}=\dfrac{2}{3}$.故选项 C 正确.

(解法 2)(相同元素的排列)将 4 个 1 和 2 个 0 安排在 6 个位置:只需要选择 2 个位置安排 0 即可,共有 C_6^2 种排法;将 4 个 1 排列成一列,2 个 0 不相邻共有 5 个位置安排 2 个 0,共有 C_5^2 种排法;所以 2 个 0 不相邻的概率为 $P=\dfrac{C_5^2}{C_6^2}=\dfrac{2}{3}$.故选项 C 正确.

6. 将 5 人分成 3 组,有 1,1,3;1,2,2 两种情形.当分组为 1,1,3 时,有 C_5^3 种分组方法,分配到 3 个不同的奥运场馆有 A_3^3 种方法,即共有 $C_5^3 A_3^3$ 种分配方案;当分组为 1,2,2 时,有 $\dfrac{C_5^2 C_3^2}{A_2^2}$ 种分组方法,分配到 3 个不同的奥运场馆有 A_3^3 种方法,即共有 $\dfrac{C_5^2 C_3^2}{A_2^2} A_3^3$ 种分配方案.

综上可得,每个场馆至少分配 1 名志愿者的方案种数为 $C_5^3 A_3^3+\dfrac{C_5^2 C_3^2}{A_2^2} A_3^3=150$.故选项 D 正确.

7. 因为每名同学只去 1 个场馆,甲场馆安排 1 名,乙场馆安排 2 名,丙场馆安排 3 名,所以甲场馆从 6 人中挑 1 人有 $C_6^1=6$ 种结果;乙场馆从余下的 5 人中挑 2 人有 $C_5^2=10$ 种结果;余下的 3 人去丙场馆.因此共有 $6\times 10=60$ 种安排方法.故选项 C 正确.

8. 先从 5 本书中任取 2 本作为 1 份,余下 3 本作为 3 份,4 份分给 4 个人的不同分法种数为 $C_5^2 A_4^4=240$.故选项 B 正确.

9. 根据分步计数原理,共有 $C_4^2 C_2^2 A_2^2=12$ 种不同的分配方法.故选项 B 正确.

10. 由题意,$E\rightarrow F$ 有 $C_4^2=6$ 种走法,$F\rightarrow G$ 有 $C_3^1=3$ 种走法.由乘法原理知,共 $6\times 3=18$ 种走法.故选项 B 正确.

11. 根据题意分两类:一类先从 4 个小球中取 1 个放进 1 号盒子,其他 3 个放进 2 号盒子,再根据分步计数原理得 $C_4^1 C_3^3$ 种方法;另一类是将 4 个小球中取 2 个放进 1 号盒子,其他 2 个放进 2 号盒子,根据分步计数原理得 $C_4^2 C_2^2$ 种方法.因此,由分类计数原理得共有 $C_4^1 C_3^3 + C_4^2 C_2^2 = 10$ 种方法.故选项 A 正确.

12. 间接法.不同排法的种数共有 $A_{20}^2 - 2A_{13}^1 A_2^2 - A_{11}^1 A_2^2 = 346$.故选项 B 正确.

13. 根据题意,甲、乙两人捆绑在一起,不同排法有 $A_5^5 A_2^2 = 240$ 种.故选项 C 正确.

14. 将 5 人全排,B 站在 A 左边或者右边有两种情况,因此排法有 $\dfrac{A_5^5}{2} = 60$ 种.故选项 A 正确.

15. 若甲排在最左端,则有 $A_5^5 = 120$ 种排法;若乙排在最左端,则有 $C_4^1 A_4^4 = 96$ 种排法.因此共有 $120 + 96 = 216$ 种排法.故选项 B 正确.

16. 5 名志愿者先排成一排,有 A_5^5 种方法,2 位老人作为一组插入其中,且 2 位老人有左、右顺序,则共有 $2 \times 4 \times A_5^5 = 960$ 种不同的排法.故选项 B 正确.

17. 某城市的汽车牌照号码由 2 个英文字母后接 4 个数字组成,其中 4 个数字互不相同的牌照号码共有 $(C_{26}^1)^2 A_{10}^4$ 个,故选项 A 正确.

18. 后 4 位不含 4 或 7,则后 4 位为 0~9 中的其他 8 个数字,这样的卡共 8^4 个,则这组号码中优惠卡共有 $10000 - 8^4 = 10000 - 4096 = 5904$.故选项 C 正确.

19. 根据分步计数原理,不同的种植方法共有 $C_3^2 A_3^3 = 18$ 种.故选项 B 正确.

20. 从 1,3,5,7,9 这 5 个数中依次选出 2 个数的选法有 A_5^2 种,不妨记取出的 2 个数组成的有序数对为 (a, b),因为 $\lg a - \lg b = \lg \dfrac{a}{b}$,所以由对数函数的单调性可知,$\lg a - \lg b$ 的不同值的个数即为 $\dfrac{a}{b}$ 的不同值的个数,又 $\dfrac{1}{3} = \dfrac{3}{9}$,$\dfrac{3}{1} = \dfrac{9}{3}$,因此不同值的个数是 $A_5^2 - 2 = 18$.故选项 C 正确.

21. 由题意,小于 50000 的偶数有 $C_2^1 C_3^1 A_3^3 = 36$ 个.故选项 C 正确.

22. 满足条件的四位数为 3 种情况讨论:① 有 5 无 0,共有 $C_3^1 C_4^2 A_3^3 = 108$ 个;② 有 0 无 5,共有 $C_4^1 C_3^2 A_3^3 = 72$ 个;③ 有 5 有 0,共有 $C_3^1 C_4^1 (A_3^3 + A_2^1 A_2^2) = 120$ 个.故能被 5 整除的四位数共有 $108 + 72 + 120 = 300$ 个.

23. (解法 1) $C_9^5 - C_6^5 = 126 - 6 = 120$.

(解法 2) $C_3^1 C_6^4 + C_3^2 C_6^3 + C_3^3 C_6^2 = 45 + 60 + 15 = 120$.

24. 依题意,只需将剩余两个工程插在由甲、乙、丙、丁这 4 个工程形成的 5 个空中,故可得共有 $A_5^2 = 20$ 种不同排法.

25. 有 1 个盒子中有 2 个球的不同放法有 $C_4^2 A_3^3 = 144$ 种.

26. 3 名主力队员要安排在第一、第三、第五的位置,有 $A_3^3 = 6$ 种排法,其余 7 名队员选 2 名安排在第二、第四位置,有 $A_7^2 = 42$ 种排法,故不同的出场安排共有 $6 \times 42 = 252$ 种.

27. 先考虑 A 种植在左边的情况,有 3 种分类:A 种植在最左边 1 垄,B 有 3 种种植方法；A 种植在左边第 2 垄，B 有 2 种种植方法；A 种植在左边第 3 垄，B 有 1 种种植方法．所以不同的选垄方法共有 $2 \times (1 + 2 + 3) = 12$ 种．

28．（解法 1）第 1 个空用插空法求解．当 $n = 6$ 时，分 4 类：① 有 3 个黑色正方形互不相邻，将它插入 3 个白色正方形中，有 C_4^3 种方案；② 有 2 个黑色正方形互不相邻，将它插入 4 个白色正方形中，有 C_5^2 种方案；③ 有 1 个黑色正方形，将它插入 5 个白色正方形中，有 C_6^1 种方案；④ 没有黑色正方形，有 1 种方案．所以黑色正方形互不相邻的着色方案共有 $C_4^3 + C_5^2 + C_6^1 + 1 = 21$ 种．

第 2 个空中的事件与第 1 个空中的事件构成相互对立事件，当 $n = 6$ 时，先考虑 6 个正方形的着色方案，总数为 $2^6 = 64$ 种，而黑色正方形互不相邻的着色方案有 21 种，所以至少有两个黑色正方形相邻的着色方案共有 $64 - 21 = 43$ 种．

（解法 2）设 n 个正方形时，黑色正方形互不相邻的着色方案数为 a_n，由题图可知 $a_1 = 2$，$a_2 = 3$，$a_3 = 5 = 2 + 3 = a_1 + a_2$，$a_4 = 8 = 3 + 5 = a_2 + a_3$．由此推断 $a_5 = a_3 + a_4 = 5 + 8 = 13$，$a_6 = a_4 + a_5 = 8 + 13 = 21$．故黑色正方形互不相邻的着色方案共有 21 种．

由于给 6 个正方形着黑色或白色，每个小正方形有 2 种方法，所以共有 $2^6 = 64$ 种方法，因为黑色正方形互不相邻的着色方案共有 21 种，所以至少有两个黑色正方形相邻的着色方案共有 $64 - 21 = 43$ 种．

29．记 3 种颜色的灯泡分别记为 a，b，c，分步确定满足题意的方法数：

第一步，将 3 种颜色的灯泡各 1 只分别装在点 A，B，C，则共有 A_3^3 种方法（不妨假定在点 A，B，C 分别装的是颜色依次为 a，b，c 的灯泡）；

第二步，确定点 A_1 处装的灯泡颜色可以是 b，c 之一，则有 2 种方法，一旦点 A_1 处装的灯泡颜色确定，点 B_1 和 C_1 处分别装上满足题意的颜色的灯泡也就确定．

因此由乘法原理可知，满足题意的安装方法共有 $A_3^3 C_2^1 = 12$ 种．

1.2　二项式定理

知识梳理

1．二项式定理

$$(a + b)^n = C_n^0 a^n + C_n^1 a^{n-1} b + \cdots + C_n^r a^{n-r} b^r + \cdots + C_n^n b^n$$

这个公式所表示的定理叫作二项式定理，等号右边的多项式叫作 $(a + b)^n$ 的二项展开式，其中的系数 $C_n^r(r = 0, 1, 2, \cdots, n)$ 叫作二项式系数，展开式中的 $C_n^r a^{n-r} b^r$ 叫作二项展开式的通项，用 T_{r+1} 表示，即通项为展开式的第 $r + 1$ 项：

$$T_{r+1} = C_n^r a^{n-r} b^r.$$

2. 二项展开式形式上的特点

对于 $(a+b)^n$ 的展开式,有如下结论:

(1) 项数为 $n+1$;

(2) 各项的次数都等于二项式的幂指数 n,即 a 与 b 的指数之和为 n;

(3) 字母 a 按降幂排列,从第一项开始,次数由 n 逐项减 1 直到 0;字母 b 按升幂排列,从第一项开始,次数由 0 逐项增 1 直到 n;

(4) 二项式系数从 $C_n^0, C_n^1, \cdots$ 一直到 C_n^{n-1}, C_n^n.

3. 二项式系数的性质

(1) 对称性:与首末两端"等距离"的两个二项式系数相等,即 $C_n^m = C_n^{n-m}$.

(2) 增减性与最大值:对于二项式系数 $C_n^r (r=0,1,2,\cdots,n)$,当 $r < \dfrac{n+1}{2}$ 时,二项式系数是递增的;当 $r > \dfrac{n+1}{2}$ 时,二项式系数是递减的.

当 n 是偶数时,二项展开式的中间一项 $\left(第 \dfrac{n}{2}+1 项\right)$ 的二项式系数最大,即最大的二项式系数为 $C_n^{\frac{n}{2}}$.

当 n 是奇数时,二项展开式的中间两项 $\left(第 \dfrac{n+1}{2} 项和第 \dfrac{n+3}{2} 项\right)$ 的二项式系数最大,即最大的二项式系数为 $C_n^{\frac{n-1}{2}}$ 和 $C_n^{\frac{n+1}{2}}$.

(3) 二项式系数的和:$(a+b)^n$ 的展开式的各个二项式系数的和等于 2^n,即

$$C_n^0 + C_n^1 + \cdots + C_n^r + \cdots + C_n^n = 2^n.$$

在二项展开式中,偶数项的二项式系数的和等于奇数项的二项式系数的和,即

$$C_n^1 + C_n^3 + C_n^5 + \cdots = C_n^0 + C_n^2 + C_n^4 + \cdots.$$

例题精讲

例9 (2021 天津卷·11) 在 $\left(2x^3 + \dfrac{1}{x}\right)^6$ 的展开式中,x^6 的系数是_____.

解析 $\left(2x^3 + \dfrac{1}{x}\right)^6$ 的第 $r+1$ 项为

$$T_{r+1} = C_6^r (2x^3)^{6-r} \left(\dfrac{1}{x}\right)^r = C_6^r 2^{6-r} x^{3(6-r)} \cdot x^{-r} = C_6^r 2^{6-r} x^{18-4r}.$$

因为 $x^{18-4r} = x^6$,得 $r=3$,所以 $T_4 = C_6^3 \times 2^3 \times x^6 = 160x^6$. 故 x^6 的系数是 160.

点评 本题直接考查二项展开式中某一项的系数,只需利用二项式定理的通项即可,写出展开式的通项后,令未知数的指数等于 6 即可求得 $r=3$,进而获得问题的求解.

变式1(2020 天津卷·11)　在 $\left(x+\dfrac{2}{x^2}\right)^5$ 的展开式中,x^2 的系数是_____.

解析　$\left(x+\dfrac{2}{x^2}\right)^5$ 展开式的通项为 $T_{r+1}=C_5^r x^{5-r}(2x^{-2})^r=2^r C_5^r x^{5-3r}$.令 $5-3r=2$,得 $r=1$.故 x^2 的系数是 $2\times C_5^1=10$.

点评　本题与上一例题难度相当,只需按部就班即可获得问题的求解,读者要熟练掌握这种基本题型,以避免没必要的失误,并要提高解题效率.

变式2(2020 北京卷·3)　在 $(\sqrt{x}-2)^5$ 的展开式中,x^2 的系数为(　　).

A. -5　　　　　B. 5　　　　　C. -10　　　　　D. 10

解析　在 $(\sqrt{x}-2)^5$ 的展开式中,通项为 $T_{r+1}=C_5^r\cdot(-2)^r\cdot x^{\frac{5-r}{2}}$.令 $\dfrac{5-r}{2}=2$,求得 $r=1$,可得 x^2 的系数为 $C_5^1\cdot(-2)=-10$.故选项 C 正确.

点评　本题在上一题的基础上引入根式,对不能熟练掌握指数运算的考生可能会带来一定的困扰.对于这种类型的试题,可先把根式化为指数式,再利用展开式的通项加以求解.

变式3(2019 全国Ⅲ卷·理4)　在 $(1+2x^2)(1+x)^4$ 的展开式中,x^3 的系数为(　　).

A. 12　　　　　B. 16　　　　　C. 20　　　　　D. 24

解析　在 $(1+2x^2)(1+x)^4$ 的展开式中,x^3 的系数为 $1\times C_4^3\times 1^3+C_1^1\times 1+2\times C_4^1\times 1^1\times C_3^3\times 1^3=12$.故选项 A 正确.

点评　本题通过分析可以发现,因式 $1+2x^2$ 中的 1 与 $(1+x)^4$ 展开式中含 x^3 的项相乘可以产生 x^3,因式 $1+2x^2$ 中的 $2x^2$ 与 $(1+x)^4$ 展开式中含 x 的项相乘也可以产生 x^3,因此把相乘之后的这两项相加,即可获得问题的求解.

变式4(2015 全国Ⅰ卷·理10)　在 $(x^2+x+y)^5$ 的展开式中,x^5y^2 的系数为(　　).

A. 10　　　　　B. 20　　　　　C. 30　　　　　D. 60

解析　在 $(x^2+x+y)^5$ 的 5 个因式中,2 个取因式中的 x^2,剩余的 3 个因式中 1 个取 x,其余因式取 y,因此 x^5y^2 的系数为 $C_5^2 C_3^1 C_2^2=30$.故选项 C 正确.

点评　本题是经典的三项式展开问题,解题的关键是对二项式定理推导过程的理解,通过类比二项式定理,得到解答三项式展开问题的方法,体现出数学中从特殊到一般的解决问题的方式.本题只要分析出产生 x^5y^2 的方式,即可实现问题的求解.

例10(2017 全国Ⅰ卷·理6)　在 $\left(1+\dfrac{1}{x^2}\right)(1+x)^6$ 的展开式中,x^2 的系数为(　　).

A. 15　　　　　B. 20　　　　　C. 30　　　　　D. 35

解析　$(1+x)^6$ 的展开式的通项为 $C_6^r x^r$,则 x^2 的系数为 $C_6^2+C_6^4=30$.故选项 C 正确.

点评　本题是例9的经典变式,解决本题的关键是要分析出产生含 x^2 项的方式,对考生分析问题的能力具有一定要求.

变式1(2020 全国Ⅰ卷·理 8) 在 $\left(x+\dfrac{y^2}{x}\right)(x+y)^5$ 的展开式中，x^3y^3 的系数为（ ）.

A. 5   B. 10   C. 15   D. 20

解析 $\left(x+\dfrac{y^2}{x}\right)(x+y)^5=\dfrac{(x^2+y^2)(x+y)^5}{x}$. 要求展开式中 x^3y^3 的系数，即求 $(x^2+y^2)(x+y)^5$ 展开式中 x^4y^3 的系数. 展开式含 x^4y^3 的项为 $x^2\cdot C_5^2x^2\cdot y^3+y^2\cdot C_5^4x^4\cdot y=15x^4y^3$. 因此在 $\left(x+\dfrac{y^2}{x}\right)(x+y)^5$ 的展开式中，x^3y^3 的系数为 15. 故选项 C 正确.

点评 相比上一题，本题涉及两个变量，但是使用到的思想方法是相同的. 希望读者认真体会解题的每个环节，多加总结，并形成良好的解题习惯.

变式2(2017 全国Ⅲ卷·理 4) 在 $(x+y)(2x-y)^5$ 的展开式中，x^3y^3 的系数为（ ）.

A. -80 B. -40 C. 40   D. 80

解析 由二项式定理可得，原式展开中含 x^3y^3 的项为 $x\cdot C_5^2(2x)^2(-y)^3+y\cdot C_5^3(2x)^3\cdot(-y)^2=40x^3y^3$，则 x^3y^3 的系数为 40. 故选项 C 正确.

点评 本题与前面一题几乎如出一辙，读者多加体会练习，即可熟练掌握这一种类型的试题.

变式3(2014 全国Ⅰ卷·理 13) 在 $(x-y)(x+y)^8$ 的展开式中，x^2y^7 的系数为 _____.（用数字作答）

解析 由题意，$(x+y)^8$ 的展开式的通项为 $T_{r+1}=C_8^rx^{8-r}y^r(0\leqslant r\leqslant 8,r\in\mathbf{Z})$. 当 $r=7$ 时，$T_7=C_8^7xy^7=8xy^7$；当 $r=6$ 时，$T_6=C_8^6x^2y^6=28x^2y^6$. 因此 $(x-y)(x+y)^8$ 的展开式中，含 x^2y^7 的项为 $(-y)\cdot 28x^2y^6+x\cdot 8xy^7=-20x^2y^7$. 故 x^2y^7 的系数为 -20.

点评 通过前两题的分析，我们发现，本题主要研究的对象还是后面的二项展开式问题，只要弄明白 x^2y^7 的产生方式，即可顺利获得问题的求解.

变式4(2013 全国大纲卷·理 7) 在 $(1+x)^8(1+y)^4$ 的展开式中，x^2y^2 的系数为（ ）.

A. 56   B. 84   C. 112   D. 168

解析 展开式中含 x^2y^2 的项是 $C_8^2x^2\cdot C_4^2y^2$，系数是 $C_8^2C_4^2=168$. 故选项 D 正确.

点评 本题与前面的试题相比，要求的展开式中两个因式的幂指数的次数都较高，因此难度更大. 但由于两个因式都只涉及一个变量，在细致分析后，可各个击破，进而可以实现问题的求解.

变式 5(2014 浙江卷·理 5) 在 $(1+x)^6(1+y)^4$ 的展开式中,记 $x^m y^n$ 项的系数为 $f(m,n)$,则 $f(3,0)+f(2,1)+f(1,2)+f(0,3)=($).

A. 45   B. 60   C. 120   D. 210

解析 由题意知

$$f(3,0)+f(2,1)+f(1,2)+f(0,3)=C_6^3 C_4^0+C_6^2 C_4^1+C_6^1 C_4^2+C_6^0 C_4^3=120.$$

故选项 C 正确.

点评 本题与上一题是同类型题,不同之处在于有新符号 $f(m,n)$ 出现,因此会给不少考生带来较大的障碍.

例 11 (2020 全国Ⅲ卷·理 14) 在 $\left(x^2+\dfrac{2}{x}\right)^6$ 的展开式中,常数项是_____.(用数字作答)

解析 由于 $\left(x^2+\dfrac{2}{x}\right)^6$ 的展开式的通项公式为 $T_{r+1}=C_6^r \cdot 2^r \cdot x^{12-3r}$.令 $12-3r=0$,求得 $r=4$.故常数项的值等于 $C_6^4 \times 2^4=240$.

点评 本题考查的是二项式展开问题中常数项的求法,只要熟练使用二项式定理的通项,即可顺利获得问题的求解.

变式 1(2019 天津卷·理 10) $\left(2x-\dfrac{1}{8x^3}\right)^8$ 的展开式中的常数项为_____.

解析 由题意可知,此二项式的展开式的通项为

$$T_{r+1}=C_8^r (2x)^{8-r}\left(-\dfrac{1}{8x^3}\right)^r=C_8^r \cdot 2^{8-r}\cdot\left(-\dfrac{1}{8}\right)^r\cdot x^{8-r}\cdot\left(\dfrac{1}{x^3}\right)^r$$

$$=C_8^r\cdot(-1)^r 2^{8-4r}\cdot x^{8-4r}.$$

当 $8-4r=0$,即 $r=2$ 时,T_{r+1} 为常数项.此时 $T_{2+1}=C_8^2\times(-1)^2\times 2^{8-4\times2}=28$.故常数项为 28.

点评 通过翻阅历年高考试题,可以发现二项式定理问题考查频率较高,但难度一般不大,因此考生需要熟练掌握相关知识与方法,确保问题的正确解答.

变式 2(2018 浙江卷·14) 二项式 $\left(\sqrt[3]{x}+\dfrac{1}{2x}\right)^8$ 的展开式的常数项是_____.

解析 展开式的通项为 $T_{r+1}=C_8^r\left(\dfrac{1}{2}\right)^r x^{\frac{8-r}{3}} x^{-r}=\left(\dfrac{1}{2}\right)^r C_8^r x^{\frac{8-4r}{3}}$.令 $8-4r=0$,则 $r=2$.故常数项 $\left(\dfrac{1}{2}\right)^2\times C_8^2=7$.

点评 本题涉及根式,因此要先把根式化为指数式之后再进行运算,由于根式的引入,难度也有所增加,但即便如此,难度也不大,是一类可以通过考生努力确保正确解答的题型.

变式 3(2013 辽宁卷·理 7) 使 $\left(3x+\dfrac{1}{x\sqrt{x}}\right)^n (n\in \mathbf{N^+})$ 的展开式中含有常数项的最小

的 n 为( ).

A. 4　　　　　B. 5　　　　　C. 6　　　　　D. 7

解析 用二项式定理展开得通项为 $C_n^r(3x)^{n-r}(x^{-\frac{3}{2}})^r$，要求常数项，令 $n=\frac{5}{2}r$，得 $r=2,n=5$. 故选项 B 正确.

点评 本题的设问涉及 n 的最小值，可能会给不少考生带来一定的困扰，其实本质上与常规的求常数项问题是一致的，只要根据二项式定理的通项令未知数的指数为 0，即可建立 n 与 r 的关系，再结合 r 的范围特点，便可获得问题的求解.

变式 4(2007 安徽卷·理 12)　若 $\left(2x^3+\dfrac{1}{\sqrt{x}}\right)^n$ 的展开式中含有常数项，则最小的正整数 n 等于_____.

解析 由 $T_{r+1}=C_n^r(2x^3)^{n-r}\left(\dfrac{1}{\sqrt{x}}\right)^r=C_n^r 2^{n-r}x^{3n-3r-\frac{r}{2}}$，令 $3n-3r-\dfrac{r}{2}=0$，即 $6n=7r(n\in \mathbf{N}^+)$. 故 n 的最小值为 7.

点评 本题是上一题的同类型题，除了数据不一样，问题涉及的知识与方法都是完全一样的，读者需要多加练习，以达到"会一题通一类"的效果.

例 12(2006 湖北卷·理 5)　在 $\left(\sqrt{x}-\dfrac{1}{\sqrt[3]{x}}\right)^{24}$ 的展开式中，x 的幂的指数是整数的项共有( ).

A. 3 项　　　　B. 4 项　　　　C. 5 项　　　　D. 6 项

解析 $T_{r+1}=C_{24}^r x^{\frac{24-r}{2}}\left(-\dfrac{1}{\sqrt[3]{x}}\right)^r=(-1)^r C_{24}^r x^{\frac{72-4r}{3}}$. 当 $r=0,3,6,9,12,15,18,21,24$ 时，x 的指数分别是 $24,20,16,12,8,4,0,-4,-8$，其中 $16,8,4,0,-8$ 均为 2 的整数次幂. 故选项 C 正确.

点评 本题通过二项式定理的通项即可求得 x 的幂的指数的表达式，结合 r 的范围即可确定 x 的幂的指数为整数的项数.

变式 1(2019 浙江卷·13)　在二项式 $(\sqrt{2}+x)^9$ 的展开式中，常数项是_____，系数为有理数的项的个数是_____.

解析 二项式 $(\sqrt{2}+x)^9$ 的展开式的通项为 $T_{r+1}=C_9^r(\sqrt{2})^{9-r}x^r=2^{\frac{9-r}{2}}C_9^r x^r$. 由 $r=0$，得常数项是 $T_1=16\sqrt{2}$；当 $r=1,3,5,7,9$ 时，系数为有理数，因此系数为有理数的项的个数是 5 个. 故答案为 $16\sqrt{2},5$.

点评 本题第 1 个空是常规的二项式展开的常数项问题，较为直接；第 2 个空考查的有理项问题其实就是上一道例题的相关问题，所谓有理项即为 x 的幂的指数是整数.

变式 2(2000 新课程卷·文 12)　二项式 $(\sqrt{2}+\sqrt[3]{3}x)^{50}$ 的展开式中系数为有理数的项共

有( ).

A. 6项　　　　B. 7项　　　　C. 8项　　　　D. 9项

解析 二项式$(\sqrt{2}+\sqrt[3]{3}x)^{50}$的展开式的通项为$T_{r+1}=C_{50}^{r}2^{\frac{50-r}{2}}3^{\frac{r}{3}}x^{r}$.当$r$为6的倍数时,系数是有理数,$r=0,6,12,\cdots,48$,共9项.故选项D正确.

点评 前面两题考查的是有理项问题,而本题则要求展开式中系数为有理数,故只需保证$\dfrac{50-r}{2}$与$\dfrac{r}{3}$均为整数,也即r为6的倍数.

例13 (2020浙江卷·12) 二项展开式$(1+2x)^5=a_0+a_1x+a_2x^2+a_3x^3+a_4x^4+a_5x^5$,则$a_4=$_____,$a_1+a_3+a_5=$_____.

解析 (解法1)$(1+2x)^5=a_0+a_1x+a_2x^2+a_3x^3+a_4x^4+a_5x^5$,则$a_4=C_5^4\times2^4=80$,

$$a_1+a_3+a_5=C_5^1\times2+C_5^3\times8+C_5^5\times32=122.$$

(解法2)在等式$(1+2x)^5=a_0+a_1x+a_2x^2+a_3x^3+a_4x^4+a_5x^5$中,令$x=1$,得

$$a_0+a_1+a_2+a_3+a_4+a_5=(1+2)^5=3^5=243. \qquad ①$$

令$x=-1$,得

$$a_0-a_1+a_2-a_3+a_4-a_5=(1-2)^5=(-1)^5=-1. \qquad ②$$

由①-②,得$2(a_1+a_3+a_5)=244$,所以$a_1+a_3+a_5=122$.

点评 本题第1个空实际上是常规的求展开式中x^4的系数,第2个空求的是展开式中x的幂指数为奇数的系数和,解法1使用的是逐项系数进行求解的方法,解答较为直接,容易想到,但若需要求解的项的系数比较多时,效率较低,且容易造成计算错误.解法2则通过赋值的方法求解,赋值法是解决系数和的最重要通法,可通过先赋值$x=1$,$x=-1$,再利用方程的思想求得$a_1+a_3+a_5$的值,无疑是一种效率更高、运算量更低的好方法.

变式1 (2022北京卷·8) 若$(2x-1)^4=a_4x^4+a_3x^3+a_2x^2+a_1x+a_0$,则$a_0+a_2+a_4=$( ).

A. 40　　　　B. 41　　　　C. -40　　　　D. -41

解析 令$x=1$,则$a_4+a_3+a_2+a_1+a_0=1$;令$x=-1$,则$a_4-a_3+a_2-a_1+a_0=(-3)^4=81$.所以$a_4+a_2+a_0=\dfrac{1+81}{2}=41$.故选项B正确.

点评 本题考查了常规的赋值法,然后解方程组即可求得$a_0+a_2+a_4$的值.

变式2 (1999全国卷·理8) 若$(2x+\sqrt{3})^4=a_0+a_1x+a_2x^2+a_3x^3+a_4x^4$,则$(a_0+a_2+a_4)^2-(a_1+a_3)^2$的值为( ).

A. 1　　　　B. -1　　　　C. 0　　　　D. 2

解析 令$x=1$,得$a_0+a_1+a_2+a_3+a_4=(2+\sqrt{3})^4$,令$x=-1$,得$a_0-a_1+a_2-a_3+a_4=(-2+\sqrt{3})^4$.所以

$$(a_0 + a_2 + a_4)^2 - (a_1 + a_3)^2 = (a_0 + a_1 + a_2 + a_3 + a_4)(a_0 - a_1 + a_2 - a_3 + a_4)$$
$$= (2 + \sqrt{3})^4 \times (-2 + \sqrt{3})^4 = 1.$$

故选项 A 正确.

点评 本题通过赋值 $x = 1$, $x = -1$, 分别求出奇数项与偶数项的系数之和. 读者要充分理解这种方法的优越性与合理之处.

变式 3(2009 陕西卷·理 6) 若 $(1 - 2x)^{2009} = a_0 + a_1 x + \cdots + a_{2009} x^{2009} (x \in \mathbf{R})$, 则 $\dfrac{a_1}{2} + \dfrac{a_2}{2^2} + \cdots + \dfrac{a_{2009}}{2^{2009}}$ 的值为( ).

A. 2   B. 0   C. -1 D. -2

解析 令 $x = \dfrac{1}{2}$, 得 $a_0 + \dfrac{a_1}{2} + \dfrac{a_2}{2^2} + \cdots + \dfrac{a_{2009}}{2^{2009}} = 0$; 令 $x = 0$, 得 $a_0 = 1$. 所以 $\dfrac{a_1}{2} + \dfrac{a_2}{2^2} + \cdots + \dfrac{a_{2009}}{2^{2009}} = -1$. 故选项 C 正确.

点评 根据所求式子的特征, 不难发现通过赋值 $x = \dfrac{1}{2}$ 即可获得问题的求解. 本题是在上一题的基础上进行的一个简单变式. 读者可思考: 如果要求解 $\dfrac{a_1}{2} + \dfrac{a_3}{2^3} + \dfrac{a_5}{2^5} + \cdots + \dfrac{a_{2009}}{2^{2009}}$ 的值, 又该如何解答?

变式 4(2007 江西卷·文 5) 设 $(x^2 + 1)(2x + 1)^9 = a_0 + a_1(x + 2) + a_2(x + 2)^2 + \cdots + a_{11}(x + 2)^{11}$, 则 $a_0 + a_1 + a_2 + \cdots + a_{11} = ($).

A. -2 B. -1 C. 1   D. 2

解析 令 $x = -1$, 得 $a_0 + a_1 + a_2 + \cdots + a_{11} = 2 \times (-1) = -2$. 故选项 A 正确.

点评 本题在形式上进行了一些变式, 实际上就是使用了换元思想进行包装, 如果把 $x + 2$ 当作一个整体, 即可令 $x = -1$, 就可实现问题的求解.

变式 5(2007 江苏卷·7) 若对于任意实数 x, 有 $x^3 = a_0 + a_1(x - 2) + a_2(x - 2)^2 + a_3(x - 2)^3$, 则 a_2 的值为( ).

A. 3   B. 6   C. 9   D. 12

解析 因为 $[(x - 2) + 2]^3 = a_0 + a_1(x - 2) + a_2(x - 2)^2 + a_3(x - 2)^3$, 所以 $a_2 = C_3^1 \times 2^1 = 6$. 故选项 B 正确.

点评 本题与上一题相比, 只需求解 $(x - 2)^2$ 的系数, 但用到的换元这一核心的数学思想方法还是一致的. 读者应注意灵活变通, 抓住问题的本质属性.

变式 6(2006 浙江卷·理 8) 若多项式 $x^2 + x^{10} = a_0 + a_1(x + 1) + \cdots + a_9(x + 1)^9 + a_{10}(x + 1)^{10}$, 则 $a_9 = ($).

A. 9   B. 10   C. -9 D. -10

解析 因为

$$a_0 + a_1(x+1) + \cdots + a_9(x+1)^9 + a_{10}(x+1)^{10}$$
$$= [(x+1)-1]^2 + [(x+1)-1]^{10},$$

所以 $a_9 = C_{10}^1 \times (-1)^9 = -10$. 故选项 D 正确.

点评 本题与上一题是同类型题,利用换元思想把 $x+1$ 当作一个整体,同时把 $x^2 + x^{10}$ 改写成用 $x+1$ 表示的形式,即可化为常规问题.

例14 (2016 上海卷·文 9/理 8) 在 $\left(\sqrt[3]{x} - \dfrac{2}{x}\right)^n$ 的二项式中,所有项的二项式系数之和为 256,则常数项等于_____.

解析 由二项式定理得,所有项的二项式系数之和为 2^n,即 $2^n = 256$,所以 $n = 8$. 又因为二项展开式的通项为

$$T_{r+1} = C_8^r (\sqrt[3]{x})^{8-r} \left(-\dfrac{2}{x}\right)^r = (-2)^r C_8^r x^{\frac{8}{3} - \frac{4}{3}r}.$$

令 $\dfrac{8}{3} - \dfrac{4}{3} r = 0$,则 $r = 2$,所以 $T_3 = 112$. 故常数项为 112.

点评 考生在解答二项式问题时,应熟悉相关基本概念,不能盲目刷题,本末倒置. 如本题涉及的二项式系数之和,不能与系数之和相混淆,这是两个完全不同的概念. 在通过二项式系数之和为 2^n 并求得 $n = 8$ 之后,问题便转化为常规的常数项问题.

变式1(2015 湖北卷·理 3) 已知 $(1+x)^n$ 的展开式中第 4 项与第 8 项的二项式系数相等,则奇数项的二项式系数和为(   ).

A. 2^{12} 　　　　 B. 2^{11} 　　　　 C. 2^{10} 　　　　 D. 2^9

解析 由题意知 $C_n^3 = C_n^7$,即 $n = 10$. 不妨令 $f(x) = (1+x)^{10}$,则当 $x = 1$ 时,

$$(C_{10}^0 + C_{10}^2 + \cdots + C_{10}^{10}) + (C_{10}^1 + C_{10}^3 + \cdots + C_{10}^9) = 2^{10}.$$

当 $x = -1$ 时,

$$(C_{10}^0 + C_{10}^2 + \cdots + C_{10}^{10}) - (C_{10}^1 + C_{10}^3 + \cdots + C_{10}^9) = 0.$$

两式相减,得奇数项的二项式系数和为 $\dfrac{2^{10}}{2} = 2^9$. 故选项 D 正确.

点评 要注意第 4 项与第 8 项对应的 r 分别为 3,7. 这是解题中最容易犯错的地方,希望能引起读者的重视. 本题考查的是二项式系数,要明确二项式系数与系数的差别.

变式2(2006 山东卷·文 10) 已知 $\left(x^2 - \dfrac{1}{\sqrt{x}}\right)^n$ 的展开式中第 3 项与第 5 项的系数之比为 $\dfrac{3}{14}$,则展开式中常数项是(   ).

A. -1 　　　　 B. 1 　　　　 C. -45 　　　　 D. 45

解析 由题意得 $\dfrac{C_n^2}{C_n^4} = \dfrac{3}{14}$,即 $n^2 - 5n - 50 = 0$,故 $n = 10$ 或 -5(舍去). 又因为二项展开

式的通项为

$$T_{r+1} = C_{10}^r (x^2)^{10-r} \left(-\frac{1}{\sqrt{x}}\right)^r = (-1)^r C_{10}^r x^{20-\frac{5}{2}r},$$

令 $20 - \frac{5}{2}r = 0$，则 $r = 8$，所以 $T_9 = C_{10}^8 = 45$，即常数项为 45. 故选项 D 正确.

点评 本题通过第 3 项与第 5 项的系数之比为 $\frac{3}{14}$，代入组合数的公式之后得到一个一元二次方程，相比前几题运算量更大一些，但只要熟练掌握相关的基本概念与公式，即可获得问题的求解.

考题回放

1. (2018 全国Ⅲ卷·理 5) 在 $\left(x^2 + \frac{2}{x}\right)^5$ 的展开式中，x^4 的系数为（　　）.

   A. 10　　　　B. 20　　　　C. 40　　　　D. 80

2. (2004 浙江卷·理 7) 若 $\left(\sqrt{x} + \frac{2}{\sqrt[3]{x}}\right)^n$ 展开式中存在常数项，则 n 的值可以是（　　）.

   A. 8　　　　B. 9　　　　C. 10　　　　D. 12

3. (2013 全国Ⅰ卷·理 9) 设 m 为正整数，$(x+y)^{2m}$ 展开式的二项式系数的最大值为 a，$(x+y)^{2m+1}$ 展开式的二项式系数的最大值为 b，若 $13a = 7b$，则 $m = $（　　）.

   A. 5　　　　B. 6　　　　C. 7　　　　D. 8

4. (2020 全国Ⅰ卷·理 8) 在 $\left(x + \frac{y^2}{x}\right)(x+y)^5$ 的展开式中，$x^3 y^3$ 的系数为（　　）.

   A. 5　　　　B. 10　　　　C. 15　　　　D. 20

5. (2008 江西卷·文 8) $(1+x)^{10}\left(1+\frac{1}{x}\right)^{10}$ 展开式中的常数项为（　　）.

   A. 1　　　　B. $(C_{10}^1)^2$　　　　C. C_{20}^1　　　　D. C_{20}^{10}

6. (1993 全国卷·文理 13) 在 $(\sqrt{x}+1)^4(x-1)^5$ 展开式中，x^4 的系数为（　　）.

   A. -40　　　　B. 10　　　　C. 40　　　　D. 45

7. (1995 全国卷·文 12/理 6) 在 $(1-x^3)(1+x)^{10}$ 的展开式中，x^5 的系数是（　　）.

   A. -297　　　　B. -252　　　　C. 297　　　　D. 207

8. (2008 江西卷·理 8) $(1+\sqrt[3]{x})^6\left(1+\frac{1}{\sqrt[4]{x}}\right)^{10}$ 展开式中的常数项为（　　）.

   A. 1　　　　B. 46　　　　C. 4245　　　　D. 4246

9. (2008 浙江卷·理 4) 在 $(x-1)(x-2)(x-3)(x-4)(x-5)$ 的展开式中，含 x^4 的项的系数是（　　）.

   A. -15　　　　B. 85　　　　C. -120　　　　D. 274

10. (2005 浙江卷·理 5) 在 $(1-x)^5 + (1-x)^6 + (1-x)^7 + (1-x)^8$ 的展开式中,含 x^3 的项的系数是(　　).

　　A. 74　　　　　B. 121　　　　　C. -74　　　　　D. -121

11. (2011 全国新课标卷·理 8) $\left(x + \dfrac{a}{x}\right)\left(2x - \dfrac{1}{x}\right)^5$ 的展开式中各项系数的和为 2,则该展开式中常数项为(　　).

　　A. -40　　　　B. -20　　　　C. 20　　　　　D. 40

12. (2007 重庆卷·理 4) 若 $\left(x + \dfrac{1}{x}\right)^n$ 展开式的二项式系数之和为 64,则展开式的常数项为(　　).

　　A. 10　　　　　B. 20　　　　　C. 30　　　　　D. 120

13. (2007 江西卷·理 4) 已知 $\left(\sqrt{x} + \dfrac{3}{\sqrt[3]{x}}\right)^n$ 的展开式中,各项系数的和与其各项二项式系数的和之比为 64,则 $n = ($　　$)$.

　　A. 4　　　　　B. 5　　　　　C. 6　　　　　D. 7

14. (2004 福建卷·文 9) 已知 $\left(x - \dfrac{a}{x}\right)^8$ 的展开式中常数项为 1120,其中实数 a 是常数,则展开式中各项系数的和是(　　).

　　A. 2^8　　　　B. 3^8　　　　C. 1 或 3^8　　　　D. 1 或 2^8

15. (2016 全国 I 卷·理 14) 在 $(2x + \sqrt{x})^5$ 的展开式中,x^3 的系数是_____.(用数字作答)

16. (2016 山东卷·理 12) 若 $\left(ax^2 + \dfrac{1}{\sqrt{x}}\right)^5$ 的展开式中 x^5 的系数是 -80,则实数 $a = $_____.

17. (2015 全国 II 卷·理 15) $(a + x)(1 + x)^4$ 的展开式中 x 的奇数次幂项的系数之和为 32,则 $a = $_____.

18. (2014 全国 II 卷·理 13) 在 $(x + a)^{10}$ 的展开式中,x^7 的系数为 15,则 $a = $_____.(用数字作答)

19. (2015 上海卷·文 11) 在 $\left(2x + \dfrac{1}{x}\right)^6$ 的二项展开式中,常数项等于_____.(结果用数值表示)

20. (2017 浙江卷·13) 已知多项式 $(x+1)^3 (x+2)^2 = x^5 + a_1 x^4 + a_2 x^3 + a_3 x^2 + a_4 x + a_5$,则 $a_4 = $_____,$a_5 = $_____.

21. (2021 浙江卷·13) 已知多项式 $(x-1)^3 + (x+1)^4 = x^4 + a_1 x^3 + a_2 x^3 + a_3 x^2 + a_3 x + a_4$,则 $a_1 = $_____;$a_2 + a_3 + a_4 = $_____.

22. (2005 天津卷·理 11) 设 $n \in \mathbf{N}^+$,则 $C_n^1 + C_n^2 6 + C_n^3 6^2 + \cdots + C_n^n 6^{n-1} = $_____.

23.（2004 天津卷·理 15）若 $(1-2x)^{2004} = a_0 + a_1 x + a_2 x^2 + \cdots + a_{2004} x^{2004}$ $(x \in \mathbf{R})$，则 $(a_0 + a_1) + (a_0 + a_2) + (a_0 + a_3) + \cdots + (a_0 + a_{2004}) = $ _____.（用数字作答）

24.（2007 安徽卷·文 12）已知 $(1-x)^5 = a_0 + a_1 x + a_2 x^2 + a_3 x^3 + a_4 x^4 + a_5 x^5$，则 $(a_0 + a_2 + a_4)(a_1 + a_3 + a_5)$ 的值等于 _____.

25.（2010 湖北卷·理 11）在 $(x + \sqrt[4]{3}y)^{20}$ 的展开式中，系数为有理数的项共有 _____ 项.

26.（2022 浙江卷·12）已知多项式 $(x+2)(x-1)^4 = a_0 + a_1 x + a_2 x^2 + a_3 x^3 + a_4 x^4 + a_5 x^5$，则 $a_2 = $ _____，$a_1 + a_2 + a_3 + a_4 + a_5 = $ _____.

27.（2005 湖南卷·文 13/理 12）在 $(1+x) + (1+x)^2 + \cdots + (1+x)^6$ 的展开式中，x^2 项的系数是 _____.（用数字作答）

28.（1990 全国卷·理 17）在 $(x-1) - (x-1)^2 + (x-1)^3 - (x-1)^4 + (x-1)^5$ 的展开式中，x^2 的系数是 _____.

29.（2015 上海卷·理 11）在 $\left(1 + x + \dfrac{1}{x^{2015}}\right)$ 的展开式中，x^2 项的系数是 _____.（结果用数值表示）

30.（2008 北京卷·理 11）若 $\left(x^2 + \dfrac{1}{x^3}\right)^n$ 展开式的各项系数之和为 32，则 $n = $ _____，其展开式中的常数项是 _____.（用数字作答）

参 考 答 案

1. 由题意，展开式的通项为 $T_{r+1} = C_5^r x^{2(5-r)} 2^r x^{-r} = 2^r C_5^r x^{10-3r}$. 令 $10-3r=4$，得 $r=2$. 所以 x^4 的系数为 $2^2 C_5^2 = 40$. 故选项 C 正确.

2. 由题意，展开式的通项为 $T_{r+1} = C_n^r x^{\frac{5-r}{2}} 2^r x^{-\frac{r}{3}} = 2^r C_n^r x^{\frac{3n-5r}{6}}$. 令 $\dfrac{3n-5r}{6} = 0$，得 $3n = 5r$. 所以 n 可取的值为 10. 故选项 C 正确.

3. 由题意，得 $a = C_{2m}^m$，$b = C_{2m+1}^m$. 又因为 $13a = 7b$，所以

$$13 \times \frac{(2m)!}{m! \cdot m!} = 7 \times \frac{(2m+1)!}{m! \cdot (m+1)!}$$

即 $13 = 7 \times \dfrac{2m+1}{m+1}$，解得 $m=6$. 故选项 B 正确.

4. 因为 $\left(x + \dfrac{y^2}{x}\right)(x+y)^5 = \dfrac{(x^2 + y^2)(x+y)^5}{x}$，要求展开式中 $x^3 y^3$ 的系数即为求 $(x^2 + y^2)(x+y)^5$ 展开式中 $x^4 y^3$ 的系数，展开式含 $x^4 y^3$ 的项为 $x^2 \cdot C_5^2 x^2 \cdot y^3 + y^2 \cdot C_5^4 x^4 \cdot y = 15 x^4 y^3$，所以 $\left(x + \dfrac{y^2}{x}\right)(x+y)^5$ 的展开式中 $x^3 y^3$ 的系数为 15. 故选项 C 正确.

5. $(1+x)^{10}\left(1+\dfrac{1}{x}\right)^{10}=\left(x+2+\dfrac{1}{x}\right)^{10}=\left(\sqrt{x}+\dfrac{1}{\sqrt{x}}\right)^{20}$，因此展开式中的常数项为 C_{20}^{10}．故选项 D 正确．

6. $(\sqrt{x}+1)^4(x-1)^5$ 展开式的通项为 $C_4^m x^{\frac{m}{2}}C_5^n x^{5-n}(-1)^n$，其中 $m=0,1,2,\cdots,4$，$n=0,1,2,\cdots,5$．当且仅当 $\dfrac{m}{2}+5-n=4$，即 $\begin{cases}m=0,\\ n=1\end{cases}$ 或 $\begin{cases}m=2,\\ n=2\end{cases}$ 或 $\begin{cases}m=4,\\ n=3\end{cases}$ 时，可得 x^4 的系数．因此 x^4 的系数为
$$C_4^0 C_5^1(-1)+C_4^2 C_5^2(-1)^2+C_4^4 C_5^3(-1)^3=45.$$
故选项 D 正确．

7. $(1+x)^{10}$ 的通项为 $T_{r+1}=C_{10}^r x^r$，因此 x^5 的系数是 $C_{10}^5-C_{10}^2=207$．故选项 D 正确．

8. $(1+\sqrt[3]{x})^6\left(1+\dfrac{1}{\sqrt[4]{x}}\right)^{10}$ 展开式的通项为 $C_6^m x^{\frac{m}{3}}C_{10}^n x^{-\frac{n}{4}}$，其中 $m=0,1,2,\cdots,6$，$n=0,1,2,\cdots,10$．当且仅当 $4m=3n$，即 $\begin{cases}m=0,\\ n=0\end{cases}$ 或 $\begin{cases}m=3,\\ n=4\end{cases}$ 或 $\begin{cases}m=6,\\ n=8\end{cases}$ 时，可得展开式的常数项．因此常数项为
$$C_6^0 C_{10}^0+C_6^3 C_{10}^4+C_6^6 C_{10}^8=1+4200+45=4246.$$
故选项 D 正确．

9. 含 x^4 的项的系数是 $-1-2-3-4-5=-15$．故选项 A 正确．

10. （解法 1）x^3 的系数为 $-(C_5^3+C_6^3+C_7^3+C_8^3)=-121$．故选项 D 正确．

（解法 2）原式 $=\dfrac{(1-x)^5-(1-x)^9}{x}$，所以 x^3 的系数为 $C_5^4-C_9^4=-121$．故选项 D 正确．

11. 令 $x=1$，得 $1+a=2$，即 $a=1$，所以 $x\cdot C_5^3(2x)^2\left(-\dfrac{1}{x}\right)^3+\dfrac{1}{x}\cdot C_5^2(2x)^3\cdot$
$\left(-\dfrac{1}{x}\right)^2=40$．故选项 D 正确．

12. 由题意，得 $2^n=64$，即 $n=6$，所以展开式的常数项为 $C_6^3=20$，故选项 B 正确．

13. 令 $x=1$，得 $(1+3)^n=4^n$，所以 $\dfrac{4^n}{2^n}=64$，即 $n=6$．故选项 C 正确．

14. 由题意，得 $C_8^4 a^4=1120$，即 $a=\pm2$．令 $x=1$，得 $(1\pm2)^8=1$ 或 3^8．故选项 C 正确．

15. $(2x+\sqrt{x})^5$ 的展开式的通项为 $C_5^r(2x)^{5-r}(\sqrt{x})^r=2^{5-r}C_5^r x^{5-\frac{r}{2}}(r=0,1,2,\cdots,5)$．令 $5-\dfrac{r}{2}=3$，得 $r=4$，所以 x^3 的系数是 $2C_5^4=10$．

16. 因为 $T_{r+1}=C_5^r(ax^2)^{5-r}\left(\dfrac{1}{\sqrt{x}}\right)^r=C_5^r a^{5-r}x^{10-\frac{5r}{2}}$，所以 $10-\dfrac{5}{2}r=5$，解得 $r=2$．因此 $C_5^2 a^{5-2}=-80$，故 $a=-2$．

17. 由已知得 $(1+x)^4=1+4x+6x^2+4x^3+x^4$，所以 $(a+x)(1+x)^4$ 的奇次幂项分别

为 $4ax,4ax^3,x,6x^3,x^5$，其系数之和为 $4a+4a+1+6+1=32$，解得 $a=3$.

18．（解法 1）由展开式中 x 按降幂排列可知，x^7 是第 4 项，因此 $T_{3+1}=C_{10}^3 x^7 a^3=120a^3 x^7$，即得 $120a^3=15$，解得 $a=\dfrac{1}{2}$.

（解法 2）因为 x^7 的系数为 15，由 $T_{r+1}=C_{10}^r x^{10-r} a^r$ 得 $r=3$，所以 $C_{10}^3 a^3=15$，解得 $a=\dfrac{1}{2}$.

19．$\left(2x+\dfrac{1}{x^2}\right)^6$ 展开式的通项为 $T_{r+1}=C_6^r(2x)^{6-r}\cdot\left(\dfrac{1}{x^2}\right)^r=2^{6-r}\cdot C_6^r x^{6-3r}$. 令 $6-3r=0$，得 $r=2$，故常数项为 $T_3=C_6^2\times 2^4=240$.

20．由二项式展开可得通项为 $C_3^r x^r C_2^m x^m$，分别取 $r=0,m=1$；和 $r=1,m=0$，可得 $a_4=4+12=16$，令 $x=0$，可得 $a_5=1^3\times 2^2=4$.

21．（解法 1）a_1 即为展开式中 x^3 的系数，所以 $a_1=C_3^0(-1)^0+C_4^1=5$.

令 $x=1$，则 $1+a_1+a_2+a_3+a_4=(1-1)^3+(1+1)^4=16$，所以 $a_2+a_3+a_4=16-5-1=10$.

（解法 2）由杨辉三角可知
$$(x-1)^3=x^3-3x^2+3x-1,\quad (x+1)^4=x^4+4x^3+6x^2+4x+1,$$
所以由 $(x-1)^3+(x+1)^4=x^4+a_1 x^3+a_2 x^2+a_3 x+a_4$，得 $a_1=1+4=5,a_2=-3+6=3$，$a_3=3+4=7,a_4=-1+1=0$. 故 $a_2+a_3+a_4=3+7+0=10$.

22．因为 $(1+6)^n=C_n^0 6^0+C_n^1 6^1+C_n^2 6^2+C_n^3 6^3+\cdots+C_n^n 6^n$，所以
$$C_n^1+C_n^2 6+C_n^3 6^2+\cdots+C_n^n 6^{n-1}=\dfrac{7^n-1}{6}.$$

23．令 $x=1$，得 $a_0+a_1+a_2+\cdots+a_{2004}=1$；令 $x=0$，得 $a_0=1$. 所以 $a_1+a_2+\cdots+a_{2004}=0$，故
$$(a_0+a_1)+(a_0+a_2)+(a_0+a_3)+\cdots+(a_0+a_{2004})=2004.$$

24．令 $x=1$，得 $a_0+a_1+a_2+a_3+a_4+a_5=0$；令 $x=-1$，得 $a_0-a_1+a_2-a_3+a_4-a_5=32$. 所以 $a_0+a_2+a_4=16,a_1+a_3+a_5=-16$. 故
$$(a_0+a_2+a_4)(a_1+a_3+a_5)=-256.$$

25．$(x+\sqrt[4]{3}y)^{20}$ 的展开式的通项为
$$T_{r+1}=C_{20}^r x^{20-r}(\sqrt[4]{3}y)^r=3^{\frac{r}{4}}C_{20}^r x^{20-r}y^r\quad (r=0,1,2,\cdots,20).$$
当 $r=0,4,8,12,16,20$ 时，系数为有理数. 故系数为有理数的项共有 6 项.

26．含 x^2 的项为
$$x\cdot C_4^3\cdot x\cdot(-1)^3+2\cdot C_4^2\cdot x^2\cdot(-1)^2=-4x^2+12x^2=8x^2,$$
故 $a_2=8$. 令 $x=0$，即 $2=a_0$；令 $x=1$，即 $0=a_0+a_1+a_2+a_3+a_4+a_5$. 所以 $a_1+a_2+a_3+a_4+a_5=-2$.

27．（解法 1）x^2 的系数为 $C_2^2+C_3^2+C_4^2+C_5^2+C_6^2=C_7^3=35$.

（解法 2）原式 $= \dfrac{(1+x)-(1-x)^7}{-x}$，所以 x^2 的系数为 $C_7^3 = 35$.

28.（解法 1）x^3 的系数为 $-1 + C_3^1 \cdot (-1)^1 - C_4^2 \cdot (-1)^2 + C_5^3 \cdot (-1)^3 = -20$.

（解法 2）原式 $= \dfrac{(1-x)-(1-x)^6}{x}$，所以 x^2 的系数为 $-C_6^3 = -20$.

29. 由题意得

$$\left(1 + x + \dfrac{1}{x^{2015}}\right)^{10} = C_{10}^0 (1+x)^{10} + C_{10}^1 (1+x)^9 \cdot \dfrac{1}{x^{2015}} + \cdots$$

$$= 1 + C_{10}^1 x + C_{10}^2 x^2 + \cdots + C_{10}^1 (1+x)^9 \cdot \dfrac{1}{x^{2015}} + \cdots.$$

故 x^2 项的系数为 $C_{10}^2 = 45$.

30. 令 $x = 1$，得 $2^n = 32$，所以 $n = 5$.故其展开式中的常数项为 $C_5^2 = 10$.

第2章 统　　计

2.1　随　机　抽　样

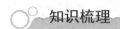 知识梳理

1. 随机抽样

(1) 抽签法:把总体中的 N 个个体编号,然后把号码写在号签上,将号签放在一个容器中搅拌均匀后,每次从中抽取一个号签,连续抽取 n 次,就得到容量为 n 的样本.

(2) 分层抽样:也称按比例抽样,是指在抽样时,将总体分成互不交叉的层,然后按照一定的比例,从各层独立地抽取一定数量的个体,将各层取出的个体合在一起作为样本.

分层抽样后样本中各层的比例与总体中各个层次的比例相等,这条结论会经常用到.

2. 频率分布直方图

(1) 频数与频率:

① 频数,是指一组数据中个别数据重复出现的次数,或一组数据在某个确定的范围内出现的数据的个数.

② 频率,是指频数与数据组中所含数据的个数之比,即频率 $=\dfrac{频数}{总数}$.

③ 各试验结果的频率之和等于1.

(2) 频率分布直方图:若要统计每个小组数据在样本容量中所占比例大小,则可通过频率分布表(表格形式)和频率分布直方图(图像形式)直观地列出.

① 极差:一组数据中最大值与最小值的差.

② 组距:将一组数据平均分成若干组(通常为5~12组),则组内数据的极差称为组距,即组距 $=\dfrac{极差}{组数}$.

③ 统计每组的频数,计算出每组的频率,便可根据频率作出频率分布直方图.

④ 在频率分布直方图中,横轴按组距分段,纵轴为"$\dfrac{频率}{组距}$".

⑤ 频率分布直方图具有以下特点:

（a）频率 = $\dfrac{\text{频率}}{\text{组距}}$ × 组距，即分布图中每个小矩形的面积；

（b）因为各试验结果的频率之和等于 1，所以可得在频率分布直方图中各个矩形的面积和为 1．

例题精讲

例 1 （2013 全国 I 卷·理 3）　为了了解某地区的中小学生的视力情况，拟从该地区的中小学生中抽取部分学生进行调查，事先已了解到该地区小学、初中、高中三个学段学生的视力情况有较大差异，而男、女生视力情况差异不大．在下面的抽样方法中，最合理的抽样方法是（　　）．

A．简单随机抽样　　B．按性别分层抽样　　C．按学段分层抽样　　D．系统抽样

解析　由题意，最合理的抽样方法是按学段分层抽样．故选项 C 正确．

点评　分层抽样法也叫类型抽样法，本题明显有三种不同类型的学生，故应用分层抽样方法．

变式 1（2018 全国 III 卷·文 14）　某公司有大量客户，且不同年龄段的客户对其服务的评价有较大差异．为了解客户的评价，该公司准备进行抽样调查，可供选择的抽样方法有简单随机抽样、分层抽样和系统抽样，则最合适的抽样方法是_____．

解析　因为不同年龄段的客户对服务评价有较大差异，分层明显，所以应该使用分层抽样．

点评　本题涉及多种不同年龄段的客户，因此用分层抽样方法进行抽样．

变式 2（2015 四川卷·文 3）　某学校为了了解三年级、六年级、九年级这三个年级之间的学生视力是否存在显著差异，拟从这三个年级中按人数比例抽取部分学生进行调查，则最合理的抽样方法是（　　）．

A．抽签法　　　　B．系统抽样法　　　　C．分层抽样法　　　　D．随机数法

解析　因为题干中的总体是由差异明显的三个部分组成的，所以选择分层抽样法．故选项 C 正确．

点评　本题涉及三个完全不同年级的学生，且题目中还有"三个年级视力存在显著差异，并按人数比例抽取部分学生"的提示，因此明显应选用分层抽样方法进行抽样．实际上，即使没有这些题意也是不难选出答案的．

变式 3（2013 湖南卷·理 2）　某学校有男、女学生各 500 名．为了解男、女学生在学习兴趣与业余爱好方面是否存在显著差异，拟从全体学生中抽取 100 名学生进行调查，则宜采用的抽样方法是（　　）．

A．抽签法　　　B．随机数法　　　C．系统抽样法　　　D．分层抽样法

解析 因为男、女学生在学习兴趣与业余爱好方面存在显著差异,所以选择分层抽样.故选项 D 正确.

点评 由于性别对学习兴趣与业余爱好存在显著差异,所以符合要求的抽样方法是分层抽样法.

变式4(2014 湖南卷·文 3/理 2) 对一个容量为 N 的总体抽取容量为 n 的样本,当选取简单随机抽样、系统抽样和分层抽样三种不同方法抽取样本时,总体中每个个体被抽中的概率分别为 p_1, p_2, p_3,则( ).

A. $p_1 = p < p_3$
B. $p_2 = p_3 < p_1$

C. $p_1 = p_3 < p_2$
C. $p_1 = p_2 = p_3$

解析 根据统计抽样的要求,总体中每个个体被抽中的概率相同. 故选项 D 正确.

点评 采用随机抽样方法,每个个体被抽到的概率是相同的,这也是随机抽样方法是一种相对比较科学的抽样方法的根本原因.

变式5(2013 江西卷·文 5/理 4) 总体由编号为 01,02,…,19,20 的 20 个个体组成.利用下面的随机数表选取 5 个个体,选取方法是从随机数表第 1 行的第 5 列和第 6 列的数字开始由左到右一次选取两个数字,则选出来的第 5 个个体的编号为( ).

表 2.1 随机数表

| 7816 | 6572 | 0802 | 6314 | 0702 | 4369 | 9728 | 0198 |
| 3204 | 9234 | 4935 | 8200 | 3623 | 4869 | 6938 | 7481 |

A. 08
B. 07
C. 02
D. 01

解析 从第 1 行的第 5 列和第 6 列的数字开始由左到右依次选取两个数字,分别为 65,72,08,02,63,14,07,02,43,69,97,28,01,98,…去掉无效数字即 01~20 以外的数字,以及重复出现的数字取第一个,则个体的编号依次为 08,02,14,07,01,…第 5 个个体的编号为 01.故选项 D 正确.

点评 随机数表法是简单随机抽样中的一种方法,另外还有抽签法.这种方法的读取方式要在读取编码之前确定,同时还要注意样本的编号位数.读取时,每次读取的位数要与编号的位数一致,如果读取的编码不在编号的范围内,则要确定抽取该编码对应的样本,直至抽取完成.

例2 (2015 北京卷·文 4) 某校老年、中年和青年教师的人数见表 2.2,采用分层抽样的方法调查教师的身体情况,在抽取的样本中,青年教师有 320 人,则该样本的老年人数为( ).

A. 90
B. 100
C. 180
D. 300

表 2.2 某校教师人数

类别	人数
老年教师	900
中年教师	1800
青年教师	1600
合计	4300

解析 由题意,总体中青年教师与老年教师的人数比为 $\dfrac{1600}{900}=\dfrac{16}{9}$.

设样本中老年教师的人数为 x,由分层抽样的性质可得,总体与样本中的青年教师与老年教师的人数比相等,即 $\dfrac{320}{x}=\dfrac{16}{9}$,解得 $x=180$.故选项 C 正确.

点评 分层抽样是按比例抽样的,每层的抽样比都是相同的,因此青年教师与老年教师的人数比等于青年教师与老年教师抽取的人数比.

变式 1(2017 江苏卷·文理 3) 某工厂生产甲、乙、丙、丁四种不同型号的产品,产量分别为 200 件,400 件,300 件,100 件.为检验产品的质量,现用分层抽样的方法从以上所有的产品中抽取 60 件进行检验,则应从丙种型号的产品中抽取_____件.

解析 (解法 1)丙种型号的产品在所有产品中的占比为 $\dfrac{300}{200+400+300+100}=0.3$,因此丙种型号的产品中抽取的件数为 $60\times 0.3=18$.

(解法 2)产品的抽样比为 $\dfrac{60}{200+400+300+100}=0.06$,因此丙种型号的产品中抽取的件数为 $300\times 0.06=18$.

点评 解法 1 从丙种产品在所有产品中的占比角度出发,计算丙种型号的产品中抽取的件数,而解法 2 则先确定所有产品中的抽样比,然后再计算丙种型号的产品中抽取的件数,具有异曲同工之妙.

变式 2(2006 四川卷·文 5) 甲校有 3600 名学生,乙校有 5400 名学生,丙校有 1800 名学生,为统计三校学生某方面的情况,计划采用分层抽样法,抽取一个样本容量为 90 人的样本,应在这三校分别抽取学生( ).

A. 30 人,30 人,30 人　　　　　　B. 30 人,45 人,15 人

C. 20 人,30 人,10 人　　　　　　D. 30 人,50 人,10 人

解析 (解法 1)由题意,甲校、乙校、丙校的学生在所有学校中的人数占比分别为 $\dfrac{3600}{3600+5400+1800}=\dfrac{1}{3}$,$\dfrac{5400}{3600+5400+1800}=\dfrac{1}{2}$,$\dfrac{1800}{3600+5400+1800}=\dfrac{1}{6}$,因此甲校、乙校、丙校这三校分别抽取的学生人数为 $90\times\dfrac{1}{3}=30$,$90\times\dfrac{1}{2}=45$,$90\times\dfrac{1}{6}=15$.故选项 B 正确.

（解法2）所有学生的抽样比为 $\dfrac{90}{3600+5400+1800}=\dfrac{1}{120}$，甲校、乙校、丙校这三校分别抽取的学生人数为 $3600\times\dfrac{1}{120}=30,5400\times\dfrac{1}{120}=45,1800\times\dfrac{1}{120}=15$.故选项 B 正确.

点评 本题与上一题几乎如出一辙，不同之处在于本题涉及的数据更大，且需要求解每层的抽样数.因此计算量更大一些，但其中涉及的知识与方法是相同的.

变式3（2006 重庆卷·文7）. 某地区有 300 家商店，其中大型商店有 30 家，中型商店有 75 家，小型商店有 195 家.为了掌握各商店的营业情况，要从中抽取一个容量为 20 的样本.若采用分层抽样的方法，抽取的中型商店数是（   ）.

A. 2   B. 3   C. 5   D. 13

解析 各层次之比为 $30:75:195=2:5:13$，所抽取的中型商店数是 5，故选项 C 正确.

点评 由于本题中的大型商店、中型商店、小型商店这三层次的商店数量之比为 $2:5:13$，且巧好抽取的样本容量 $20=2+5+13$，因此抽取的中型商店数是 5.

例3（2020 天津卷·4） 从一批零件中抽取 80 个，测量其直径（单位：mm），将所得数据分为 9 组：$[5.31,5.33),[5.33,5.35),\cdots,[5.45,5.47),[5.47,5.49]$，并整理得到如下频率分布直方图（图 2.1），则在被抽取的零件中，直径落在区间 $[5.43,5.47)$ 内的个数为（   ）.

A. 10   B. 18   C. 20   D. 36

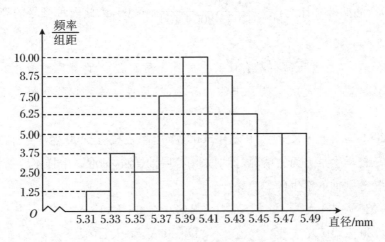

图 2.1

解析 直径落在区间 $[5.43,5.47)$ 内的频率为 $(6.25+5)\times0.02=0.225$，则被抽取的零件中，直径落在区间 $[5.43,5.47)$ 内的个数为 $0.225\times80=18$ 个，故选项 B 正确.

点评 本题以频率分布直方图为背景，考查某个范围内元素的抽样个数，具有一定的综合性.根据题意可知,直径落在区间$[5.43,5.47)$内的零件,即为频率分布直方图中的第 7 组与第 8 组,这两组的频率之和即为这两组在频率分布直方图中对应的长方形的面积之和.求出频率之后,便可直接得出答案.

变式 1(2021 全国Ⅱ卷·文理 2)　为了解某地农村经济情况,对该地农户家庭年收入进行抽样调查,将农户家庭收入的调查数据整理,得到如图 2.2 所示的频率分布直方图.

根据此频率分布直方图,下面结论中不正确的是(　　).

A. 该地农户家庭年收入低于 4.5 万元的农户比率估计为 6%

B. 该地农户家庭年收入不低于 10.5 万元的农户比率估计为 10%

C. 估计该地农户家庭年收入的平均值不超过 6.5 万元

D. 估计该地有一半以上的农户,其家庭年收入介于 4.5 万元至 8.5 万元之间

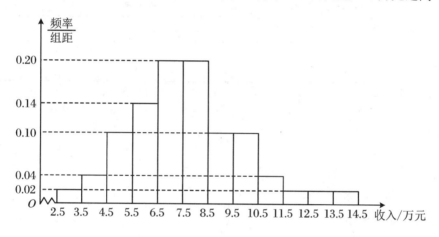

图 2.2

解析　对于选项 A,该地农户家庭年收入低于 4.5 万元的农户比率为$(0.02+0.04)\times 1=0.06=6\%$,故选项 A 正确.

对于选项 B,该地农户家庭年收入不低于 10.5 万元的农户比率为$(0.04+0.02\times 3)\times 1=0.1=10\%$,故选项 B 正确.

对于选项 C,估计该地农户家庭年收入的平均值为
$$3\times 0.02+4\times 0.04+5\times 0.1+6\times 0.14+7\times 0.2+8\times 0.2+9\times 0.1+10\times 0.1$$
$$+11\times 0.04+12\times 0.02+13\times 0.02+14\times 0.02=7.68>6.5.$$
故选项 C 错误.

对于选项 D,家庭年收入介于 4.5 万元至 8.5 万元之间的频率为$(0.1+0.14+0.2+0.2)\times 1=0.64>0.5$.因此估计该地有一半以上的农户,其家庭年收入介于 4.5 万元至 8.5 万元之间.故选项 D 正确.

点评　解决本题的关键在于对频率分布直方图的性质的应用,对题意的理解也有一定的要求.每组对应的长方形的面积即为该组的频率,这一性质是解决此类问题的关键之处.

根据这一性质,可以判断选项 A,B,D 为正确的选项,即可得出选项 C 不正确.如果直接求解该地农户家庭年收入的平均值,虽然也可以应用相关性质求出,但是运算量较大.因此在考场中应合理应用排除法,以提高解题效率.

变式 2(2017 全国Ⅲ卷·文理 3) 某城市为了解游客人数的变化规律,提高旅游服务质量,收集并整理了 2014 年 1 月至 2016 年 12 月期间月接待游客量(单位:万人)的数据,绘制了如图 2.3 所示的折线图.

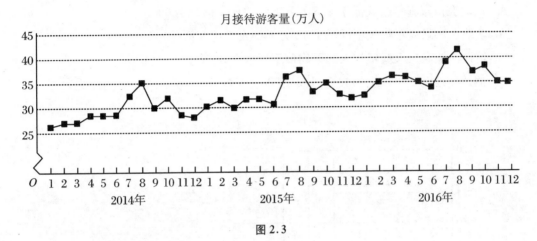

图 2.3

根据该折线图,下列结论错误的是(　　).

A. 月接待游客量逐月增加

B. 年接待游客量逐年增加

C. 各年的月接待游客量高峰期大致在 7 月,8 月

D. 各年 1 月至 6 月的月接待游客量相对 7 月至 12 月,波动性更小,变化比较平稳

解析 由题图可知,2014 年 8 月到 9 月的月接待游客量在减少,则选项 A 错误.故选项 A 正确.

点评 本题考查的是考生的读图能力,本身难度并不大,但由于涉及的信息多,会对一些考生造成一定的困扰.

变式 3(2015 全国Ⅱ卷·文理 3) 根据下面给出的 2004 年至 2013 年我国二氧化硫年排放量(单位:万吨)柱形图(图 2.4),以下结论中不正确的是(　　).A. 逐年比较,2008 年减少二氧化硫排放量的效果最显著

B. 2007 年我国治理二氧化硫排放显现成效

C. 2006 年以来我国二氧化硫年排放量呈减少趋势

D. 2006 年以来我国二氧化硫年排放量与年份正相关

解析 由柱形图可知,2008 年减少的二氧化硫排放量的数值最大,所以选项 A,B 正确.又可看出从 2006 年以来,我国二氧化硫排放量呈下降趋势,因此年排放量与年份负相

关.故选项 C 正确,选项 D 不正确.

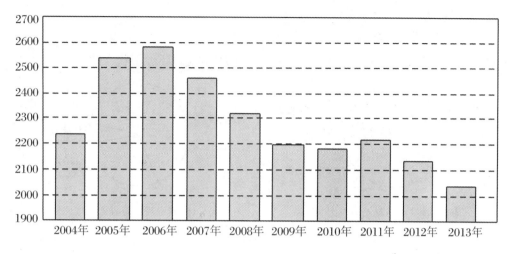

图 2.4

点评 本题只要考生能读懂题意,就可以正确地选出答案,根据题中给出的柱形图,可知我国二氧化硫的年排放量呈下降趋势,因此是负相关的,故选项 D 错误,而其余选项明显是正确的.

 **考题回放**

1.(2014 四川卷·文 2)在"世界读书日"前夕,为了了解某地 5000 名居民某天的阅读时间,从中抽取了 200 名居民的阅读时间进行统计分析.在这个问题中,5000 名居民的阅读时间的全体是( ).

A. 总体   B. 个体

C. 样本的容量   D. 从总体中抽取的一个样本

2.(2014 重庆卷·文 3)某中学有高中生 3500 人,初中生 1500 人,为了解学生的学习情况,用分层抽样的方法从该校学生中抽取一个容量为 n 的样本,已知从高中生中抽取 70 人,则 n 为( ).

A. 100   B. 150   C. 200   D. 250

3.(2020 新高考卷·5)某中学的学生积极参加体育锻炼,其中有 96% 的学生喜欢足球或游泳,60% 的学生喜欢足球,82% 的学生喜欢游泳,则该中学既喜欢足球又喜欢游泳的学生占该校学生总数的比例是( ).

A. 62%   B. 56%   C. 46%   D. 42%

4.(2018 全国 Ⅰ 卷·文理 3)某地区经过一年的新农村建设,农村的经济收入增加了一倍,实现翻番,为更好地了解该地区农村的经济收入变化情况,统计了该地区新农村建设前、后农村的经济收入构成比例,得到如图 2.5 所示的饼图.则下面结论中不正确的是( ).

A. 新农村建设后,种植收入减少

B. 新农村建设后,其他收入增加了一倍以上

C. 新农村建设后,养殖收入增加了一倍

D. 新农村建设后,养殖收入与第三产业收入的总和超过了经济收入的一半

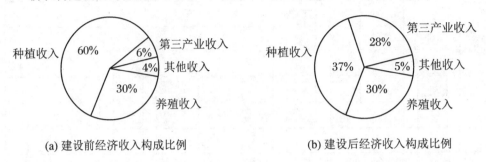

(a) 建设前经济收入构成比例   (b) 建设后经济收入构成比例

图 2.5

5. (2022 全国Ⅱ卷·文理 2)某社区通过公益讲座以普及社区居民的垃圾分类知识.为了解讲座效果,随机抽取 10 位社区居民,让他们在讲座前和讲座后各回答一份垃圾分类知识问卷,这 10 位社区居民在讲座前和讲座后问卷答题的正确率如图 2.6 所示.则(   ).

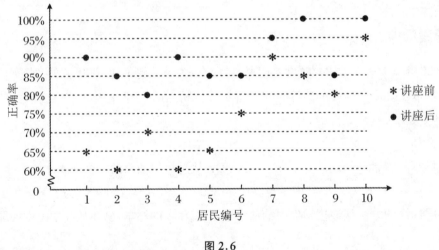

图 2.6

A. 讲座前问卷答题的正确率的中位数小于 70%

B. 讲座后问卷答题的正确率的平均数大于 85%

C. 讲座前问卷答题的正确率的标准差小于讲座后正确率的标准差

D. 讲座后问卷答题的正确率的极差大于讲座前正确率的极差

6. (2012 四川卷·文 3)交通管理部门为了解机动车驾驶员(简称驾驶员)对某新法规的知晓情况,对甲、乙、丙、丁四个社区进行分层抽样调查.假设四个社区驾驶员的总人数为 N,其中甲社区有驾驶员 96 人.若在甲、乙、丙、丁四个社区抽取驾驶员的人数分别为 12,21,

$25,43$,则 $N = ($).

A. 101   B. 808   C. 1212   D. 2012

7. (2006 重庆卷·理 6)为了了解某地区高三学生的身体发育情况,抽查了该地区 100 名年龄为 $17.5 \sim 18$ 岁的男生体重(kg),得到的频率分布直方图如图 2.7 所示.

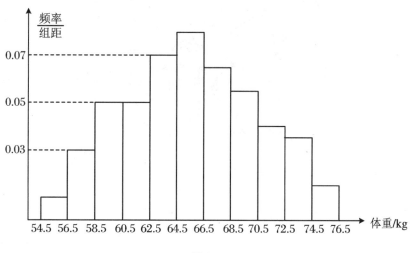

图 2.7

根据上图,可得这 100 名学生中体重在 $[56.5,64.5)$ 的学生人数是( ).

A. 20   B. 30   C. 40   D. 50

8. (2011 四川卷·文 2)有一个容量为 66 的样本,数据的分组及各组的频数如下:

$[11.5,15.5)$ 2 $[15.5,19.5)$ 4 $[19.5,23.5)$ 9 $[23.5,27.5)$ 18

$[27.5,31.5)$ 11 $[31.5,35.5)$ 12 $[35.5,39.5)$ 7 $[39.5,43.5)$ 3

根据样本的频率分布,估计大于或等于 31.5 的数据占( ).

A. $\dfrac{2}{11}$ B. $\dfrac{1}{3}$ C. $\dfrac{1}{2}$ D. $\dfrac{2}{3}$

9. (2011 湖北卷·文 5)有一个容量为 200 的样本,其频率分布直方图如图 2.8 所示.根据样本的频率分布直方图,估计样本数据落在区间 $[10,12)$ 内的频数为( ).

A. 18   B. 36   C. 54   D. 72

10. (2016 全国Ⅲ卷·文理 4)某旅游城市为向游客介绍本地的气温情况,绘制了一年中各月平均最高气温和平均最低气温的雷达图,图 2.9 中 A 点表示十月的平均最高气温约为 $15\ ℃$,B 点表示四月的平均最低气温约为 $5\ ℃$,则下面叙述不正确的是( ).

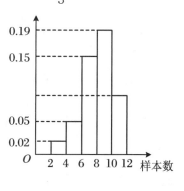

图 2.8

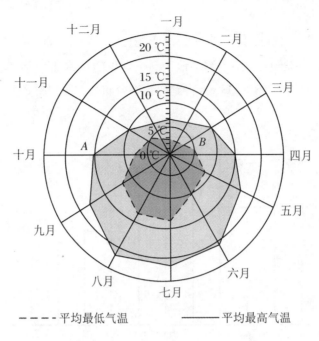

图 2.9

- - - - 平均最低气温　　　——— 平均最高气温

A. 各月的平均最低气温都在 $0\ ℃$ 以上

B. 七月的平均温差比一月的平均温差大

C. 三月和十一月的平均最高气温基本相同

D. 平均气温高于 $20\ ℃$ 的月份有 5 个

参 考 答 案

1. 由简单随机抽样的定义,知 5000 名居民的阅读时间的全体是总体. 故选项 A 正确.

2. 由题意得 $\dfrac{70}{3500}=\dfrac{n}{1500+3500}$,解得 $n=100$.故选项 A 正确.

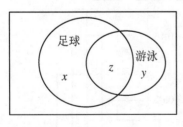

图 2.10

3. 设只喜欢足球的百分比为 x,只喜欢游泳的百分比为 y,两个项目都喜欢的百分比为 z,如图 2.10 所示,则由题意可得 $x+z=60$,$x+y+z=96$,$y+z=82$,解得 $z=46$.因此该中学既喜欢足球又喜欢游泳的学生数占该校学生总数的比例是 46%.故选项 C 正确.

4. 设新农村建设前经济收入为 a,由题意,建设后经济收入为 $2a$.则:

由题图可知,建设前种植收入为 $a×60\%=0.6a$,建设后种植收入为 $2a×37\%=0.74a$,种植收入增加,故选项 A 错误.

建设前其他收入为 $a \times 4\% = 0.04a$，建设后其他收入为 $2a \times 5\% = 0.1a$，增加了一倍以上．故选项 B 正确．

建设前养殖收入为 $a \times 30\% = 0.3a$，建设后养殖收入为 $2a \times 30\% = 0.6a$，增加了一倍．故选项 C 正确．

建设后养殖收入与第三产业收入的总和所占比例为 $30\% + 28\% = 58\%$，超过了经济收入的一半．故选项 D 正确．

故不正确的是选项 A．

5. 讲座前中位数为 $\dfrac{70\% + 75\%}{2} > 70\%$，所以选项 A 错误．

讲座后问卷答题的正确率只有 1 个是 80%，4 个 85%，剩下全部大于或等于 90%，所以讲座后问卷答题的正确率的平均数大于 85%，所以选项 B 正确．

讲座前问卷答题的正确率更加分散，所以讲座前问卷答题的正确率的标准差大于讲座后正确率的标准差，所以选项 C 错误．

讲座后问卷答题的正确率的极差为 $100\% - 80\% = 20\%$，讲座前问卷答题正确率的极差为 $95\% - 60\% = 35\% > 20\%$，所以选项 D 错误．故选项 B 正确．

6. 由题意得 $\dfrac{N}{12 + 21 + 25 + 43} = \dfrac{96}{12}$，解得 $N = 808$．故选项 B 正确．

7. 由题图可知，组距为 2，因此可得这 100 名学生中体重在 $[56.5, 64.5)$ 内的学生人数所占的频率为 $(0.03 + 0.05 + 0.05 + 0.07) \times 2 = 0.4$，所以该段学生的人数是 40．故选项 C 正确．

8. 由题意，大于或等于 31.5 的数据所占的频数为 $12 + 7 + 3 = 22$．该数据所占的频率约为 $\dfrac{22}{66} = \dfrac{1}{3}$．故选项 B 正确．

9. 因为组距为 2，所以 $[10, 12)$ 的频率为 0.18，因此频数为 $200 \times 0.18 = 36$．故选项 B 正确．

10. 由题图可知，$0\,^{\circ}\mathrm{C}$ 在虚线框内，所以各月的平均最低气温都在 $0\,^{\circ}\mathrm{C}$ 以上，故选项 A 正确；七月的平均温差比一月的平均温差大，故选项 B 正确；三月和十一月的平均最高气温都约为 $10\,^{\circ}\mathrm{C}$，基本相同，故选项 C 正确；平均最高气温高于 $20\,^{\circ}\mathrm{C}$ 的月份不是 5 个，故选项 D 不正确．故不正确的是选项 D．

2.2 用样本估计总体

知识梳理

1. 统计数据中的数字特征

（1）众数，是指一组数据中出现次数最多的数值.

（2）中位数，是指将一组数据从小到大排列，位于中间位置的数. 其中若数据的总数为奇数个，则中位数为中间的数；若数据的总数为偶数个，则中位数为中间两个数的平均值.

（3）平均数，代表一组数据的平均水平，记为 $\bar{x}$. 设一组数据为 $x_1, x_2, \cdots, x_n$，则

$$\bar{x} = \frac{x_1 + x_2 + \cdots + x_n}{n}.$$

（4）方差，代表数据分布的分散程度，记为 s^2. 设一组数据为 $x_1, x_2, \cdots, x_n$，其平均数为 $\bar{x}$，则

$$s^2 = \frac{1}{n}\left[(x_1 - \bar{x})^2 + (x_2 - \bar{x})^2 + \cdots + (x_n - \bar{x})^2\right].$$

其中，s^2 越小，说明数据越集中.

（5）标准差，也代表数据分布的分散程度，为方差的算术平方根.

（6）若样本数据 $x_1, x_2, \cdots, x_n$ 的平均数为 $\bar{x}$，方差为 s^2，则数据 $ax_1 + b, ax_2 + b, \cdots, ax_n + b$ 的平均数为 $a\bar{x} + b$，方差为 $a^2 s^2$.

（7）补注：① 在求 $n \geqslant 2$ 个数 $x_1, x_2, \cdots, x_n$ 的均值（期望）$\bar{x}$ 时，为了减少运算量，可以先估计一个比较适中的"平衡数"x_0，然后就可以运用简便公式 $\bar{x} = x_0 + \frac{1}{n}\sum_{k=1}^{n}(x_k - x_0)$.

② 方差的公式中本身就把期望（均值）预设成了"平衡数"，这渗透了"盈与不足"的思想.

③ 如果一组实数的每个数依次加上或减去同一个实常数得到另一组实数，那么这两组数的方差不会改变.

④ 运用"盈与不足"的思想，可以加深理解中学数学教科书中的均值、方差的概念，并快捷地求出方差.

2. 茎叶图

通常可用于统计和比较两组数据，其中茎是指中间的一列数，通常体现数据中除了末位数前面的其他数位，叶通常代表每个数据的末位数，并按末位数之前的数位进行分类排列，相同的数据需在茎叶图中体现多次.

例题精讲

例4 (2021 新高考Ⅰ卷·9) (多选题)有一组样本数据 $x_1,x_2,\cdots,x_n$,由这组数据得到新样本数据 $y_1,y_2,\cdots,y_n$,其中 $y_i=x_i+c(i=1,2,\cdots,n)$,$c$ 为非零常数,则( ).

　　A. 两组样本数据的样本平均数相同　　B. 两组样本数据的样本中位数相同
　　C. 两组样本数据的样本标准差相同　　D. 两组样本数据的样本极差相同

解析 对于选项 A,$E(y)=E(x+c)=E(x)+c$ 且 $c\neq0$,故平均数不相同,错误.

对于选项 B,若第一组的中位数为 x_i,则第二组的中位数为 $y_i=x_i+c$,显然不相同,错误.

对于选项 C,$D(y)=D(x)+D(c)=D(x)$,故方差相同,正确.

对于选项 D,由极差的定义知,若第一组的极差为 $x_{\max}-x_{\min}$,则第二组的极差为

$$y_{\max}-y_{\min}=(x_{\max}+c)-(x_{\min}+c)=x_{\max}-x_{\min}.$$

故极差相同,正确.

故选 C、D 两选项.

点评 本题涉及的知识点较多,对基本概念与方法的掌握是成功解题的保证.此题我们可以利用知识梳理中的第(6)个知识点加以解决.另外,极差这个概念也是很多考生的一个盲点,应掌握相关的基本知识.

变式1(2020 全国Ⅲ卷·文3) 设一组样本数据 $x_1,x_2,\cdots,x_n$ 的方差为 0.01,则数据 $10x_1,10x_2,\cdots,10x_n$ 的方差为( ).

　　A. 0.01　　　　B. 0.1　　　　C. 1　　　　D. 10

解析 因为样本数据 $x_1,x_2,\cdots,x_n$ 的方差为 0.01,所以根据任何一组数据同时扩大几倍,方差将平方倍增长,因此数据 $10x_1,10x_2,\cdots,10x_n$ 的方差为 $100\times0.01=1$.故选项 C 正确.

点评 根据知识梳理中的第(6)个知识点,可知新数据的方差是原来方差的 10^2 倍.

变式2(2015 安徽卷·理6) 若样本数据 $x_1,x_2,\cdots,x_{10}$ 的标准差为 8,则数据 $2x_1-1$,$2x_2-1,\cdots,2x_{10}-1$ 的标准差为( ).

　　A. 8　　　　　B. 15　　　　C. 16　　　　D. 32

解析 (解法1)设样本数据 $x_1,x_2,\cdots,x_{10}$ 的平均数为 $\bar{x}$,则数据 $2x_1-1,2x_2-1,\cdots,2x_{10}-1$ 的平均数为 $2\bar{x}-1$,因为样本数据 $x_1,x_2,\cdots,x_{10}$ 的标准差为 8,所以

$$\frac{(x_1-\bar{x})^2+(x_2-\bar{x})^2+\cdots+(x_{10}-\bar{x})^2}{10}=8^2,$$

而数据 $2x_1-1,2x_2-1,\cdots,2x_{10}-1$ 的方差为

$$\frac{1}{10}\left\{\left[(2x_1-1)-(2\bar{x}-1)\right]^2+\left[(2x_2-1)-(2\bar{x}-1)\right]^2+\cdots+\left[(2x_{10}-1)-(2\bar{x}-1)\right]^2\right\}$$

$$=4\times\frac{(x_1-\bar{x})^2+(x_2-\bar{x})^2+\cdots+(x_{10}-\bar{x})^2}{10}=4\times8^2,$$

所以数据 $2x_1-1,2x_2-1,\cdots,2x_{10}-1$ 的标准差为16.故选项C正确.

（解法2）因为数据 $x_1,x_2,\cdots,x_{10}$ 的标准差为8,所以这组数据的方差为 8^2,因此数据 $2x_1-1,2x_2-1,\cdots,2x_{10}-1$ 的方差为 $2^2\times8^2$,标准差为 $\sqrt{2^2\times8^2}=16$.故选项C正确.

点评 本题的解法1使用了较为直接的公式法,这种方法虽然较为烦琐,但读者也是需要熟练掌握的,如果把这类题设计在解答题中,是不能直接使用结论的.解法2则是先利用结论得出新数据的方差,再转化为标准差,进而实现问题的求解.

变式3（2014陕西卷·理9） 设样本数据 $x_1,x_2,\cdots,x_{10}$ 的均值和方差分别是1和4,若 $y_i=x_i+a$（a 为非零常数,$i=1,2,\cdots,10$）,则 $y_1,y_2,\cdots,y_{10}$ 的均值和方差分别是（　　）.

　　A. $1+a,4$　　　　B. $1+a,4+a$　　　　C. $1,4$　　　　D. $1,4+a$

解析 （解法1）由均值和方差的意义知:把样本数据的每个值都增加 a,所得新数据的均值为原均值加 a,而方差不变.故选项A正确.

（解法2）由均值和方差的计算公式,分别计算出 $y_1,y_2,\cdots,y_{10}$ 的均值和方差分别为 $1+a,4$.故选项A正确.

点评 本题与上一题几乎如出一辙,这再次表明,对于经典考点与考法,我们在备考过程中,就必须意识到高考真题是考生备考的第一手资料.

变式4（2012山东卷·文4） 在某次测量中得到的 A 样本数据如下:82,84,84,86,86,86,88,88,88,88.若 B 样本数据恰好是 A 样本数据每个都加2后所得的数据,则 A,B 两样本的下列数字特征对应相同的是（　　）.

　　A. 众数　　　　　B. 平均数　　　　　C. 中位数　　　　　D. 标准差

解析 B 样本数据的众数、平均数、中位数都变为原来的值加上2,不变的是方差,因此标准差也不变.故选项D正确.

点评 本题根据知识梳理中的第(6)点,即可直接得到正确的答案.

例5（2010山东卷·文6） 在某项体育比赛中一位同学被评委所打出的分数如下:
$$90\quad89\quad90\quad95\quad93\quad94\quad93$$
去掉1个最高分和1个最低分后,所剩数据的平均分值为和方差分别为（　　）.

　　A. 92,2　　　　　B. 92,2.8　　　　　C. 93,2　　　　　D. 93,2.8

解析 由题意知,所剩数据为90,90,93,93,94,所以其平均数为 $90+\frac{1}{5}\times(0+0+3+3+4)=92$.方差为 $\frac{1}{5}(2^2+2^2+1^2+1^2+2^2)=2.8$.故选项B正确.

点评 本题直接利用平均数与方差的相关公式,即可获得问题的求解.试题的命制较为温和直接,也较为基础,体现出高考命题的层次性.

变式 1(2005 江苏卷·7) 在一次歌手大奖赛上,7 位评委为歌手打出的分数如下:9.4,8.4,9.4,9.9,9.6,9.4,9.7.去掉 1 个最高分和 1 个最低分后,所剩数据的平均值和方差分别为( ).

A. 9.4,0.484　　　B. 9.4,0.016　　　C. 9.5,0.04　　　D. 9.5,0.016

解析 由题意知,所剩数据为 9.4,9.4,9.4,9.6,9.7,所以其平均数为 $9.4 + \frac{1}{5} \times (0 + 0 + 0 + 0.2 + 0.3) = 9.5$.方差为 $\frac{1}{5} \times [(-0.1)^2 + (-0.1)^2 + (-0.1)^2 + 0.1^2 + 0.2^2] = 0.016$.故选项 D 正确.

点评 本题在计算平均数时,可以直接利用公式进行求解,也可以利用平方数的一个等价公式求解.这个等价公式为:若一组数据为 $x_1, x_2, \cdots, x_n$,则其平均数为

$$x_0 + \frac{(x_1 - x_0)^2 + (x_2 - x_0)^2 + \cdots + (x_n - x_0)^2}{n}.$$

利用这个公式,可以有效优化运算,提高解题效率.在求出方差之后,可以直接利用方差公式即可获得问题的求解.

变式 2(2019 全国 Ⅱ 卷·理 5) 演讲比赛共有 9 位评委分别给出某选手的原始评分,评定该选手的成绩时,从 9 个原始评分中掉 1 个最高分和 1 个最低分,得到 7 个有效评分.7 个有效评分与 9 个原始评分相比,不变的数字特征是( ).

A. 中位数　　　B. 平均数　　　C. 方差　　　D. 极差

解析 设 9 位评委的评分按从小到大排列,为 $x_1 \leq x_2 \leq x_3 \leq x_4 \leq \cdots \leq x_8 \leq x_9$.

对于选项 A,原始中位数为 x_5,去掉最低分 x_1 和最高分 x_9 后,剩余 $x_2 \leq x_3 \leq x_4 \leq \cdots \leq x_8$,中位数仍为 x_5,故选项 A 正确.

对于选项 B,原始平均数 $\overline{x_1} = \frac{1}{9}(x_1 + x_2 + x_3 + x_4 + \cdots + x_8 + x_9)$,去掉最低分 x_1 和最高分 x_9 后,平均数 $\overline{x_2} = \frac{1}{7}(x_2 + x_3 + x_4 + \cdots + x_8)$,平均数受极端值影响较大,因此 $\overline{x_1}$ 与 $\overline{x_2}$ 不一定相同.故选项 B 不正确.

对于选项 C,方差 s 依次为

$$s^2 = \frac{1}{9}[(x_1 - \overline{x_1})^2 + (x_2 - \overline{x_1})^2 + \cdots + (x_9 - \overline{x_1})^2],$$

$$s'^2 = \frac{1}{7}[(x_2 - \overline{x_2})^2 + (x_3 - \overline{x_2})^2 + \cdots + (x_8 - \overline{x_2})^2].$$

方差受极端值影响较大,故选项 C 不正确.

对于选项 D,原极差为 $x_9 - x_1$,后来的极差为 $= x_8 - x_2$,显然极差可能不变或变小,故选项 D

不正确.

故选 A.

点评 本题根据中位数的定义即可快速选出正确的选项.对于其他选项,也可以逐一根据定义得出都是错误的.但对此题来说,用排除法即可得到答案,因此在考试中可以不用再逐一判断其他选项是否正确.

例6 (2013 湖北卷·文12) 某学员在一次射击测试中射靶 10 次,命中环数如下:7,8,7,9,5,4,9,10,7,4.则

(1) 平均命中环数为_____;

(2) 命中环数的标准差为_____.

解析 (1) 命中环数都减去平衡数"$x_0 = 7$",得 0,1,0,2,−2,−3,2,3,0,−3.故可得其样本的均值为

$$\bar{x} = 7 + \frac{0 + 1 + 0 + 2 + (-2) + (-3) + 2 + 3 + 0 + (-3)}{10} = 7.$$

(2) 命中环数的标准差为

$$s = \sqrt{\frac{1}{10} \times \left[0^2 + 1^2 + 0^2 + 2^2 + (-2)^2 + (-3)^2 + 2^2 + 3^2 + 0^2 + (-3)^2\right]} = \sqrt{\frac{40}{10}} = 2.$$

点评 本题直接根据平均数与标准差的相关公式即可获得命题的解答,难度较低.

变式1 (2012 湖南卷·文13) 如图 2.11 所示是某学校一名篮球运动员在五场比赛中所得分数的茎叶图,则该运动员在这五场比赛中得分的方差为_____.

$$
\begin{array}{c|ccc}
0 & 8 & 9 & \\
1 & 0 & 3 & 5
\end{array}
$$

图 2.11

解析 每个数据都减去平衡数"$x_0 = 10$",得 −2,−1,0,3,5,则方差为

$$s^2 = \frac{1}{5} \times \left[(-3)^2 + (-2)^2 + (-1)^2 + 2^2 + 4^2\right] = 6.8.$$

点评 本题的考查也十分直接,读懂茎叶图是解题的一大关键,良好的运算能力是成功解题的保证.

变式2 (2021 全国 I 卷·文理17) 某厂研制了一种生产高精产品的设备,为检验新设备生产产品的某项指标有无提高,用一台旧设备和一台新设备各生产了 10 件产品,得到的各件产品的该项指标数据见表 2.3.

表 2.3

旧设备	9.8	10.3	10.0	10.2	9.9	9.8	10.0	10.1	10.2	9.7
新设备	10.1	10.4	10.1	10.0	10.1	10.3	10.6	10.5	10.4	10.5

旧设备和新设备生产产品的该项指标的样本平均数分别记为 $\bar{x},\bar{y}$,样本方差分别记为 s_1^2, s_2^2.

(1) 求 $\bar{x}, \bar{y}, s_1^2, s_2^2$;

(2) 判断新设备生产产品的该项指标的均值较旧设备是否有显著提高$\left(\text{如果 } \bar{y} - \bar{x} \geqslant\right.$

$2\sqrt{\dfrac{s_1^2 + s_2^2}{10}}$,则认为新设备生产产品的该项指标的均值较旧设备有显著提高,否则不认为有显著

提高$\Big)$.

解析　(1)(解法 1)由题意得

$$\bar{x} = \frac{9.8 + 10.3 + 10 + 10.2 + 9.9 + 9.8 + 10 + 10.1 + 10.2 + 9.7}{10} = 10,$$

$$\bar{y} = \frac{10.1 + 10.4 + 10.1 + 10 + 10.1 + 10.3 + 10.6 + 10.5 + 10.4 + 10.5}{10} = 10.3,$$

$$s_1^2 = \frac{0.2^2 + 0.3^2 + 0 + 0.2^2 + 0.1^2 + 0.2^2 + 0 + 0.1^2 + 0.2^2 + 0.3^2}{10} = 0.036,$$

$$s_2^2 = \frac{0.2^2 + 0.1^2 + 0.2^2 + 0.3^2 + 0.2^2 + 0 + 0.3^2 + 0.2^2 + 0.1^2 + 0.2^2}{10} = 0.04.$$

(解法 2)旧设备的各件产品的该项指标数据都减去平衡数"$x_0 = 10$",得 $-0.2, 0.3, 0, 0.2, -0.1, -0.2, 0, 0.1, 0.2, -0.3$.所以

$$\bar{x} = x_0 + \frac{-0.2 + 0.3 + 0 + 0.2 + (-0.1) + (-0.2) + 0 + 0.1 + 0.2 + (-0.3)}{10} = 10,$$

$$s_1^2 = \frac{0.2^2 + 0.3^2 + 0 + 0.2^2 + 0.1^2 + 0.2^2 + 0 + 0.1^2 + 0.2^2 + 0.3^2}{10} = 0.036.$$

新设备的各件产品的该项指标数据都减去平衡数"$y_0' = 10.3$",得 $-0.2, 0.1, -0.2, -0.3, -0.1, 0, 0.3, 0.2, 0.1, 0$.所以

$$\bar{y} = y_0' + \frac{-0.2 + 0.1 + (-0.2) + (-0.3) + (-0.1) + 0 + 0.3 + 0.2 + 0.1 + 0}{10} = 10.3,$$

$$s_2^2 = \frac{0.2^2 + 0.1^2 + 0.2^2 + 0.3^2 + 0.2^2 + 0 + 0.3^2 + 0.2^2 + 0.1^2 + 0.2^2}{10} = 0.04.$$

(2) 依题意,得

$$\bar{y} - \bar{x} = 0.3 = 2 \times 0.15 = 2\sqrt{0.15^2} = 2\sqrt{0.025}.$$

因为 $2\sqrt{\dfrac{0.036 + 0.04}{10}} = 2\sqrt{0.0076}$,所以 $\bar{y} - \bar{x} > 2\sqrt{\dfrac{s_1^2 + s_2^2}{10}}$.故新设备生产产品的该项指标的均值较旧设备有显著提高.

点评　在求 $n \geqslant 2$ 个数 $x_1, x_2, \cdots, x_n$ 的均值(期望)$\bar{x}$ 时,为了减少运算量,可以先估计一个比较适中的"平衡数"x_0,然后就可以运用简便公式 $\bar{x} = x_0 + \dfrac{1}{n}\sum\limits_{k=1}^{n}(x_k - x_0)$;如果一组实数的每个数依次加上或减去同一个实常数得到另一组实数,那么这两组数的方差不会改变.

例7 (2019 全国Ⅱ卷·文 14/理 13) 我国高铁发展迅速,技术先进.经统计,在经停某站的高铁列车中,有 10 个车次的正点率为 0.97,有 20 个车次的正点率为 0.98,有 10 个车次的正点率为 0.99,则经停该站高铁列车所有车次的平均正点率的估计值为_____.

解析 由题意得,经停该高铁站的列车正点数约为 $10 \times 0.97 + 20 \times 0.98 + 10 \times 0.99 = 39.2$,其中高铁个数为 $10 + 20 + 10 = 40$,所以该站所有高铁平均正点率约为 $\dfrac{39.2}{40} = 0.98$.

点评 本题可先求出各个车次的正点率之和,再求出所有车次的正点率之和,为最后求得所有车次的平均正点率奠定基础.

变式1(2016 山东卷·文理 3) 某高校调查了 200 名学生每周的自习时间(单位:h),制成了如图 2.12 所示的频率分布直方图,其中自习时间的范围是 $[17.5, 30]$,样本数据分组为 $[17.5, 20)$,$[20, 22.5)$,$[22.5, 25)$,$[25, 27.5)$,$[27.5, 30]$.根据直方图,这 200 名学生中每周的自习时间不少于 22.5 h 的人数是(　　).

A. 56　　　　　　B. 60　　　　　　C.120　　　　　　D. 140

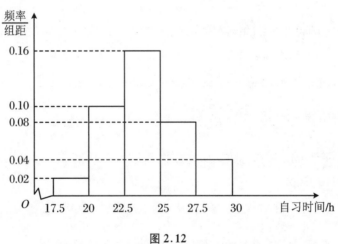

图 2.12

解析 由频率分布直方图可知,这 200 名学生每周的自习时间不少于 22.5 h 的频率为 $(0.16 + 0.08 + 0.04) \times 2.5 = 0.7$,因此,这 200 名学生中每周的自习时间不少于 22.5 h 的人数为 $200 \times 0.7 = 140$.故选项 D 正确.

点评 本题以频率分布直方图为载体,考查了统计学中的相关知识.根据题意可知,每周的自习时间不少于 22.5 h 的人落在第 3 组至第 5 组,这三组对应的小长方形的面积之和即为这 200 名学生每周的自习时间不少于 22.5 h 的频率.在求得频率之和后,即可轻松获得问题的求解.

变式2(2014 山东卷·文 8/理 7) 为研究某药品的疗效,选取若干名志愿者进行临床试验,所有志愿者的舒张压数据(单位:kPa)的分组区间为 $[12, 13)$,$[13, 14)$,$[14, 15)$,

$[15,16)$，$[16,17]$，将其按从左到右的顺序分别编号为第一组、第二组、第三组、第四组、第五组.图 2.13 是根据试验数据制成的频率分布直方图.已知第一组与第二组共有 20 人,第三组中没有疗效的有 6 人,则第三组中有疗效的人数为（　　　）.

A. 1　　　　　　B. 8　　　　　　C. 12　　　　　　D. 18

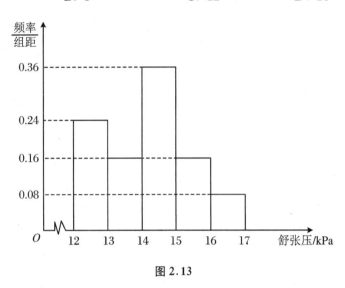

图 2.13

解析　由频率分布直方图知,样本总数为 $N = \dfrac{20}{0.16 + 0.24} = 50$,设第三组中有疗效的人数为 x,则 $\dfrac{6 + x}{50} = 0.36$,解得 $x = 12$.故选项 C 正确.

点评　本题可以根据题意先求出样本总数,进而可求得第三组的人数.

例8　(2019 全国Ⅱ卷·文 19)　某行业主管部门为了解本行业中小企业的生产情况,随机调查了 100 个企业,得到这些企业第一季度相对于前一年第一季度产值增长率 y 的频数分布表(表 2.4).

表 2.4

y 的分组	$[-0.20,0)$	$[0,0.20)$	$[0.20,0.40)$	$[0.40,0.60)$	$[0.60,0.80)$
企业数	2	24	53	14	7

(1) 分别估计这类企业中产值增长率不低于 40% 的企业比例、产值负增长的企业比例;

(2) 求这类企业产值增长率的平均数与标准差的估计值(同一组中的数据用该组区间的中点值作代表).(精确到 0.01,$\sqrt{74} \approx 8.602$.)

解析　(1) 根据产值增长率频数表,可知所调查的 100 个企业中产值增长率不低于 40% 的企业为

$$\frac{14+7}{100} = 0.21.$$

产值负增长的企业频率为

$$\frac{2}{100} = 0.02.$$

因此,用样本频率分布估计总体分布,得这类企业中产值增长率不低于40%的企业比例为21%,产值负增长的企业比例为2%.

(2) 企业产值增长率的平均数为

$$\bar{y} = \frac{1}{100} \times (-0.1 \times 2 + 0.1 \times 24 + 0.3 \times 53 + 0.5 \times 14 + 0.7 \times 7) = 0.30.$$

产值 $\bar{y}$ 增长率的方差为

$$s^2 = \frac{1}{100} \sum_{i=1}^{5} n_i (y_i - \bar{y})^2$$

$$= \frac{1}{100} \times [(-0.4)^2 \times 2 + (-0.2)^2 \times 24 + 0^2 \times 53 + 0.2^2 \times 14 + 0.4^2 \times 7]$$

$$= 0.0296.$$

所以产值增长率的标准差为

$$s = \sqrt{0.0296} = 0.02 \times \sqrt{74} \approx 0.17.$$

故这类企业产值增长率的平均数与标准差的估计值分别为30%,17%.

点评 本题以企业的生产情况为背景,情景贴近生活,为考生的平稳发挥创造了良好的条件.第(1)问对考生的阅读提取信息能力有一定要求,但难度并不大.第(2)问对考生的运算能力有一定的要求,参考数据的合理使用可以获得问题的求解.

变式 1(2014 全国 I 卷·文 18)　从某企业生产的某种产品中抽取 100 件,测量这些产品的一项质量指标值,由测量表得表 2.5 中的频数分布表.

表 2.5

质量指标值分组	$[75,85)$	$[85,95)$	$[95,105)$	$[105,115)$	$[115,125)$
频数	6	26	38	22	8

(1) 在图 2.14 中作出这些数据的频率分布直方图;

(2) 估计这种产品质量指标值的平均数及方差(同一组中的数据用该组区间的中点值作代表);

(3) 根据以上抽样调查数据,能否认为该企业生产的这种产品符合"质量指标值不低于 95 的产品至少要占全部产品的 80%"的规定?

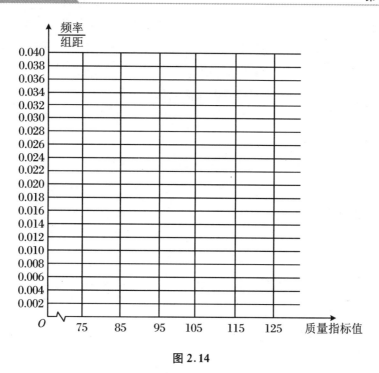

图 2.14

(解)(析) （1）频率分布直方图如图 2.15 所示.

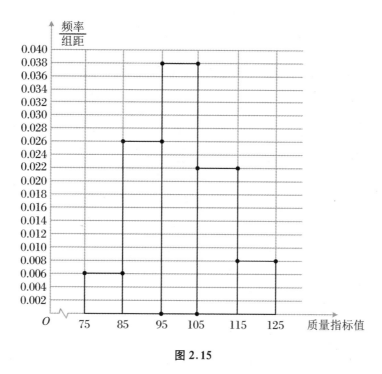

图 2.15

（2）质量指标值的样本平均数为

$$\bar{x} = 80 \times 0.06 + 90 \times 0.26 + 100 \times 0.38 + 110 \times 0.22 + 120 \times 0.08 = 100.$$

质量指标值的样本方差为

$$s^2 = (-20)^2 \times 0.06 + (-10)^2 \times 0.26 + 0.38 + 10^2 \times 0.22 + 20^2 \times 0.08 = 104.$$

所以这种产品质量指标值的平均数的估计值为100,方差的估计值为104.

(3) 质量指标值不低于95的产品所占比例的估计值为 $0.38 + 0.22 + 0.08 = 0.68$,该估计值小于0.8,故不能认为该企业生产的这种产品符合"质量指标值不低于95的产品至少要占全部产品80%"的规定.

点评 本题与上一题的背景相近,难度适中.第(1)问考查了频率分布直方图的绘制方法,较为基础,要特别注意的是频率分布直方图的纵坐标为频率除以组距,并不是频率,这是一个易错点.第(2)问则是根据频率分布直方图求估算平均数与方差,这是最常考查的知识点,良好的运算能力是成功解题的关键.第(3)问对题意的理解是解题的关键,对考生的数据分析能力具有一定的要求.

变式2(2010安徽卷·文18) 某市2010年4月1日—4月30日对空气污染指数的检测数据如下(主要污染物为可吸入颗粒物):

$$61,76,70,56,81,91,92,91,75,81,88,67,101,103,95,91,$$

$$77,86,81,83,82,82,64,79,86,85,75,71,49,45.$$

(1) 完成频率分布表;

(2) 作出频率分布直方图;

(3) 根据国家标准,污染指数在0～50时,空气质量为优;在51～100时,为良;在101～150时,为轻微污染;在151～200时,为轻度污染.

请你依据所给数据和上述标准,对该市的空气质量给出一个简短评价.

解析 (1) 频率分布表见表2.6.

表2.6

分组	频数	频率
$[41,51)$	2	$\frac{2}{30}$
$[51,61)$	1	$\frac{1}{30}$
$[61,71)$	4	$\frac{4}{30}$
$[71,81)$	6	$\frac{6}{30}$
$[81,91)$	10	$\frac{10}{30}$
$[91,101)$	5	$\frac{5}{30}$
$[101,111)$	2	$\frac{2}{30}$

（2）频率分布直方图如图 2.16 所示．

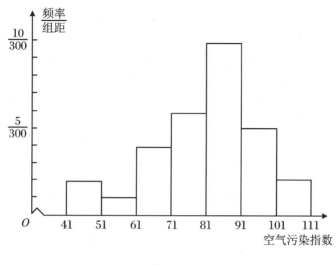

图 2.16

（3）答对下述两条中的一条即可：

① 该市一个月中空气污染指数有 2 天处于优的水平,占当月天数的 $\frac{1}{15}$;有 26 天处于良的水平,占当月天数的 $\frac{13}{15}$;处于优或良的天数共有 28 天,占当月天数的 $\frac{14}{15}$.说明该市空气质量基本良好.

② 轻微污染有 2 天,占当月天数的 $\frac{1}{15}$;污染指数在 80 以上的接近轻微污染的天数有 15 天,加上处于轻微污染的天数,共有 17 天,占当月天数的 $\frac{17}{30}$,超过 50%.说明该市空气质量有待进一步改善.

点评 本题以空气质量为背景进行试题的构建,倡导人们要有爱护环境的意识.第(1)问、第(2)问要求完成频率分布表与绘制频率分布直方图,难度不大,只要熟悉相关知识即可完成.第(3)问则是一道开放试题,也是新高考改革的一大方向,具有很强的备考价值,读者可从中体会这类问题的答题方式,做到心中有数、触类旁通.

变式 3（2019 全国Ⅲ卷·理 17） 为了解甲、乙两种离子在小鼠体内的残留程度,进行如下试验:将 200 只小鼠随机分成 A、B 两组,每组 100 只,其中 A 组小鼠给服甲离子溶液,B 组小鼠给服乙离子溶液,每只小鼠给服的溶液体积相同、摩尔浓度相同.经过一段时间后,用某种科学方法测算出残留在小鼠体内离子的百分比,根据试验数据分别得到如图 2.17 所示的直方图.

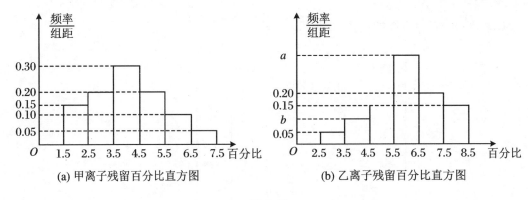

图 2.17

记 C 为事件:"乙离子残留在体内的百分比不低于5.5".根据直方图得到 $P(C)$ 的估计值为 0.70.

(1) 求乙离子残留百分比直方图中 a,b 的值;

(2) 分别估计甲、乙离子残留百分比的平均值(同一组中的数据用该组区间的中点值作代表).

(解)(析) (1) C 为事件:"乙离子残留在体内的百分比不低于5.5",根据直方图得到 $P(C)$ 的估计值为 0.70.则由频率分布直方图得

$$\begin{cases} a + 0.20 + 0.15 = 0.7, \\ 0.05 + b + 0.15 = 1 - 0.7. \end{cases}$$

解得乙离子残留百分比直方图中 $a = 0.35, b = 0.10$.

(2) 估计甲离子残留百分比的平均值为

$$\bar{x}_甲 = 2 \times 0.15 + 3 \times 0.20 + 4 \times 0.30 + 5 \times 0.20 + 6 \times 0.10 + 7 \times 0.05 = 4.05.$$

乙离子残留百分比的平均值为

$$\bar{x}_乙 = 3 \times 0.05 + 4 \times 0.1 + 5 \times 0.15 + 6 \times 0.35 + 7 \times 0.2 + 8 \times 0.15 = 6.$$

点评 本题以离子在小鼠体内的残留程度这一实验为背景考查学生的数据处理能力,具有一定的新意.读懂频率分布直方图,合理利用频率分布直方图的性质是解题的关键,第(1)问可根据频率分布直方图的相关性质并结合方程的思想加以解答,第(2)问直接使用平均数的计算公式即可获得问题的求解,难度不大.

变式 4(2016 四川卷·理16) 我国是世界上严重缺水的国家,某市政府为了鼓励居民节约用水,计划调整居民生活用水收费方案,拟确定一个合理的月用水量标准 x(吨);一位居民的月用水量不超过 x 的部分按平价收费,超出 x 的部分按议价收费.为了了解居民用水情况,通过抽样,获得了某年100位居民每人的月均用水量(单位:吨).将数据按照$[0,0.5)$,$[0.5,1),\cdots,[4,4.5]$分成9组,制成如图2.18所示的频率分布直方图.

(1) 求直方图中 a 的值;

(2) 设该市有 30 万居民,估计全市居民中月均用水量不低于 3 吨的人数,并说明理由;

(3) 若该市政府希望使 85% 的居民每月的用水量不超过标准 x(吨),估计 x 的值,并说明理由.

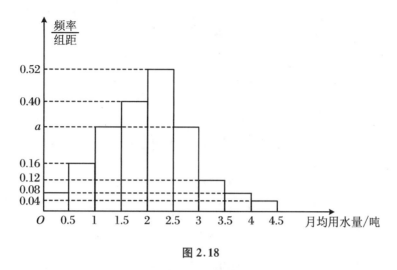

图 2.18

（解析）(1) 由概率统计相关知识,各组频率之和的值为 1,因为频率 $=$ $\dfrac{频率}{组距} \times$ 组距,所以

$$0.5 \times (0.08 + 0.16 + 0.4 + 0.52 + 0.12 + 0.08 + 0.04 + 2a) = 1$$

解得 $a = 0.3$.

(2) 由图可知,不低于 3 吨人数所占百分比为 $0.5 \times (0.12 + 0.08 + 0.04) = 0.12$,因此全市月均用水量不低于 3 吨的人数为

$$30 \times 0.12 = 3.6(万).$$

(3) 由图可知,月均用水量小于 2.5 吨的居民人数所占百分比为

$$0.5 \times (0.08 + 0.16 + 0.3 + 0.4 + 0.52) = 0.73$$

即 73% 的居民月均用水量小于 2.5 吨.同理,88% 的居民月均用水量小于 3 吨,故 $2.5 < x < 3$.假设月均用水量平均分布,则

$$x = 2.5 + 0.5 \times \dfrac{(85\% - 73\%) \div 0.5}{0.3} = 2.9(吨).$$

点评　本题以居民的生活用水为背景考查相关的统计学知识,题面温和,难度适中.第(1)问利用"频率分布直方图中的每个小长方形的面积之和为 1"这一重要性质即可求得 a 的值.第(2)问则可根据频率分布直方图先求出样本中月均用水量不低于 3 吨的频率,再利用样本估计总体的思想估计全市居民中月均用水量不低于 3 吨的频率,这是统计学中最核心的数学思想,希望读者用心体会.估计出全市居民中月均用水量不低于 3 吨的频率之后,即可计算出所需求解的结果.第(3)问则考查了估算思想,可先估计出 85% 的居民每月的用

水量不超过标准 x(吨)的大致范围,再利用方程的思想实现问题的求解,本小问对考生分析问题的能力具有一定的要求.

例9 (2022 全国 I 卷·文 4) 分别统计了甲、乙两位同学 16 周的各周课外体育运动时长(单位:h),得如图 2.19 所示的茎叶图.则下列结论中错误的是( ).

甲		乙
6 1	5.	
8 5 3 0	6.	3
7 5 3 2	7.	4 6
6 4 2 1	8.	1 2 2 5 6 6 6
4 2	9.	0 2 3 8
	10.	1

图 2.19

A. 甲同学周课外体育运动时长的样本中位数为 7.4

B. 乙同学周课外体育运动时长的样本平均数大于 8

C. 甲同学周课外体育运动时长大于 8 的概率的估计值大于 0.4

D. 乙同学周课外体育运动时长大于 8 的概率的估计值大于 0.6

解析 对于选项 A,甲同学周课外体育运动时长的样本中位数为 $\dfrac{7.3+7.5}{2}=7.4$,故选项 A 结论正确.

对于选项 B,乙同学课外体育运动时长的样本平均数为

$$\frac{1}{16}(6.3+7.4+7.6+8.1+8.2+8.2+8.5+8.6+8.6+8.6$$
$$+9.0+9.2+9.3+9.8+10.1)=8.50625>8$$

故选项 B 结论正确.

对于选项 C,甲同学周课外体育运动时长大于 8 的概率的估计值为 $\dfrac{6}{16}=0.375<0.4$,故选项 C 结论错误.

对于选项 D,乙同学周课外体育运动时长大于 8 的概率的估计值为 $\dfrac{13}{16}=0.8125>0.6$,故选项 D 结论正确.故本题应选 C.

点评 本题综合考查了茎叶图、中位数、平均数、古典概型等基础知识,如何读懂茎叶图是解题的关键.

变式 1(2008 海南、宁夏卷·文理 16) 从甲、乙两品种的棉花中各抽测了 A 根棉花的纤维长度(单位:mm),结果如下:

甲品种:271,273,280,285,285,287,292,294,295,301,303,303,307

　　　　308,310,314,319,323,325,325,328,331,334,337,352

乙品种:284,292,295,304,306,307,312,313,315,315,316,318,318

　　　　320,322,322,324,327,329,331,333,336,337,343,356

由以上数据设计了如图 2.20 所示的茎叶图.

甲		乙
3　1	27	
7　5　5　0	28	4
5　4　2	29	2　5
8　7　3　3　1	30	4　6　7
9　4　0	31	2　3　5　5　6　8　8
8　5　5　3	32	0　2　2　4　7　9
7　4　1	33	1　3　6　7
	34	3
2	35	6

图 2.20

根据以上茎叶图,对甲、乙两品种棉花的纤维长度作比较,写出两个统计结论:

① _____.

② _____.

解析 答对下述中的 2 条即可:(1) 乙品种棉花的纤维平均长度大于甲品种棉花的纤维平均长度(或乙品种棉花的纤维长度普遍大于甲品种棉花的纤维长度).

(2) 甲品种棉花的纤维长度较乙品种棉花的纤维长度更分散(或乙品种棉花的纤维长度较甲品种棉花的纤维长度更集中(稳定);甲品种棉花的纤维长度的分散程度比乙品种棉花的纤维长度的分散程度更大).

(3) 甲品种棉花的纤维长度的中位数为 307 mm,乙品种棉花的纤维长度的中位数为 318 mm.

(4) 乙品种棉花的纤维长度基本上是对称的,而且大多集中在中间(均值附近).甲品种棉花的纤维长度除一个特殊值(352)外,也大致对称,其分布均匀.

点评 本题也是一道开放试题,考生可以从不同角度加以分析,只要合理即可.本题以茎叶图为背景进行试题的构建,读懂茎叶图是解题的关键.本题的解答可以从平均数、标准差、中位数等不同视角进行剖析,难度不大,为考生发挥自己的数学能力水平提供了一个很好的平台.

变式 2(2009 安徽卷·文 17)　某良种培育基地正在培育一种小麦新品种 A,将其与原

有的一个优良品种 B 进行对照试验,两种小麦各种植了 25 亩,所得亩产数据(单位:kg)如下:

品种 A:357,359,367,368,375,388,392,399,400,405,412,414,415,
421,423,423,427,430,430,434,443,445,445,451,454

品种 B:363,371,374,383,385,386,391,392,394,394,395,397,397,
400,401,401,403,406,407,410,412,415,416,422,430

(1) 完成所附的茎叶图(图 2.21);

(2) 用茎叶图处理现有的数据,有什么优点?

(3) 通过观察茎叶图,对品种 A 与 B 的亩产量及其稳定性进行比较,写出统计结论.

A		B
	35	
	36	
	37	
	38	
	39	
	40	
	41	
	42	
	43	
	44	
	45	

图 2.21

(解)(析) (1) 茎叶图如图 2.22 所示.

A		B
9 7	35	
8 7	36	3
5	37	1 4
8	38	3 5 6
9 2	39	1 2 4 4 5 7 7
5 0	40	0 1 1 3 6 7
5 4 2	41	0 2 5 6
7 3 3 1	42	2
4 0 0	43	0
5 5 3	44	
4 1	45	

图 2.22

(2) 用茎叶图处理现有的数据不仅可以看出数据的分布状况,而且可以看出每组中的具体数据.

(3) 通过观察茎叶图,可以发现品种 A 的平均每亩产量为 411.1 kg,品种 B 的平均亩产量为 397.8 kg. 由此可知,品种 A 的平均亩产量比品种 B 的平均亩产量高. 但品种 A 的亩产量不够稳定,而品种 B 的亩产量比较集中在平均产量附近.

点评　上一题考查了茎叶图的读取,本题则考查了茎叶图的绘制,以及茎叶图的优点的分析,体现了高考试题的丰富性与多样性. 第(3)问则考查了考生的数据处理能力,一般这类问题可以从平均数与方差两个视角加以剖析. 本题是一道代表性地以茎叶图为背景的优秀试题.

变式 3(2014 广东卷·文 17)　某车间 20 名工人年龄数据见表 2.7.

(1) 求这 20 名工人年龄的众数与极差;

(2) 以十位数为茎,个位数为叶,作出这 20 名工人年龄的茎叶图;

(3) 求这 20 名工人年龄的方差.

表 2.7

年龄(岁)	工人数(人)
19	1
28	3
29	3
30	5
31	4
32	3
40	1
合计	20

解析　(1) 由表可知,这 20 名工人年龄的众数是 30,极差是 $40-19=21$.

(2) 茎叶图如图 2.23 所示.

1	9
2	8 8 8 9 9 9
3	0 0 0 0 0 1 1 1 1 2 2 2
4	0

图 2.23

(3) 年龄的平均数为

$$\frac{1 \times 19 + 3 \times 28 + 3 \times 29 + 5 \times 30 + 4 \times 31 + 3 \times 32 + 1 \times 40}{20} = 30.$$

故这 20 名工人年龄的方差为

$$\frac{1 \times (-11)^2 + 3 \times (-2)^2 + 3 \times (-1)^2 + 0 + 4 \times 1^2 + 3 \times 2^2 + 1 \times 10^2}{20}$$

$$= \frac{121 + 12 + 3 + 4 + 12 + 100}{20} = \frac{252}{20} = 12.6.$$

点评　本题考查的基本概念较多,有些概念如极差会被很多考生忽视,希望读者在备考过程中要做到全方位复习,不能盲目刷题,本末倒置.

变式 4(2014 全国Ⅱ卷·文 19)　某市为了考核甲、乙两部门的工作情况,随机访问了 50 位市民. 根据这 50 位市民对两部门的评分(评分越高表明市民的评价越高),绘制茎叶图,如图 2.24 所示.

(1) 分别估计该市的市民对甲、乙部门评分的中位数;

(2) 分别估计该市的市民对甲、乙部门评分高于 90 的概率;

(3) 根据茎叶图分析该市的市民对甲、乙两部门的评价.

甲部门		乙部门
	3	5 9
4	4	0 4 4 8
9 7	5	1 2 2 4 5 6 6 7 7 8 9
9 7 6 6 5 3 3 2 1 1 0	6	0 1 1 2 3 4 6 8 8
9 8 7 7 7 6 6 5 5 5 5 4 4 4 3 3 2 1 0 0	7	0 0 1 1 3 4 4 9
6 6 5 5 2 0 0	8	1 2 3 3 4 5
6 3 2 2 2 0	9	0 1 1 4 5 6
	10	0 0 0

图 2.24

(解)(析)(1) 由所给茎叶图知,市民对甲部门的评分由小到大排序,且排在第 25、26 位的是 75、75,故样本的中位数为 75,所以该市的市民对甲部门评分的中位数的估计值是 75;市民对乙部门的评分由小到大排序,且排在第 25、26 位的是 66、68,故样本的中位数为 $\frac{66+68}{2}=67$,所以该市的市民对乙部门评分的中位数的估计值是 67.

(2) 由所给茎叶图知,50 位市民对甲、乙部门的评分高于 90 的比率分别为 $\frac{5}{50}=0.1$,$\frac{8}{50}=0.16$,故该市市民对甲、乙部门的评分高于 90 的概率的估计值分别为 0.1,0.16.

(3) 由所给茎叶图知,市民对甲部门的评分的中位数高于对乙部门的评分的中位数,而且由茎叶图可以大致看出,对甲部门的评分的标准差要小于对乙部门的评分的标准差,说明该市市民对甲部门的评价较高,评价较为一致;对乙部门的评价较低,评价差异较大.

点评 本题涉及的数据较多,容易对考生带来困扰.第(2)问考查古典概型,难度适中;第(3)问具有很强的现实背景,揭示了某种情景下的假象问题,值得认真回味.

考题回放

1. (2019 全国Ⅲ卷·理 3)《西游记》《三国演义》《水浒传》和《红楼梦》是中国古典文学瑰宝,并称中国古典小说四大名著.某中学为了解本校学生阅读四大名著的情况,随机调查了 100 位学生,其中阅读过《西游记》或《红楼梦》的学生共有 90 位,阅读过《红楼梦》的学生共有 80 位,阅读过《西游记》且阅读过《红楼梦》的学生共有 60 位,则该校阅读过《西游记》

的学生人数与该校学生总数比值的估计值为( ).

    A. 0.5   B. 0.6   C. 0.7   D. 0.8

2. (2017 全国 I 卷·文 2)为评估一种农作物的种植效果,选了 n 块地做试验田.这 n 块地的亩产量(单位:kg)分别为 $x_1, x_2, \cdots, x_n$,下面给出的指标中可以用来评估这种农作物亩产量稳定程度的是( ).

    A. $x_1, x_2, \cdots, x_n$ 的平均数   B. $x_1, x_2, \cdots, x_n$ 的标准差

    C. $x_1, x_2, \cdots, x_n$ 的最大值   D. $x_1, x_2, \cdots, x_n$ 的中位数

3. (2014 陕西卷·文 9)某公司 10 位员工的月工资(单位:元)为 $x_1, x_2, \cdots, x_{10}$,其均值和方差分别是 $\bar{x}$ 和 s^2,若从下月起每位员工的月工资增加 100 元,则这 10 位员工下月工资的均值和方差分别是( ).

    A. $\bar{x}, s^2 + 100^2$ C. $\bar{x} + 100, s^2 + 100^2$

    C. $\bar{x}, s^2$ D. $\bar{x} + 100, s^2$

4. (2015 山东卷·6)为比较甲、乙两地某月 14 时的气温情况,随机选取该月中的 5 天,将这 5 天中 14 时的气温数据(单位:℃)制成如图 2.25 所示的茎叶图.考虑以下结论:

    ① 甲地该月 14 时的平均气温低于乙地该月 14 时的平均气温;

    ② 甲地该月 14 时的平均气温高于乙地该月 14 时的平均气温;

甲		乙
9 8 6	2	8 9
1 1	3	0 1 2

图 2.25

    ③ 甲地该月 14 时的气温的标准差小于乙地该月 14 时的气温的标准差;

    ④ 甲地该月 14 时的气温的标准差大于乙地该月 14 时的气温的标准差.

    其中根据茎叶图能得到的统计结论的编号为( ).

    A. ①③   B. ①④   C. ②③   D. ②④

5. (2013 安徽卷·理 5)某班级有 50 名学生,其中有 30 名男生和 20 名女生.随机询问了该班 5 名男生和 5 名女生在某次数学测验中的成绩,5 名男生的成绩分别为 86,94,88,92,90,五名女生的成绩分别为 88,93,93,88,93.下列说法一定正确的是( ).

    A. 这种抽样方法是一种分层抽样

    B. 这种抽样方法是一种系统抽样

    C. 这 5 名男生成绩的方差大于这 5 名女生成绩的方差

    D. 该班男生成绩的平均数小于该班女生成绩的平均数

6. (2013 山东卷·文 10)将某选手的 9 个得分去掉 1 个最高分和 1 个最低分,7 个剩余分数的平均分为 91,现场做的 9 个分数的茎叶图后来有一个数据模糊,无法辨认,在图2.26中以 x 表示,则 7 个剩余分数的方差为( ).

8	7 7
9	4 0 1 0 x 9 1

图 2.26

A. $\dfrac{116}{9}$ B. $\dfrac{36}{7}$ C. 36   D. $\dfrac{6\sqrt{7}}{7}$

7. (2020 全国Ⅲ卷·理 3)在一组样本数据中,1,2,3,4 出现的频率分别为 $p_1,p_2,p_3,$ p_4,且 $\displaystyle\sum_{i=1}^{4}p_i=1$.则下面四种情形中,对应样本的标准差最大的一组是( ).

 A. $p_1=p_4=0.1,p_2=p_3=0.4$ B. $p_1=p_4=0.4,p_2=p_3=0.1$

 C. $p_1=p_4=0.2,p_2=p_3=0.3$ D. $p_1=p_4=0.3,p_2=p_3=0.2$

8. (2011 江西卷·文 7)为了普及环保知识,增强环保意识,某大学随即抽取 30 名学生参加环保知识测试,得分(十分制)如图 2.27 所示,假设得分值的中位数为 m_e,众数为 m_o,平均值为 $\bar{x}$,则( ).

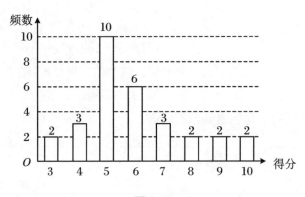

图 2.27

 A. $m_e=m_o=\bar{x}$ B. $m_e=m_o<\bar{x}$

 C. $m_e<m_o<\bar{x}$ D. $m_o<m_e<\bar{x}$

9. (2010 陕西卷·文 4)如图 2.28 所示,样本 A 和 B 分别取自两个不同的总体,它们的样本平均数分别为 $\bar{x}_A$ 和 $\bar{x}_B$,样本标准差分别为 s_A 和 s_B,则( ).

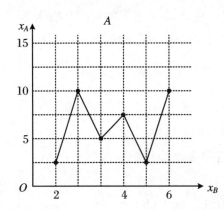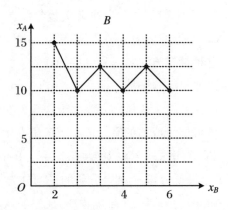

图 2.28

A. $\bar{x}_A > \bar{x}_B, s_A > s_B$　　　　　　　B. $\bar{x}_A < \bar{x}_B, s_A > s_B$

C. $\bar{x}_A > \bar{x}_B, s_A < s_B$　　　　　　　D. $\bar{x}_A < \bar{x}_B, s_A < s_B$

10.（2012 安徽卷·理 5）甲、乙两人在一次射击比赛中各射靶 5 次，两人成绩的条形统计图如图 2.29 所示，则（　　）.

A. 甲的成绩的平均数小于乙的成绩的平均数

B. 甲的成绩的中位数等于乙的成绩的中位数

C. 甲的成绩的方差小于乙的成绩的方差

D. 甲的成绩的极差小于乙的成绩的极差

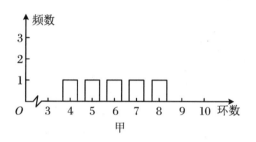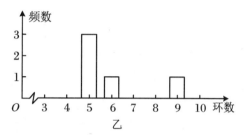

图 2.29

11.（2012 陕西卷·文 3）对某商店一月内每天的顾客人数进行了统计，得到了样本的茎叶图（图 2.30），则该样本的中位数、众数、极差分别为（　　）.

A. 46,45,56　　　　B. 46,45,53　　　　C. 47,45,56　　　　D. 45,47,53

12.（2012 陕西卷·理 6）从甲、乙两个城市分别随机抽取 16 台自动售货机，对其销售额进行统计，统计数据用茎叶图表示（图 2.31）. 设甲、乙两组数据的平均数分别为 $\bar{x}_甲, \bar{x}_乙$，中位数分别为 $m_甲, m_乙$，则（　　）.

A. $\bar{x}_甲 < \bar{x}_乙, m_甲 > m_乙$　　　　　　B. $\bar{x}_甲 < \bar{x}_乙, m_甲 < m_乙$

C. $\bar{x}_甲 > \bar{x}_乙, m_甲 > m_乙$　　　　　　D. $\bar{x}_甲 > \bar{x}_乙, m_甲 < m_乙$

1	2 5
2	0 2 3 3
3	1 2 4 4 8 9
4	5 5 5 7 8 8 9
5	0 0 1 1 4 7 9
6	1 7 8

图 2.30

甲		乙
	8 6 5 0	
8 8 4 0 0 1	0 2 8
7 5 2 2	0 2 3 3 7
8 0 0 3	1 2 4 4 8
3 1 4	2 3 8

图 2.31

13.（2012 江西卷·理 9）样本 $(x_1, x_2, \cdots, x_n)$ 的平均数为 $\bar{x}$，样本 $(y_1, y_2, \cdots, y_m)$ 的平均数为 $\bar{y}(\bar{x} \neq \bar{y})$，若样本 $(x_1, x_2, \cdots, x_n, y_1, y_2, \cdots, y_m)$ 的平均数为 $\bar{z} = \alpha\bar{x} + (1-\alpha)\bar{y}$，其中

$0<\alpha<\dfrac{1}{2}$,则 n,m 的大小关系为(   ).

A. $n<m$ B. $n>m$ C. $n=m$ D. 不能确定

14. (2012 上海卷·理 17)设 $10\leqslant x_1<x_2<x_3<x_4\leqslant 10^4$,$x_5=10^5$. 随机变量 ξ_1 的取值 x_1,x_2,x_3,x_4,x_5 的概率均为 0.2,随机变量 ξ_2 的取值 $\dfrac{x_1+x_2}{2}$,$\dfrac{x_2+x_3}{2}$,$\dfrac{x_3+x_4}{2}$,$\dfrac{x_4+x_5}{2}$,$\dfrac{x_5+x_1}{2}$ 的概率也均为 0.2.若记 $D(\xi_1)$,$D(\xi_2)$ 分别为 ξ_1,ξ_2 的方差,则(   ).

A. $D(\xi_1)>D(\xi_2)$

B. $D(\xi_1)=D(\xi_2)$

C. $D(\xi_1)<D(\xi_2)$

D. $D(\xi_1)$ 与 $D(\xi_2)$ 的大小关系与 x_1,x_2,x_3,x_4 的取值有关

15. (2006 湖南卷·文 12)某高校有甲、乙两个数学建模兴趣班. 其中甲班有 40 人,乙班有 50 人. 现分析两个班的一次考试成绩,算得甲班的平均成绩是 90 分,乙班的平均成绩是 81 分,则该校数学建模兴趣班的平均成绩是_____.

16. (2015 广东卷·文 12)已知样本数据 $x_1,x_2,\cdots,x_n$ 的均值 $\bar{x}=5$,则样本数据 $2x_1+1$,$2x_2+1,\cdots,2x_n+1$ 的均值为_____.

17. (2019 江苏卷·3)已知一组数据 $6,7,8,8,9,10$,则该组数据的方差是_____.

18. (2010 江苏卷·4)某棉纺厂为了了解一批棉花的质量,从中随机抽取了 100 根棉花纤维的长度(棉花纤维的长度是棉花质量的重要指标),所得数据都在区间 $[5,40]$ 中,其频率分布直方图如图 2.32 所示,则其抽样的 100 根中,有_____根棉花纤维的长度小于 20 mm.

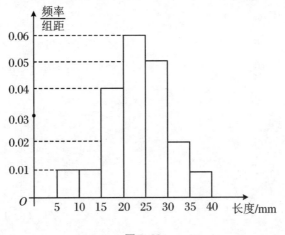

图 2.32

19. (2020 全国 I 卷·文 17)某厂接受了一项加工业务,加工出来的产品(单位:件)按标准分为 A,B,C,D 四个等级.加工业务约定:对于 A 级品、B 级品、C 级品,厂家每件分别收取加工费 90 元,50 元,20 元;对于 D 级品,厂家每件要赔偿原料损失费 50 元.该厂有甲、

乙两个分厂可承接加工业务. 甲分厂加工成本费为 25 元/件, 乙分厂加工成本费为 20 元/件. 厂家为决定由哪个分厂承接加工业务, 在两个分厂各试加工了 100 件这种产品, 并统计了这些产品的等级, 整理出表 2.8 和表 2.9.

表 2.8   甲分厂产品等级的频数分布表

等级	A	B	C	D
频数	40	20	20	20

表 2.9   乙分厂产品等级的频数分布表

等级	A	B	C	D
频数	28	17	34	21

(1) 分别估计甲、乙两分厂加工出来的一件产品为 A 级品的概率;

(2) 分别求甲、乙两分厂加工出来的 100 件产品的平均利润, 以平均利润为依据, 厂家应选哪个分厂承接加工业务?

20. (2014 安徽卷·文 17) 某高校共有 15000 人, 其中男生 10500 人, 女生 4500 人, 为调查该校学生每周平均体育运动时间的情况, 采用分层抽样的方法, 收集 300 位学生每周平均体育运动时间的样本数据 (单位: h).

(1) 应收集多少位女生的样本数据?

(2) 根据这 300 个样本数据, 得到学生每周平均体育运动时间的频率分布直方图 (图 2.33), 其中样本数据分组区间为 $[0,2]$, $(2,4]$, $(4,6]$, $(6,8]$, $(8,10]$, $(10,12]$. 估计该校学生每周平均体育运动时间超过 4 h 的概率.

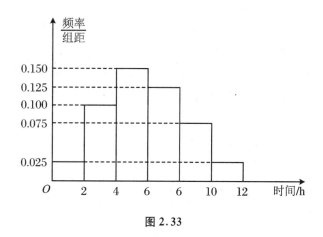

图 2.33

(3) 在样本数据中, 有 60 位女生的每周平均体育运动时间超过 4 h. 请完成每周平均体育运动时间与性别的列联表, 并判断是否有 95% 的把握认为"该校学生的每周平均体育运动时间与性别有关".

附:$K^2 = \dfrac{n(ad-bc)^2}{(a+b)(c+d)(a+c)(b+d)}$,以及表 2.10.

表 2.10

$P(K^2 \geqslant k_0)$	0.10	0.05	0.010	0.005
k_0	2.706	3.841	6.635	7.879

21. (2017 北京卷·文 17)某大学艺术专业 400 名学生参加某次测评,根据男、女学生人数比例,使用分层抽样的方法从中随机抽取了 100 名学生,记录他们的分数,将数据分成 7 组:$[20,30)$,$[30,40)$,$\cdots$,$[80,90]$,并整理得到如图 2.34 所示的频率分布直方图.

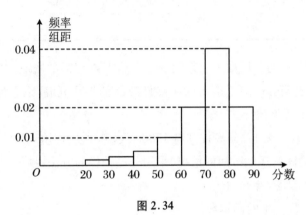

图 2.34

(1) 从总体的 400 名学生中随机抽取 1 人,估计其分数小于 70 的概率;

(2) 已知样本中分数小于 40 的学生有 5 人,试估计总体中分数在区间 $[40,50)$ 内的人数;

(3) 已知样本中有一半男生的分数不小于 70,且样本中分数不小于 70 的男、女生人数相等.试估计总体中男生和女生人数的比例.

22. (2014 北京卷·文 18)从某校随机抽取 100 名学生,获得了他们一周课外阅读时间(单位:h)的数据,整理得到数据分组及频数分布表(表 2.11)和频率分布直方图(图2.35).

表 2.11

组号	分组	频数
1	$[0,2)$	6
2	$[2,4)$	8
3	$[4,6)$	17
4	$[6,8)$	22
5	$[8,10)$	25

续表

组号	分组	频数
6	$[10,12)$	12
7	$[12,14)$	6
8	$[14,16)$	2
9	$[16,18)$	2
合计		100

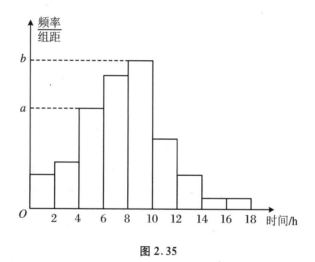

图 2.35

(1) 从该校随机选取一名学生,试估计这名学生该周课外阅读时间少于 12 h 的概率;

(2) 求频率分布直方图中 a,b 的值;

(3) 假设同一组中的每个数据可用该组区间的中点值代替,试估计样本中的 100 名学生该周课外阅读时间的平均数在第几组(只需写出结论).

23. (2013 全国 I 卷·文 18)为了比较两种治疗睡眠症的药(分别称为 A 药,B 药)的疗效,随机地选取 20 位患者服用 A 药,20 位患者服用 B 药,这 40 位患者在服用一段时间后,记录他们日平均增加的睡眠时间(单位:h).试验的观察结果如下:

服用 A 药的 20 位患者日平均增加的睡眠时间为

0.6, 1.2, 2.7, 1.5, 2.8, 1.8, 2.2, 2.3, 3.2, 3.5

2.5, 2.6, 1.2, 2.7, 1.5, 2.9, 3.0, 3.1, 2.3, 2.4

服用 B 药的 20 位患者日平均增加的睡眠时间为

3.2, 1.7, 1.9, 0.8, 0.9, 2.4, 1.2, 2.6, 1.3, 1.4

1.6, 0.5, 1.8, 0.6, 2.1, 1.1, 2.5, 1.2, 2.7, 0.5

(1) 分别计算两组数据的平均数,从计算结果看,哪种药的疗效更好?

(2) 根据两组数据完成下面的茎叶图(图 2.36),从茎叶图看,哪种药的疗效更好?

甲药		乙药
	0.	
	1.	
	2.	
	3.	

图 2.36

24. （2016 北京卷・文 17）某市民用水拟实行阶梯水价，每人用水量中不超过 ω 立方米的部分按 4 元/立方米收费，超出 ω 立方米的部分按 10 元/立方米收费，从该市随机调查了 10000 位居民，获得了他们某月的用水量数据，整理得到如图 2.37 所示的频率分布直方图.

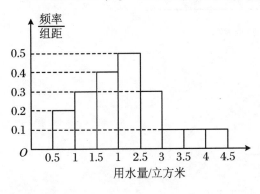

图 2.37

（1）如果 ω 为整数，那么根据此次调查，为使 80% 以上居民在该月的用水价格为 4 元/立方米，ω 至少定为多少？

（2）假设同组中的每个数据用该组区间的右端点值代替，当 $\omega=3$ 时，估计该市居民该月的人均水费.

25. （2013 安徽卷・文 17）为调查甲、乙两校高三年级学生某次联考数学成绩情况，用简单随机抽样，从这两校中各抽取 30 名高三年级学生，以他们的数学成绩（百分制）作为样本，样本数据的茎叶图如图 2.38 所示.

甲		乙
7 4	5	5
5 3 3 2	5	3 3 8
5 5 4 3 3 3 1 0 0	6	0 0 0 1 1 2 2 3 3 5
8 6 6 2 2 1 1 0 0	7	0 0 2 2 2 3 3 6 6 9
7 5 4 4 2	8	1 1 5 5 8
2 0	9	0

图 2.38

（1）若甲校高三年级每位学生被抽取的概率为 0.05，求甲校高三年级学生的总人数，并估计甲校高三年级这次联考数学成绩的及格率（60 分及 60 分以上为及格）；

（2）设甲、乙两校高三年级学生这次联考数学平均成绩分别为 $\bar{x}_1$，$\bar{x}_2$，估计 $\bar{x}_1 - \bar{x}_2$ 的值.

参 考 答 案

1. 由题意得,阅读过《西游记》的学生人数为 $90-80+60=70$,则其与该校学生人数之比为 $70÷100=0.7$,故选项 C 正确.

2. 用来评估这种农作物亩产量稳定程度的指标是标准差.故选项 B 正确.

3. (解法 1)由均值和方差的意义知:把样本数据的每个值都增加 a,所得新数据均值为原均值加 a,而方差不变. 故选项 D 正确.

(解法 2)由均值和方差的计算公式,分别计算出 $x_1+100,x_2+100,\cdots,x_{10}+100$ 的均值和方差为 $\bar{x}+100$ 和 s^2.故选项 D 正确.

(解法 3)不妨令 $x_1=x_2=\cdots=x_{10}=1$,则 $\bar{x}=1,s^2=0$,所以涨工资后 10 位员工的工资为 $101,101,\cdots,101$.显然均值和方差分别为 $\bar{x}+100=101,s^2=0$.故选项 D 正确.

4. 根据茎叶图求得甲地该月平均气温为 29 ℃,乙地该月平均气温为 30 ℃;计算可得甲地该月 14 时的气温的标准差大于乙地该月 14 时的气温的标准差.故选项 B 正确.

5. 经计算,这 5 名男生成绩的平均数为 90,5 名女生成绩的平均数为 91;5 名男生成绩的方差为 8,5 名女生成绩的方差为 6. 故选项 C 正确.

6. 由题意,最低分为 87,最高分为 99,所以 $91×7-(87+94+90+91+90+91)=94$,故 $x=4$.由方差的计算公式,得方差为 $\dfrac{36}{7}$.故选项 B 正确.

7. (解法 1)选项 A:$E(x)=1×0.1+2×0.4+3×0.4+4×0.1=2.5$,所以
$$D(x)=(1-2.5)^2×0.1+(2-2.5)^2×0.4+(3-2.5)^2×0.4$$
$$+(4-2.5)^2×0.1=0.65.$$
同理选项 B:$E(x)=2.5,D(x)=1.85$.

选项 C:$E(x)=2.5,D(x)=1.05$.

选项 D:$E(x)=2.5,D(x)=1.45$.

故选项 B 正确.

(解法 2)标准差是反映数据波动的大小,波动越大,则方差越大.根据四个选项的概率分布可知,选项 B 偏离平均值较大,所以标准差最大.

8. 计算得知,中位数为 5.5,众数为 5.故选项 D 正确.

9. 由图像可知样本 A 的值都不超过 10,而样本 B 都大于或等于 10,所以 $\bar{x}_A<\bar{x}_B$.又因为 A 样本比较分散,B 样本比较集中,所以 $s_A>s_B$.故选项 B 正确.

10. 由题意得
$$\bar{x}_甲=\dfrac{1}{5}×(4+5+6+7+8)=6,\quad \bar{x}_乙=\dfrac{1}{5}×(5×3+6+9)=6.$$

甲成绩的方差为 $\dfrac{1}{5} \times (2^2 \times 2 + 1^2 \times 2) = 2$,乙成绩的方差为 $\dfrac{1}{5} \times (1^2 \times 3 + 3^2 \times 1) = 2.4$.故选项 C 正确.

11. 由概念知中位数是中间两个数的平均数,即 $\dfrac{45+47}{2} = 46$,众数是 45,极差为 $68-12=56$.故选项 A 正确.

12. 由图知,甲的数据为 5,6,8,10,10,14,18,18,22,25,27,30,30,38,41,43;乙的数据为 10,12,18,20,22,23,23,27,31,32,34,34,38,42,43,48.故可知 $\bar{x}_甲 < \bar{x}_乙$.又因甲的中位数为 $\dfrac{18+22}{2}=20$,乙的中位数为 $\dfrac{27+31}{2}=29$,故选项 B 正确.

13. 因为 $x_1 + x_2 + \cdots + x_n = n\bar{x}$,$y_1 + y_2 + \cdots + y_m = m\bar{y}$,所以

$$x_1 + x_2 + \cdots + x_n + y_1 + y_2 + \cdots + y_m = (m+n)\bar{z} = (m+n)\left[\alpha\bar{x} + (1-\alpha)\bar{y}\right].$$
$$= (m+n)\alpha\bar{x} + (m+n)(1-\alpha)\bar{y},$$

即 $n\bar{x} + m\bar{y} = (m+n)\alpha\bar{x} + (m+n)(1-\alpha)\bar{y}$.所以

$$\begin{cases} n = (m+n)\alpha, \\ m = (m+n)(1-\alpha). \end{cases}$$

故

$$n - m = (m+n)\left[\alpha - (1-\alpha)\right] = (m+n)(2\alpha - 1).$$

因为 $0 < \alpha < \dfrac{1}{2}$,所以 $2\alpha - 1 < 0$.因此 $n - m < 0$,即 $n < m$.故选项 A 正确.

14. 由题意可知 $E(\xi_1) = E(\xi_2)$,又由题意可知 ξ_1 的波动性较大,所以 $D(\xi_1) > D(\xi_2)$.故选项 A 正确.

15. 由题意,平均成绩为 $\dfrac{90 \times 40 + 81 \times 50}{40 + 50} = 85$.

16. 由题意 $\dfrac{1}{n}(x_1 + x_2 + \cdots + x_n) = 5$,所以 $x_1 + x_2 + \cdots + x_n = 5n$,故

$$\dfrac{1}{n}\left[(2x_1 + 1) + (2x_2 + 1) + \cdots + (2x_n + 1)\right]$$

$$= \dfrac{1}{n}\left[(2x_1 + 2x_2 + \cdots + 2x_n) + n\right]$$

$$= \dfrac{1}{n} \cdot (2 \times 5n + n)$$

$$= \dfrac{1}{n} \cdot 11n$$

$$= 11.$$

17. 由题意,该组数据的平均数为 $\dfrac{6+7+8+8+9+10}{6} = 8$,所以该组数据的方差是

$$\frac{1}{6} \times [(6-8)^2 + (7-8)^2 + (8-8)^2 + (8-8)^2 + (9-8)^2 + (10-8)^2] = \frac{5}{3}.$$

18. 由频率分布直方图知,棉花纤维的长度小于 20 mm 的根数为

$$(0.01 + 0.01 + 0.04) \times 5 \times 100 = 30(根).$$

19. (1) 由表格可得,甲分厂加工出来的一件产品为 A 级品的频数为 40,故频率为 $\frac{40}{100} = 0.4$;乙分厂加工出来的一件产品为 A 级品的频数为 28,故频率为 $\frac{28}{100} = 0.28$.因此,甲、乙两分厂加工出来的一件产品为 A 级品的概率分别是 0.4,0.28.

(2) 由表格可知,甲分厂加工四个等级的频率分别为 0.4,0.2,0.2,0.2,故其平均利润为

$$(90-25) \times 0.4 + (50-25) \times 0.2 + (20-25) \times 0.2 + (-50-25) \times 0.2 = 15(元).$$

同理乙分厂加工四个等级的频率分别为 0.28,0.17,0.34,0.21,故其平均利润为

$$(90-20) \times 0.28 + (50-20) \times 0.17 + (20-20) \times 0.34 + (-50-20) \times 0.21 = 10(元).$$

因为 15>10,所以选择甲分厂承接更好.

20. (1) 因为 $300 \times \frac{4500}{15000} = 90$,所以应收集 90 位女生的样本数据.

(2) 由频率分布直方图,得 $1 - 2 \times (0.100 + 0.025) = 0.75$,所以该校学生每周平均体育运动时间超过 4 h 的概率的估计值为 0.75.

(3) 由(1)知,300 位学生中有 $300 \times 0.75 = 225$ 人的每周平均体育运动时间超过 4 h,75 人的每周平均体育运动时间不超过 4 h,又因为样本数据中有 210 份是关于男生的,90 份是关于女生的,所以每周平均体育运动时间与性别有关的列表见表 2.12.

表 2.12

	男生	女生	总计
每周平均体育运动时间不超过 4 h	45	30	75
每周平均体育运动时间超过 4 h	165	60	225
总计	210	90	300

结合列表可算得

$$K^2 = \frac{300 \times 2250^2}{75 \times 225 \times 210 \times 90} = \frac{100}{21} \approx 4.762 > 3.841.$$

所以,有 95% 的把握认为"该校学生的每周平均体育运动时间与性别有关".

21. (1) 根据频率分布直方图,样本中分数不小于 70 的频率为 $(0.02 + 0.04) \times 10 = 0.6$,所以样本中分数小于 70 的频率为 $1 - 0.6 = 0.4$.因此从总体的 400 名学生中随机抽取 1 人,其分数小于 70 的概率估计为 0.4.

(2) 根据题意,样本中分数不小于 50 的频率为 $(0.01 + 0.02 + 0.04 + 0.02) \times 10 = 0.9$,

分数在区间 $[40,50)$ 内的人数为 $100-100\times0.9-5=5$,所以总体中分数在区间 $[40,50)$ 内的人数估计为 $400\times\dfrac{5}{100}=20$.

(3) 由题意,样本中分数不小于 70 的学生人数为 $(0.02+0.04)\times10\times100=60$,所以样本中分数不小于 70 的男生人数为 $60\times\dfrac{1}{2}=30$.因此,样本中的男生人数为 $30\times2=60$,女生人数为 $100-60=40$,男生和女生人数的比例为 $60:40=3:2$.所以根据分层抽样原理,总体中男生和女生人数的比例估计为 $3:2$.

22.(1) 根据频数分布表,100 名学生中课外阅读时间不少于 12 h 的学生共有 $6+2+2=10$ 名,所以样本中学生课外阅读时间少于 12 h 的频率是 $1-\dfrac{10}{100}=0.9$.故从该校随机选取一名学生,估计其课外阅读时间少于 12 h 的概率为 0.9.

(2) 课外阅读时间落在 $[4,6)$ 内的有 17 人,频率为 0.17,所以

$$a=\frac{\text{频率}}{\text{组距}}=\frac{0.17}{2}=0.085.$$

课外阅读时间落在 $[8,10)$ 内的有 25 人,频率为 0.25,所以

$$b=\frac{\text{频率}}{\text{组距}}=\frac{0.25}{2}=0.125.$$

(3) 样本中的 100 名学生课外阅读时间的平均数在第 4 组.

23.(1) 设 A 药观测数据的平均数为 $\bar{x}$,B 药观测数据的平均数为 $\bar{y}$.则由观测结果可得

$$\bar{x}=\frac{1}{20}\times(0.6+1.2+2.7+1.5+2.8+1.8+2.2+2.3+3.2+3.5+2.5$$
$$+2.6+1.2+2.7+1.5+2.9+3.0+3.1+2.3+2.4)=2.3,$$

$$\bar{y}=\frac{1}{20}\times(0.5+0.5+0.6+0.8+0.9+1.1+1.2+1.2+1.3+1.4+1.6$$
$$+1.7+1.8+1.9+2.1+2.4+2.5+2.6+2.7+3.1)=1.6.$$

由上计算结果可得 $\bar{x}>\bar{y}$,因此可看出 A 药的疗效更好.

(2) 由观测结果可绘制如图 2.39 所示的茎叶图.

A 药		B 药
6	0.	5 5 6 8 9
5 2 8 5 2	1.	1 2 2 3 4 6 7 8 9
4 3 9 7 6 5 3 2 8 7	2.	1 4 5 6 7
1 0 5 2	3.	1

图 2.39

以上茎叶图可以看出,A 药疗效的实验结果有 $\frac{7}{10}$ 的叶集中在茎 $2,3$ 上,而 B 药疗效的实验结果有 $\frac{7}{10}$ 的叶集中在茎 $0,1$ 上.由此可看出 A 药的疗效更好.

24.(1)由用水量的频率分布直方图知,该市居民该月用水量在区间 $[0.5,1]$,$(1,1.5]$,$(1.5,2]$,$(2,2.5]$,$(2.5,3]$ 内的频率依次是 0.1,0.15,0.2,0.25,0.15,所以该月用水量不超过 3 立方米的居民占 85%,用水量不超过 2 立方米的居民占 45%.因此依题意,ω 至少定为 3.

（2）由用水量的频率分布直方图及题意,得居民该月用水费用的数据分组与频率分布表(表 2.13)：

表 2.13

组号	1	2	3	4	5	6	7	8
分组	$[2,4]$	$(4,6]$	$(6,8]$	$(8,10]$	$(10,12]$	$(12,17]$	$(17,22]$	$(22,27]$
频率	0.1	0.15	0.2	0.25	0.15	0.05	0.05	0.05

根据题意,该市居民该月的人均水费估计为
$$4\times 0.1 + 6\times 0.15 + 8\times 0.2 + 10\times 0.25 + 12\times 0.15 + 17\times 0.05$$
$$+ 22\times 0.05 + 27\times 0.05 = 10.5(元).$$

25.(1)设甲校高三年级学生总人数为 n,由题意知 $\frac{30}{n}=0.05$,即 $n=600$.样本中甲校高三年级学生数学成绩不及格的人数为 5,据此估计甲校高三年级此次联考数学成绩的及格率为 $1-\frac{5}{30}=\frac{5}{6}$.

（2）设甲、乙两校样本的平均数分别为 $\overline{x}_1'$,$\overline{x}_2'$,根据样本茎叶图可知
$$30(\overline{x}_1' - \overline{x}_2') = 30\overline{x}_1' - 30\overline{x}_2' = (7-5)+(55+8-14)+(24-12-65)$$
$$+(26-24-79)+(22-20)+92$$
$$= 2+49-53-77+2+92 = 15,$$
因此 $\overline{x}_1' - \overline{x}_2' = 0.5$.故 $\overline{x}_1 - \overline{x}_2$ 的估计值为 0.5 分.

2.3 回归分析

知识梳理

1. 变量间的相关关系

(1) 常见的两变量之间的关系有两类:一类是函数关系,另一类是相关关系.与函数关系不同,相关关系是一种非确定性关系.

(2) 从散点图上看,点散布在从左下角到右上角的区域内,两个变量的这种相关关系称为正相关;点散布在左上角到右下角的区域内,两个变量的这种相关关系为负相关.

2. 两个变量的线性相关

(1) 从散点图上看,如果这些点从整体上看大致分布在通过散点图中心的一条直线附近,称两个变量之间具有线性相关关系,这条直线叫作回归直线.

(2) 回归方程为 $\hat{y} = \hat{b}x + \hat{a}$,其中

$$\hat{b} = \frac{\sum\limits_{i=1}^{n} x_i y_i - n\overline{x}\,\overline{y}}{\sum\limits_{i=1}^{n} x_i^2 - n\overline{x}^2} = \frac{\sum\limits_{i=1}^{n} (x_i - \overline{x})(y_i - \overline{y})}{\sum\limits_{i=1}^{n} (x_i - \overline{x})^2}, \quad \hat{a} = \overline{y} - \hat{b}\overline{x}.$$

(3) 相关系数:

$$r = \frac{\sum\limits_{i=1}^{n} (x_i - \overline{x})(y_i - \overline{y})}{\sqrt{\sum\limits_{i=1}^{n} (x_i - \overline{x})^2 \sum\limits_{i=1}^{n} (y_i - \overline{y})^2}} = \frac{\sum\limits_{i=1}^{n} x_i y_i - n\overline{x}\,\overline{y}}{\sqrt{\left(\sum\limits_{i=1}^{n} x_i^2 - n\overline{x}^2\right)\left(\sum\limits_{i=1}^{n} y_i^2 - n\overline{y}^2\right)}}.$$

当 $r > 0$ 时,表明两个变量正相关;当 $r < 0$ 时,表明两个变量负相关.

r 的绝对值越接近于1,表明两个变量的线性相关性越强.

r 的绝对值越接近于0,表明两个变量之间几乎不存在线性相关关系.

通常 $|r| > 0.75$ 时,认为两个变量有很强的线性相关性.

例题精讲

例 10 (2013 湖北卷·文 4)   四名同学根据各自的样本数据研究变量 x, y 之间的相关关系,并求得回归直线方程,分别得到以下四个结论:

① y 与 x 负相关,且 $y = 2.347x - 6.423$;   ② y 与 x 负相关,且 $y = -3.476x + 5.648$;

③ y 与 x 正相关,且 $y = 5.437x + 8.493$;   ④ y 与 x 正相关,且 $y = -4.326x - 4.578$.

其中一定不正确的结论的序号是(　　).

A. ①②　　　　　B. ②③　　　　　C. ③④　　　　　D. ①④

解析 在①中,y 与 x 不是负相关;①一定不正确;同理④也一定不正确.故选项 D 正确.

点评 本题考查了回归方程的分类,根据散点图的上升、下降趋势,可以分为正相关与负相关,根据回归直线方程的系数 $\hat{b}$ 大于 0 还是小于 0,可以分为正相关与负相关.显然①④是错误的.

变式 1(2010 湖南卷・文 3)　某商品销售量 y(件)与销售价格 x(元/件)负相关,则其回归方程可能是(　　).

A. $y = -10x + 200$　　　　　　　B. $y = 10x + 200$

C. $y = -10x - 200$　　　　　　　D. $y = 10x - 200$

解析 商品销售量 y(件)与销售价格 x(元/件)负相关,所以 $\hat{b} < 0$,故选项 B、D 排除,选项 C 中的 y 始终小于 0,与实际不符,故选项 A 正确.

点评 本题在上一题的基础上,还要结合生活经验加以判断,但难度并不大.

变式 2(2015 湖北卷・文 4)　已知变量 x 和 y 满足关系 $y = -0.1x + 1$,变量 y 与 z 正相关.下列结论中正确的是(　　).

A. x 与 y 正相关,x 与 z 负相关　　　B. x 与 y 正相关,x 与 z 正相关

C. x 与 y 负相关,x 与 z 负相关　　　D. x 与 y 负相关,x 与 z 正相关

解析 因为变量 x 和 y 满足关系 $y = -0.1x + 1$,其中 $-0.1 < 0$,所以 x 与 y 呈负相关;又因为变量 y 与 z 正相关,不妨设 $z = ky + b$($k > 0$),则将 $y = -0.1x + 1$ 代入,即可得到 $z = k(-0.1x + 1) + b = -0.1kx + (k + b)$,所以 $-0.1k < 0$,所以 x 与 z 负相关.故选项 C 正确.

点评 本题涉及三个变量,具有一定的创新性,因此本题会对不少考生造成一定的困扰,如若通过设出 z 关于 y 的回归方程 $z = ky + b$,然后再代入 x 和 y 满足的关系式 $y = -0.1x + 1$,即可得到 z 关于 x 的回归方程.在此基础上即可根据正、负相关的知识进行判断,进而得到正确的答案.

例 11(2014 重庆卷・理 3)　已知变量 x 与 y 正相关,且由观测数据算得样本平均数 $\bar{x} = 3, \bar{y} = 3.5$,则由该观测数据算得的线性回归方程可能是(　　).

A. $\hat{y} = 0.4x + 2.3$　　　　　　　B. $\hat{y} = 2x - 2.4$

C. $\hat{y} = -2x + 9.5$　　　　　　　D. $\hat{y} = -0.3x + 4.4$

解析 回归方程一定过样本中心 $(\bar{x}, \bar{y})$,因为 $(3, 3.5)$ 满足回归方程 $\hat{y} = 0.4x + 2.3$.故选项 A 正确.

点评 本题考查了回归直线方程经过样本中心$(\bar{x},\bar{y})$这一回归直线方程的重要性质,这也是考查频率很高的一点,希望读者引起重视.

变式1(2015福建卷·理4) 为了解某社区居民的家庭年收入所年支出的关系,随机调查了该社区5户家庭,得到的统计数据见表2.14.

表2.14

收入 x(万元)	8.2	8.6	10.0	11.3	11.9
支出 y(万元)	6.2	7.5	8.0	8.5	9.8

根据上表可得回归直线方程$\hat{y}=\hat{b}x+\hat{a}$,其中$\hat{b}=0.76$,$\hat{a}=\bar{y}-\hat{b}\bar{x}$,据此估计,该社区一户收入为15万元的家庭年支出为( ).

A. 11.4万元　　　B. 11.8万元　　　C. 12.0万元　　　D.12.2万元

解析 因为$\bar{x}=10.0$,$\bar{y}=8.0$,$\hat{b}=0.76$,所以$\hat{a}=8-0.76\times10=0.4$.因此回归方程为$\hat{y}=0.76x+0.4$,把$x=15$代入上式,得$\hat{y}=0.76\times15+0.4=11.8$(万元).故选项B正确.

点评 本题与上一题相比,并没有直接给出样本中心的坐标,而是要通过统计数据表自己计算出来,因此相比上一道试题,本题更加灵活,运算量也就相应更大一点.本题还有一个常见的解题错误,即把统计数据表中的其中一组数据代入回归直线方程,这是特别需要读者警惕的.错误的原因在于散点图中的点不一定在回归方程上.

变式2(2011山东卷·文8/理7) 某产品的广告费用x与销售额y的统计数据见表2.15.

表2.15

广告费用 x(万元)	4	2	3	5
销售额 y(万元)	49	26	39	54

根据上表可得回归方程$\hat{y}=\hat{b}x+\hat{a}$中的$\hat{b}$为9.4,据此模型预报广告费用为6万元时销售额为( ).

A. 63.6万元　　　B. 65.5万元　　　C. 67.7万元　　　D. 72.0万元

解析 因为$\bar{x}=3.5$,$\bar{y}=42$,所以$\hat{a}=42-9.4\times3.5=9.1$,因此回归方程为$\hat{y}=9.4x+9.1$.把$x=6$代入上式,得$\hat{y}=9.4\times6+9.1=65.5$(万元).故选项B正确.

点评 本题相比上一题又更进一步,在通过样本中心坐标代入得到回归方程之后,还考查了回归方程的作用:可以进行预报或预测.读者还需理解这个预报值不一定是必然的精确结果,而是一个估计值.

例12 (2012湖南卷·理5) 设某大学的女生体重y(单位:kg)与身高(单位:cm)具

有线性相关关系,根据一组样本数据$(x_i, y_i)(i=1, 2, \cdots, n)$,用最小二乘法建立的回归方程为$\hat{y} = 0.85x - 85.71$,则下列结论中不正确的是(   ).

A. y 与 x 具有正的线性相关关系

B. 回归直线过样本点的中心$(\bar{x}, \bar{y})$

C. 若该大学某女生身高增加 1 cm,则其体重约增加 0.85 kg

D. 若该大学某女生身高为 170 cm,则可断定其体重必为 58.79 kg

解析 由回归方程$\hat{y} = 0.85x - 85.71$可知 y 随 x 的增大而增大,所以 y 与 x 具有正的线性相关关系;由最小二乘法建立的回归方程的过程可知 $\hat{y} = bx + a = bx + \bar{y} - b\bar{x}$ $(a = \bar{y} - b\bar{x})$,所以回归直线过样本点的中心$(\bar{x}, \bar{y})$,利用回归方程可以预测估计总体,所以选项 D 不正确.故选 D.

点评 本题的每个选项从不同角度考查回归方程的各个知识点,具有较强的综合性,但只要熟悉相关知识点,不难得到正确的答案.选项 D 进行预测时,得到的仅仅是估计值,而不是必然的结果.

变式 1(2011 陕西卷·文理 9) 设(x_1, y_1),(x_2, y_2),$\cdots$,(x_n, y_n)是变量 x 和 y 的 n 个样本点,直线 l 是由这些样本点通过最小二乘法得到的线性回归直线(图 2.40),以下结论正确的是(   ).

A. 直线 l 过点$(\bar{x}, \bar{y})$

B. x 和 y 的相关系数为直线 l 的斜率

C. x 和 y 的相关系数在 0 到 1 之间

D. 当 n 为偶数时,分布在 l 两侧的样本点的个数一定相同

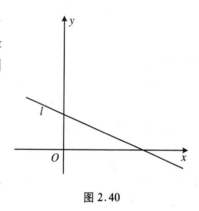

图 2.40

解析 对于每个选项的具体分析,见表 2.16.

表 2.16

选项	具体分析	结论
A	回归直线 l 一定过样本点中心$(\bar{x}, \bar{y})$;由回归直线方程的计算公式 $a = \bar{y} - b\bar{x}$ 可知直线 l 必过点$(\bar{x}, \bar{y})$	正确
B	相关系数用来衡量两个变量之间的相关程度,直线的斜率表示直线的倾斜程度;它们的计算公式也不相同	不正确
C	相关系数的值有正有负,还可以是 0;当相关系数在 0 到 1 之间时,两个变量正相关,在 -1 到 0 之间时,两个变量负相关	不正确
D	直线 l 两侧的样本点的个数分布与 n 的奇偶性无关,也不一定是平均分布	不正确

点评 本题也是一道较为综合的回归直线方程试题,在备考时,还要注意相关系数 r 与相关指数 R^2 的差别.相关系数 r 是用来衡量两个变量之间的相关程度的,$r \in [-1,1]$,且 $|r|$ 越趋近于 1,两个变量之间的相关程度越强,而相关指数 R^2 指的是模型(各种不同类型的回归方程)的模拟效果,$R^2 \in [0,1]$,且 R^2 越趋近于 1,模型的模拟效果越好.

例 13 (2011 江西卷·文 8) 为了解儿子身高与其父亲身高的关系,随机抽取 5 对父子的身高数据见表 2.17.

表 2.17

父亲身高 x(cm)	174	176	176	176	178
儿子身高 y(cm)	175	175	176	177	177

则 y 对 x 的线性回归方程为( ).

A. $y = x - 1$ B. $y = x + 1$ C. $y = 88 + \dfrac{1}{2}x$ D. $y = 176$

解析 因为 $\bar{x} = 176$,$\bar{y} = 176$,将样本中心点 $(176, 176)$ 代入选项检验,易知选项 C 为正确答案.

点评 本题直接给出 5 对父子身高的关系:具有线性相关关系.利用回归方程经过样本中心即可获得问题的求解.

变式 1(2011 广东卷·理 13) 某数学老师身高 176 cm,他爷爷、父亲和儿子的身高分别是 173 cm,170 cm,182 cm.因儿子的身高与父亲的身高有关,该老师用线性回归分析的方法预测他孙子的身高为_____ cm.

解析 由题意可知,父亲与儿子的对应数据见表 2.18.

表 2.18

父亲身高 x(cm)	173	170	176
儿子身高 y(cm)	170	176	182

因为 $\bar{x} = 173$,$\bar{y} = 176$,所以

$$b = \frac{\sum\limits_{i=1}^{3}(x_i - \bar{x})(y_i - \bar{y})}{\sum\limits_{i=1}^{3}(x_i - \bar{x})^2} = \frac{3 \times 6}{(-3)^2 + 3^2} = 1, \quad a = \bar{y} - b\bar{x} = 176 - 173 = 3.$$

因此回归直线方程为 $y = x + 3$,从而可以预测他孙子的身高为 $y = 182 + 3 = 185$(cm).

点评 相比上一题,本题没有直接给出父亲与儿子身高的关系(具有线性相关关系),且没有建立父亲与儿子身高的对应统计表,因此给很多考生造成了较大的困扰.另外,本道试题的命制具有一定的争议,不管是在统计学方面还是人类身高的遗传方面,显然都是不太合理的.

例 14 (2007 广东卷·理 17)　表 2.19 提供了某厂节能降耗技术改造后生产甲产品过程中记录的产量 x(吨)与相应的生产能耗 y(吨标准煤)的几组对照数据.

表 2.19

x	3	4	5	6
y	2.5	3	4	4.5

(1) 请画出上表数据的散点图;

(2) 请根据上表提供的数据,用最小二乘法求出 y 关于 x 的线性回归方程 $y = \hat{b}x + \hat{a}$;

(3) 已知该厂技改前 100 吨甲产品的生产能耗为 90 吨标准煤.试根据(2)求出的线性回归方程,预测生产 100 吨甲产品的生产能耗比技改前降低多少吨标准煤?

$$参考数值: 3 \times 2.5 + 4 \times 3 + 5 \times 4 + 6 \times 4.5 = 66.5, \hat{b} = \frac{\sum\limits_{i=1}^{n} x_i y_i - n\bar{x}\bar{y}}{\sum\limits_{i=1}^{n} x_i^2 - n\bar{x}^2}.$$

解析　(1) 由题设所给数据,可得如图 2.41 所示的散点图.

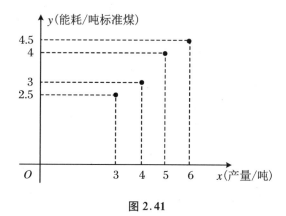

图 2.41

(2) 由题意知 $\bar{x} = 4.5$, $\bar{y} = 3.5$, $\sum\limits_{i=1}^{n} x_i y_i = 66.5$, $\sum\limits_{i=1}^{n} x_i^2 = 3^2 + 4^2 + 5^2 + 6^2 = 86$. 所以

$$\hat{b} = \frac{\sum\limits_{i=1}^{n} x_i y_i - n\bar{x}\bar{y}}{\sum\limits_{i=1}^{n} x_i^2 - n\bar{x}^2} = \frac{66.5 - 4 \times 4.5 \times 3.5}{86 - 4 \times 4.5^2} = 0.7,$$

$$\hat{a} = 3.5 - 0.7 \times \frac{9}{2} = 0.35.$$

故线性回归方程为 $y = 0.7x + 0.35$.

(3) 当 $x = 100$ 时, $y = 0.7x + 0.35 = 70.35$, 所以预测生产 100 吨甲产品的生产能耗比

技术改造前降低 19.65 吨标准煤.

点评 本题第(1)问散点图的绘制可直接进行描点,第(2)问可以直接代入回归方程的相关公式,即可获得问题的求解,但要注意避免运算的失误,第(3)问则是一个常见的预测问题,只要熟练相关题型,是可以快速获得问题的求解的.

变式 1(2015 重庆卷·文 17) 随着我国经济的发展,居民的储蓄存款逐年增长.设某地区城乡居民人民币储蓄存款(年底余额)见表 2.20.

表 2.20

年份	2010	2011	2012	2013	2014
时间代号 t	1	2	3	4	5
储蓄存款 y(千亿元)	5	6	7	8	10

(1) 求 y 关于 t 的回归方程 $\hat{y} = \hat{b}t + \hat{a}$;

(2) 用所求回归方程预测该地区 2015 年($t = 6$)人民币储蓄存款.

附:回归方程 $\hat{y} = \hat{b}t + \hat{a}$ 中,

$$\hat{b} = \frac{\sum\limits_{i=1}^{n}(x_i - \bar{x})(y_i - \bar{y})}{\sum\limits_{i=1}^{n}(x_i - \bar{x})^2} = \frac{\sum\limits_{i=1}^{n}x_iy_i - n\bar{x}\bar{y}}{\sum\limits_{i=1}^{n}x_i^2 - n\bar{x}^2},$$

$$\hat{a} = \bar{y} - \hat{b}\bar{t}.$$

解析 (1) 由表可知 $\bar{t} = 3, \bar{y} = 7.2$,则

$$\sum\limits_{i=1}^{5}t_i^2 = 1^2 + 2^2 + 3^2 + 4^2 + 5^2 = 55,$$

$$\sum\limits_{i=1}^{5}t_iy_i = 5 + 12 + 21 + 32 + 50 = 120.$$

所以

$$\hat{b} = \frac{120 - 3 \times 5 \times 7.2}{55 - 5 \times 9} = 1.2, \quad \hat{a} = \bar{y} - \hat{b}\bar{t} = 7.2 - 1.2 \times 3 = 3.6.$$

故所求的回归方程为 $\hat{y} = 1.2t + 3.6$.

(2) 将 $t = 6$ 代入(1)中所得的回归方程,可预测该地区 2015 年人民币储蓄存款为

$$\hat{y} = 1.2 \times 6 + 3.6 = 10.8(千亿元).$$

点评 本题第(1)问求解回归直线方程,由于参考公式 $b = \dfrac{\sum\limits_{i=1}^{n}(x_i - \bar{x})(y_i - \bar{y})}{\sum\limits_{i=1}^{n}(x_i - \bar{x})^2} =$

$$\frac{\sum_{i=1}^{n} x_i y_i - n\overline{x}\,\overline{y}}{\sum_{i=1}^{n} x_i^2 - n\overline{x}^2}$$ 给出了两个公式,根据数据的特点选择 $b = \dfrac{\sum_{i=1}^{n} x_i y_i - n\overline{x}\,\overline{y}}{\sum_{i=1}^{n} x_i^2 - n\overline{x}^2}$ 进行求解更好;

第(2)问由于有年份代号的引入,给解答带来了较大的便利.

变式 2(2011 安徽卷·文 20) 某地最近十年粮食需求量逐年上升,表 2.21 是部分统计数据.

表 2.21

年份	2002	2004	2006	2008	2010
需求量(万吨)	236	246	257	276	286

(1) 利用所给数据求年需求量与年份之间的回归直线方程 $\hat{y} = \hat{b}x + \hat{a}$;

(2) 利用(1)中所求出的直线方程预测该地 2012 年的粮食需求量.

解析 (1) 由所给数据看出,年需求量与年份之间是近似直线上升的,下面来求回归直线方程.为此先对数据进行如表 2.22 所示的处理.

表 2.22

年份 -2006	-4	-2	0	2	4
需求量 -257	-21	-11	0	19	29

对预处理后的数据,可得 $\overline{x} = 0$, $\overline{y} = 3.2$,

$$\hat{b} = \frac{(-4) \times (-21) + (-2) \times (-11) + 2 \times 19 + 4 \times 29}{4^2 + 2^2 + 2^2 + 4^2} = \frac{260}{40} = 6.5,$$

$$\hat{a} = \overline{y} - \hat{b}\overline{x} = 3.2.$$

所以由上述计算结果,知所求回归直线方程为

$$\hat{y} - 257 = \hat{b}(x - 2006) + \hat{a} = 6.5(x - 2006) + 3.2.$$

所以

$$\hat{y} = 6.5(x - 2006) + 260.2.$$

(2) 由(1)知,可预测 2012 年的粮食需求量为

$$6.5 \times (2012 - 2006) + 260.2 = 299.2(\text{万吨}).$$

点评 本题与上一题相比,由于没有年份代号的引入,给不少考生的解题带来了较大的困扰,不少考生在直接进行求解年份与需求量之间的回归方程时,由于涉及的年份数据过大而放弃解题.这是本道试题最大的一个难点.本题的解法是通过年份减去 2006,转化为求解需求量关于年份 -2006 的回归方程,实现了化繁为简,也为后面的解答奠定了基础.本题对考生的数据处理能力提出了很高的要求,是一道能甄别出考生能力与水平的好题.

例15 (2012 新课标卷·文 3) 在一组样本数据 (x_1,y_1)，(x_2,y_2)，$\cdots$，(x_n,y_n)（$n \geqslant 2$，$x_1,x_2,\cdots,x_n$ 不全相等）的散点图中，若所有样本点 (x_i,y_i)（$i=1,2,\cdots,n$）都在直线 $y=\dfrac{1}{2}x+1$ 上，则这组样本数据的样本相关系数为（　　）.

A. -1 　　　　 B. 0 　　　　 C. $\dfrac{1}{2}$ 　　　　 D. 1

解析 因为 $y=\dfrac{1}{2}x+1$ 中，$k=\dfrac{1}{2}>0$，所以样本相关系数 $r>0$. 又因为所有样本点 (x_i,y_i)（$i=1,2,\cdots,n$）都在直线 $y=\dfrac{1}{2}x+1$ 上，所以样本相关系数 $r=1$. 故选项 D 正确.

点评 本题考查了相关系数这一重要考点，由于所有样本点都在直线上，因此 $r=\pm1$，又由给出的回归方程的斜率大于 0，可知呈正相关，因此 $r>0$.

变式 1（2020 全国 II 卷·文理 18） 某沙漠地区经过治理，生态系统得到很大改善，野生动物数量有所增加. 为调查该地区某种野生动物的数量，将其分成面积相近的 200 个地块，从这些地块中用简单随机抽样的方法抽取 20 个作为样区，调查得到样本数据 (x_i,y_i)（$i=1,2,\cdots,20$），其中 x_i 和 y_i 分别表示第 i 个样区的植物覆盖面积（单位：公顷）和这种野生动物的数量，并算得 $\sum\limits_{i=1}^{20}x_i=60$，$\sum\limits_{i=1}^{20}y_i=1200$，$\sum\limits_{i=1}^{20}(x_i-\bar{x})^2=80$，$\sum\limits_{i=1}^{20}(y_i-\bar{y})^2=9000$，$\sum\limits_{i=1}^{20}(x_i-\bar{x})(y_i-\bar{y})=800$.

(1) 求该地区这种野生动物数量的估计值（这种野生动物数量的估计值等于样区这种野生动物数量的平均数乘以地块数）；

(2) 求样本 (x_i,y_i)（$i=1,2,\cdots,20$）的相关系数（精确到 0.01）；

(3) 根据现有统计资料，各地块间植物覆盖面积差异很大. 为提高样本的代表性以获得该地区这种野生动物数量更准确的估计，请给出一种你认为更合理的抽样方法，并说明理由.

附：相关系数 $r=\dfrac{\sum\limits_{i=1}^{n}(x_i-\bar{x})(y_i-\bar{y})}{\sqrt{\sum\limits_{i=1}^{n}(x_i-\bar{x})^2\sum\limits_{i=1}^{n}(y_i-\bar{y})^2}}$，$\sqrt{2}\approx1.414$.

解析 (1) 由已知 $\sum\limits_{i=1}^{20}y_i=1200$，因此 20 个样区野生动物数量的平均数为

$$\frac{1}{20}\sum_{i=1}^{20}y_i=60.$$

故该地区这种野生动物数量的估计值为 $60\times200=12000$.

(2) 因为 $\sum\limits_{i=1}^{20}(x_i-\bar{x})^2=80$，$\sum\limits_{i=1}^{20}(y_i-\bar{y})^2=9000$，$\sum\limits_{i=1}^{20}(x_i-\bar{x})(y_i-\bar{y})=800$，所以

$$r = \frac{\sum\limits_{i=1}^{n}(x_i - \bar{x})(y_i - \bar{y})}{\sqrt{\sum\limits_{i=1}^{n}(x_i - \bar{x})^2 \sum\limits_{i=1}^{n}(y_i - \bar{y})^2}} = \frac{800}{\sqrt{80 \times 9000}} = \frac{800}{600\sqrt{2}} = \frac{2\sqrt{2}}{3} \approx 0.94.$$

(3) 更合理的抽样方法是分层抽样,根据植物覆盖面积的大小对地块分层,再对 200 个地块进行分层抽样.

理由如下:由(2)知各样区的这种野生动物数量与植物覆盖面积有很强的正相关.由于各地块间植物覆盖面积差异很大,各地块间这种野生动物数量差异也很大,采用分层抽样的方法能够较好地保持样本结构与总体结构的一致性,提高样本的代表性,从而可以更准确地估计该地区这种野生动物数量.

点评 本题是一道较为综合的统计学试题,考查了考生的数据处理能力、运算能力,难度适中.第(1)问可先计算出平均数,再结合题意即可计算出答案;第(2)问则考查了相关系数的计算,对运算能力具有一定的要求;第(3)问则是一道开放试题,考查了分层抽样这一最重要的抽样方法.

变式 2(2022 全国 I 卷·文理 19) 某地经过多年的环境治理,已将荒山改造成了绿水青山.为估计一林区某种树木的总材积量,随机选取了 10 棵这种树木,测量每棵树的根部横截面积(单位:m²)和材积量(单位:m³),得到的数据见表 2.23.

表 2.23

样本号 i	1	2	3	4	5	6	7	8	9	10	总和
根部横截面积 x_i	0.04	0.06	0.04	0.08	0.08	0.05	0.05	0.07	0.07	0.06	0.6
材积量 y_i	0.25	0.40	0.22	0.54	0.51	0.34	0.36	0.46	0.42	0.40	3.9

并计算得 $\sum\limits_{i=1}^{10} x_i^2 = 0.038, \sum\limits_{i=1}^{10} y_i^2 = 1.6158, \sum\limits_{i=1}^{10} x_i y_i = 0.2474.$

(1) 估计该林区这种树木平均一棵的根部横截面积与平均一棵的材积量;

(2) 求该林区这种树木的根部横截面积与材积量的样本相关系数(精确到 0.01);

(3) 现测量了该林区所有这种树木的根部横截面积,并得到所有这种树木的根部横截面积总和为 186 m². 已知树木的材积量与其根部横截面积近似成正比.利用以上数据给出该林区这种树木的总材积量的估计值.

附:相关系数 $r = \dfrac{\sum\limits_{i=1}^{n}(x_i - \bar{x})(y_i - \bar{y})}{\sqrt{\sum\limits_{i=1}^{n}(x_i - \bar{x})^2 \sum\limits_{i=1}^{n}(y_i - \bar{y})^2}}, \sqrt{1.896} \approx 1.377.$

解析 (1) 样本中 10 棵这种树木的根部横截面积的平均值为 $\bar{x} = \dfrac{0.6}{10} = 0.06$,样本中

10 棵这种树木的材积量的平均值为 $\bar{y} = \dfrac{3.9}{10} = 0.39$. 据此可估计该林区这种树木平均一棵的根部横截面积为 0.06 m²,平均一棵的材积量为 0.39 m³.

(2) 由题意知

$$r = \frac{\sum\limits_{i=1}^{10}(x_i - \bar{x})(y_i - \bar{y})}{\sqrt{\sum\limits_{i=1}^{10}(x_i - \bar{x})^2 \sum\limits_{i=1}^{10}(y_i - \bar{y})^2}} = \frac{\sum\limits_{i=1}^{10} x_i y_i - 10\bar{x}\bar{y}}{\sqrt{\left(\sum\limits_{i=1}^{10} x_i^2 - 10\bar{x}^2\right)\left(\sum\limits_{i=1}^{10} y_i^2 - 10\bar{y}^2\right)}}$$

$$= \frac{0.2474 - 10 \times 0.06 \times 0.39}{\sqrt{(0.038 - 10 \times 0.06^2) \times (1.6158 - 10 \times 0.39^2)}}$$

$$= \frac{0.0134}{\sqrt{0.0001896}} \approx \frac{0.0134}{0.01377} \approx 0.97.$$

则 $r \approx 0.97$.

(3) 设该林区这种树木的总材积量的估计值为 Y m³,又已知树木的材积量与其根部横截面积近似成正比,可得 $\dfrac{0.06}{0.39} = \dfrac{186}{Y}$,解得 $Y = 1209$ m³.则该林区这种树木的总材积量估计为1209 m³.

点评 本题第(1)问计算出样本的一棵根部横截面积的平均值及一棵材积量平均值,即可估计该林区这种树木平均一棵的根部横截面积与平均一棵的材积量;第(2)问与 2016 年全国Ⅲ理科 18 题一样(见本节"考题回放"第 10 题)不能直接套公式,要对公式进行变形后,才可以代入数值求得结果;第(3)问可依据树木的材积量与其根部横截面积近似成正比,列方程即可求得该林区这种树木的总材积量的估计值.

例 16 (2020 全国Ⅰ卷·文理 5) 某校一个课外学习小组为研究某作物种子的发芽率 y 和温度 x(单位:℃)的关系,在 20 个不同的温度条件下进行种子发芽实验,由实验数据 $(x_i, y_i)(i = 1, 2, \cdots, 20)$ 得到如图 2.42 所示的散点图.

由此散点图,在 10~40 ℃之间,下面四个回归方程类型中最适宜作为发芽率 y 和温度 x 的回归方程类型的是(   ).

A. $y = a + bx$ B. $y = a + bx^2$ C. $y = a + be^x$ D. $y = a + b\ln x$

解析 由散点图可知,在 10~40 ℃之间,发芽率 y 和温度 x 所对应的点 (x, y) 在一段对数函数的曲线附近,结合选项可知,$y = a + b\ln x$ 可作为发芽率 y 和温度 x 的回归方程类型.故选项 D 正确.

点评 前面试题考查的都是线性回归方程,而本题考查的是非线性回归方程,根据散点图的特点,显然散点图中的点分布在某一条曲线的附近,且增长的趋势与对数型函数的增长特征较为接近,根据这一特点,即可选出正确的答案.

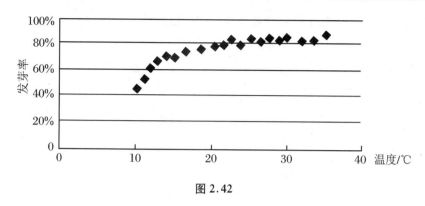

图 2.42

变式 1(2015 全国 Ⅰ 卷·文理 19)　某公司为确定下一年度投入某种产品的宣传费,需了解年宣传费 x(单位:千元)对年销售量 y(单位:t)和年利润 z(单位:千元)的影响,对近 8 年的年宣传费 x_i 和年销售量 y_i($i=1,2,\cdots,8$)数据作了初步处理,得到下面的散点图 (图 2.43)及一些统计量的值(表 2.24).

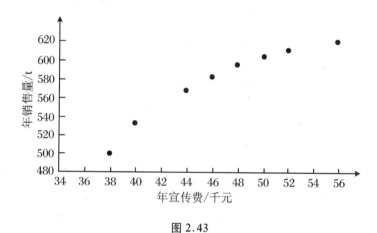

图 2.43

表 2.24

$\overline{x}$	$\overline{y}$	$\overline{w}$	$\sum\limits_{i=1}^{8}(x_i-\overline{x})^2$	$\sum\limits_{i=1}^{8}(w_i-\overline{w})^2$	$\sum\limits_{i=1}^{8}(x_i-\overline{x})(y_i-\overline{y})$	$\sum\limits_{i=1}^{8}(w_i-\overline{w})(y_i-\overline{y})$
46.6	563	6.8	289.8	1.6	1469	108.8

表中 $w_i=\sqrt{x_i}$,$\overline{w}=\dfrac{1}{8}\sum\limits_{i=1}^{8}w_i$.

(1) 根据散点图判断,$y=a+bx$ 与 $y=c+d\sqrt{x}$ 哪一个适宜作为年销售量 y 关于年宣传费 x 的回归方程类型?(给出判断即可,不必说明理由)

(2) 根据(1)的判断结果及表中数据,建立 y 关于 x 的回归方程.

(3) 已知这种产品的年利率 z 与 x、y 的关系为 $z=0.2y-x$.根据(2)的结果回答下列问题:

① 年宣传费 $x = 49$ 时，年销售量及年利润的预报值是多少？

② 年宣传费 x 为何值时，年利率的预报值最大？

附：对于一组数据 $(u_1, v_1), (u_2, v_2), \cdots, (u_n, v_n)$，其回归线 $v = \alpha + \beta u$ 的斜率和截距的最小二乘估计分别为 $\hat{\beta} = \dfrac{\sum\limits_{i=1}^{n}(u_i - \bar{u})(v_i - \bar{v})}{\sum\limits_{i=1}^{n}(u_i - \bar{u})^2}, \hat{\alpha} = \bar{v} - \hat{\beta}\bar{u}$.

(**解**)(**析**) (1) 由散点图可以判断，$y = c + d\sqrt{x}$ 适宜作为年销售量 y 关于年宣传费 x 的回归方程类型.

(2) 令 $w = \sqrt{x}$，先建立 y 关于 w 的线性回归方程，因为

$$\hat{d} = \dfrac{\sum\limits_{i=1}^{8}(w_i - \bar{w})(y_i - \bar{y})}{\sum\limits_{i=1}^{8}(w_i - \bar{w})^2} = \dfrac{108.8}{1.6} = 68,$$

$$\hat{c} = \bar{y} - \hat{d}\bar{w} = 563 - 68 \times 6.8 = 100.6,$$

所以 y 关于 w 的线性回归方程为 $\hat{y} = 100.6 + 68w$. 因此 y 关于 x 的回归方程为

$$\hat{y} = 100.6 + 68\sqrt{x}.$$

(3) ① 由(2)知，当 $x = 49$ 时，年销售量 y 的预报值为

$$\hat{y} = 100.6 + 68\sqrt{49} = 576.6.$$

年利润 z 的预报值为

$$\hat{z} = 576.6 \times 0.2 - 49 = 66.32.$$

② 根据(2)的结果知，年利润 z 的预报值为

$$\hat{z} = 0.2(100.6 + 68\sqrt{x}) - x = -x + 13.6\sqrt{x} + 20.12.$$

所以当 $\sqrt{x} = \dfrac{13.6}{2} = 6.8$，即 $x = 46.24$ 时，$\hat{z}$ 取得最大值. 故年宣传费为 46.24 千元时，年利润的预报值最大.

点评 本题是一道特别经典的非线性回归分析问题，在这道高考试题出现之后，一大批类似的非线性回归分析试题在全国各地的模拟试题中如雨后春笋般涌现，足以看出经典高考试题的价值所在与高考试题的引领作用. 由于本题的阅读量较大，加之之前非线性回归分析问题还未考查过，因此本题的得分率较低. 本题对考生的思想创新能力、数据处理能力要求比较高，是一道特别厚重的经典好题. 解决非线性回归分析问题的关键是通过换元，转化为线性回归分析问题，这是解决这类问题万变不离其宗的法宝.

考题回放

1. (2013 福建卷·文11) 已知 x 与 y 之间的几组数据见表 2.25.

表 2.25

x	1	2	3	4	5
y	0	2	1	3	3

假设根据上表数据所得线性回归直线方程为 $\hat{y} = \hat{b}x + \hat{a}$. 若某同学根据上表中的前两组数据 $(1,0)$ 和 $(2,2)$，求得的直线方程为 $y = b'x + a'$，则以下结论正确的是（　　）.

A. $\hat{b} > b', \hat{a} > a'$　　　　　　　　B. $\hat{b} > b', \hat{a} < a'$

C. $\hat{b} < b', \hat{a} > a'$　　　　　　　　D. $\hat{b} < b', \hat{a} < a'$

2. （2014 湖北卷·文 6/理 4）根据表 2.26 中的样本数据，得到的回归方程为 $\hat{y} = bx + a$，则（　　）.

表 2.26

x	3	4	5	6	7	8
y	4.0	2.5	−0.5	0.5	−2.0	−3.0

A. $a > 0, b > 0$　　B. $a > 0, b < 0$　　C. $a < 0, b > 0$　　D. $a < 0, b < 0$

3. （2011 辽宁卷·文理 14）调查了某地若干户家庭的年收入 x（单位：万元）和年饮食支出 y（单位：万元），调查显示年收入 x 与年饮食支出 y 具有线性相关关系，并由调查数据得到 y 对 x 的回归直线方程为 $\hat{y} = 0.254x + 0.321$. 由回归直线方程可知，家庭年收入每增加 1 万元，年饮食支出平均增加_____万元.

4. （2017 山东卷·理 5）为了研究某班学生的脚长（单位：cm）和身高（单位：cm）的关系，从该班随机抽取 10 名学生，根据测量数据的散点图可以看出 y 与 x 之间有线性相关关系，设直线方程为 $y = \hat{b}x + \hat{a}$，已知 $\sum\limits_{i=1}^{10} x_i = 225$，$\sum\limits_{i=1}^{10} y_i = 1600$，$\hat{b} = 4$，该班某学生的脚长为 24 cm，据此估计身高为（　　）.

A. 160 cm　　　　B. 163 cm　　　　C. 166 cm　　　　D. 170 cm

5. （2011 江西卷·理 6）变量 X 与 Y 相对应的一组数据为 $(10,1),(11.3,2),(11.8,3),(12.5,4),(13,5)$；变量 U 与 V 相对应的一组数据为 $(10,5),(11.3,4),(11.8,3),(12.5,2),(13,1)$. r_1 表示变量 Y 与 X 之间的线性相关系数，r_2 表示变量 V 与 U 之间的线性相关系数，则（　　）.

A. $r_2 < r_1 < 0$　　　　　　　　B. $0 < r_2 < r_1$

C. $r_2 < 0 < r_1$　　　　　　　　D. $r_2 = r$

6. （2014 全国 Ⅱ 卷·理 19）某地区 2007 年至 2013 年农村居民家庭纯收入 y（单位：千元）的数据见表 2.27.

表 2.27

年份	2007	2008	2009	2010	2011	2012	2013
年份代号 t	1	2	3	4	5	6	7
人均纯收入 y（千元）	2.9	3.3	3.6	4.4	4.8	5.2	5.9

（1）求 y 关于 t 的线性回归方程；

（2）利用（1）中的回归方程，分析 2007 年至 2013 年该地区农村居民家庭人均纯收入的变化情况，并预测该地区 2015 年农村居民家庭人均纯收入.

附：回归直线的斜率和截距的最小二乘法估计公式分别为

$$\hat{b} = \frac{\sum_{i=1}^{n}(t_i - \bar{t})(y_i - \bar{y})}{\sum_{i=1}^{n}(t_i - \bar{t})^2}, \quad \hat{a} = \bar{y} - \hat{b}\bar{t}.$$

7.（2012 福建卷·文 18）某工厂为了对新研发的一种产品进行合理定价，将该产品按事先拟定的价格进行试销，得到如下数据（表 2.28）：

表 2.28

单价 x（元）	8	8.2	8.4	8.6	8.8	9
销量 y（件）	90	84	83	80	75	68

（1）求回归直线方程 $\hat{y} = bx + a$，其中 $b = -20, a = \bar{y} - b\bar{x}$；

（2）预计在今后的销售中，销量与单价仍然服从（1）中的关系，且该产品的成本是 4 元/件，为使工厂获得最大利润，该产品的单价应定为多少元？（利润＝销售收入－成本）

8.（2013 重庆卷·文 17）从某居民区随机抽取 10 个家庭，获得第 i 个家庭的月收入 x_i（单位：千元）与月储蓄 y_i（单位：千元）的数据资料，算得 $\sum_{i=1}^{10} x_i = 80, \sum_{i=1}^{10} y_i = 20, \sum_{i=1}^{10} x_i y_i = 184, \sum_{i=1}^{10} x_i^2 = 720.$

（1）求家庭的月储蓄 y 对月收入 x 的线性回归方程 $y = bx + a$；

（2）判断变量 x 与 y 之间是正相关还是负相关；

（3）若该居民区某家庭月收入为 7 千元，预测该家庭的月储蓄.

附：线性回归方程 $y = bx + a$ 中 $b = \dfrac{\sum_{i=1}^{n} x_i y_i - n\bar{x}\bar{y}}{\sum_{i=1}^{n} x_i^2 - n\bar{x}^2}, a = \bar{y} - b\bar{x}$，其中 $\bar{x}, \bar{y}$ 为样本平均值，线性回归方程也可写为 $\hat{y} = \hat{b}x + \hat{a}.$

9.（2017 全国Ⅰ卷·文 19）为了监控某种零件的一条生产线的生产过程，检验员每隔

30 min 从该生产线上随机抽取一个零件,并测量其尺寸(单位:cm).表 2.29 是检验员在一天内依次抽取的 16 个零件的尺寸.

表 2.29

抽取次序	1	2	3	4	5	6	7	8
零件尺寸	9.95	10.12	9.96	9.96	10.01	9.92	9.98	10.04
抽取次序	9	10	11	12	13	14	15	16
零件尺寸	10.26	9.91	10.13	10.02	9.22	10.04	10.05	9.95

经计算,得

$$\bar{x} = \frac{1}{16}\sum_{i=1}^{16} x_i = 9.97, \quad s = \sqrt{\frac{1}{16}\sum_{i=1}^{16}(x_i - \bar{x})^2} = \sqrt{\frac{1}{16}\left(\sum_{i=1}^{16}x_i^2 - 16\bar{x}^2\right)} \approx 0.212,$$

$$\sqrt{\sum_{i=1}^{16}(i - 8.5)^2} \approx 18.439, \quad \sum_{i=1}^{16}(x_i - \bar{x})(i - 8.5) = -2.78.$$

其中 x_i 为抽取的第 i 个零件的尺寸($i = 1,2,\cdots,16$).

(1) 求 (x_i, i)($i = 1,2,\cdots,16$)的相关系数 r,并回答是否可以认为这一天生产的零件尺寸不随生产过程的进行而系统地变大或变小(若 $|r| < 0.25$,则可以认为零件的尺寸不随生产过程的进行而系统地变大或变小).

(2) 一天内抽检的零件中,如果出现了尺寸在 $(\bar{x} - 3s, \bar{x} + 3s)$ 之外的零件,就认为这条生产线在这一天的生产过程中可能出现了异常情况,需对当天的生产过程进行检查.

① 从这一天抽检的结果看,是否需对当天的生产过程进行检查?

② 在 $(\bar{x} - 3s, \bar{x} + 3s)$ 之外的数据称为离群值,试剔除离群值,估计这条生产线当天生产的零件尺寸的均值与标准差.(精确到 0.01)

附:样本 (x_i, y_i)($i = 1,2,\cdots,n$)的相关系数 $r = \dfrac{\sum\limits_{i=1}^{n}(x_i - \bar{x})(y_i - \bar{y})}{\sqrt{\sum\limits_{i=1}^{n}(x_i - \bar{x})^2}\sqrt{\sum\limits_{i=1}^{n}(y_i - \bar{y})^2}}$,

$\sqrt{0.008} \approx 0.09$.

10. (2016 全国Ⅲ卷·文理 18)图 2.44 是我国 2008 年至 2014 年生活垃圾无害化处理量(单位:亿吨)的折线图.

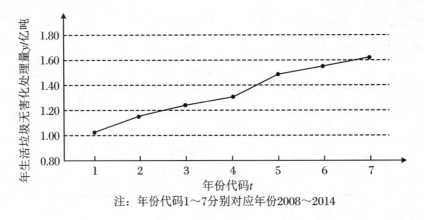

图 2.44

(1) 由折线图看出,可用线性回归模型拟合 y 与 t 的关系,请用相关系数加以说明;

(2) 建立 y 关于 t 的回归方程(系数精确到 0.01),预测 2016 年我国生活垃圾无害化处理量.

参考数据:$\displaystyle\sum_{i=1}^{7} y_i = 9.32$,$\displaystyle\sum_{i=1}^{7} t_i y_i = 40.17$,$\displaystyle\sqrt{\sum_{i=1}^{7} (y_i - \bar{y})^2} = 0.55$,$\sqrt{7} \approx 2.646$.

参考公式:相关系数 $r = \dfrac{\displaystyle\sum_{i=1}^{n} (t_i - \bar{t})(y_i - \bar{y})}{\sqrt{\displaystyle\sum_{i=1}^{n} (t_i - \bar{t})^2 \sum_{i=1}^{n} (y_i - \bar{y})^2}}$.

回归方程 $\hat{y} = \hat{a} + \hat{b}t$ 中斜率和截距的最小二乘估计公式分别为

$$\hat{b} = \dfrac{\displaystyle\sum_{i=1}^{n} (t_i - \bar{t})(y_i - \bar{y})}{\displaystyle\sum_{i=1}^{n} (t_i - \bar{t})^2}, \quad \hat{a} = \bar{y} - \hat{b}\bar{t}.$$

11. (2018 全国 Ⅱ 卷·文理 18)图 2.45 是某地区 2000 年至 2016 年环境基础设施投资额 y(单位:亿元)的折线图.

为了预测该地区 2018 年的环境基础设施投资额,建立了 y 与时间变量 t 的两个线性回归模型.根据 2000 年至 2016 年的数据(时间变量 t 的值依次为 $1,2,\cdots,17$)建立模型①:$\hat{y} = -30.4 + 13.5t$;根据 2010 年至 2016 年的数据(时间变量 t 的值依次为 $1,2,\cdots,7$)建立模型②:$\hat{y} = 99 + 17.5t$.

(1) 分别利用这两个模型,求该地区 2018 年的环境基础设施投资额的预测值;

(2) 你认为用哪个模型得到的预测值更可靠?并说明理由.

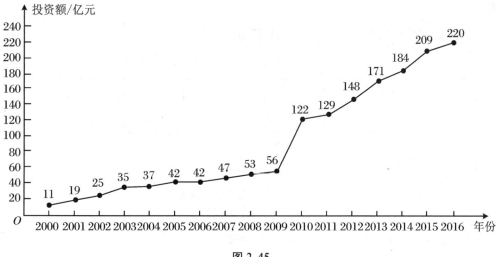

图 2.45

参考答案

1. 根据题表所给数据作散点图及回归直线,并作过(1,0)和(2,2)的直线,如图 2.46 所示.根据斜截式方程系数对应的几何意义,可得 $\hat{b} < b'$,$\hat{a} > a'$,故选项 C 正确.

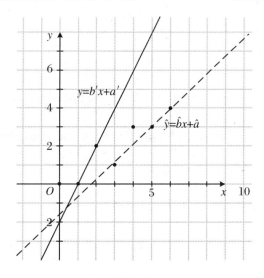

图 2.46

2. 画散点图,可知两个变量负相关,所以 $b < 0$,$a > 0$.故选项 B 正确.

3. 0.254.

4. 因为 $\bar{x} = 22.5$,$\bar{y} = 160$,所以 $\hat{a} = 160 - 4 \times 22.5 = 70$,$y = 4 \times 24 + 70 = 166$.故选项 C 正确.

5. 由题意知第一组变量正相关,所以 $r_1 > 0$;第二组变量负相关,所以 $r_2 < 0$.故选项 C

正确.

6. (1) 由题意得 $\bar{t}=4$, $\bar{y}=4.3$, 所以可得表 2.30.

表 2.30

$t_i - \bar{t}$	-3	-2	-1	0	1	2	3
$y_i - \bar{y}$	-1.4	-1	-0.7	0.1	0.5	0.9	1.6

由表中数据可得

$$\sum_{i=1}^{7} (t_i - \bar{t})(y_i - \bar{y}) = 4.2 + 2 + 0.7 + 0 + 0.5 + 1.8 + 4.8 = 14,$$

$$\sum_{i=1}^{7} (t_i - \bar{t})^2 = 9 + 4 + 1 + 0 + 1 + 4 + 9 = 28,$$

所以 $\hat{b} = \dfrac{14}{28} = 0.5$, $\hat{a} = \bar{y} - \hat{b}\bar{t} = 4.3 - 0.5 \times 4 = 2.3$. 故 y 关于 t 的回归方程为 $\hat{y} = 0.5t + 2.3$.

(2) 因为 $\hat{b} = 0.5 > 0$, 所以 2007 年至 2013 年该地区人均纯收入稳步增长, 平均每年增加 0.5 千元; 将 2015 年的年份代号 $t = 9$ 代入 (1) 中的回归方程, 得 $\hat{y} = 0.5 \times 9 + 2.3 = 6.8$. 据此预计到 2015 年, 该地区人均纯收入约 6 千 8 百元.

7. (1) 由题意得 $\bar{x} = 8.5$, $\bar{y} = 80$, 所以

$$a = \bar{y} - b\bar{x} = 80 - (-20) \times 8.5 = 250,$$

故 $\hat{y}$ 关于 x 的回归方程为 $\hat{y} = -20x + 250$.

(2) 设利润为 L, 则

$$L = (-20x + 250)(x - 4) = -20x^2 + 330x - 1000 = -20\left(x - \dfrac{33}{4}\right)^2 + 361.25.$$

所以当 $x = \dfrac{33}{4} = 8.25$ 时, L 最大. 故该产品的单价定为 8.25 元时, 利润最大.

8. (1) 由题意得 $n = 10$, $\bar{x} = 8$, $\bar{y} = 2$, 则

$$\sum_{i=1}^{n} x_i y_i - n\bar{x}\bar{y} = 184 - 10 \times 8 \times 2 = 24,$$

$$\sum_{i=1}^{n} x_i^2 - n\bar{x}^2 = 720 - 10 \times 8^2 = 80,$$

$$b = \dfrac{24}{80} = 0.3, \quad a = \bar{y} - b\bar{x} = 2 - 0.3 \times 8 = -0.4,$$

故回归方程为 $y = 0.3x - 0.4$

(2) 由于变量 y 随 x 的值增加而增加 ($b = 0.3 > 0$), 所以 x 与 y 之间是正相关.

(3) 将 $x = 7$ 代入回归方程, 可以预测该家庭的月储蓄为 $y = 0.3 \times 7 - 0.4 = 1.7$ (千元).

9. (1) 因为 $1, 2, \cdots, 16$ 的平均数为 8.5, 所以样本 $(x_i, i)(i = 1, 2, \cdots, 16)$ 的相关系数为

$$r = \frac{\sum\limits_{i=1}^{n}(x_i - \bar{x})(y_i - \bar{y})}{\sqrt{\sum\limits_{i=1}^{n}(x_i - \bar{x})^2}\sqrt{\sum\limits_{i=1}^{n}(y_i - \bar{y})^2}} = \frac{\sum\limits_{i=1}^{16}(x_i - \bar{x})(i - 8.5)}{\sqrt{\sum\limits_{i=1}^{16}(x_i - \bar{x})^2}\sqrt{\sum\limits_{i=1}^{16}(i - 8.5)^2}}$$

$$= \frac{-2.78}{4 \times 0.212 \times 4 \times 18.439} \approx -0.176,$$

即 $|r| < 0.25$.所以可以认为这一天生产的零件尺寸不随生产过程的进行而系统地变大或变小.

（2）① 由题意知

$$\bar{x} - 3s = 9.97 - 3 \times 0.212 = 9.334, \quad \bar{\mu} + 3s = 9.97 + 3 \times 0.212 = 10.606.$$

因为第 13 个零件的尺寸 $9.22 \notin (\bar{x} - 3s, \bar{x} + 3s)$，所以需对当天的生产过程进行检查.

② 剔除 9.22 后，这条生产线当天生产的零件尺寸的均值为

$$\frac{16\bar{x} - 9.22}{15} = \frac{16 \times 9.97 - 9.22}{15} = 10.02,$$

标准差为

$$s^2 = \frac{1}{15} \times \big[2 \times (9.95 - 10.02)^2 + (10.12 - 10.02)^2 + 2 \times (9.96 - 10.02)^2$$

$$+ (10.01 - 10.02)^2 + (9.92 - 10.02)^2 + (9.98 - 10.02)^2$$

$$+ 2 \times (10.04 - 10.02)^2 + (10.26 - 10.02)^2 + (9.91 - 10.02)^2$$

$$+ (10.13 - 10.02)^2 + (10.02 - 10.02)^2 + (10.05 - 10.02)^2 \big]$$

$$\approx 0.008.$$

故 $s = \sqrt{0.008} \approx 0.09$.

10.（1）由折线图这数据和附注中的参考数据，得 $\bar{t} = 4$，$\sum\limits_{i=1}^{7}(t_i - \bar{t})^2 = 28$，

$\sqrt{\sum\limits_{i=1}^{7}(y_i - \bar{y})^2} = 0.55$，所以

$$\sqrt{\sum\limits_{i=1}^{7}(t_i - \bar{t})(y_i - \bar{y})} = \sqrt{\sum\limits_{i=1}^{7}t_i y_i - \bar{t}\sum\limits_{i=1}^{7}y_i} = 40.17 - 4 \times 9.32 = 2.89,$$

因此

$$r \approx \frac{2.89}{0.55 \times 2 \times 2.646} \approx 0.99.$$

因为 y 与 t 的相关系数近似为 0.99，说明 y 与 t 的线性相关相当高，所以可以用线性回归模型拟合 y 与 t 的关系.

（2）由 $\bar{y} = \dfrac{9.32}{7} \approx 1.331$ 及（1）得

$$\hat{b} = \frac{\sum_{i=1}^{7}(t_i - \overline{t})(y_i - \overline{y})}{\sum_{i=1}^{7}(t_i - \overline{t})^2} = \frac{2.89}{28} \approx 0.103,$$

$$\hat{a} = \overline{y} - \hat{b}\overline{t} \approx 1.331 - 0.103 \times 4 \approx 0.92.$$

因此 y 关于 t 的回归方程为 $\hat{y} = 0.92 + 0.10t$. 将 2016 年对应的 $t = 9$ 代入回归方程, 得 $\hat{y} = 0.92 + 0.10 \times 9 = 1.82$, 所以预测 2016 年我国生活垃圾无害化处理量约为 1.82 亿吨.

11. (1) 利用模型①, 该地区 2018 年的环境基础设施投资额的预测值为

$$\hat{y} = -30.4 + 13.5 \times 19 = 226.1(\text{亿元}).$$

利用模型②, 该地区 2018 年的环境基础设施投资额的预测值为

$$\hat{y} = 99 + 17.5 \times 9 = 256.5(\text{亿元}).$$

(2) 利用模型②得到的预测值更可靠. 理由如下：

① 从折线图可以看出, 2000 年至 2016 年的数据对应的点没有随机散布在直线 $y = -30.4 + 13.5t$ 上下. 这说明利用 2000 年至 2016 年的数据建立的线性模型①不能很好地描述环境基础设施投资额的变化趋势.

2010 年相对 2009 年的环境基础设施投资额有明显增加, 2010 年至 2016 年的数据对应的点位于一条直线的附近, 这说明从 2010 年开始环境基础设施投资额的变化规律呈线性增长趋势, 利用 2010 年至 2016 年的数据建立的线性模型 $\hat{y} = 99 + 17.5t$ 可以较好地描述 2010 年以后的环境基础设施投资额的变化趋势, 因此利用模型②得到的预测值更可靠.

② 从计算结果看, 相对于 2016 年的环境基础设施投资额 220 亿元, 由模型①得到的预测值 226.1 亿元的增幅明显偏低, 而利用模型②得到的预测值的增幅比较合理. 说明利用模型②得到的预测值更可靠.

(以上给出了两种理由, 考生答出其中任意一种或其他合理理由均可得分.)

2.4 独立性检验

知识梳理

假设有两个分类变量 X 和 Y, 它们的取值分别为 $\{x_1, x_2\}$ 和 $\{y_1, y_2\}$, 其样本频数列联表(2×2 列联表)见表 2.31.

表 2.31

	y_1	y_2	总计
x_1	a	b	$a+b$
x_2	c	d	$c+d$
总计	$a+c$	$b+d$	$a+b+c+d$

$$K^2 = \frac{n(ad-bc)^2}{(a+b)(c+d)(a+c)(b+d)} \quad (n=a+b+c+d).$$

随机变量 K^2 越大，说明两个分类变量的关系越强；反之，越弱；$K^2 \leqslant 3.841$ 时，X 和 Y 无关；$K^2 > 3.841$ 时，X 和 Y 有 95% 可能性有关；$K^2 \geqslant 6.635$ 时，X 和 Y 有 99% 可能性有关.

例题精讲

例17 (2021 全国 Ⅱ 卷·文理 17)　甲、乙两台机床生产同种产品，产品按质量分为一级品和二级品，为了比较两台机床产品的质量，分别用两台机床各生产了 200 件产品，产品的质量情况统计见表 2.32.

表 2.32

	一级品	二级品	合计
甲机床	150	50	200
乙机床	120	80	200
合计	270	130	400

（1）甲机床、乙机床生产的产品中一级品的频率分别是多少？

（2）能否有 99% 的把握认为甲机床的产品质量与乙机床的产品质量有差异？

附：$K^2 = \dfrac{n(ad-bc)^2}{(a+b)(c+d)(a+c)(b+d)}$，以及表 2.33.

表 2.33

$P(K^2 \geqslant k)$	0.050	0.010	0.001
k	3.841	6.635	10.828

解析　（1）甲机床生产的产品中一级品的频率为 $\dfrac{150}{200} \times 100\% = 75\%$，乙机床生产的产

品中一级品的频率为 $\dfrac{120}{200} \times 100\% = 60\%$.

(2) 由题意得

$$K^2 = \dfrac{400 \times (150 \times 80 - 120 \times 50)^2}{270 \times 130 \times 200 \times 200} = \dfrac{400}{39} > 10 > 6.635.$$

故能有 99% 的把握认为甲机床的产品与乙机床的产品质量有差异.

点评 本题第(1)问考查了频率的计算,十分直接,属于难于做错的一道试题.第(2)问则考查了独立性检验这一极为重要的统计知识,本题由于 2×2 列联表已经给出,因此只需直接利用相关公式即可获得问题的求解,在查表时应比较 1 − 99% = 0.01 所对应的参考数据.

变式1(2019 全国 Ⅰ 卷·文 17) 某商场为提高服务质量,随机调查了 50 名男顾客和 50 名女顾客,每位顾客对该商场的服务给出满意或不满意的评价,得到下面列联表(表 2.34).

表 2.34

	满意	不满意
男顾客	40	10
女顾客	30	20

(1) 分别估计男、女顾客对该商场服务满意的概率;

(2) 能否有 95% 的把握认为男、女顾客对该商场服务的评价有差异?

附:$K^2 = \dfrac{n(ad-bc)^2}{(a+b)(c+d)(a+c)(b+d)}$,以及表 2.35.

表 2.35

$P(K^2 \geqslant k)$	0.050	0.010	0.001
k	3.841	6.635	10.828

解析 (1) 由题中数据可知,男顾客对该商场服务满意的概率为 $P = \dfrac{40}{50} = \dfrac{4}{5}$,女顾客对该商场服务满意的概率为 $P = \dfrac{30}{50} = \dfrac{3}{5}$.

(2) 由题意得

$$K^2 = \dfrac{100 \times (40 \times 20 - 30 \times 10)^2}{70 \times 30 \times 50 \times 50} = \dfrac{100}{21} \approx 4.762 > 3.841.$$

故有 95% 的把握认为男、女顾客对该商场服务的评价有差异.

点评 本题与上一题如出一辙,除了背景知识略有不同之外,可以说是一模一样的.这两道试题仅仅隔了 1 年的时间又以几乎一样的面貌出现,且都是在全国卷试题中出现,体现了高考试题重点知识重点考查的方式,也体现出高考真题极为重要的备考价值.

变式 2(2010 全国新课标卷·文理 19)　为调查某地区老年人是否需要志愿者提供帮助,用简单随机抽样方法从该地区调查了 500 位老年人,结果见表 2.36.

表 2.36

是否需要志愿者	性别	男	女
需要		40	30
不需要		160	270

(1) 估计该地区老年人中,需要志愿者提供帮助的老年人的比例;

(2) 能否有 99% 的把握认为该地区的老年人是否需要志愿者提供帮助与性别有关?

(3) 根据(2)的结论,能否提出更好的调查方法来估计该地区的老年人中,需要志愿者提供帮助的老年人的比例? 说明理由.

附:$K^2 = \dfrac{n\,(ad-bc)^2}{(a+b)(c+d)(a+c)(b+d)}$,以及表 2.37.

表 2.37

$P(K^2 \geq k)$	0.050	0.010	0.001
k	3.841	6.635	10.828

解析　(1) 调查的 500 位老年人中有 70 位需要志愿者提供帮助,因此该地区老年人中,需要帮助的老年人的比例的估算值为 $\dfrac{70}{500} \times 100\% = 14\%$.

(2) 由题意得

$$K^2 = \frac{500 \times (40 \times 270 - 30 \times 160)^2}{200 \times 300 \times 70 \times 430} = 9.967 > 6.635,$$

所以有 99% 的把握认为该地区的老年人是否需要帮助与性别有关.

(3) 由(2)的结论知,该地区老年人是否需要帮助与性别有关,并且从样本数据能看出该地区男性老年人与女性老年人中需要帮助的比例有明显差异,因此在调查时,先确定该地区老年人中男、女的比例,再把老年人分成男、女两层,采用分层抽样方法比采用简单随机抽样方法更好.

点评　本题第(1)问考查了样本估计总体这一重要的统计学方法.第(2)问考查了独立性检验这一高频考点,通过研究可以发现,这类试题基本上变化不大,只要认真复习备考,并提高自己的运算能力,就可以有很大把握做对这类试题.第(3)问则考查了抽样方法中最重要的分层抽样方法,以及这种方法的使用范围,对考生的分析能力有一定的要求.

例18 (2020 新高考卷·19) 为加强环境保护,治理空气污染,环境监测部门对某市空气质量进行调研,随机抽查了 100 天空气中的 PM2.5 和 SO_2 的浓度(单位:$\mu g/m^3$),得表 2.38.

表 2.38

SO₂ PM2.5	[0,50]	(50,150]	(150,475]
[0,35]	32	18	4
(35,75]	6	8	12
(75,115]	3	7	10

(1) 估计事件"该市一天空气中 PM2.5 的浓度不超过 75,且 SO_2 的浓度不超过 150"的概率;

(2) 根据所给数据,完成如表 2.39 所示的 2×2 列联表.

表 2.39

SO₂ PM2.5	[0,150]	(150,475]
[0,75]		
(75,115]		

(3) 根据(2)中的列联表,判断是否有 99% 的把握认为该市一天空气中 PM2.5 的浓度与 SO_2 的浓度有关.

附:$K^2 = \dfrac{n(ad-bc)^2}{(a+b)(c+d)(a+c)(b+d)}$,以及表 2.40.

表 2.40

$P(K^2 \geqslant k)$	0.050	0.010	0.001
k	3.841	6.635	10.828

解析 (1) 用频率估计概率,从而得到"该市一天空气中 PM2.5 的浓度不超过 75,且 SO_2 的浓度不超过 150"的概率为

$$P = \frac{32+18+6+8}{100} = 0.64.$$

(2) 根据所给数据,可得如表 2.41 所示的 2×2 列联表.

表 2.41

PM2.5 \ SO₂	$[0,150]$	$(150,475]$
$[0,75]$	64	16
$(75,115]$	10	10

（3）根据（2）中的列联表,得

$$K^2 = \frac{n(ad-bc)^2}{(a+b)(c+d)(a+c)(b+d)}$$

$$= \frac{100 \times (64 \times 16 - 16 \times 10)^2}{80 \times 20 \times 74 \times 26}$$

$$= 7.484 > 6.635,$$

所以

$$P(K^2 \geqslant 6.635) = 0.01.$$

故有 99% 的把握认为该市一天空气中 PM2.5 的浓度与 SO₂ 的浓度有关.

点评　本题没有直接给出 2×2 列联表中的相关数据,需要考生根据题意进行逻辑推理补充完整,在填充好 2×2 列联表后,就可以使用独立性检验的相关公式进行求解了.

变式 1（2020 全国Ⅲ卷·文理 18）　某学生兴趣小组随机调查了某市 100 天中每天的空气质量等级和当天到某公园锻炼的人次,整理数据得到表 2.42（单位:天）.

表 2.42

空气质量等级 \ 锻炼人次	$[0,200]$	$(200,400]$	$(400,600]$
1（优）	2	16	25
2（良）	5	10	12
3（轻度污染）	6	7	8
4（中度污染）	7	2	0

（1）分别估计该市一天的空气质量等级为 1,2,3,4 的概率;

（2）求一天中到该公园锻炼的平均人次的估计值（同一组中的数据用该组区间的中点值作代表）;

（3）若某天的空气质量等级为 1 或 2,则称这天"空气质量好";若某天的空气质量等级为 3 或 4,则称这天"空气质量不好".根据所给数据,完成下面的 2×2 列联表（表 2.43）,并根据列联表,判断是否有 95% 的把握认为一天中到该公园锻炼的人次与该市当天的空气质量有关.

表 2.43

	人次≤400	人次＞400
空气质量好		
空气质量不好		

附：$K^2 = \dfrac{n(ad-bc)^2}{(a+b)(c+d)(a+c)(b+d)}$，以及表 2.44.

表 2.44

$P(K^2 \geqslant k)$	0.050	0.010	0.001
k	3.841	6.635	10.828

解析 (1) 该市一天的空气质量等级为 1 的概率为 $\dfrac{2+16+25}{100} = \dfrac{43}{100}$；

该市一天的空气质量等级为 2 的概率为 $\dfrac{5+10+12}{100} = \dfrac{27}{100}$；

该市一天的空气质量等级为 3 的概率为 $\dfrac{6+7+8}{100} = \dfrac{21}{100}$；

该市一天的空气质量等级为 4 的概率为 $\dfrac{7+2+0}{100} = \dfrac{9}{100}$.

(2) 由题意可得，一天中到该公园锻炼的平均人次的估计值为

$$\bar{x} = 100 \times 0.20 + 300 \times 0.35 + 500 \times 0.45 = 350.$$

(3) 根据所给数据，可得表表 2.45 所示的 2×2 列联表.

表 2.45

	人次≤400	人次＞400
空气质量好	33	37
空气质量不好	22	8

由表中数据可得

$$K^2 = \dfrac{n(ad-bc)^2}{(a+b)(c+d)(a+c)(b+d)}$$

$$= \dfrac{100 \times (33 \times 8 - 37 \times 22)^2}{70 \times 30 \times 55 \times 45}$$

$$\approx 5.820 > 3.841.$$

所以有 95% 的把握认为一天中到该公园锻炼的人次与该市当天的空气质量有关.

点评　本题第(1)问考查了频率的直接计算,较为基础;第(2)问考查了平均数的估计,对数据的处理能力有一定的要求;第(3)问的考查比较常规,难度不大.

例 19（2017 全国 II 卷·文 19）　海水养殖场进行某水产品的新、旧网箱养殖方法的产量对比,收获时各随机抽取了 10 个网箱,测量各箱水产品的产量(单位:kg),其频率分布直方图如图 2.47 所示.

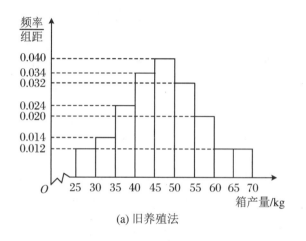
(a) 旧养殖法

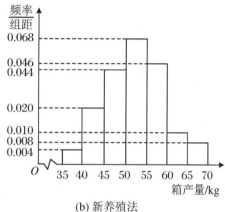
(b) 新养殖法

图 2.47

（1）记 A 表示事件"旧养殖法的箱产量低于 50 kg",估计 A 的概率;

（2）填写如表 2.46 所示的列联表,并根据列联表判断是否有 99% 的把握认为箱产量与养殖方法有关.

表 2.46

	箱产量<50 kg	箱产量≥50 kg
旧养殖法		
新养殖法		

（3）根据箱产量的频率分布直方图,对两种养殖方法的优劣进行比较.

附:$K^2 = \dfrac{n(ad-bc)^2}{(a+b)(c+d)(a+c)(b+d)}$,以及表 2.47.

表 2.47

$P(K^2 \geqslant k)$	0.050	0.010	0.001
k	3.841	6.635	10.828

解析（1）旧养殖方法的箱产量低于 50 kg 的频率为

$$(0.012 + 0.014 + 0.024 + 0.034 + 0.040) \times 5 = 0.62.$$

因此,事件 A 的概率估计值为 0.62.

(2) 根据箱产量的频率分布直方图得到如表 2.48 所示的列联表.

表 2.48

	箱产量<50 kg	箱产量≥50 kg
旧养殖法	62	38
新养殖法	34	66

由表中数据得

$$K^2 = \frac{200 \times (62 \times 66 - 34 \times 38)^2}{100 \times 100 \times 96 \times 104} \approx 15.705.$$

由于 15.705＞6.635,故有 99% 的把握认为箱产量与养殖方法有关.

(3) 箱产量的频率分布直方图表明,新养殖方法的箱产量平均值(或中位数)在 50～55 kg,旧养殖方法的箱产量平均量(或中位数)在 45～50 kg,且新养殖法的箱产量较高且稳定,所以新养殖方法优于旧养殖法.

点评 本题把独立性检验问题结合频率分布直方图进行试题的构建,相对较为综合,但只要熟练各个考点,正确完成此题难度并不大.

变式 1(2010 辽宁卷·理 18) 为了比较注射 A,B 两种药物后产生的皮肤疱疹的面积,选 200 只家兔做试验,将这 200 只家兔随机分成两组,每组 100 只,其中一组注射药物 A,另一组注射药物 B.表 2.49 和表 2.50 分别是注射药物 A 和 B 后的试验结果(疱疹面积单位:mm^2).

表 2.49   注射药物 A 后皮肤疱疹面积的频数分布表

疱疹面积	[60,65)	[65,70)	[70,75)	[75,80)
频数	30	40	20	10

表 2.50   注射药物 B 后皮肤疱疹面积的频数分布表

疱疹面积	[60,65)	[65,70)	[70,75)	[75,80)	[80,85)
频数	10	25	20	30	15

(1) 完成下面的频率分布直方图(图 2.48 和图 2.49),并比较注射两种药物后疱疹面积的中位数大小;

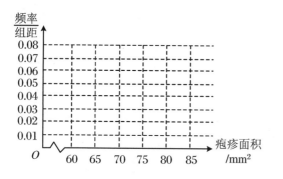

图 2.48　注射药物 A 后皮肤疱疹面积
的频率分布直方图

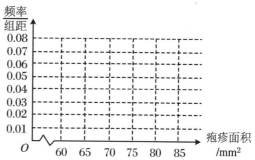

图 2.49　注射药物 B 后皮肤疱疹面积
的频率分布直方图

（2）完成下面的 $2×2$ 列联表（表 2.51），并回答能否有 99.9% 把握认为"注射药物 A 后的疱疹面积与注射药物 B 后的疱疹面积有差异".

表 2.51　注射药物 B 后皮肤疱疹面积的频数分布表

合计	疱疹面积小于 70 mm²	疱疹面积小于 70 mm²
注射药物 A	$a =$	$b =$
注射药物 B	$c =$	$d =$

附：$K^2 = \dfrac{n(ad-bc)^2}{(a+b)(c+d)(a+c)(b+d)}$，以及表 2.52.

表 2.52

$P(K^2 \geqslant k)$	0.100	0.050	0.0025	0.0101	0.001
k	2.706	3.841	5.024	6.635	10.828

解析　（1）注射两种药物后疱疹面积的频率分布直方图分别如图 2.50 和图 2.51 所示.

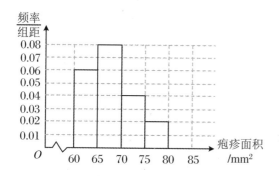

图 2.50　注射药物 A 后皮肤疱疹面积
的频率分布直方图

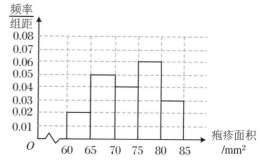

图 2.51　注射药物 B 后皮肤疱疹面积
的频率分布直方图

由图可以看出注射药物 A 后的疱疹面积的中位数在 65~70,而注射药物 B 后的疱疹面积的中位数在 70~75,所以注射药物 A 后疱疹面积的中位数小于注射药物 B 后疱疹面积的中位数.

② 完整的 2×2 列联表见表 2.53.

表 2.53

	疱疹面积小于 70 mm²	疱疹面积小于 70 mm²	合计
注射药物 A	$a=70$	$b=30$	100
注射药物 B	$c=35$	$d=65$	100
合计	105	95	$n=200$

由表中数据可得

$$K^2 = \frac{200 \times (70 \times 65 - 35 \times 30)^2}{100 \times 100 \times 105 \times 95} \approx 24.56.$$

由于 $K^2 > 10.828$,所以有 99.9% 把握认为"注射药物 A 后的疱疹面积与注射药物 B 后的疱疹面积有差异".

点评 本题由于阅读量较大,会对一些考生造成很大的干扰,通过认真审题之后,发现是一道比较温和的试题,这种命题风格考生一定要多加练习.只要抓住关键之处,提取有效的信息,即可正确完成解答.

考题回放

1.(2014 江西卷·文 7/理 6)某人研究中学生的性别与成绩、视力、智商、阅读量这 4 个变量之间的关系,随机抽查 52 名中学生,得到统计数据见表 2.54~表 2.57,则与性别有关联的可能性最大的变量是(   ).

表 2.54

成绩\性别	不及格	及格	总计
男	6	14	20
女	10	22	32
总计	16	36	52

表 2.55

视力\性别	好	差	总计
男	4	16	20
女	12	20	32
总计	16	36	52

表 2.56

智商 性别	偏高	正常	总计
男	8	12	20
女	8	24	32
总计	16	36	52

表 2.57

阅读量 性别	好	差	总计
男	14	6	20
女	2	30	32
总计	16	36	52

A. 成绩   B. 视力   C. 智商   D. 阅读量

2. (2011 湖南卷·文 5/理 4)通过随机询问 110 名性别不同的大学生是否爱好某项运动,得到如下列联表(表 2.58):

表 2.58

	男	女	总计
爱好	40	20	60
不爱好	20	30	50
总计	60	50	110

由 $K^2 = \dfrac{n(ad-bc)^2}{(a+b)(c+d)(a+c)(b+d)}$,得 $K^2 = \dfrac{110\times(40\times30-20\times20)^2}{60\times50\times60\times50}\approx7.8$.

附表(表 2.59):

表 2.59

$P(K^2\geqslant k)$	0.050	0.010	0.001
k	3.841	6.635	10.828

参照附表,得到的正确结论是( ).

A. 在犯错误的概率不超过 0.1% 的前提下,认为"爱好该项运动与性别有关"

B. 在犯错误的概率不超过 0.1% 的前提下,认为"爱好该项运动与性别无关"

C. 有 99% 以上的把握认为"爱好该项运动与性别有关"

D. 有 99% 以上的把握认为"爱好该项运动与性别无关"

3. (2022 全国 Ⅱ 卷·文 17)甲、乙两城之间的长途客车均由 A 和 B 两家公司运营,为了解这两家公司长途客车的运行情况,随机调查了甲、乙两城之间的 500 个班次,得到表 2.60 所示的列联表.

表 2.60

	准点班次数	未准点班次数
A	240	20
B	210	30

(1) 根据上表,分别估计这两家公司甲、乙两城之间的长途客车准点的概率;

(2) 能否有 90% 的把握认为甲、乙两城之间的长途客车是否准点与客车所属公司有关?

附: $K^2 = \dfrac{n\,(ad-bc)^2}{(a+b)(c+d)(a+c)(b+d)}$,以及表 2.61.

表 2.61

$P(K^2 \geqslant k)$	0.100	0.050	0.010
k	2.706	3.841	6.635

4. (2014 辽宁卷·文 18)某大学餐饮中心为了解新生的饮食习惯,在全校一年级学生中进行了抽样调查,调查结果见表 2.62.

表 2.62

	喜欢甜品	不喜欢甜品	合计
南方学生	60	20	80
北方学生	10	10	20
合计	70	30	100

(1) 根据表中数据,判断是否有 95% 的把握认为"南方学生和北方学生在选用甜品的饮食习惯方面有差异";

(2) 已知在被调查的北方学生中有 5 名数学系的学生,其中 2 名喜欢甜品,现在从这 5 名学生中随机抽取 3 人,求至多有 1 人喜欢甜品的概率.

附: $\chi^2 = \dfrac{n(n_{11}n_{22} - n_{12}n_{21})^2}{n_{1+}\,n_{2+}\,n_{+1}\,n_{+2}}$,以及表 2.63.

表 2.63

$P(\chi^2 \geqslant k)$	0.100	0.050	0.010
k	2.706	3.84	6.635

5. (2009 辽宁卷·文 20)某企业有两个分厂生产某种零件,按规定内径尺寸(单位: mm)的值落在 $[29.94, 30.06]$ 的零件为优质品.从两个分厂生产的零件中各抽出 500 件,量

其内径尺寸,结果见表 2.64 和表 2.65.

表 2.64　甲厂生产零件的内径尺寸(单位:mm)

分组	[29.86, 29.90)	[29.90, 29.94)	[29.94, 29.98)	[29.98, 30.02)	[30.02, 30.06)	[30.06, 30.10)	[30.10, 30.14)
频率	12	63	86	182	92	61	4

表 2.65　乙厂生产零件的内径尺寸(单位:mm)

分组	[29.86, 29.90)	[29.90, 29.94)	[29.94, 29.98)	[29.98, 30.02)	[30.02, 30.06)	[30.06, 30.10)	[30.10, 30.14)
频率	29	71	85	159	76	62	18

(1) 试分别估计两个分厂生产的零件的优质品率;

(2) 由以上统计数据填下面的 2×2 列联表(表 2.66),并判断是否有 99% 的把握认为"两个分厂生产的零件的质量有差异".

表 2.66

	甲厂	乙厂	合计
优质品			
非优质品			
合计			

$$\chi^2 = \frac{n(n_{11}n_{12} - n_{12}n_{21})^2}{n_{1+} n_{2+} n_{+1} n_{+2}},$$以及表 2.67.

表 2.67

$P(\chi^2 \geqslant k)$	0.050	0.010
k	3.841	6.635

6. (2013 福建卷·文 19)某工厂有 25 周岁以上(含 25 周岁)工人 300 名,25 周岁以下工人 200 名.为研究工人的日平均生产量是否与年龄有关,现采用分层抽样的方法,从中抽取了 100 名工人,先统计了他们某月的日平均生产件数,然后按工人年龄"在 25 周岁以上(含 25 周岁)"和"25 周岁以下"分为两组,再将两组工人的日平均生产件数分成 5 组:[50,60),[60,70),[70,80),[80,90),[90,100)分别加以统计,得到如图 2.52 和图 2.53 所示的频率分布直方图.

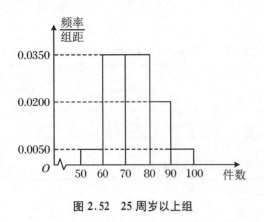

图 2.52　25 周岁以上组

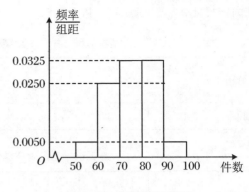

图 2.53　25 周岁以下组

（1）从样本中日平均生产件数不足 60 件的工人中随机抽取 2 人，求至少抽到一名"25 周岁以下组"工人的概率；

（2）规定日平均生产件数不少于 80 件者为"生产能手"，请你根据已知条件完成 2×2 列联表，并判断是否有 90% 的把握认为"生产能手与工人所在的年龄组有关".

附：$\chi^2 = \dfrac{n\,(n_{11}n_{22} - n_{12}n_{21})^2}{n_{1+}\,n_{2+}\,n_{+1}\,n_{+2}}$，以及表 2.68.

表 2.68

$P(\chi^2 \geqslant k)$	0.100	0.050	0.010	0.001
k	2.706	3.841	6.635	10.828

注：上式公式也可以写成 $K^2 = \dfrac{n\,(ad - bc)^2}{(a+b)(c+d)(a+c)(b+d)}$.

7.（2018 全国Ⅲ卷·文理 18）某工厂为提高生产效率，开展技术创新活动，提出了完成某项生产任务的两种新的生产方式.为比较两种生产方式的效率，选取 40 名工人，将他们随机分成两组，每组 20 人，第一组工人用第一种生产方式，第二组工人用第二种生产方式.根据工人完成生产任务的工作时间（单位：min）绘制了如图 2.54 所示的茎叶图.

第一种生产方式		第二种生产方式
8	6	5 5 6 8 9
9 7 6 2	7	0 1 2 2 3 4 5 6 6 8
9 8 7 7 6 5 4 3 3 2	8	1 4 4 5
2 1 1 0 0	9	0

图 2.54

（1）根据茎叶图判断哪种生产方式的效率更高，并说明理由；

（2）求 40 名工人完成生产任务所需时间的中位数 m，并将完成生产任务所需时间超过

m 和不超过 m 的工人数填入下面的列联表(表2.69);

表2.69

	超过 m	不超过 m
第一种生产方式		
第二种生产方式		

(3) 根据(2)中的列联表,能否有99%的把握认为两种生产方式的效率有差异?

附:$K^2 = \dfrac{n(ad-bc)^2}{(a+b)(c+d)(a+c)(b+d)}$,以及表2.70.

表2.70

$P(K^2 \geqslant k)$	0.050	0.010	0.001
k	3.841	6.635	10.828

参 考 答 案

1. 因为

$$\chi_1^2 = \frac{52 \times (6 \times 22 - 14 \times 10)^2}{16 \times 36 \times 32 \times 20} = \frac{52 \times 8^2}{16 \times 36 \times 32 \times 20} = \frac{13}{1440},$$

$$\chi_2^2 = \frac{52 \times (4 \times 20 - 16 \times 12)^2}{16 \times 36 \times 32 \times 20} = \frac{52 \times 112^2}{16 \times 36 \times 32 \times 20} = \frac{637}{360},$$

$$\chi_3^2 = \frac{52 \times (8 \times 24 - 12 \times 8)^2}{16 \times 36 \times 32 \times 20} = \frac{52 \times 96^2}{16 \times 36 \times 32 \times 20} = \frac{13}{10},$$

$$\chi_4^2 = \frac{52 \times (14 \times 30 - 6 \times 2)^2}{16 \times 36 \times 32 \times 20} = \frac{52 \times 408^2}{16 \times 36 \times 32 \times 20} = \frac{3757}{160},$$

所以 $\chi_4^2 > \chi_2^2 > \chi_3^2 > \chi_1^2$.因此阅读量与性别关联的可能性最大,故选项 D 正确.

2. 由题意得 $K^2 = 7.8 > 6.635$.故选项 C 正确.

3.(1) 根据题表中的数据,A 共有班次 260 次,准点班次有 240 次,设 A 家公司长途客车准点事件为 M,则 $P(M) = \dfrac{240}{260} = \dfrac{12}{13}$;$B$ 共有班次 240 次,准点班次有 210 次,设 B 家公司长途客车准点事件为 N,则 $P(N) = \dfrac{210}{240} = \dfrac{7}{8}$.所以 A 家公司长途客车准点的概率为 $\dfrac{12}{13}$;B 家公司长途客车准点的概率为 $\dfrac{7}{8}$.

(2) 依题意可得表2.71所示的列联表.

表 2.71

	准点班次数	未准点班次数	合计
A	240	20	260
B	210	30	240
合计	450	50	500

所以

$$K^2 = \frac{n(ad-bc)^2}{(a+b)(c+d)(a+c)(b+d)}$$

$$= \frac{500 \times (240 \times 30 - 210 \times 20)^2}{260 \times 240 \times 450 \times 50} \approx 3.205 > 2.706.$$

则根据临界值表可知,有 90% 的把握认为甲、乙两城之间的长途客车是否准点与客车所属公司有关.

4. (1) 将 2×2 列联表中的数据代入公式,得

$$\chi^2 = \frac{n(n_{11}n_{22} - n_{12}n_{21})^2}{n_{1+}n_{2+}n_{+1}n_{+2}}$$

$$= \frac{100 \times (60 \times 10 - 20 \times 10)^2}{70 \times 30 \times 80 \times 20}$$

$$= \frac{100}{21} \approx 4.762.$$

因为 $4.762 > 3.841$,所以有 95% 的把握认为"南方学生和北方学生在选用甜品的饮食习惯方面有差异".

(2) 从 5 名数学系学生中任取 3 人的一切可能结果所组成的基本事件空间为

$$\Omega = \{(a_1,a_2,b_1),(a_1,a_2,b_2),(a_1,a_2,b_3),(a_1,a_2,b_1),(a_1,b_1,b_2),$$
$$(a_1,b_1,b_3),(a_2,b_1,b_2),(a_2,b_2,b_3),(a_2,b_1,b_3),(b_1,b_2,b_3)\}.$$

其中,a_i 表示喜欢甜品的学生,$i=1,2$;b_j 表示不喜欢甜品的学生,$j=1,2,3$.Ω 由 10 个基本事件组成,且这些基本事件的出现是等可能的.用 A 表示"3 人中至多有 1 人喜欢甜品"这一事件,则

$$A = \{(a_2,b_1,b_3),(a_1,b_1,b_2),(a_1,b_1,b_3),(a_2,b_1,b_2),(a_2,b_2,b_3),(b_1,b_2,b_3)\}.$$

事件 A 是由 7 个基本事件组成,因而 $P(A) = \frac{7}{10}$.

5. (1) 甲厂抽查的产品中有 360 件优质品,从而甲厂生产的零件的优质品率估计为
$\frac{360}{500} \times 100\% = 72\%$;

乙厂抽查的产品中有 320 件优质品,从而乙厂生产的零件的优质品率估计为
$\frac{320}{500} \times 100\% = 64\%$.

(2) 完成的 2×2 列联表见表 2.72.

表 2.72

	甲厂	乙厂	合计
优质品	360	320	680
非优质品	140	180	320
合计	500	500	1000

由表中数据可得

$$\chi^2 = \frac{1000\times(360\times180-320\times140)^2}{500\times500\times680\times320} \approx 7.35 > 6.635.$$

所以有 99% 的把握认为"两个分厂生产的零件的质量有差异".

6. (1) 由已知得,样本中有 25 周岁以上组工人 60 名,25 周岁以下组工人 40 名.所以样本中平均生产件数不足 60 件的工人中,25 周岁以上组工人有 $60\times0.05=3$ 人,记为 A_1,A_2,A_3;25 周岁以下组工人有 $40\times0.05=2$ 人,记为 B_1,B_2.从中随机抽取 2 名工人,所有的可能结果共有 10 种,分别是 (A_1,A_2),(A_1,A_3),(A_2,A_3),(A_1,B_1),(A_1,B_2),(A_2,B_1),(A_2,B_2),(A_3,B_1),(A_3,B_2),(B_1,B_2).其中至少有 1 名"25 周岁以下组"工人的可能结果共有 7 种,分别是 (A_1,B_1),(A_1,B_2),(A_2,B_1),(A_2,B_2),(A_3,B_1),(A_3,B_2),(B_1,B_2).故所求的概率为 $P=\dfrac{7}{10}$.

(2) 由频率分布直方图可知,在抽取的 100 名工人中,"25 周岁以上组"中的生产能手有 $60\times0.25=15$ 人,"25 周岁以下组"中的生产能手有 $40\times0.375=15$ 人.据此可得如表 2.73 所示的 2×2 列联表.

表 2.73

	生产能手	非生产能手	合计
25 周岁以上组	15	45	60
25 周岁以下组	15	25	40
合计	30	70	100

所以

$$K^2 = \frac{n(ad-bc)^2}{(a+b)(c+d)(a+c)(b+d)} = \frac{100\times(15\times25-15\times45)^2}{60\times40\times30\times70} = \frac{25}{14} \approx 1.79.$$

因为 $1.79<2.706$,所以没有 90% 的把握认为"生产能手与工人所在的年龄组有关".

7. (1) 第二种生产方式的效率更高.理由如下:

① 由茎叶图可知,在用第一种生产方式的工人中,75% 的工人完成生产任务所需时间

至少为 80 min,在用第二种生产方式的工人中,75%的工人完成生产任务所需时间至多79 min,因此第二种生产方式的效率更高.

② 由茎叶图可知,用第一种生产方式的工人完成生产任务所需时间的中位数为85.5 min,用第二种生产方式的工人完成生产任务所需时间的中位数为 73.5 min,因此第二种生产方式的效率更高.

③ 由茎叶图可知,用第一种生产方式的工人完成生产任务平均所需时间高于 80 min;用第二种生产方式的工人完成生产任务平均所需时间低于 80 min,因此第二种生产方式的效率更高.

④ 由茎叶图可知,用第一种生产方式的工人完成生产任务所需时间分布在茎 8 上的最多,关于茎 8 大致呈对称分布;用第二种生产方式的工人完成生产任务所需时间分布在茎 7 上的最多,关于茎 7 大致呈对称分布,又因为用两种生产方式的工人完成生产任务所需时间分布的区间相同,所以可以认为用第二种生产方式完成生产任务所需的时间比用第一种生产方式完成生产任务所需的时间更少,因此第二种生产方式的效率更高.

以上给出了 4 种理由,考生答出其中任意一种或其他合理理由均可得分.

(2) 由茎叶图知 $m = \dfrac{79 + 81}{2} = 80$.

列联表见表 2.74.   表 2.74

	超过 m	不超过 m
第一种生产方式	15	5
第二种生产方式	5	15

(3) 由(2)可得

$$K^2 = \frac{40 (15 \times 15 - 5 \times 5)^2}{20 \times 20 \times 20 \times 20} = 10 > 6.635.$$

所以有 99%的把握认为两种生产方式的效率有差异.

第 3 章 概　　率

3.1　随机事件的概率

知识梳理

1. 随机事件的频率与概率

(1) 频数与频率:在相同条件 S 下进行 n 次试验,观察某事件 A 是否出现,称 n 次试验中事件 A 出现的次数 n_A 为事件出现的频数,称事件 A 出现的比例 $f_n(A) = \dfrac{n_A}{n}$ 为事件 A 出现的频率.

(2) 概率:对于给定的随机事件 A,如果随着试验次数 n 的增加,事件 A 发生的频率 $f_n(A)$ 稳定在某个常数上,则把这个常数记作 $P(A)$,称为事件 A 的概率.

2. 互斥事件与对立事件

互斥事件是指两个事件不可能同时发生,有可能两个都不发生.对立事件是指两个事件不可能同时发生,但必有一个发生,即有且只有一个事件发生.由此可见,对立事件一定是互斥事件,但互斥事件不一定是对立事件.

互斥事件与对立事件的定义与符号表示见表 3.1.

表 3.1　互斥事件与对立事件的定义与符号表示

名称	定义	符号表示
互斥事件	若 $A \cap B$ 为不可能事件,那么称事件 A 与事件 B 互斥	$A \cap B = \varnothing$
对立事件	若 $A \cap B$ 为不可能事件,$A \cup B$ 为必然事件,那么称事件 A 与事件 B 互为对立事件	$A \cap B = \varnothing$ 且 $A \cup B = U$ (U 为全集)

3. 概率的几个基本性质

(1) 概率的范围:$[0,1]$.

(2) 必然事件的概率为 1.

(3) 不可能事件的概率为 0.

（4）概率的加法公式：若事件 A 与事件 B 互斥，则
$$P(A \cup B) = P(A) + P(B).$$

（5）对立事件的概率：若事件 A 与事件 B 对立，则 $A \cup B$ 为必然事件，
$$P(A \cup B) = 1, \quad P(A) = 1 - P(B).$$

例题精讲

例 1（2013 辽宁卷·文 19） 现有 6 道题，其中 4 道甲类题，2 道乙类题，张同学从中任取 2 道题解答，试求：

（1）所取的 2 道题都是甲类题的概率；

（2）所取的 2 道题不是同一类题的概率.

解析（1）（解法 1）将 4 道甲类题依次编号为 1,2,3,4；2 道乙类题依次编号为 5,6.任取 2 道题，基本事件为 $\{1,2\}$，$\{1,3\}$，$\{1,4\}$，$\{1,5\}$，$\{1,6\}$，$\{2,3\}$，$\{2,4\}$，$\{2,5\}$，$\{2,6\}$，$\{3,4\}$，$\{3,5\}$，$\{3,6\}$，$\{4,5\}$，$\{4,6\}$，$\{5,6\}$，共 15 个，而且这些基本事件的出现是等可能的.用 A 表示"都是甲类题"这一事件，则 A 包含的基本事件有 $\{1,2\}$，$\{1,3\}$，$\{1,4\}$，$\{2,3\}$，$\{2,4\}$，$\{3,4\}$，共 6 个，所以 $P(A) = \dfrac{6}{15} = \dfrac{2}{5}$.

（解法 2）将 4 道甲类题依次编号为 1,2,3,4；2 道乙类题依次编号为 5,6.任取 2 道题，有 $C_6^2 = \dfrac{6 \times 5}{2 \times 1} = 15$ 种方法，用 A 表示"都是甲类题"这一事件，则 A 包含的基本事件的有 $C_4^2 = \dfrac{4 \times 3}{2 \times 1} = 6$ 个，所以 $P(A) = \dfrac{6}{15} = \dfrac{2}{5}$.

（2）（解法 1）基本事件同（1），用 B 表示"不是同一类题"这一事件，则 B 包含的基本事件有 $\{1,5\}$，$\{1,6\}$，$\{2,5\}$，$\{2,6\}$，$\{3,5\}$，$\{3,6\}$，$\{4,5\}$，$\{4,6\}$，共 8 个，所以 $P(B) = \dfrac{8}{15}$.

（解法 2）基本事件同（1），用 B 表示"不是同一类题"这一事件，则 B 包含的基本事件有 $C_4^1 \times C_2^1 = 4 \times 2 = 8$ 个，所以 $P(B) = \dfrac{8}{15}$.

点评 解法 1 使用的是列举法，由于基本事件不多并具有一定的规律性，故可以考虑利用一一列举的方法加以解答，注意列举时要做到不重不漏；解法 2 则借助组合数公式进行解答，有效地提高了解题效率.读者还需注意的是，在计算较为复杂的随机事件所包含的基本事件数时，要综合利用这两种方法.

变式 1（2022 全国 II 卷·文 6） 从分别写有 1,2,3,4,5,6 的 6 张卡片中无放回随机抽取 2 张，则抽到的 2 张卡片上的数字之积是 4 的倍数的概率为（   ）.

A. $\dfrac{1}{5}$ 　　　　 B. $\dfrac{1}{3}$ 　　　　 C. $\dfrac{2}{5}$ 　　　　 D. $\dfrac{2}{3}$

解析　从6张卡片中无放回抽取2张,共有(1,2),(1,3),(1,4),(1,5),(1,6),(2,3),(2,4),(2,5),(2,6),(3,4),(3,5),(3,6),(4,5),(4,6),(5,6)15种情况,其中数字之积为4的倍数的有(1,4),(2,4),(2,6),(3,4),(4,5),(4,6)6种情况,所以概率为 $\frac{6}{15} = \frac{2}{5}$.故选项C正确.

点评　本题给出的解法是先列举出所有情况,再从中得到数字之积是4的倍数的情况,由古典概型求概率即可.当然借助排列组合知识可以提高解题效率,读者不妨一试.

变式2(2022新高考全国Ⅰ卷·5)　从2至8的7个整数中随机取2个不同的数,则这2个数互质的概率为(　　).

A. $\frac{1}{6}$　　　　B. $\frac{1}{3}$　　　　C. $\frac{1}{2}$　　　　D. $\frac{2}{3}$

解析　从2至8的7个整数中随机取2个不同的数,共有 $C_7^2 = 21$ 种不同的取法.若两数不互质,则不同的取法有(2,4),(2,6),(2,8),(3,6),(4,6),(4,8),(6,8),共7种,因此所求概率为 $P = \frac{21-7}{21} = \frac{2}{3}$.故选项D正确.

点评　本题考查古典概型概率的计算,借组合数公式可以快速求得基本事件总数,利用列举法可求得满足题意的事件所含的基本事件数.本题涉及一个常见概念"互质",很多考生由于不清楚这个概念而造成解答错误.两个整数互质,指的是它们的公约数只有1.

变式3(2000江西、天津卷·文理17)　甲、乙二人参加普法知识竞答,共有10个不同的题目,其中选择题6个,判断题4个.甲、乙二人依次各抽一题.

(1) 甲抽到选择题、乙抽到判断题的概率是多少?

(2) 甲、乙二人中至少有一人抽到选择题的概率是多少?

解析　(1) 甲从选择题中抽到一题的可能结果有 C_6^1 个,乙依次从判断题中抽到一题的可能结果有 C_4^1 个,故甲抽到选择题、乙依次抽到判断题的可能结果有 $C_6^1 C_4^1$ 个;又因为甲、乙依次抽一题的可能结果有 $C_{10}^1 C_9^1$ 个,所以甲抽到选择题、乙抽到判断题的概率为 $\frac{C_6^1 C_4^1}{C_{10}^1 C_9^1} = \frac{4}{15}$,故所求概率为 $\frac{4}{15}$.

(2) (解法1)甲、乙二人依次都抽到判断题的概率为 $\frac{C_4^1 C_3^1}{C_{10}^1 C_9^1}$,故甲、乙二人中至少有一人抽到选择题的概率为 $1 - \frac{C_4^1 C_3^1}{C_{10}^1 C_9^1} = \frac{13}{15}$,故所求概率为 $\frac{13}{15}$.

(解法2)甲、乙二人中至少有一人抽到选择题的概率为 $\frac{C_6^1 C_5^1}{C_{10}^1 C_9^1} + \frac{C_6^1 C_4^1}{C_{10}^1 C_9^1} + \frac{C_4^1 C_6^1}{C_{10}^1 C_9^1} = \frac{1}{3} + \frac{4}{15} + \frac{4}{15} = \frac{13}{15}$,故所求概率为 $\frac{13}{15}$.

点评　本题第(1)问若直接列举基本事件,由于情况较多而不利于问题的求解,故可借助组合公式进行计算;第(2)问的解法 1 使用了对立事件的公式进行解答,提高了解题效率,而解法 2 则是直接法,运算量相对较大,但对一般的考生来说更容易想到.

变式 4(2008 重庆卷·文 18) 在每道单项选择题给出的 4 个备选答案中,只有一个是正确的.若对 4 道选择题中的每一道都任意选定一个答案,求这 4 道题中:

(1) 恰有两道题答对的概率;

(2) 至少答对一道题的概率.

解析 视"选择每道题的答案"为一次试验,则这是 4 次独立重复试验,且每次试验中"选择正确"这一事件发生的概率为 $\frac{1}{4}$.则由独立重复试验的概率计算公式,得

(1) 恰有两道题答对的概率为

$$P_4(2) = C_4^2 \times \left(\frac{1}{4}\right)^2 \times \left(\frac{3}{4}\right)^2 = \frac{27}{128}.$$

(2) (解法 1)至少有一道题答对的概率为

$$1 - P_4(0) = 1 - C_4^0 \times \left(\frac{1}{4}\right)^0 \times \left(\frac{3}{4}\right)^4 = 1 - \frac{81}{256} = \frac{175}{256}.$$

(解法 2)至少有一道题答对的概率为

$$C_4^1 \times \left(\frac{1}{4}\right)^1 \times \left(\frac{3}{4}\right)^2 + C_4^2 \times \left(\frac{1}{4}\right)^2 \times \left(\frac{3}{4}\right)^2 + C_4^3 \times \left(\frac{1}{4}\right)^3 \times \left(\frac{3}{4}\right) + C_4^4 \times \left(\frac{1}{4}\right)^4 \times \left(\frac{3}{4}\right)^0$$

$$= \frac{108}{256} + \frac{54}{256} + \frac{12}{256} + \frac{1}{256} = \frac{175}{256}.$$

点评 本题较为综合,考查了独立重复试验中的二项分布概率模型.第(1)问可先计算出每道题答对的概率,再利用二项分布的相关公式加以解答,难度适中;第(2)问的解法 1 使用了间接法,先求出所求事件的对立事件的概率,再利用 $P(A) = 1 - P(\bar{A})$ 实现问题的求解,而解法 2 则使用了分类讨论的方法,利用互斥事件的概率公式实现问题的求解,由于情况较多,运算量相对较大.

例 2(2005 重庆卷·理 15) 某轻轨列车有 4 节车厢,现有 6 位乘客准备乘坐,设每位乘客进入每节车厢是等可能的,则这 6 位乘客进入各节车厢的人数恰好为 0,1,2,3 的概率为_____.

解析 4 位乘客进入 4 节车厢共有 256 种不同的可能,6 位乘客进入各节车厢的人数恰为 0,1,2,3 的方法共有 $C_6^1 \times C_6^2 \times C_3^3 = 90$,因此这 6 位乘客进入各节车厢的人数恰好为 0,1,2,3 的概率为 $\frac{90}{256} = \frac{45}{128}$.

点评 如何计算随机事件的基本事件数是本题的一大难点,对考生分析解决问题的能力提出了较高的要求.

变式 1(2007 北京卷·文 18) 某条公共汽车线路沿线共有 11 个车站(包括起点站和终

点站),在起点站开出的一辆公共汽车上有 6 位乘客,假设每位乘客在起点站之外的各个车站下车是等可能的. 求:

(1) 这 6 位乘客在互不相同的车站下车的概率;

(2) 这 6 位乘客中恰有 3 人在终点站下车的概率.

(解)(析)(1) 这 6 位乘客在互不相同的车站下车的概率为

$$P = \frac{A_{10}^6}{10^6} = \frac{1512}{10^4} = 0.1512.$$

(2) 这 6 位乘客中恰有 3 人在终点站下车的概率为

$$P = \frac{C_6^3 \times 9^3}{10^6} = \frac{1458}{10^5} = 0.01458.$$

点评　本题与上一道试题有类似的背景,第(1)问中 6 位乘客在互不相同的车站下车的基本事件数是 10^6,而不是 6^{10},这是考生容易犯错的一个地方;第(2)问第一步计算在终点站下车的 3 人的选择种数,第二步再计算其他 3 人的下车种数,进而获得问题的求解.

变式 2(2009 北京卷·文 17)　某学生在上学路上要经过 4 个路口,假设在各路口是否遇到红灯是相互独立的,遇到红灯的概率都是 $\frac{1}{3}$,遇到红灯时停留的时间都是 2 min.

(1) 求这名学生在上学路上到第三个路口时首次遇到红灯的概率;

(2) 这名学生在上学路上因遇到红灯停留的总时间至多是 4 min 的概率.

(解)(析)(1) 设"这名学生在上学路上到第三个路口时首次遇到红灯"为事件 A,因为事件 A 等于事件"这名学生在第一个和第二个路口没有遇到红灯,在第三个路口遇到红灯",所以事件 A 的概率为

$$P(A) = \left(1 - \frac{1}{3}\right) \times \left(1 - \frac{1}{3}\right) \times \frac{1}{3} = \frac{4}{27}.$$

(2)(解法 1)设"这名学生在上学路上因遇到红灯停留的总时间至多是 4 min"为事件 B,这名学生在上学路上遇到 k 次红灯的事件为 B_k($k = 0, 1, 2$). 则由题意得

$$P(B_0) = \left(\frac{2}{3}\right)^4 = \frac{16}{81}, \quad P(B_1) = C_4^1 \times \left(\frac{1}{3}\right)^1 \times \left(\frac{2}{3}\right)^3 = \frac{32}{81},$$

$$P(B_2) = C_4^2 \times \left(\frac{1}{3}\right)^2 \times \left(\frac{2}{3}\right)^2 = \frac{24}{81}.$$

因为事件 B 等价于"这名学生在上学路上至多遇到两次红灯",所以事件 B 的概率为

$$P(B) = P(B_0) + P(B_1) + P(B_2) = \frac{8}{9}.$$

(解法 2)设"这名学生在上学路上因遇到红灯停留的总时间至多是 4 min"为事件 B,则

$$P(B) = 1 - P(\overline{B}) = 1 - C_4^3 \times \left(\frac{1}{3}\right)^3 \times \left(1 - \frac{1}{3}\right) - \left(\frac{1}{3}\right)^4 = \frac{8}{9}.$$

点评　本题第(1)问考查了独立事件的概率的计算,难度不大;第(2)问考查了独立重复

试验的二项分布的概率模型,解法 1 使用了直接法,解法 2 使用了间接法.通过对高考试题的研究可以发现,对于情形比较多的随机事件的计算,或难于直接求解的随机随机的概率的计算,一般可优先考虑间接法,这一点希望读者要特别注意.

变式 3(2005 全国Ⅲ卷·理 17) 设甲、乙、丙三台机器是否需要照顾相互没有影响,已知在某一小时内,甲、乙都需要照顾的概率为 0.05,甲、丙都需要照顾的概率为 0.1,乙、丙都需要照顾的概率为 0.125.

(1) 求甲、乙、丙每台机器在这个小时内需要照顾的概率分别为多少;

(2) 计算这个小时内至少有一台机器需要照顾的概率.

解析 (1) 设事件 A,B,C 分别为甲、乙、丙每台机器在这个小时内需要照顾.则由已知得

$$P(AB) = P(A) \cdot P(B) = 0.05,$$
$$P(AC) = P(A) \cdot P(C) = 0.1,$$
$$P(BC) = P(B) \cdot P(C) = 0.125.$$

解得 $P(A) = 0.2, P(B) = 0.25, P(C) = 0.5$.所以甲、乙、丙每台机器在这个小时内需要照顾的概率分别为 $0.2, 0.25, 0.5$.

(2) 记 A 的对立事件为 $\overline{A}$,B 的对立事件为 $\overline{B}$,C 的对立事件为 $\overline{C}$,则 $P(\overline{A}) = 0.8$,$P(\overline{B}) = 0.75, P(\overline{C}) = 0.5$.于是

$$P(A + B + C) = 1 - P(\overline{A}\,\overline{B}\,\overline{C}) = 1 - P(\overline{A}) \cdot P(\overline{B}) \cdot P(\overline{C})$$
$$= 1 - 0.8 \times 0.75 \times 0.5 = 0.7.$$

所以这个小时内至少有一台机器需要照顾的概率为 0.7.

点评 本题第(1)问考查了独立事件的概率的计算,可通过方程组的思想加以求解;第(2)问则再一次利用了对立事件的概率公式,希望读者多加揣摩体会.

变式 4(2007 江苏卷·17) 某气象站天气预报的准确率为 80%,计算(结果保留到小数点后 2 位):

(1) 5 次预报中恰有 2 次准确的概率;

(2) 5 次预报中至少有 2 次准确的概率;

(3) 5 次预报中恰有 2 次准确,且其中第 3 次预报准确的概率.

解析 (1) 5 次预报中恰有 2 次准确的概率为

$$P_5(2) = C_5^2 \times 0.8^2 \times (1 - 0.8)^{5-2} = 10 \times 0.8^2 \times 0.2^3 \approx 0.05.$$

(2) 5 次预报中至少有 2 次准确的概率为

$$1 - P_5(0) - P_5(1) = 1 - C_5^0 \times 0.8^0 \times (1 - 0.8)^{5-0} - C_5^1 \times 0.8^1 \times (1 - 0.8)^{5-1}$$
$$= 1 - 0.00032 - 0.0064 \approx 0.99.$$

(3) 5 次预报中恰有 2 次准确,且其中第 3 次预报准确的概率为

$$0.8 \times C_4^1 \times 0.8 \times (1-0.8)^{4-1} = 4 \times 0.8^2 \times 0.2^3 \approx 0.02.$$

点评　本题也是一道以独立重复试验为背景的概率试题,体现了高考重点知识重点考查的特点,因此考生在备考时,对核心知识及其求解方法必须加倍学习,做到熟练掌握.通过前面的试题的分析,不难正确解答出这道试题.

例3　(2005 湖北卷·文 21)　某会议室用 5 盏灯照明,每盏灯各使用灯泡 1 只,且型号相同.假定每盏灯能否正常照明只与灯泡的寿命有关,该型号的灯泡寿命为 1 年以上的概率是 p_1,寿命为 2 年以上的概率是 p_2.从使用之日起每满 1 年进行一次灯泡更换工作,只更换已坏的灯泡,平时不换.

(1) 在第 1 次灯泡更换工作中,求不需要换灯泡的概率和更换 2 只灯泡的概率;

(2) 在第 2 次灯泡更换工作中,对其中的某一盏灯来说,求该盏灯需要更换灯泡的概率;

(3) 当 $p_1 = 0.8, p_2 = 0.3$ 时,求在第二次灯泡更换工作,至少需要更换 4 只灯泡的概率(结果保留 2 个有效数字).

解析　(1) 在第一次更换灯泡工作中,不需要换灯泡的概率为 p_1^5,需要更换 2 只灯泡的概率为 $C_5^2 p_1^3 (1-p_1)^2$.

(2) 对该盏灯来说,在第一次、第二次都更换了灯泡的概率为 $(1-p_1)^2$;在第一次未更换灯泡而在第二次需要更换灯泡的概率为 $p_1(1-p_2)$,故所求的概率为

$$p = (1-p_1)^2 + p_1(1-p_2).$$

(3) 至少换 4 只灯泡包括换 5 只和换 4 只两种情况.换 5 只的概率为 p^5(其中 p 为(2)中所求,下同),换 4 只的概率为 $C_5^1 p^4 (1-p)$,故至少换 4 只灯泡的概率 p_3 为

$$p_3 = p^5 + C_5^1 p^4 (1-p).$$

又当 $p_1 = 0.8, p_2 = 0.3$ 时,$p = 0.2^2 + 0.8 \times 0.7 = 0.6$,所以

$$p_3 = 0.6^5 + 5 \times 0.6^4 \times 0.4 = 0.34.$$

即满 2 年至少需要更换 4 只灯泡的概率为 0.34.

点评　熟悉这道试题的命制情景,有利于考生的顺利作答,体现了高考试题命制的公平性.第(1)问考查较为直接,难度不大;第(2)问和第(3)问所求的随机事件的概率可转化为求解两个互斥事件的概率之和,考生容易忽略第一种情形,第(3)问难度较大,对考生的综合素养能力要求较高.

例4　(2008 山东卷·文 18)　现有 8 名奥运会志愿者,其中志愿者 A_1, A_2, A_3 通晓日语,B_1, B_2, B_3 通晓俄语,C_1, C_2 通晓韩语.从中选出通晓日语、俄语和韩语的志愿者各 1 名,组成一个小组.

(1) 求 A_1 被选中的概率;

(2) 求 B_1 和 C_1 不全被选中的概率.

解析 (1)（解法1）从8人中选出日语、俄语和韩语志愿者各1名,其一切可能的结果组成的基本事件空间为

$$\Omega = \{(A_1,B_1,C_1),(A_1,B_1,C_2),(A_1,B_2,C_1),(A_1,B_2,C_2),(A_1,B_3,C_1),$$
$$(A_1,B_3,C_2),(A_2,B_1,C_1),(A_2,B_1,C_2),(A_2,B_2,C_1),(A_2,B_2,C_2),$$
$$(A_2,B_3,C_1),(A_2,B_3,C_2),(A_3,B_1,C_1),(A_3,B_1,C_2),(A_3,B_2,C_1),$$
$$(A_3,B_2,C_2),(A_3,B_3,C_1),(A_3,B_3,C_2)\}.$$

由18个基本事件组成.由于每个基本事件被抽取的机会均等,这些基本事件的发生是等可能的.用 M 表示“A_1 恰被选中”这一事件,则 $M=\{(A_1,B_1,C_1),(A_1,B_1,C_2),(A_1,B_2,C_1),(A_1,B_2,C_2),(A_1,B_3,C_1),(A_1,B_3,C_2)\}$.事件 M 由6个基本事件组成,因而 $P(M)=\dfrac{6}{18}=\dfrac{1}{3}$.

（解法2）从8人中选出日语、俄语和韩语志愿者各1名,其一切可能的结果组成的基本事件的个数为 $C_3^1\times C_3^1\times C_2^1=3\times3\times2=18$.用 M 表示“A_1 恰被选中”这一事件,则时间 M 包含的基本事件数为 $C_1^1\times C_3^1\times C_2^1=1\times3\times2=6$,因而 $P(M)=\dfrac{6}{18}=\dfrac{1}{3}$.

(2) 用 N 表示“B_1,C_1 不全被选中”这一事件,则其对立事件 $\overline{N}$ 表示“B_1,C_1 全被选中”这一事件,由于 $\overline{N}=\{(A_1,B_1,C_1),(A_2,B_1,C_1),(A_3,B_1,C_1)\}$,事件 $\overline{N}$ 有3个基本事件组成,所以 $P(\overline{N})=\dfrac{3}{18}=\dfrac{1}{6}$,由对立事件的概率公式得 $P(N)=1-P(\overline{N})=1-\dfrac{1}{6}=\dfrac{5}{6}$.

点评 本题第(1)问的解法1使用了列举法,解答过程较为烦琐,解法2则借助组合数的公式进行解答,提高了解题效率.第(2)问可通过间接法进行求解,这样能提高解题的效率,当然用直接法进行解答也是可以的,读者可尝试用这种方法进行解答,以提高自己的解题能力.

变式1(2008 北京卷·文18) 甲、乙等5名奥运志愿者被随机地分到 A,B,C,D 四个不同的岗位服务,每个岗位至少有1名志愿者.

(1) 求甲、乙两人同时参加 A 岗位服务的概率;

(2) 求甲、乙两人不在同一个岗位服务的概率.

解析 (1)记“甲、乙两人同时参加 A 岗位服务”为事件 E_A,则

$$P(E_A)=\frac{A_3^3}{C_5^2 A_4^4}=\frac{1}{40},$$

即甲、乙两人同时参加 A 岗位服务的概率是 $\dfrac{1}{40}$.

(2) 设“甲、乙两人同时参加同一岗位服务”为事件 E,则

$$P(E)=\frac{A_4^4}{C_5^2 A_4^4}=\frac{1}{10},$$

所以甲、乙两人不在同一岗位服务的概率是

$$P(\bar{E}) = 1 - P(E) = \frac{9}{10}.$$

点评　本题是一道经典的与分配有关的概率问题,第(1)问如何合理使用排列组合的知识是解题的关键,也是难点所在;第(2)问再次利用了间接法进行解答,从中我们可以又一次感受到这种方法的重要性.

例5　(2008 江西卷·文 18)　因冰雪灾害,某柑橘基地果林严重受损,为此有关专家提出一种拯救果树的方案,该方案需分两年实施且相互独立.该方案预计第一年可以使柑橘产量恢复到灾前的 1.0 倍,0.9 倍,0.8 倍的概率分别是 0.2,0.4,0.4;第二年可以使柑橘产量为第一年产量的 1.5 倍,1.25 倍,1.0 倍的概率分别是 0.3,0.3,0.4.

(1) 求两年后柑橘产量恰好达到灾前产量的概率;

(2) 求两年后柑橘产量超过灾前产量的概率.

解析　(1) 令 A 表示两年后柑橘产量恰好达到灾前产量这一事件,则

$$P(A) = 0.2 \times 0.4 + 0.4 \times 0.3 = 0.2.$$

(2) 令 B 表示两年后柑橘产量超过灾前产量这一事件,则

$$P(B) = 0.2 \times 0.6 + 0.4 \times 0.6 + 0.4 \times 0.3 = 0.48.$$

点评　本题对考生的数据分析能力有一定的要求,只有对题意给出的相关数据进行验证计算,才能确定所求随机事情符合题意的情况,进而求出最终结果.

例6　(2007 安徽卷·文 19)　在医学生物学试验中,经常以果蝇作为试验对象.一个关有 6 只果蝇的笼子里,不慎混入了 2 只苍蝇(此时笼内共有 8 只蝇子:6 只果蝇和 2 只苍蝇),只好把笼子打开一个小孔,让蝇子一只一只地往外飞,直到 2 只苍蝇都飞出,再关闭小孔.

(1) 求笼内恰好剩下 1 只果蝇的概率;

(2) 求笼内至少剩下 5 只果蝇的概率.

解析　以 A_k 表示恰剩下 k 只果蝇的事件($k=0,1,\cdots,6$),以 B_m 表示至少剩下 m 只果蝇的事件($m=0,1,\cdots,6$).

(解法1)当事件 A_k 发生时,第 $8-k$ 只飞出的蝇子是苍蝇,且在前 $7-k$ 只飞出的蝇子中有 1 只是苍蝇,所以

$$P(A_k) = \frac{C_{7-k}^1}{C_8^2} = \frac{7-k}{28}.$$

(解法2)当事件 A_k 发生时,共飞走 $8-k$ 只蝇子,其中第 $8-k$ 只飞出的蝇子是苍蝇,哪一只?有两种不同可能:在前 $7-k$ 只飞出的蝇子中有 $6-k$ 只是果蝇,有 C_6^{6-k} 种不同的选择可能,还需考虑这 $7-k$ 只蝇子的排列顺序.所以

$$P(A_k) = \frac{C_2^1 \cdot C_6^{6-k}(7-k)!}{A_8^{8-k}} = \frac{7-k}{28}.$$

(1) 由上式立得 $P(A_1) = \frac{6}{28} = \frac{3}{14}$.

(2) $P(B_3) = P(A_5 + A_6) = P(A_5) + P(A_6) = \frac{3}{28}$.

点评 本题以医学生物学试验为背景,这是概率试题命制的常见方式,读者应熟悉相关情景,以做到心中有数,触类旁通.解法1通过对问题的转化,最终只要利用组合数的公式即可进行求解,效率很高,但对考生分析问题的能力提出了很高的要求,解法2则是较为直接的分析方法,容易造成错误.

考题回放

1. (2009 江西卷·理10)为了庆祝六一儿童节,某食品厂制作了3种不同的精美卡片,每袋食品随机装入一张卡片,集齐3种卡片可获奖,现购买该种食品5袋,能获奖的概率为( ).

A. $\frac{31}{81}$ B. $\frac{33}{81}$ C. $\frac{48}{81}$ D. $\frac{50}{81}$

2. (2020 全国Ⅱ卷·文4/理3)在新冠肺炎疫情防控期间,某超市开通网上销售业务,每天能完成 1200 份订单的配货,由于订单量大幅增加,导致订单积压.为解决困难,许多志愿者踊跃报名参加配货工作.已知该超市某日积压 500 份订单未配货,预计第二天的新订单超过 1600 份的概率为 0.05,志愿者每人每天能完成 50 份订单的配货,为使第二天完成积压订单及当日订单的配货的概率不小于 0.95,则至少需要志愿者( ).

A. 10 名   B. 18 名   C. 24 名   D. 32 名

3. (2011 安徽卷·文9)从正六边形的6个顶点中随机选择4个顶点,则以它们作为顶点的四边形是矩形的概率为( ).

A. $\frac{1}{10}$ B. $\frac{1}{8}$ C. $\frac{1}{6}$ D. $\frac{1}{5}$

4. (2020 江苏卷·4)将一颗质地均匀的正方体骰子先后抛掷2次,观察向上的点数,则点数和为5的概率是_____.

5. (2014 江西卷·理12)10件产品中有7件正品,3件次品,从中任取4件,则恰好取到1件次品的概率是_____.

6. (2011 上海卷·理12)随机抽取9位同学中,至少有2位同学在同一月出生的概率是_____(默认每月天数相同,结果精确到0.001).

7. (2006 四川卷·理18)某课程考核分理论与实验两部分进行,每部分考核成绩只记"合格"与"不合格",两部分考核都"合格",则该课程考核"合格".甲、乙、丙三人在理论考核中合格的概率分别为 0.9,0.8,0.7;在实验考核中合格的概率分别为 0.8,0.7,0.9.所有考核是否合格相互之间没有影响.

(1) 求甲、乙、丙三人在理论考核中至少有两人合格的概率;

(2) 求这三人该课程考核都合格的概率(结果保留 3 位小数).

8. (2007 江西卷·文 19)栽培甲、乙两种果树,先要培育成苗,然后再进行移栽.已知甲、乙两种果树成苗的概率分别为 0.6,0.5,移栽后成活的概率分别为 0.7,0.9.

(1) 求甲、乙两种果树至少有一种果树成苗的概率;

(2) 求恰好有一种果树能培育成苗且移栽成活的概率.

9. (2011 重庆卷·文 17)某市公租房的房源位于 A、B、C 三个社区,设每位申请人只申请其中一个社区的房源,且申请其中任一个社区的房源是等可能的,求该市的任 4 位申请人中:

(1) 没有人申请 A 片区房源的概率;

(2) 每个片区的房源都有人申请的概率.

10. (2012 四川卷·文 17)某居民小区有两个相互独立的安全防范系统(简称系统)A 和 B,系统 A 和系统 B 在任意时刻发生故障的概率分别为 $\frac{1}{10}$ 和 p.

(1) 若在任意时刻至少有一个系统不发生故障的概率为 $\frac{49}{50}$,求 p 的值;

(2) 求系统 A 在 3 次相互独立的检测中不发生故障的次数大于发生故障的次数的概率.

11. (2012 山东卷·文 18)袋中有 5 张卡片,其中红色卡片 3 张,标号分别为 1,2,3;蓝色卡片 2 张,标号分别为 1,2.

(1) 从以上 5 张卡片中任取 2 张,求这 2 张卡片颜色不同且标号之和小于 4 的概率;

(2) 向袋中再放入一张标号为 0 的绿色卡片,从这 6 张卡片中任取 2 张,求这 2 张卡片颜色不同且标号之和小于 4 的概率.

12. (2011 四川卷·文 17)本着健康、低碳的生活理念,租自行车骑游的人越来越多.某自行车租车点的收费标准是每车、每次租不超过 2 小时免费,超过 2 小时的部分每小时收费标准为 2 元(不足 1 小时的部分按 1 小时计算).有甲、乙两人相互独立来该租车点租车骑游(各租一车一次).设甲、乙不超过 2 小时还车的概率分别为 $\frac{1}{4}$,$\frac{1}{2}$;2 小时以上且不超过 3 小时还车的概率分别为 $\frac{1}{2}$,$\frac{1}{4}$;两人租车时间都不会超过 4 小时.

(1) 分别求出甲、乙在 3 小时以上且不超过 4 小时还车的概率;

(2) 求甲、乙两人所付的租车费用之和小于 6 元的概率.

参 考 答 案

1. 由题意知 $P = \dfrac{3^5 - (3 \times 2^5 - 3)}{3^5} = \dfrac{50}{81}$. 故选项 D 正确.

2. 第二天的新订单超过 1600 份的概率为 0.05,按 1600 份计算;第二天完成积压订单及当日订单的配货的概率不小于 0.95,按 1200 份计算.因为公司可以完成 1200 份订单的配货,至少需要的志愿者为

$$\frac{1600 + 500 - 1200}{50} = 18(名).$$

故选项 B 正确.

3. 假设正六边形的 6 个定点分别为 A, B, C, D, E, F,则从 6 个顶点中任取 4 个共有 15 种基本结果,所取 4 个点构成矩形 4 个顶点的结果数为 3,所以概率为 $\dfrac{1}{5}$. 故选项 D 正确.

4. 一颗质地均匀的正方体骰子先后抛掷 2 次,可得基本事件的总数为 $6 \times 6 = 36$ 种,而点数和为 5 的事件为 (1,4),(2,3),(3,2),(4,1),共 4 种.故点数和为 5 的概率为 $P = \dfrac{4}{36} = \dfrac{1}{9}$.

5. 由排列组合原理得 $P = \dfrac{C_7^3 C_3^1}{C_{10}^4} = \dfrac{1}{2}$.

6. 由题意得 $P = 1 - \dfrac{A_{12}^9}{12^9} \approx 0.985$.

7. 记"甲理论考核合格"为事件 A_1;"乙理论考核合格"为事件 A_2;"丙理论考核合格"为事件 A_3;记 $\overline{A}_i$ 为 A_i 的对立事件,$i = 1, 2, 3$;记"甲实验考核合格"为事件 B_1;"乙实验考核合格"为事件 B_2;"丙实验考核合格"为事件 B_3.

(1) 记"理论考核中至少有两人合格"为事件 C,记 $\overline{C}$ 为 C 的对立事件.则:

(解法 1) $P(C) = P(A_1 A_2 \overline{A}_3 + A_1 \overline{A}_2 A_3 + \overline{A}_1 A_2 A_3 + A_1 A_2 A_3)$

$\quad = P(A_1 A_2 \overline{A}_3) + P(A_1 \overline{A}_2 A_3) + P(\overline{A}_1 A_2 A_3) + P(A_1 A_2 A_3)$

$\quad = 0.9 \times 0.8 \times 0.3 + 0.9 \times 0.2 \times 0.7 + 0.1 \times 0.8 \times 0.7 + 0.9 \times 0.8 \times 0.7$

$\quad = 0.902.$

(解法 2) $P(C) = 1 - P(\overline{C}) = 1 - P(\overline{A}_1 \overline{A}_2 \overline{A}_3 + A_1 \overline{A}_2 \overline{A}_3 + \overline{A}_1 A_2 \overline{A}_3 + \overline{A}_1 \overline{A}_2 A_3)$

$\quad = 1 - [P(\overline{A}_1 \overline{A}_2 \overline{A}_3) + P(A_1 \overline{A}_2 \overline{A}_3) + P(\overline{A}_1 A_2 \overline{A}_3) + P(\overline{A}_1 \overline{A}_2 A_3)]$

$\quad = 1 - (0.1 \times 0.2 \times 0.3 + 0.9 \times 0.2 \times 0.3 + 0.1 \times 0.8 \times 0.3 + 0.1 \times 0.2 \times 0.7)$

$\quad = 1 - 0.098 = 0.902.$

所以,理论考核中至少有两人合格的概率为 0.902.

(2) 记"三人该课程考核都合格"为事件 D,则

$$P(D) = P[(A_1 B_1) \cdot (A_2 B_2) \cdot (A_3 B_3)]$$
$$= P(A_1 B_1) \cdot P(A_2 B_2) \cdot P(A_3 B_3)$$
$$= P(A_1) \cdot P(B_1) \cdot P(A_2) \cdot P(B_2) \cdot P(A_3) \cdot P(B_3)$$
$$= 0.9 \times 0.8 \times 0.8 \times 0.8 \times 0.7 \times 0.9$$
$$= 0.254016 \approx 0.254.$$

所以,三人该课程考核都合格的概率为 0.254.

8. 分别记甲、乙两种果树成苗为事件 A_1, A_2;分别记甲、乙两种果树苗移栽成活为事件 B_1, B_2,则

$$P(A_1) = 0.6, \quad P(A_2) = 0.5, \quad P(B_1) = 0.7, \quad P(B_2) = 0.9.$$

(1) 甲、乙两种果树至少有一种成苗的概率为

$$P(A_1 + A_2) = 1 - P(\overline{A_1} \cdot \overline{A_2}) = 1 - 0.4 \times 0.5 = 0.8.$$

(2)(解法 1)分别记两种果树培育成苗且移栽成活为事件 A, B,则

$$P(A) = P(A_1 B_1) = 0.42, \quad P(B) = P(A_2 B_2) = 0.45.$$

所以,恰好有一种果树培育成苗且移栽成活的概率为

$$P(A\overline{B} + \overline{A}B) = 0.42 \times 0.55 + 0.58 \times 0.45 = 0.492.$$

(解法 2)恰好有一种果树栽培成活的概率为

$$P(A_1 B_1 \overline{A_2} + A_1 B_1 A_2 \overline{B_2} + \overline{A_1} A_2 B_2 + A_1 A_2 \overline{B_1} B_2) = 0.492.$$

9.(这是等可能性事件的概率计算问题.)(1)(解法 1)所有可能的申请方式有 3^4 种,而"没有人申请 A 片区房源"的申请方式有 2^4 种.记"没有人申请 A 片区房源"为事件 A,则

$$P(A) = \frac{2^4}{3^4} = \frac{16}{81}.$$

(解法 2)设对每位申请人的观察为一次试验,这是 4 次独立重复试验.记"申请 A 片区房源"为事件 A,则 $P(A) = \frac{1}{3}$.由独立重复试验中事件 A 恰发生 k 次的概率计算公式知,没有人申请 A 片区房源的概率为

$$P_4(0) = C_4^0 \times \left(\frac{1}{3}\right)^0 \times \left(\frac{2}{3}\right)^4 = \frac{16}{81}.$$

(2) 所有可能的申请方式有 3^4 种,而"每个片区的房源都有人申请"的申请方式有 $C_3^1 C_4^2 C_2^1$(或 $C_4^2 A_3^3$)种.记"每个片区的房源都有人申请"为事件 B,则

$$P(B) = \frac{C_3^1 C_4^2 C_2^1}{3^4} = \frac{36}{3^4} = \frac{4}{9} \quad \left(\text{或 } P(B) = \frac{C_4^2 A_3^3}{3^4} = \frac{4}{9}\right).$$

10.(1) 设"至少有一个系统不发生故障"为事件 C,则

$$1 - P(C) = 1 - \frac{1}{10}p = \frac{49}{50},$$

解得 $p = \frac{1}{5}$.

(2) 设"系统 A 在 3 次相互独立的检测中不发生故障的次数大于发生故障的次数"为事件 D, 则

$$P(D) = C_3^2 \times \frac{1}{10} \times \left(1 - \frac{1}{10}\right)^2 + \left(1 - \frac{1}{10}\right)^3 = \frac{972}{1000} = \frac{243}{250}.$$

故检测中不发生故障的次数大于发生故障的次数的概率为 $\frac{243}{250}$.

11. (1) 从 5 张卡片中任取 2 张的所有可能情况有如下 10 种: 红$_1$ 红$_2$, 红$_1$ 红$_3$, 红$_1$ 蓝$_1$, 红$_1$ 蓝$_2$, 红$_2$ 红$_3$, 红$_2$ 蓝$_1$, 红$_2$ 蓝$_2$, 红$_3$ 蓝$_1$, 红$_3$ 蓝$_2$, 蓝$_1$ 蓝$_2$. 其中 2 张卡片的颜色不同且标号之和小于 4 的有 3 种情况, 故所求的概率为 $\frac{3}{10}$.

(2) 加入 1 张标号为 0 的绿色卡片后, 从 6 张卡片中任取 2 张, 除上面的 10 种情况外, 多出 5 种情况: 红$_1$ 绿$_0$, 红$_2$ 绿$_0$, 红$_3$ 绿$_0$, 蓝$_1$ 绿$_0$, 蓝$_2$ 绿$_0$, 即共有 15 种情况. 其中颜色不同且标号之和小于 4 的有 8 种情况, 所以概率为 $\frac{8}{15}$.

12. (1) 甲、乙在 3 小时以上且不超过 4 小时还车的概率分别是

$$1 - \frac{1}{4} - \frac{1}{2} = \frac{1}{4}, \quad 1 - \frac{1}{2} - \frac{1}{4} = \frac{1}{4}.$$

故甲、乙在 3 小时以上且不超过 4 小时还车的概率都是 $\frac{1}{4}$.

(2) 设"甲、乙两人每次租车都不超过 2 小时"为事件 A, "甲、乙两人每次租车一人不超过 2 小时, 另一个人在 2 小时以上且不超过 3 小时还车"为事件 B, 此时所付的租车费用之和为 2 元; "甲、乙两人每次租车都在 2 小时以上且不超过 3 小时还车"为事件 C, 此时所付的租车费用之和为 4 元; "甲、乙两人每次租车一人不超过 2 小时, 另一个人在 3 小时以上且不超过 4 小时还车"为事件 D, 此时所付的租车费用之和为 4 元. 则

$$P(A) = \frac{1}{4} \times \frac{1}{2} = \frac{1}{8}, \quad P(B) = \frac{1}{4} \times \frac{1}{4} + \frac{1}{2} \times \frac{1}{2} = \frac{5}{16},$$

$$P(C) = \frac{1}{4} \times \frac{1}{2} = \frac{1}{8}, \quad P(D) = \frac{1}{4} \times \frac{1}{4} + \frac{1}{2} \times \frac{1}{4} = \frac{3}{16}.$$

因为事件 A, B, C, D 互斥, 故甲、乙两人所付的租车费用之和小于 6 元的概率为

$$P(A + B + C + D) = P(A) + P(B) + P(C) + P(D) = \frac{1}{8} + \frac{5}{16} + \frac{3}{16} + \frac{1}{8} = \frac{3}{4}.$$

所以甲、乙两人所付的租车费用之和小于 6 元的概率为 $\frac{3}{4}$.

3.2　事件的关系与概率运算

知识梳理

1. 事件的分类与概率

（1）必然事件：一定会发生的事件，用 Ω 表示，必然事件发生的概率为 100%.

（2）不可能事件：一定不会发生的事件，用 $\varnothing$ 表示，不可能事件发生的概率为 0.

（3）随机事件：可能发生也可能不发生的事件，用字母 A，B，C 进行表示，随机事件的概率 $P\in(0,1)$；

2. 事件的交并运算

（1）交事件：若事件 C 发生当且仅当事件 A 与事件 B 同时发生，则称事件 C 为事件 A 与事件 B 的交事件，记为 $A\bigcap B$，简记为 AB；

多个事件的交事件记为 $A_1\bigcap A_2\bigcap\cdots\bigcap A_n$，其中事件 A_1，A_2，$\cdots$，A_n 同时发生.

（2）并事件：若事件 C 发生当且仅当事件 A 与事件 B 中至少一个发生（即事件 A 发生或事件 B 发生），则称事件 C 为事件 A 与事件 B 的并事件，记为 $A\bigcup B$.

多个事件的并事件记为 $A_1\bigcup A_2\bigcup\cdots\bigcup A_n$，其中事件 A_1，A_2，$\cdots$，A_n 中至少一个发生.

3. 互斥事件与概率的加法公式

（1）互斥事件：若事件 A 与事件 B 的交事件 $A\bigcap B$ 为不可能事件，则称 A，B 互斥，即事件 A 与事件 B 不可能同时发生.例如：投掷一枚均匀的骰子，设事件"出现 1 点"为事件 A，"出现 3 点"为事件 B，则两者不可能同时发生，所以 A 与 B 互斥.

（2）若一项试验有 n 个基本事件 A_1，A_2，$\cdots$，A_n，则每做一次实验只能产生其中一个基本事件，所以 A_1，A_2，$\cdots$，A_n 之间均不可能同时发生，从而 A_1，A_2，$\cdots$，A_n 两两互斥.

（3）概率的加法公式（用于计算并事件）：若 A，B 互斥，则

$$P(A\bigcup B)=P(A)+P(B).$$

例如在上面的例子中，事件 $A\bigcup B$ 为"出现 1 点或出现 3 点"，由均匀的骰子可得 $P(A)=P(B)=\dfrac{1}{6}$，所以根据加法公式可得

$$P(A\bigcup B)=P(A)+P(B)=\dfrac{1}{3}.$$

4. 对立事件

若事件 A 与事件 B 的交事件 $A\bigcap B$ 为不可能事件，并事件 $A\bigcup B$ 为必然事件，则称事件 B 为事件 A 的对立事件，记为 $B=\bar{A}$，也是我们常说的事件的"对立面".对立事件的概率

公式为

$$P(A) = 1 - P(\bar{A}).$$

关于对立事件有以下几点说明：

(1) 公式的证明：因为 $A,\bar{A}$ 对立，所以 $A \cap \bar{A} = \varnothing$，即 $A,\bar{A}$ 互斥，而 $A \cup \bar{A} = \Omega$，所以 $P(\Omega) = P(A \cup \bar{A}) = P(A) + P(\bar{A})$，因为 $P(\Omega) = 1$，所以 $P(A) = 1 - P(\bar{A})$.

(2) 公式也提供了求概率的一种思路，即如果直接求事件 A 的概率所讨论的情况较多时，可以考虑先求其对立事件的概率，再利用公式求解.

(3) 对立事件的相互性：事件 B 为事件 A 的对立事件，同时事件 A 也为事件 B 的对立事件.

(4) 对立与互斥的关系：对立关系要比互斥关系的"标准"更高一层，由对立事件的定义可知，A,B 对立，则 A,B 一定互斥；反过来，如果 A,B 互斥，则 A,B 不一定对立（因为可能 $A \cup B$ 不是必然事件）.

5. 两种乘法公式的联系

独立事件的交事件概率为

$$P(AB) = P(A) \cdot P(B).$$

含条件概率的交事件概率

$$P(AB) = P(A) \cdot P(B \mid A).$$

通过公式不难看出，交事件的概率计算与乘法相关，且事件 A,B 通常存在顺承关系，即一个事件发生在另一事件之后，所以通过公式可得出这样的结论：交事件概率可通过乘法进行计算. 如果两个事件相互独立，则直接做概率的乘法；如果两个事件相互影响，则根据题意分出事件发生的先、后顺序，用先发生事件的概率乘以事件发生后第二个事件的概率（即条件概率）.

例题精讲

例7 （2016 天津卷·文2） 甲、乙两人下棋，两人下成和棋的概率是 $\dfrac{1}{2}$，甲获胜的概率是 $\dfrac{1}{3}$，则甲不输的概率为（　　）.

A. $\dfrac{5}{6}$ B. $\dfrac{2}{5}$ C. $\dfrac{1}{6}$ D. $\dfrac{1}{3}$

解析 由题意知，甲不输的概率为 $\dfrac{1}{2} + \dfrac{1}{3} = \dfrac{5}{6}$. 故选项 A 正确.

点评 甲不输包含甲获胜和甲、乙两人下成平局两种情形，且这两种情形是互斥的，因此概率可直接相加.

变式1（2008 湖北卷·文14） 明天上午李明要参加奥运志愿者活动，为了准时起床，他用甲、乙两个闹钟叫醒自己,假设甲闹钟准时响的概率是0.80,乙闹钟准时响的概率是0.90,则两个闹钟至少有一个准时响的概率是_____.

解析　两个闹钟都不准时响的概率是$(1-0.8)\times(1-0.9)=0.02$,所以至少有一个准时响的概率是$1-0.02=0.98$.

点评　本题利用两对立事件间的概率关系进行求解,能有效提高解题效率.

变式2(2020 天津卷·13)　已知甲、乙两球落入盒子的概率分别为$\frac{1}{2}$和$\frac{1}{3}$.假定两球是否落入盒子互不影响,则甲、乙两球都落入盒子的概率为_____;甲、乙两球至少有一个落入盒子的概率为_____.

解析　甲、乙两球落入盒子的概率分别为$\frac{1}{2}$和$\frac{1}{3}$,则甲、乙的球都落入盒子的概率为$\frac{1}{2}\times\frac{1}{3}=\frac{1}{6}$,甲、乙两球至少有一个落入盒子的概率为$1-\left(1-\frac{1}{2}\right)\times\left(1-\frac{1}{3}\right)=1-\frac{1}{3}=\frac{2}{3}$.

点评　本题考查了独立事件的交事件的概率计算,第一个空直接解决即可,相对较为基础,第二个空由于直接进行解答,情况较多,故可用间接法进行求解,难度适中.

变式3(2021 天津卷·14)　甲、乙两人在每次猜谜语活动中各猜一个谜语,若一方猜对且另一方猜错,则猜对一方获胜,否则本次平局.已知每次活动中,甲、乙猜对的概率分别为$\frac{5}{6}$和$\frac{3}{5}$,且每次活动中甲、乙猜对与否互不影响,各次活动也互不影响,则一次活动中,甲获胜的概率为_____;3次活动中,甲至少获胜2次的概率为_____.

解析　(1) 根据题中条件,事件甲获胜为甲猜对、乙猜错,因为概率为

$$P=\frac{5}{6}\times\left(1-\frac{3}{5}\right)=\frac{1}{3}.$$

(2) 根据独立重复事件的概率,可知甲获胜2次的概率为

$$P_1=C_3^2\times\left(\frac{1}{3}\right)^2\times\left(1-\frac{1}{3}\right)=\frac{2}{9},$$

甲获胜3次的概率为

$$P_2=C_3^3\times\left(\frac{1}{3}\right)^3\times\left(1-\frac{1}{3}\right)^0=\frac{1}{27},$$

所以甲至少胜2次的概率为$P=\frac{2}{9}+\frac{1}{27}=\frac{7}{27}$.

故甲获胜的概率为$\frac{1}{3}$;3次活动中,甲至少获胜2次的概率为$\frac{7}{27}$.

点评　本题以游戏活动为背景,是概率试题常见的命制方法.第一个空只需分清谁胜谁负,再结合独立事件的交事件的概率进行计算即可;第二个空本质上是3次独立重复试验,应用直接法与间接法都有两种情况,因此直接做即可,二项分布概率公式是解题的关键.

例8 (2006 湖北卷·文 5)　甲：A_1、A_2 是互斥事件；乙：A_1、A_2 是对立事件，那么（　　）．

A. 甲是乙的充分但不必要条件

B. 甲是乙的必要但不充分条件

C. 甲是乙的充要条件

D. 甲既不是乙的充分条件，也不是乙的必要条件

解析　两个事件是对立事件，则它们一定互斥，反之不成立．故选项 B 正确．

点评　概率中基本概念的理解是考生必须重视的，只要能够认真体会与理解这些基本概念，这类试题就是较为基础的．解决此题时，还必须掌握逻辑用语中的充分必要条件的相关知识．

变式1(2009 重庆卷·理6)　锅中煮有芝麻馅汤圆 6 个，花生馅汤圆 5 个，豆沙馅汤圆 4 个，这三种汤圆的外部特征完全相同．从中任意舀取 4 个汤圆，则每种汤圆都至少取到 1 个的概率为（　　）．

A. $\dfrac{8}{91}$　　　　B. $\dfrac{25}{91}$　　　　C. $\dfrac{48}{91}$　　　　D. $\dfrac{60}{91}$

解析　因为总的取法为 C_{15}^4，而所求事件的取法分为三类，即芝麻馅汤圆、花生馅汤圆、豆沙馅汤圆取得个数分别按 $1,1,2$；$1,2,1$；$2,1,1$ 三类，故所求概率为

$$\frac{C_6^1 \times C_5^1 \times C_4^2 + C_6^1 \times C_5^2 \times C_4^1 + C_6^2 \times C_5^1 \times C_4^1}{C_{15}^4} = \frac{48}{91}.$$

故选项 C 正确．

点评　本题通过合理的分类，把所求的随机事件分解为几个简单的相互互斥的随机事件的并，这是解决此题的关键，合理利用组合数的公式是成功解题的保证．

变式2(2005 山东卷·理9)　10 张奖券中只有 3 张有奖，5 个人购买，至少有 1 人中奖的概率是（　　）．

A. $\dfrac{3}{10}$　　　　B. $\dfrac{1}{12}$　　　　C. $\dfrac{1}{2}$　　　　D. $\dfrac{11}{12}$

解析　10 张奖券中抽取 5 张可能的情况有 C_{10}^5 种，5 人中没有人中奖的情况有 C_7^5 种，先求没有 1 人中奖的概率，为 $\overline{P} = \dfrac{C_7^5}{C_{10}^5} = \dfrac{1}{12}$，至少有 1 人中奖的概率为 $P = 1 - \dfrac{C_7^5}{C_{10}^5} = \dfrac{11}{12}$．故选项 D 正确．

点评　本题直接求解较为复杂，故可以借助间接法加以求解．

例9 (2021 新高考全国 I 卷·8)　有 6 个相同的球，分别标有数字 1,2,3,4,5,6，从中有放回的随机取两次，每次取 1 个球．甲表示事件"第一次取出的球的数字是 1"，乙表示事

件"第二次取出的球的数字是2",丙表示事件"两次取出的球的数字之和是8",丁表示事件"两次取出的球的数字之和是7",则(　　).

A. 甲与丙相互独立　　　　　　　B. 甲与丁相互独立

C. 乙与丙相互独立　　　　　　　D. 丙与丁相互独立

解析　由题意可知,两点数和为8的所有可能为(2,6),(3,5),(4,4),(5,3),(6,2);两点数和为7的所有可能为(1,6),(2,5),(3,4),(4,3),(5,2),(6,1).故

$$P(甲) = \frac{1}{6}, \quad P(乙) = \frac{1}{6}, \quad P(丙) = \frac{5}{6 \times 6} = \frac{5}{36}, \quad P(丁) = \frac{6}{6 \times 6} = \frac{1}{6}.$$

选项 A：$P(甲丙) = 0 \neq P(甲)P(丙)$.

选项 B：$P(甲丁) = \frac{1}{36} = P(甲)P(丁)$.

选项 C：$P(乙丙) = \frac{1}{36} \neq P(乙)P(丙)$.

选项 D：$P(丙丁) = 0 \neq P(丙)P(丁)$.

故选项 B 正确.

点评　独立事件与互斥事件是概率中考生最容易混淆的两个基本概念,希望考生加强对数学中基本概念的理解,不能盲目刷题,本末倒置.对于两个事件是否互为独立,也即是否互相影响,除了一类题意较为明显告知考生的,另一类则需要考生用相关公式进行验证,通过结合验证的结果,再判断两个事件是否互为独立,本题就是这一种类型的试题.

例10　(2008福建卷·文18)　三人独立破译同一份密码,已知三人各自译出密码的概率分别为$\frac{1}{5}$,$\frac{1}{4}$,$\frac{1}{3}$,且他们是否破译出密码互不影响.

(1) 求恰有两人破译出密码的概率;

(2) "密码被破译"与"密码未被破译"的概率哪个大? 说明理由.

解析　记"第i个人破译出密码"为事件$A_i (i = 1,2,3)$,依题意有 $P(A_1) = \frac{1}{5}$,$P(A_2) = \frac{1}{4}$,$P(A_3) = \frac{1}{3}$,且 A_1,A_2,A_3 相互独立.

(1) 设"恰好两人破译出密码"为事件B,则 $B = A_1 A_2 \overline{A_3} + A_1 \overline{A_2} A_3 + \overline{A_1} A_2 A_3$,且 $A_1 A_2 \overline{A_3},A_1 \overline{A_2} A_3,\overline{A_1} A_2 A_3$ 彼此互斥.于是

$$P(B) = P(A_1 A_2 \overline{A_3}) + P(A_1 \overline{A_2} A_3) + P(\overline{A_1} A_2 A_3)$$
$$= \frac{1}{5} \times \frac{1}{4} \times \frac{2}{3} + \frac{1}{5} \times \frac{3}{4} \times \frac{1}{3} + \frac{4}{5} \times \frac{1}{4} \times \frac{1}{3} = \frac{3}{20}.$$

(2) 设"密码被破译"为事件C,"密码未被破译"为事件D,则 $D = \overline{A_1} \overline{A_2} \overline{A_3}$,且 $\overline{A_1},\overline{A_2},\overline{A_3}$ 互相独立.于是

$$P(D) = P(\overline{A_1}) \cdot P(\overline{A_2}) \cdot P(\overline{A_3}) = \frac{4}{5} \times \frac{3}{4} \times \frac{2}{3} = \frac{2}{5}.$$

而 $P(C) = 1 - P(D) = \frac{3}{5}$，故 $P(C) > P(D)$．所以密码被破译的概率比密码未被破译的概率大．

点评 本题是一道经典的概率试题，这种试题在历年高考试题中是一种极为重要的题型，希望能引起考生的足够重视．第(1)问综合考查了互斥事件、独立事件的概率计算，合理分类是解题的关键；第(2)问则可先求解出"密码未被破译"的概率，因为这种情形的概率计算较为简单，然后再利用对立事件的相关公式计算"密码被破译"的概率，进而获得问题的求解．

变式1(2007福建卷・文18) 甲、乙两名跳高运动员一次试跳 2 米高度成功的概率分别是 $0.7, 0.6$，且每次试跳成功与否相互之间没有影响．求：

(1) 甲试跳三次，第三次才成功的概率；

(2) 甲、乙两人在第一次试跳中至少有一人成功的概率；

(3) 甲、乙各试跳两次，甲比乙的成功次数恰好多一次的概率．

解析 记"甲第 i 次试跳成功"为事件 A_i，"乙第 i 次试跳成功"为事件 B_i，依题意得 $P(A_i) = 0.7, P(B_i) = 0.6$，且 $A_i, B_i (i = 1, 2, 3)$ 相互独立．

(1) "甲第三次试跳才成功"为事件 $\overline{A_1}\,\overline{A_2}A_3$，且三次试跳相互独立，于是

$$P(\overline{A_1}\,\overline{A_2}A_3) = P(\overline{A_1})P(\overline{A_2})P(A_3) = 0.3 \times 0.3 \times 0.7 = 0.063.$$

所以甲第三次试跳才成功的概率为 0.063．

(2) "甲、乙两人在第一次试跳中至少有一人成功"为事件 C．

（解法1）因为 $C = A_1\overline{B_1} + \overline{A_1}B_1 + A_1B_1$，且 $A_1\overline{B_1}, \overline{A_1}B_1, A_1B_1$ 彼此互斥，所以

$$P(C) = P(A_1\overline{B_1}) + P(\overline{A_1}B_1) + P(A_1B_1)$$
$$= P(A_1)P(\overline{B_1}) + P(\overline{A_1})P(B_1) + P(A_1)P(B_1)$$
$$= 0.7 \times 0.4 + 0.3 \times 0.6 + 0.7 \times 0.6 = 0.88.$$

（解法2）因为 $P(C) = 1 - P(\overline{A_1})P(\overline{B_1}) = 1 - 0.3 \times 0.4 = 0.88$，所以甲、乙两人在第一次试跳中至少有一人成功的概率为 0.88．

(3) 设"甲在两次试跳中成功 i 次"为事件 $M_i (i = 0, 1, 2)$，"乙在两次试跳中成功 i 次"为事件 $N_i (i = 0, 1, 2)$．因为事件"甲、乙各试跳两次，甲比乙的成功次数恰好多一次"可表示为 $M_1N_0 + M_2N_1$，且 M_1N_0, M_2N_1 为互斥事件，所以所求的概率为

$$P(M_1N_0 + M_2N_1) = P(M_1N_0) + P(M_2N_1)$$
$$= P(M_1)P(N_0) + P(M_2)P(N_1)$$
$$= C_2^1 \times 0.7 \times 0.3 \times 0.4^2 + 0.7^2 \times C_2^1 \times 0.6 \times 0.4$$
$$= 0.0672 + 0.2352 = 0.3024.$$

所以甲、乙每人试跳两次,甲比乙的成功次数恰好多一次的概率为 0.3024.

点评　本题第(1)问考查得较为直接,关键是要分析出甲前两次试跳失败,第三次试跳成功,然后再利用独立事件的概率公式进行求解;第(2)问可以利用直接法,也可以利用间接法,结合本题,显然利用间接法更为容易;第(3)问对考生的分析与解决问题的能力提出了更高的要求,当然总体上难度并不是很大.

考题回放

1. (2018 全国Ⅲ卷·文 5)若某群体中的成员只用现金支付的概率为 0.45,既用现金支付也用非现金支付的概率为 0.15,则不用现金支付的概率为(　　).

　　A. 0.3　　　　　B. 0.4　　　　　C. 0.6　　　　　D. 0.7

2. (2014 全国Ⅲ卷·理 5)某地区空气质量监测资料表明,一天的空气质量为优良的概率是 0.75,连续两天为优良的概率是 0.6.已知某天的空气质量为优良,则随后一天的空气质量为优良的概率是(　　).

　　A. 0.8　　　　　B. 0.75　　　　　C. 0.6　　　　　D. 0.45

3. (2013 安徽卷·文 5)若某公司从 5 位大学毕业生甲、乙、丙、丁、戊中录用 3 人,这 5 人被录用的机会均等,则甲或乙被录用的概率为(　　).

　　A. $\dfrac{2}{3}$　　　　　B. $\dfrac{2}{5}$　　　　　C. $\dfrac{3}{5}$　　　　　D. $\dfrac{9}{10}$

4. (2019 全国Ⅰ卷·理 15)甲、乙两队进行篮球决赛,采取七场四胜制(当一队赢得四场胜利时,该队获胜,决赛结束).根据前期比赛成绩,甲队的主客场安排依次为"主主客客主客主".设甲队主场取胜的概率为 0.6,客场取胜的概率为 0.5,且各场比赛结果相互独立,则甲队以 4∶1 获胜的概率是_____.

5. (2009 全国Ⅰ卷·文 20)甲、乙两人进行一次围棋比赛,约定先胜 3 局者获得这次比赛的胜利,比赛结束.假设在一局中,甲获胜的概率为 0.6,乙获胜的概率为 0.4,各局比赛结果相互独立.已知前 2 局中,甲、乙各胜 1 局.

(1) 求再赛 2 局结束这次比赛的概率;

(2) 求甲获得这次比赛胜利的概率.

6. (2005 全国Ⅱ卷·文 18)甲、乙两队进行一场排球比赛,根据以往经验,单局比赛甲队胜乙队的概率为 0.6,本场比赛采用五局三胜制,即先胜三局的队获胜,比赛结束,设各局比赛相互间没有影响,求:

(1) 前三局比赛甲队领先的概率;

(2) 本场比赛乙队以 3∶2 取胜的概率.(精确到 0.001)

7. (2005 北京卷·文 18)甲、乙两人各进行 3 次射击,甲每次击中目标的概率为 $\dfrac{1}{2}$,乙每

次击中目标的概率 $\dfrac{2}{3}$. 求：

(1) 甲恰好击中目标 2 次的概率；

(2) 乙至少击中目标 2 次的概率；

(3) 乙恰好比甲多击中目标 2 次的概率.

8. (2005 福建卷·理 18) 甲、乙两人在罚球线投球命中的概率分别为 $\dfrac{1}{2}$ 与 $\dfrac{2}{5}$, 投中得 1 分, 投不中得 0 分.

(1) 甲、乙两人在罚球线各投球 1 次, 求两人得分之和 ξ 的数学期望；

(2) 甲、乙两人在罚球线各投球 2 次, 求这 4 次投球中至少 1 次命中的概率.

参 考 答 案

1. 设事件 A 为只用现金支付, 事件 B 为只用非现金支付, 则 $P(A \bigcup B) = P(A) + P(B) + P(AB) = 1$, 因为 $P(A) = 0.45$, $P(AB) = 0.15$, 所以 $P(B) = 0.4$. 故选项 B 正确.

2. 设某天空气质量优良, 则随后一天空气质量也优良的概率为 p, 依题设有 $0.6 = 0.75 \times p$, 解得 $p = 0.8$. 故选项 A 正确.

3. 从 5 人中录用 3 人, 共有基本事件: 甲乙丙, 甲乙丁, 甲乙戊, 甲丙丁, 甲丙戊, 甲丁戊, 乙丙丁, 乙丙戊, 乙丁戊, 丙丁戊等 10 个. 其中, 甲、乙都没有被录用的事件只有"丙丁戊"1 个, 根据对立事件可知甲或乙被录用的概率为 $1 - \dfrac{1}{10} = \dfrac{9}{10}$. 故选项 D 正确.

4. 甲队的主客场安排依次为"主主客客主客主". 设甲队主场取胜的概率为 0.6, 客场取胜的概率为 0.5, 且各场比赛结果相互独立. 则甲队以 4∶1 获胜包含的情况有:

(1) 前 5 场比赛中, 第 1 场负, 另外 4 场全胜, 其概率为
$$P_1 = 0.4 \times 0.6 \times 0.5 \times 0.5 \times 0.6 = 0.036.$$

(2) 前 5 场比赛中, 第 2 场负, 另外 4 场全胜, 其概率为
$$P_2 = 0.6 \times 0.4 \times 0.5 \times 0.5 \times 0.6 = 0.036.$$

(3) 前 5 场比赛中, 第 3 场负, 另外 4 场全胜, 其概率为
$$P_3 = 0.6 \times 0.6 \times 0.5 \times 0.5 \times 0.6 = 0.054.$$

(4) 前 5 场比赛中, 第 4 场负, 另外 4 场全胜, 其概率为
$$P_3 = 0.6 \times 0.6 \times 0.5 \times 0.5 \times 0.6 = 0.054.$$

则甲队以 4∶1 获胜的概率为
$$P = P_1 + P_2 + P_3 + P_4 = 0.036 + 0.036 + 0.054 + 0.054 = 0.18.$$

5. 记"第 i 局甲获胜"为事件 $A_i (i = 3, 4, 5)$, "第 j 局甲获胜"为事件 $B_i (j = 3, 4, 5)$.

(1) 设"再赛 2 局结束这次比赛"为事件 A, 则 $A = A_3 A_4 + B_3 B_4$. 各局比赛结果相互独

立,故

$$P(A) = P(A_3A_4 + B_3B_4) = P(A_3A_4) + P(B_3B_4)$$

$$= P(A_3)P(A_4) + P(B_3)P(B_4)$$

$$= 0.6 \times 0.6 + 0.4 \times 0.4$$

$$= 0.52.$$

（2）记"甲获得这次比赛胜利"为事件 B,因前两局中甲、乙各胜 1 局,故甲获得这次比赛胜利,当且仅当在后面的比赛中甲先胜 2 局,所以 $B = A_3A_4 + B_3A_4A_5 + A_3B_4A_5$.各局比赛结果相互独立,故

$$P(B) = P(A_3A_4 + B_3A_4A_5 + A_3B_4A_5)$$

$$= P(A_3A_4) + P(B_3A_4A_5) + P(A_3B_4A_5)$$

$$= P(A_3)P(A_4) + P(B_3)P(A_4)P(A_5) + P(A_3)P(B_4)P(A_5)$$

$$= 0.6 \times 0.6 + 0.4 \times 0.6 \times 0.6 + 0.6 \times 0.4 \times 0.6 = 0.648.$$

6. 由题意知,单局比赛甲队胜乙队的概率为 0.6,则乙队胜甲队的概率为 $1 - 0.6 = 0.4$.

（1）记"甲队胜三局"为事件 A,"甲队胜二局"为事件 B,则

$$P(A) = 0.6^3 = 0.216, \quad P(B) = C_3^2 \times 0.6^2 \times 0.4 = 0.432$$

所以,前三局比赛甲队领先的概率为 $P(A) + P(B) = 0.648$.

（2）若本场比赛乙队 3∶2 取胜,则前四局双方应以 2∶2 战平,且第五局乙队胜,所以所求事件的概率为

$$C_4^2 \times 0.4^2 \times 0.6^2 \times 0.4 = 0.138.$$

7.（1）甲恰好击中目标 2 次的概率为

$$C_3^2 \times \left(\frac{1}{2}\right)^3 = \frac{3}{8}.$$

（2）乙至少击中目标 2 次的概率为

$$C_3^2 \times \left(\frac{2}{3}\right)^2 \times \frac{1}{3} + C_3^3 \times \left(\frac{2}{3}\right)^3 = \frac{20}{27}.$$

（3）设"乙恰好比甲多击中目标 2 次"为事件 A,"乙恰击中目标 2 次且甲恰击中目标 0 次"为事件 B_1,"乙恰击中目标 3 次且甲恰击中目标 1 次"为事件 B_2,则 $A = B_1 + B_2$,B_1,B_2 为互斥事件.于是

$$P(A) = P(B_1) + P(B_2)$$

$$= C_3^2 \times \left(\frac{2}{3}\right)^2 \times \frac{1}{3} \times C_3^0 \times \left(\frac{1}{2}\right)^3 + C_3^3 \times \left(\frac{2}{3}\right)^3 \times C_3^1 \times \left(\frac{1}{2}\right)^3$$

$$= \frac{1}{18} + \frac{1}{9} = \frac{1}{6}.$$

所以乙恰好比甲多击中目标 2 次的概率为 $\frac{1}{6}$.

8.（1）依题意,记"甲投一次命中"为事件 A,"乙投一次命中"为事件 B,则

$$P(A) = \frac{1}{2}, \quad P(B) = \frac{2}{5}, \quad P(\overline{A}) = \frac{1}{2}, \quad P(\overline{B}) = \frac{3}{5}.$$

甲、乙两人得分之和 ξ 的可取值为 $0,1,2$，则 ξ 的概率分布为见表 3.2.

表 3.2

ξ	0	1	2
P	$\frac{3}{10}$	$\frac{1}{2}$	$\frac{1}{5}$

故 ξ 的数学期望为

$$E(\xi) = 0 \times \frac{3}{10} + 1 \times \frac{1}{2} + 2 \times \frac{1}{5} = \frac{9}{10}.$$

因此甲、乙两人在罚球线各投球一次，两人得分之和 ξ 的数学期望为 $\frac{9}{10}$.

(2) 因为事件"甲、乙两人在罚球线各投球 2 次不命中"的概率为

$$\overline{P} = \frac{1}{2} \times \frac{1}{2} \times \frac{3}{5} \times \frac{3}{5} = \frac{9}{100},$$

所以甲、乙两人在罚球线各投球 2 次，至少有 1 次命中的概率为

$$P = 1 - \overline{P} = 1 - \frac{9}{100} = \frac{91}{100}.$$

故甲、乙两人在罚球线各投球 2 次，至少有 1 次命中的概率为 $\frac{91}{100}$.

3.3 古 典 概 型

知识梳理

1. 古典概型的两个特点

(1) 有限性：试验中所有可能出现的基本事件只有有限个.

(2) 等可能性：每个基本事件出现的可能性相等.

2. 古典概型的概率公式

(1) 在基本事件总数为 n 的古典概型中，每个基本事件发生的概率都是相等的，即每个

基本事件的概率都是 $\frac{1}{n}$.

（2）对于古典概型,任意事件 A 发生的概率为

$$P(A) = \frac{A \text{ 包含的基本事件的个数}}{\text{基本事件的总数}}.$$

例题精讲

例 11 （2018 江苏卷·文理 6） 某兴趣小组有 2 名男生和 3 名女生,现从中任选 2 名学生去参加活动,则恰好选中 2 名女生的概率为_____.

解析 $P = \dfrac{C_3^2}{C_5^2} = \dfrac{3}{10}.$

点评 本题在计数时用到了较为简单的组合知识,属于较为温和且难度不大的一道古典概型问题.

变式 1（2018 全国Ⅱ卷·文 5） 从 2 名男同学和 3 名女同学中任选 2 人参加社区服务,则选中的 2 人都是女同学的概率为（　　）.

A. 0.6　　　　　B. 0.5　　　　　C. 0.4　　　　　D. 0.3

解析 从 2 名男同学和 3 名女同学中任选 2 人的基本事件有 10 个,其中选中的 2 人都是女同学所包含的基本事件有 3 个,由古典概型计算公式得概率为 0.3.故选项 D 正确.

点评 本题几乎和上一题如出一辙,连数据都是一样的,体现出古典概型这一考点的重要性.

变式 2（2019 全国Ⅲ卷·文 3） 2 名男同学和 2 名女同学随机排成一列,则 2 名女同学相邻的概率是（　　）.

A. $\dfrac{1}{6}$　　　　B. $\dfrac{1}{4}$　　　　C. $\dfrac{1}{3}$　　　　D. $\dfrac{1}{2}$

解析 用捆绑法将 2 名女生捆绑在一起作为一个整体进行排列,有 $A_3^3 A_2^2 = 12$ 种排法,再所有的 4 个人全排列有 $A_4^4 = 24$ 种排法,利用古典概型求概率原理,得 $P = \dfrac{12}{24} = \dfrac{1}{2}.$故选项 D 正确.

点评 本题在计算古典概型问题时,要用到一定的排列组合技巧,这也是成功解答此题的关键.相邻问题一般可以用捆绑法进行求解.当然本题由于涉及的人数不多,逐一列举也是可以的.

变式 3（2014 全国Ⅰ卷·理 5） 4 位同学各自在周六、周日两天中任选一天参加公益活动,则周六、周日都有同学参加公益活动的概率为（　　）.

A. $\dfrac{1}{8}$　　　　B. $\dfrac{3}{8}$　　　　C. $\dfrac{5}{8}$　　　　D. $\dfrac{7}{8}$

解析 由题可得,基本事件的总数为 $2^4 = 16$,周六、周日不全有同学参加公益活动的有

2种(全去周六或全去周天)，则所求概率为$\dfrac{16-2}{16}=\dfrac{7}{8}$.故选项D正确.

点评 本题直接求解较为困难，因为情况较多，所以可以用间接法加以求解.

例12 (2017天津卷·文3) 有5支彩笔(除颜色外无差别)，颜色分别为红、黄、蓝、绿、紫.从这5支彩笔中任取2支不同颜色的彩笔，则取出的2支彩笔中含有红色彩笔的概率为(　　).

A. $\dfrac{4}{5}$　　　　B. $\dfrac{3}{5}$　　　　C. $\dfrac{2}{5}$　　　　D. $\dfrac{1}{5}$

解析 (解法1)列举法：从5支彩笔中任取2支不同颜色的彩笔共有以下10种：
{红,黄},{红,蓝},{红,绿},{红,紫},{黄,蓝},{黄,绿},{黄,紫},{蓝,绿},{蓝,紫},{绿,紫}.其中含红色的有4种：{红,黄},{红,蓝},{红,绿},{红,紫}.所求概率为$P=\dfrac{4}{10}=\dfrac{2}{5}$.故选项C正确.

(解法2)$P=\dfrac{C_4^1}{C_5^2}=\dfrac{4}{10}=\dfrac{2}{5}$.故选项C正确.

点评 解法1使用了列举法，较为烦琐；解法2借助组合知识优化了解题效率.

变式1 (2016全国Ⅲ卷·文5) 小敏打开计算机时，忘记了开机密码的前两位，只记得第一位是M,I,N中的一个字母，第二位是1,2,3,4,5,中的一个数字，则小敏输入一次密码能够成功开机的概率是(　　).

A. $\dfrac{8}{15}$　　　　B. $\dfrac{1}{8}$　　　　C. $\dfrac{1}{15}$　　　　D. $\dfrac{1}{30}$

解析 开机密码可能有$(M,1),(M,2),(M,3),(M,4),(M,5),(I,1),(I,2),(I,3),(I,4),(I,5),(N,1),(N,2),(N,3),(N,4),(N,5)$,共15种，所以小敏输入一次密码能够成功开机的概率是$\dfrac{1}{15}$.故选项C正确.

点评 本题也可以利用排列组合知识进行求解，与前面试题的命制特点一致.

变式2 (2017全国Ⅱ卷·文11) 从分别写有1,2,3,4,5的5张卡片中随机抽取1张，放回后再随机抽取1张，则抽得的第一张卡片上的数大于第二张卡片上的数的概率为(　　).

A. $\dfrac{1}{10}$　　　　B. $\dfrac{1}{5}$　　　　C. $\dfrac{3}{10}$　　　　D. $\dfrac{2}{5}$

解析 总的基本事件个数25种，满足条件的基本事件为$(2,1),(3,1),(3,2),(4,1),(4,2),(4,3),(5,1),(5,2),(5,3),(5,4)$,共10种，所以$P=\dfrac{10}{25}=\dfrac{2}{5}$.故选项D正确.

点评 本题给出的是列举法，读者也可以尝试借助排列组合知识进行求解.本题要注意的一点是有放回抽取,如果改为无放回抽取,则本题又当如何求解,请读者自行思考.

变式3(2017 山东卷·理8)　从分别标有 $1,2,\cdots,9$ 的 9 张卡片中不放回地随机抽取 2 次,每次抽取 1 张,则抽到的 2 张卡片上的数奇偶性不同的概率是(　　).

A. $\dfrac{5}{18}$　　　　　B. $\dfrac{4}{9}$　　　　　C. $\dfrac{5}{9}$　　　　　D. $\dfrac{7}{9}$

解析　标有 $1,2,\cdots,9$ 的 9 张卡片中,标有奇数的有 5 张,标有偶数的有 4 张,所以抽到的 2 张卡片上的数奇偶性不同的概率为 $\dfrac{2C_5^1 C_4^1}{9\times 8}=\dfrac{5}{9}$. 故选项 C 正确.

点评　上一题是有放回抽取,本题则是无放回抽取,读者可以从中体会解题的差异,这也是求解概率试题必须首先要判别的一个问题,如果判别失误,则会造成解题错误.

例13　(2019 江苏卷·文理6)　从 3 名男同学和 2 名女同学中任选 2 名同学参加志愿者服务,则选出的 2 名同学中至少有 1 名女同学的概率是_____.

解析　从 3 名男同学和 2 名女同学中任选 2 名同学参加志愿者服务,基本事件的总数为 $n=C_5^2=10$,选出的 2 名同学中至少有 1 名女同学包含的基本事件个数为 $m=C_3^1 C_2^1+C_2^2=7$. 因此选出的 2 名同学中至少有 1 名女同学的概率是 $P=\dfrac{m}{n}=\dfrac{7}{10}$.

点评　本题与前面的试题一脉相承,体现出高考试题的继承与发展.试题的命制较为简明,易于考生的发挥.本题直接求解可分为两种情况进行解答,另外本题含有"至少"这个重要的词汇,因此也是可以使用间接法求解的.

变式1(2014 广东卷·文12)　从字母 a,b,c,d,e 中任取 2 个不同字母,则取到字母 a 的概率为_____.

解析　从字母 a,b,c,d,e 中任取 2 个不同字母的所有结果有 $(a,b),(a,c),(a,d),(a,e),(b,c),(b,d),(b,e),(c,d),(c,e),(d,e)$,共 10 种,其中取到字母 a 的结果有 4 种,故取到字母 a 的概率为 $\dfrac{2}{5}$.

点评　本题给出的解法是列举法,读者也可以借助排列组合的相关知识进行求解.

变式2(2016 四川卷·文13)　从 $2,3,8,9$ 任取 2 个不同的数字,分别记为 a,b,则 $\log_a b$ 是整数的概率为_____.

解析　从 $2,3,8,9$ 中任取 2 个数记为 a,b,分别作为对数的底数与真数,共有 12 个不同的基本事件,其中为整数的只有 $\log_2 8,\log_3 9$ 这 2 个基本事件,所以其概率为 $P=\dfrac{2}{12}=\dfrac{1}{6}$.

点评　本题以对数为依托进行试题的构建,会给基础不够好的考生带来一定的麻烦.概率也是一大容易与其他知识进行交叉的内容.

例14　(2018 全国Ⅱ卷·理8)　我国数学家陈景润在哥德巴赫猜想的研究中取得了

世界领先的成果. 哥德巴赫猜想是"每个大于 2 的偶数可以表示为 2 个素数的和",如 $30 = 7 + 23$. 在不超过 30 的素数中,随机选取 2 个不同的数,其和等于 30 的概率是(   ).

A. $\dfrac{1}{12}$ B. $\dfrac{1}{14}$ C. $\dfrac{1}{15}$ D. $\dfrac{1}{18}$

解析 不超过 30 的素数 2,3,5,7,11,13,17,19,23,29,共计 10 个,随机选取 2 个不同的数有 $C_{10}^2 = 45$ 种. 又因为 $30 = 7 + 23 = 11 + 19 = 13 + 17$,所以和等于 30 的有 3 种. 由古典概型计算公式知,其和等于 30 的概率是 $\dfrac{3}{45} = \dfrac{1}{15}$. 故选项 C 正确.

点评 本题可以通过列举,把所有不超过 30 的素数逐一列举出来,但要做到不重不漏,否则会造成致命的错误,在正确列举出所有素数之后,同样可以通过列举的方法逐一列出满足题意的 2 个素数. 对于没有特别规律的古典概型问题,列举法是一种极为重要的处理方法.

变式 1(2016 全国 I 卷・文 3) 为美化环境,从红、黄、白、紫 4 种颜色的花中任选 2 种花种在一个花坛中,余下的 2 种花种在另一个花坛中,则红色和紫色的花不在同一花坛的概率是(   ).

A. $\dfrac{1}{3}$ B. $\dfrac{1}{2}$ C. $\dfrac{2}{3}$ D. $\dfrac{5}{6}$

解析 从 4 种颜色的花中任选 2 种花种在一个花坛中,余下的 2 种花种在另一个花坛中,有 $C_4^2 = 6$ 种法,其中红色和紫色的花不在同一花坛的种数有 4 种,因此所求概率为 $\dfrac{2}{3}$. 故选项 C 正确.

点评 本题使用了直接法,当然也可以使用间接法,读者可以自己尝试去解答.

变式 2(2019 全国 I 卷・理 6) 我国古代典籍《周易》用"卦"描述万物的变化. 每一"重卦"由从下到上排列的 6 个爻组成,爻分为阳爻"——"和阴爻"— —",如图 3.1 所示就是一重卦. 在所有重卦中随机取一重卦,则该重卦恰有 3 个阳爻的概率是(   ).

图 3.1

A. $\dfrac{5}{16}$ B. $\dfrac{11}{32}$ C. $\dfrac{21}{32}$ D. $\dfrac{11}{16}$

解析 在所有重卦中随机取一重卦,基本事件的总数为 $n = 2^6 = 64$,该重卦恰有 3 个阳爻的基本事件数为 $m = C_6^3 C_3^3 = 20$,则该重卦恰有 3 个阳爻的概率为 $P = \dfrac{m}{n} = \dfrac{20}{64} = \dfrac{5}{16}$. 故选项 A 正确.

点评 本题以我国古代典籍《周易》中的相关内容为载体进行试题的构建,令人耳目一新,体现了浓郁的数学文化气息,这是新高考的一大命题趋势. 这种命题方式会给一些考生带来阅读审题障碍,特别是题目中出现了生僻字,还涉及两个抽象名词,会让心理素质较差的考生陷入解题困境.但若细细分析品味此题,能从中抽取出关键信息点理清题意.本题是一道较为基础的古典概型问题,实际难度并不大.

考题回放

1. (2020 全国 I 卷·文 4)设 O 为正方形 $ABCD$ 的中心,在 O,A,B,C,D 中任取 3 点,则取到的 3 点共线的概率为(　　).

　　A. $\frac{1}{5}$ 　　　　B. $\frac{2}{5}$ 　　　　C. $\frac{1}{2}$ 　　　　D. $\frac{4}{5}$

2. (2014 陕西卷·文 6)从正方形 4 个顶点及其中心这 5 个点中,任取 2 个点,则这 2 个点的距离小于该正方形边长的概率为(　　).

　　A. $\frac{1}{5}$ 　　　　B. $\frac{2}{5}$ 　　　　C. $\frac{3}{5}$ 　　　　D. $\frac{4}{5}$

3. (2015 广东卷·文 7)已知 5 件产品中有 2 件次品,其余为合格品.现从这 5 件产品中任取 2 件,恰有 1 件次品的概率为(　　).

　　A. 0.4 　　　　B. 0.6 　　　　C. 0.8 　　　　D. 1

4. (2019 全国 II 卷·文 4)生物实验室有 5 只兔子,其中只有 3 只测量过某项指标.若从这 5 只兔子中随机取出 3 只,则恰有 2 只测量过该指标的概率为(　　).

　　A. $\frac{1}{12}$ 　　　　B. $\frac{1}{14}$ 　　　　C. $\frac{1}{15}$ 　　　　D. $\frac{1}{18}$

5. (2016 北京卷·文 6)从甲、乙等 5 名学生中随机选出 2 人,则甲被选中的概率为(　　).

　　A. $\frac{1}{5}$ 　　　　B. $\frac{2}{5}$ 　　　　C. $\frac{8}{25}$ 　　　　D. $\frac{9}{25}$

6. (2022 全国乙卷·文 14/理 13)从甲、乙等 5 名同学中随机选 3 名参加社区服务工作,则甲、乙都入选的概率为_____.

7. (2014 江西卷·文 3)掷两颗均匀的骰子,则点数之和为 5 的概率等于(　　).

　　A. $\frac{1}{18}$ 　　　　B. $\frac{1}{9}$ 　　　　C. $\frac{1}{6}$ 　　　　D. $\frac{1}{12}$

8. (2010 浙江卷·文 8)从有 3 个红球、2 个白球的袋中任取 3 个球,则所取的 3 个球中至少有 1 个白球的概率是(　　).

　　A. $\frac{1}{10}$ 　　　　B. $\frac{3}{10}$ 　　　　C. $\frac{3}{5}$ 　　　　D. $\frac{9}{10}$

9. (2015 全国 I 卷·文 4)如果 3 个正整数可作为一个直角三角形三条边的边长,则称这 3 个数为一组勾股数,从 1,2,3,4,5 中任取 3 个不同的数,则这 3 个数构成一组勾股数的概率为(　　).

　　A. $\frac{3}{10}$ 　　　　B. $\frac{1}{5}$ 　　　　C. $\frac{1}{10}$ 　　　　D. $\frac{1}{20}$

10. (2008 山东卷·理 7)在某地的奥运火炬传递活动中,有编号为 1,2,3,…,18 的 18 名火炬手.若从中任选 3 人,则选出的火炬手的编号能组成以 3 为公差的等差数列的概率为 (   ).

A. $\dfrac{1}{51}$ B. $\dfrac{1}{68}$ C. $\dfrac{1}{306}$ D. $\dfrac{1}{408}$

11. (2019 上海卷·10)某 3 位数密码,每位数字可在 0～9 这 10 个数字中任选 1 个,则该 3 位数密码中,恰有 2 位数字相同的概率是_____.

12. (2021 上海卷·10)甲、乙两人在花博会的 A,B,C,D 不同展馆中各选 2 个去参观,则两人选择中恰有一个馆相同的概率为_____.

参 考 答 案

1. 从 O,A,B,C,D 中任取 3 点,共有 $C_5^3=10$ 种取法,其中共线的为 A,O,C 和 B,O,D 这 2 种取法,因此取到的 3 点共线的概率为 $P=\dfrac{2}{10}=\dfrac{1}{5}$.故选项 A 正确.

2. 在这 5 个点中任取 2 个点,有 10 种取法,2 点之间的距离小于正方形边长的包含 4 种情况(4 个顶点中任取 1 个和中心的连线).故选项 B 正确.

3. 采用列举法,记 5 件产品中分别为 a,b,c,d,e,其中 d,e 分别对应 2 件次品,从 5 件产品中任取两件包括基本事件 $ab,ac,ad,ae,bc,bd,be,cd,ce,de$,共 10 个,恰有 1 件次品的基本事件包括 ad,ae,bd,be,cd,ce,共 6 个.因此恰有 1 件次品的概率概率为 $\dfrac{6}{10}=0.6$.故选项 B 正确.

4. 由题意及组合的概念可知,从这 5 只兔子中随机取出 3 只的所有事件数为 C_5^3,恰有 2 只测量过该指标的所有事件数为 $C_3^2 C_2^1$.因此 $P=\dfrac{C_3^2 C_2^1}{C_5^3}=\dfrac{3}{5}$.故选项 B 正确.

5. 从 10 名学生中随机选出 2 人有 10 种选法,甲被选中的情况有 4 种,因此所求概率为 $P=\dfrac{4}{10}=\dfrac{2}{5}$.故选项 B 正确.

6. 从 5 名同学中随机选 3 名的方法数为 $C_5^3=10$.甲、乙都入选的方法数为 $C_3^1=3$,所以甲、乙都入选的概率为 $P=\dfrac{3}{10}$.

7. 由题意可知共 $6\times6=36$ 个基本事件,点数和为 5 的基本事件为 $(1,4),(2,3),(3,2),(4,1)$,因此所求概率为 $P=\dfrac{4}{36}=\dfrac{1}{9}$.故选项 B 正确.

8. 由古典概型的概率公式得 $P=1-\dfrac{C_3^3}{C_5^3}=\dfrac{9}{10}$.故选项 D 正确.

9. 由题意得基本事件的总数有 10 种,符合条件的只有 3,4,5 这 1 种.故选项 C 正确.

10. 这是一道古典概型问题,基本事件的总数为 $C_{18}^3 = 17 \times 16 \times 3$.选出的火炬手编号为 $a_n = a_1 + 3(n-1)$,当 $a_1 = 1$ 时,由 $1,4,7,10,13,16$ 可得有 4 种选法;当 $a_1 = 2$ 时,由 $2,5,8,11,14,17$ 可得有 4 种选法;当 $a_1 = 3$ 时,由 $3,6,9,12,15,18$ 可得有 4 种选法.因此所求概率为 $P = \dfrac{4+4+4}{17 \times 16 \times 3} = \dfrac{1}{68}$.故选项 B 正确.

11. (解法 1)$P = \dfrac{C_{10}^1 \times C_3^2 \times C_9^1}{10^3} = \dfrac{27}{100}$(分子含义:选相同数字×选位置×选第 3 个数字).

(解法 2)$P = 1 - \dfrac{C_{10}^1 + A_{10}^3}{10^3} = \dfrac{27}{100}$(分子含义:3 位数字都相同＋3 位数字都不同).

12. 由题意对于 A,B,C,D 这 4 个不同的场馆,每人可选择的参观方法有 C_4^2 种,则甲、乙两个人每人选 2 个场馆的参观方法有 $C_4^2 \times C_4^2$ 种;由此甲、乙两人恰好参观同一个场馆的参观方法有 $C_4^1 \times C_3^1 \times C_2^1$ 种.

(或等价方法 1:甲、乙两人恰好参观同一个场馆的参观方法有 $C_4^1 \times A_3^2$ 种.)

(或等价方法 2(补集法):甲、乙两人参观 2 个不同场馆的参观方法有 $C_4^2 \times C_2^2$ 种,甲、乙两人参观 2 个相同场馆的参观方法有 C_4^2 种;所以甲、乙两人恰好参观同一个场馆的参观方法有 $1 - C_4^2 \times C_2^2 - C_4^2$ 种.)

所以甲、乙两人恰好参观同一个场馆的概率为

$$P = \frac{C_4^1 \times C_3^1 \times C_2^1}{C_4^2 \times C_4^2} = \frac{24}{36} = \frac{2}{3}.$$

3.4 独 立 事 件

知识梳理

1. 独立事件

如果事件 A(或 B)发生与否不影响事件 B(或 A)发生的概率,则称事件 A 与事件 B 相互独立.

例如投掷两枚骰子,设"第一个骰子的点数是 1"为事件 A,"第二个骰子的点数是 2"为事件 B,因为两个骰子的点数不会相互影响,所以 A,B 独立.

若 A,B 独立,则 A 与 $\overline{B}$,B 与 $\overline{A}$,$\overline{A}$ 与 $\overline{B}$ 也相互独立.

2. 概率的乘法公式

若事件 A,B 独立,则 A,B 同时发生的概率为

$$P(AB) = P(A)P(B)$$

比如在上面的例子中,$P(A) = \dfrac{1}{6}$,$P(B) = \dfrac{1}{6}$,设"第一个骰子点数为1,且第二个骰子点数为2"为事件 C,则

$$P(C) = P(AB) = P(A)P(B) = \dfrac{1}{36}.$$

3. 独立重复试验

一项试验只有两个结果,设其中一个结果为事件 A(则另一个结果为 $\overline{A}$),已知事件 A 发生的概率为 p,将该试验重复进行 n 次(每次试验结果互不影响),则在 n 次中事件 A 恰好发生 k 次的概率为 $P = C_n^k p^k (1-p)^{n-k}$.

(1) 公式的说明:以"连续投掷3次硬币,每次正面向上的概率为 $\dfrac{1}{3}$"为例,设 A_i 为"第 i 次正面向上",由均匀的硬币可知 $P(A_i) = \dfrac{1}{2}$,设 B 为"恰好2次正面向上",则

$$P(B) = P(A_1 A_2 \overline{A_3}) + P(A_1 \overline{A_2} A_3) + P(\overline{A_1} A_2 A_3),$$

而

$$P(A_1 A_2 \overline{A_3}) = P(A_1 \overline{A_2} A_3) = P(\overline{A_1} A_2 A_3) = \left(\dfrac{1}{2}\right)^2 \times \dfrac{1}{2},$$

因此

$$P(B) = 3 \times \left(\dfrac{1}{2}\right)^2 \times \dfrac{1}{2} = C_3^2 \times \left(\dfrac{1}{2}\right)^2 \times \dfrac{1}{2}^{3-2}.$$

(2) C_n^k 的意义:它是指在 n 次试验中事件 A 发生 k 次发生的情况总数.例如在上面的例子中"3次投掷硬币,2次正面向上",其中 C_3^2 代表符合条件的事件总数共3种.

🔖 **例题精讲**

例15 (2010 江西卷·文 9) 有 n 位同学参加某项选拔测试,每位同学能通过测试的概率都是 $p(0<p<1)$,假设每位同学能否通过测试是相互独立的,则至少有一位同学通过测试的概率为(   ).

    A. $(1-p)^n$ B. $1-p^n$ C. p^n D. $1-(1-p)^n$

解析 每位同学不能通过测试的概率是 $1-p$,"至少有一位同学能通过测试"的对立事件为"所有同学都没有通过测试",因此所求事件的概率为 $1-(1-p)^n$.故选项 D 正确.

点评 本题考查的是独立重复试验中随机事件的概率的计算,直接计算概率情况比较多,故可以使用间接法加以解答.

变式1(2005 天津卷·理 7) 某人射击1次击中的概率为 0.6,经过3次射击,此人至少有2次击中目标的概率为(   ).

A. $\dfrac{81}{125}$　　　　B. $\dfrac{54}{125}$　　　　C. $\dfrac{36}{125}$　　　　D. $\dfrac{27}{125}$

解析　3 次射击行为互不影响. 击中 2 次的可能性为 $C_3^2 \times (0.6)^2 \times (0.4)^{3-2}$,击中 3 次的可能性为 $C_3^3 \times 0.6^3 \times 0.4^{3-3}$,经计算 $C_3^2 \times 0.6^2 \times 0.4^{3-2} + C_3^3 \times 0.6^3 \times 0.4^{3-3} = \dfrac{81}{125}$. 故选项 A 正确.

点评　本题 3 次射击中至少有 2 次击中目标包含 2 种情形,即 2 次击中 1 次未中与 3 次都击中,分别计算出概率,再利用互斥事件的概率公式相加即可获得问题的求解.

变式 2(2004 福建卷·理 15)　某射手射击 1 次击中目标的概率是 0.9. 他连续射击 4 次,且各次射击是否击中目标相互之间没有影响. 有下列结论:

① 他第 3 次击中目标的概率是 0.9;② 他恰好击中目标 3 次的概率是 $0.9^3 \times 0.1$;③ 他至少击中目标 1 次的概率是 $1 - 0.1^4$.

其中正确结论的序号是_____(写出所有正确结论的序号).

解析　因为是独立重复实验,每次击中的概率都相等,所以①正确;恰好击中目标 3 次的概率是 $C_4^3 \times 0.9^3 \times 0.1$,所以②错误;他至少击中目标 1 次的概率用间接法得 $1 - 0.1^4$,所以③正确. 故正确结论的序号是①③.

点评　本题与上一试题背景相近,难度相当,通过多加练习即可熟练掌握此类问题.

例 16 (2010 全国 I 卷·理 18)　投到某杂志的稿件,先由两位初审专家进行评审. 若能通过两位初审专家的评审,则予以录用;若两位初审专家都未予通过,则不予录用;若恰能通过一位初审专家的评审,则再由第三位专家进行复审,若能通过复审专家的评审,则予以录用,否则不予录用. 设稿件能通过各初审专家评审的概率均为 0.5,复审的稿件能通过评审的概率为 0.3. 各专家独立评审.

(1) 求投到该杂志的 1 篇稿件被录用的概率;

(2) 记 X 表示投到该杂志的 4 篇稿件中被录用的篇数,求 X 的分布列及期望.

解析　(1) 记 A 表示事件"稿件能通过两位初审专家的评审", B 表示事件"稿件恰能通过一位初审专家的评审", C 表示事件"稿件能通过复审专家的评审", D 表示事件"稿件被录用". 则 $D = A + BC$. 于是 $P(A) = 0.5 \times 0.5 = 0.25$, $P(B) = 2 \times 0.5 \times 0.5 = 0.5$, $P(C) = 0.3$. 故

$$P(D) = P(A + BC) = P(A) + P(BC)$$
$$= P(A) + P(B)P(C) = 0.25 + 0.5 \times 0.3 = 0.40.$$

(2) $X \sim B(4, 0.4)$,且

$$P(X = 0) = (1 - 0.4)^4 = 0.1296,$$
$$P(X = 1) = C_4^1 \times 0.4 \times (1 - 0.4)^3 = 0.3456,$$

$$P(X=2) = C_4^2 \times 0.4^2 \times (1-0.4)^2 = 0.3456,$$

$$P(X=3) = C_4^3 \times 0.4^3 \times (1-0.4) = 0.1536,$$

$$P(X=4) = 0.4^4 = 0.0256.$$

期望为 $E(X) = 4 \times 0.4 = 1.6$.

点评 本题主要考查等可能性事件、互斥事件、独立事件、独立重复试验、分布列、数学期望等知识,以及运用概率知识解决实际问题的能力;同时也考查了分类与整合思想、化归与转化思想,难度较为适中,是一道典型的概率中档问题.

变式 1(2005 全国 I 卷·文 20) 9 粒种子分别种在甲、乙、丙 3 个坑内,每坑 3 粒,每粒种子发芽的概率为 0.5,若一个坑内至少有 1 粒种子发芽,则这个坑不需要补种;若一个坑内的种子都没发芽,则这个坑需要补种.

(1) 求甲坑不需要补种的概率;

(2) 求 3 个坑中恰有 1 个坑不需要补种的概率;

(3) 求有坑需要补种的概率.(精确到 0.01)

解析 (1) 因为甲坑内的 3 粒种子都不发芽的概率为 $(1-0.5)^3 = \dfrac{1}{8}$,所以甲坑不需要补种的概率为 $1 - \dfrac{1}{8} = \dfrac{7}{8} = 0.875$.

(2) 3 个坑恰有 1 个坑不需要补种的概率为 $C_3^1 \times \dfrac{7}{8} \times \left(\dfrac{1}{8}\right)^2 \approx 0.041$.

(3) (解法 1)因为 3 个坑都不需要补种的概率为 $\left(\dfrac{7}{8}\right)^3$,所以有坑需要补种的概率为 $1 - \left(\dfrac{7}{8}\right)^3 \approx 0.330$.

(解法 2)3 个坑中恰有 1 个坑需要补种的概率为 $C_3^1 \times \dfrac{1}{8} \times \left(\dfrac{7}{8}\right)^2 \approx 0.287$,恰有 2 个坑需要补种的概率为 $C_3^2 \times \left(\dfrac{1}{8}\right)^2 \times \dfrac{7}{8} \approx 0.041$;3 个坑都需要补种的概率为 $C_3^3 \times \left(\dfrac{1}{8}\right)^3 \times \left(\dfrac{7}{8}\right)^0 \approx 0.002$.所以有坑需要补种的概率为 $0.287 + 0.041 + 0.002 = 0.330$.

点评 本题第(1)问使用了间接法,是一种常见的求解概率问题的方法;第(2)问是一个独立重复试验的随机事件的概率计算,只要准确理解相关基础知识即可得出答案;第(3)问由于有第(1)问作为铺垫,难度大幅降低,显现了人性化设计问题的特点,利于考生发挥出自己的水平.其中,解法 1 使用了间接法,极大地提高了解题效率,而解法 2 分三种情形加以求解,对考生的运算能力要求也比较高.

例 17(2010 辽宁卷·理 3) 两个实习生每人加工一个零件.加工为一等品的概率分别为 $\dfrac{2}{3}$ 和 $\dfrac{3}{4}$,两个零件是否加工为一等品相互独立,则这两个零件中恰有一个一等品的概率为（　　）.

A. $\dfrac{1}{2}$　　　　B. $\dfrac{5}{12}$　　　　C. $\dfrac{1}{4}$　　　　D. $\dfrac{1}{6}$

解析 记两个零件中恰好有一个一等品的事件为 A，则 $P(A) = P(A_1) + P(\overline{A_1}) =$ $\dfrac{2}{3} \times \dfrac{1}{4} + \dfrac{1}{3} \times \dfrac{3}{4} = \dfrac{5}{12}$. 故选项 B 正确.

点评 解决此类问题的关键是分清楚随机事件所包含的各种情形，两个实习生每人加工一个零件为一等品的概率是不相等的，因此要逐一计算各种情况的概率.

变式 1（2022 全国乙卷·理 10）　某棋手与甲、乙、丙三位棋手各比赛一盘，各盘比赛结果相互独立. 已知该棋手与甲、乙、丙比赛获胜概率分别为 p_1, p_2, p_3，且 $p_3 > p_2 > p_1 > 0$. 记该棋手连胜两盘的概率为 p，则（　　）.

A. p 与该棋手和甲、乙、丙的比赛次序无关

B. 该棋手在第二盘与甲比赛，p 最大

C. 该棋手在第二盘与乙比赛，p 最大

D. 该棋手在第二盘与丙比赛，p 最大

解析 该棋手连胜两盘，则第二盘为必胜盘，记该棋手在第二盘与甲比赛，且连胜两盘的概率为 $p_甲$，则

$$p_甲 = 2(1 - p_2)p_1 p_3 + 2p_2 p_1(1 - p_3) = 2p_1(p_2 + p_3) - 4p_1 p_2 p_3.$$

记该棋手在第二盘与乙比赛，且连胜两盘的概率为 $p_乙$，则

$$p_乙 = 2(1 - p_1)p_2 p_3 + 2p_1 p_2(1 - p_3) = 2p_2(p_1 + p_3) - 4p_1 p_2 p_3.$$

记该棋手在第二盘与丙比赛，且连胜两盘的概率为 $p_丙$，则

$$p_丙 = 2(1 - p_1)p_3 p_2 + 2p_1 p_3(1 - p_2) = 2p_3(p_1 + p_2) - 4p_1 p_2 p_3.$$

因此

$$p_甲 - p_乙 = 2p_1(p_2 + p_3) - 4p_1 p_2 p_3 - [2p_2(p_1 + p_3) - 4p_1 p_2 p_3]$$
$$= 2(p_1 - p_2)p_3 < 0,$$
$$p_乙 - p_丙 = 2p_2(p_1 + p_3) - 4p_1 p_2 p_3 - [2p_3(p_1 + p_2) - 4p_1 p_2 p_3]$$
$$= 2(p_2 - p_3)p_1 < 0,$$

即 $p_甲 < p_乙$，$p_乙 < p_丙$. 所以该棋手在第二盘与丙比赛，p 最大. 因此选项 D 判断正确；选项 B，C 判断错误. p 与该棋手与甲、乙、丙的比赛次序有关，因此选项 A 判断错误. 故选项 D 正确.

点评 通过分析可知该棋手连胜两盘，则第二盘为必胜盘. 首先可以利用时间的相互独立性可求得 $p_甲$，$p_乙$ 和 $p_丙$，然后再利用作差法就可以比较出它们的大小关系，从而实现问题的求解.

变式 2（2009 湖北卷·文 12）　甲、乙、丙三人将参加某项测试，他们能达标的概率分别

是 $0.8,0.6,0.5$,则三人都达标的概率是_____,三人中至少有一人达标的概率是_____.

解析 三人均达标的概率为 $0.8\times0.6\times0.5=0.24$,三人中至少有一人达标的概率为 $1-0.2\times0.4\times0.5=1-0.04=0.96$.

点评 本题第一个空较为简单,其求解为第二个空使用间接法奠定了基础,难度适中.

变式 3(2014 全国大纲卷·理 20) 设每个工作日甲、乙、丙、丁 4 人需使用某种设备的概率分别为 $0.6,0.5,0.5,0.4$,各人是否需使用设备相互独立.

(1) 求同一工作日至少 3 人需使用设备的概率;

(2) X 表示同一工作日需使用设备的人数,求 X 的数学期望.

解析 记 A_i 表示事件"同一工作日乙、丙中恰有 i 人需使用设备",$i=0,1,2$;B 表示事件"甲需使用设备",C 表示事件"丁需使用设备",D 表示事件"同一工作日至少 3 人需使用设备".

(1) 由题意可知 $D=A_1BC+A_2B+A_2\overline{B}C$,$P(B)=0.6$,$P(C)=0.4$,$P(A_i)=C_2^i\times0.5^2(i=0,1,2)$.所以

$$P(D)=P(A_1BC+A_2B+A_2\overline{B}C)$$
$$=P(A_1BC)+P(A_2B)+P(A_2\overline{B}C)$$
$$=P(A_1)P(B)P(C)+P(A_2)P(B)+P(A_2)P(\overline{B})P(C)=0.31.$$

(2) X 的可能取值为 $0,1,2,3,4$,因此

$$P(X=0)=P(\overline{B}\,\overline{C}A_0)=P(\overline{B})P(\overline{C})P(A_0)$$
$$=(1-0.6)\times(1-0.4)\times0.5^2=0.06,$$
$$P(X=1)=P(BA_0\overline{C}+\overline{B}A_0C+\overline{B}A_1\overline{C})$$
$$=P(B)P(A_0)P(\overline{C})+P(\overline{B})P(A_0)P(C)+P(\overline{B})P(A_1)P(\overline{C})$$
$$=0.6\times0.5^2\times(1-0.4)+(1-0.6)\times0.5^2\times0.4$$
$$+(1-0.6)\times2\times0.5^2\times(1-0.6)=0.25,$$
$$P(X=4)=P(BCA_2)=P(B)P(C)P(A_2)$$
$$=0.5^2\times0.6\times0.4=0.06,$$
$$P(X=3)=P(D)-P(X=4)=0.25,$$
$$P(X=2)=1-P(X=0)-P(X=1)-P(X=3)-P(X=4)=0.38.$$

所以 X 的分布列见表 3.3.

表 3.3

X	0	1	2	3	4
P	0.06	0.25	0.38	0.25	0.06

数学期望为

$$E(X) = 0 \times P(X = 0) + 1 \times P(X = 1) + 2 \times P(X = 2)$$
$$+ 3 \times P(X = 3) + 4 \times P(X = 4)$$
$$= 1 \times 0.25 + 2 \times 0.38 + 3 \times 0.25 + 4 \times 0.06 = 2.$$

点评　本题相比前面的几道例题,背景是相近的,方法是类似的,只不过由于涉及的元素更多,也就更为烦琐,难度也显著增加,对考生的能力要求也相应更高.在求解分布列时,应先求出较为容易求解的随机变量的取值的概率,而最难求解的随机变量的取值可借助分布列的性质加以求解,这是解决概率分布列问题的一个重要技巧,希望读者用心体会,并做到触类旁通.

例 18　(2009 重庆卷・理 16)　某单位为绿化环境,移栽了甲、乙两种大树各 2 株.设甲、乙两种大树移栽的成活率分别为 $\frac{2}{3}$ 和 $\frac{1}{2}$,且各株大树是否成活互不影响.求移栽的 4 株大树中:

(1) 两种大树各成活 1 株的概率;

(2) 成活的株数 ξ 的分布列与期望.

解析　设 A_i 表示甲种大树成活 i 株($i = 0,1,2$);B_j 表示乙种大树成活 j 株($j = 0,1,2$).则 A_i,B_j 相互独立.由独立重复试验中事件发生的概率公式,得

$$P(A_i) = C_2^i \left(\frac{2}{3}\right)^i \left(\frac{1}{3}\right)^{2-i}, \quad P(B_j) = C_2^j \left(\frac{1}{2}\right)^j \left(\frac{1}{2}\right)^{2-j}.$$

据此算得

$$P(A_0) = \frac{1}{9}, \quad P(A_1) = \frac{4}{9}, \quad P(A_2) = \frac{4}{9};$$

$$P(B_0) = \frac{1}{4}, \quad P(B_1) = \frac{1}{2}, \quad P(B_2) = \frac{1}{4}.$$

(1) 所求概率为

$$P(A_1 B_1) = P(A_1)P(B_1) = \frac{4}{9} \times \frac{1}{2} = \frac{2}{9}.$$

(2) (解法 1) ξ 的所有可能值为 0,1,2,3,4,且

$$P(\xi = 0) = P(A_0 B_0) = P(A_0)P(B_0) = \frac{1}{9} \times \frac{1}{4} = \frac{1}{36},$$

$$P(\xi = 1) = P(A_0 B_1) + P(A_1 B_0) = \frac{1}{9} \times \frac{1}{2} + \frac{4}{9} \times \frac{1}{4} = \frac{1}{6},$$

$$P(\xi = 2) = P(A_0 B_2) + P(A_1 B_1) + P(A_2 B_0) = \frac{1}{9} \times \frac{1}{4} + \frac{4}{9} \times \frac{1}{2} + \frac{4}{9} \times \frac{1}{4} = \frac{13}{36},$$

$$P(\xi = 3) = P(A_1 B_2) + P(A_2 B_1) = \frac{4}{9} \times \frac{1}{4} + \frac{4}{9} \times \frac{1}{2} = \frac{1}{3},$$

$$P(\xi = 4) = P(A_2 B_2) = \frac{4}{9} \times \frac{1}{4} = \frac{1}{9}.$$

综上可知 ξ 的分布列见表 3.4.

表 3.4

ξ	0	1	2	3	4
P	$\frac{1}{36}$	$\frac{1}{6}$	$\frac{13}{36}$	$\frac{1}{3}$	$\frac{1}{9}$

故 ξ 的期望为

$$E(\xi) = 0 \times \frac{1}{36} + 1 \times \frac{1}{6} + 2 \times \frac{13}{36} + 3 \times \frac{1}{3} + 4 \times \frac{1}{9} = \frac{7}{3}(\text{株}).$$

（解法 2）分布列的求法同上. 令 ξ_1, ξ_2 分别表示甲、乙两种树成活的株数，则 $\xi_1 \sim B\left(2, \frac{2}{3}\right), \xi_2 \sim B\left(2, \frac{1}{2}\right)$. 故有

$$E(\xi)_1 = 2 \times \frac{2}{3} = \frac{4}{3}, \quad E(\xi)_2 = 2 \times \frac{1}{2} = 1.$$

因此

$$E(\xi) = E(\xi_1) + E(\xi_2) = \frac{7}{3}(\text{株}).$$

点评 本题整合了两个独立重复试验，对考生的能力提出了更高要求. 第(2)问在求解数学期望时，解法 1 使用了常规的数学期望公式进行求解，但较为容易计算出错，而解法 2 利用二项分布的相关公式分别求得甲、乙两种大树成活株数的数学期望，进而获得最终的答案，令人耳目一新.

例 19 （2010 全国 II 卷·理 20） 如图 3.2 所示，由 M 到 N 的电路中有 4 个元件，分别标为 T_1, T_2, T_3, T_4，电流能通过 T_1, T_2, T_3 的概率都是 p，电流能通过 T_4 的概率是 0.9. 电流能否通过各元件相互独立. 已知 T_1, T_2, T_3 中至少有一个能通过电流的概率为 0.999.

（1）求 p；

（2）求电流能在 M 与 N 之间通过的概率；

（3）ξ 表示 T_1, T_2, T_3, T_4 中能通过电流的元件个数，求 ξ 的期望.

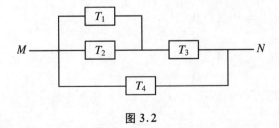

图 3.2

解析 记 A_i 表示事件"电流能通过 T_i"（$i=1,2,3,4$），A 表示事件"T_1,T_2,T_3 中至少有一个能通过电流"，B 表示事件"电流能在 M 与 N 之间通过".

（1）由题意知 $\overline{A}=\overline{A_1}\,\overline{A_2}\,\overline{A_3}$，$A_1,A_2,A_3$ 相互独立.因此

$$P(\overline{A})=P(\overline{A_1}\,\overline{A_2}\,\overline{A_3})=P(\overline{A_1})P(\overline{A_2})P(\overline{A_3})=(1-p)^3,$$

所以

$$P(\overline{A})=1-P(A)=1-0.999=0.001.$$

故 $(1-p)^3=0.001$，解得 $p=0.9$.

（2）由题意知 $B=A_4+\overline{A_4}A_1A_3+\overline{A_4}\,\overline{A_1}A_2A_3$.因此

$$P(B)=P(A_4+\overline{A_4}A_1A_3+\overline{A_4}\,\overline{A_1}A_2A_3)$$
$$=P(A_4)+P(\overline{A_4})P(A_1)P(A_3)+P(\overline{A_4})P(\overline{A_1})P(A_2)P(A_3)$$
$$=0.9+0.1\times0.9\times0.9+0.1\times0.1\times0.9\times0.9=0.9891.$$

（3）由于电流能通过各元件的概率都是 0.9，且电流能否通过各元件相互独立，故 $\xi\sim B(4,0.9)$，所以 $E(\xi)=4\times0.9=3.6$.

点评 概率与统计是每年的必考题，难度飘忽不定，既有较为基础的送分问题，也有难度较大的具有较强区分度的难题，对考生分析问题的能力要求有所加强，这应引起高度重视.本题第（2）问涉及的情形较为复杂，对考生分析问题的能力提出了较高要求.

考题回放

1.（2008 福建卷·文理5）某一批花生种子,如果每粒发芽的概率为 $\dfrac{4}{5}$,那么播下3粒种子恰有2粒发芽的概率是（　　）.

A. $\dfrac{12}{125}$　　B. $\dfrac{16}{125}$　　C. $\dfrac{48}{125}$　　D. $\dfrac{96}{125}$

2.（2004 广东卷·6）一台 X 型号自动机床在一小时内不需要工人照看的概率为 0.8000,有 4 台这种型号的自动机床各自独立工作,则在一小时内至多2台机床需要工人照看的概率是（　　）.

A. 0.1536　　B. 0.1808　　C. 0.5632　　D. 0.9728

3.（2009 上海卷·理16）若事件 E 与 F 相互独立,且 $P(E)=P(F)=\dfrac{1}{4}$,则 $P(E\cap F)$ 的值等于（　　）.

A. 0　　B. $\dfrac{1}{16}$　　C. $\dfrac{1}{4}$　　D. $\dfrac{1}{2}$

4.（2007 湖北卷·文14）某篮球运动员在三分线投球的命中率是 $\dfrac{1}{2}$,他投球10次,恰好投进3个球的概率为_____.（用数值作答）

5. (2016 山东卷·理 19) 甲、乙两人组成"星队"参加猜成语活动,每轮活动由甲、乙各猜一个成语,在一轮活动中,如果两人都猜对,则"星队"得 3 分;如果只有一人猜对,则"星队"得 1 分;如果两人都没猜对,则"星队"得 0 分.已知甲每轮猜对的概率是 $\frac{3}{4}$,乙每轮猜对的概率是 $\frac{2}{3}$;每轮活动中甲、乙猜对与否互不影响,各轮结果亦互不影响.假设"星队"参加两轮活动.求:

(1)"星队"至少猜对 3 个成语的概率;

(2)"星队"两轮得分之和 X 的分布列和数学期望 $E(X)$.

6. (2013 全国大纲卷·理 20) 甲、乙、丙三人进行羽毛球练习赛,其中两人比赛,另一人当裁判,每局比赛结束时,负的一方在下一局当裁判.设各局中双方获胜的概率均为 $\frac{1}{2}$,各局比赛的结果相互独立,第 1 局甲当裁判.

(1) 求第 4 局甲当裁判的概率;

(2) X 表示前 4 局中乙当裁判的次数,求 X 的数学期望.

7. (2010 全国 I 卷·文 19) 投到某杂志的稿件,先由两位初审专家进行评审.若能通过两位初审专家的评审,则予以录用;若两位初审专家都未予通过,则不予录用;若恰能通过一位初审专家的评审,则再由第三位专家进行复审,若能通过复审专家的评审,则予以录用,否则不予录用.设稿件能通过各初审专家评审的概率均为 0.5,复审的稿件能通过评审的概率为 0.3.各专家独立评审.

(1) 求投到该杂志的 1 篇稿件被录用的概率;

(2) 求投到该杂志的 4 篇稿件中,至少有 2 篇被录用的概率.

8. (2015 陕西卷·理 19) 设某校新、老校区之间开车单程所需时间为 T,T 只与道路畅通状况有关,对其容量为 100 的样本进行统计,结果见表 3.5.

表 3.5

(分钟)	25	30	35	40
频数(次)	20	30	40	10

(1) 求 T 的分布列与数学期望 $E(T)$;

(2) 刘教授驾车从老校区出发,前往新校区做一个 50 分钟的讲座,结束后立即返回老校区,求刘教授从离开老校区到返回老校区共用时间不超过 120 分钟的概率.

9. (2022 北京卷·18) 在校运动会上,只有甲、乙、丙三名同学参加铅球比赛,比赛成绩达到 9.50m 以上(含 9.50m)的同学将获得优秀奖.为预测获得优秀奖的人数及冠军得主,收集了甲、乙、丙以往的比赛成绩,并整理得到如下数据(单位:m):

甲:9.80,9.70,9.55,9.54,9.48,9.42,9.40,935,9.30,9.25.

乙:9.78,9.56,9.51,9.36,9.32,9.23.

丙:9.85,9.65,9.20,9.16.

假设用频率估计概率,且甲、乙、丙的比赛成绩相互独立.

(1) 估计甲在校运动会铅球比赛中获得优秀奖的概率;

(2) 设 X 是甲、乙、丙在校运动会铅球比赛中获得优秀奖的总人数,估计 X 的数学期望 $E(X)$;

(3) 在校运动会铅球比赛中,甲、乙、丙谁获得冠军的概率估计值最大?(结论不要求证明)

参 考 答 案

1. 设 3 粒种子中的发芽数为 X,由题意为独立重复试验,且 $X \sim B\left(3, \frac{4}{5}\right)$,因此 $P(k=2) = C_3^2 \times \left(\frac{4}{5}\right)^2 \times \left(\frac{1}{5}\right)^2 = \frac{48}{125}$.故选项 C 正确.

2. 设 ξ 是一小时需要工人照看的机床台数,为随机变量,则 $\xi \sim (4, 0.2000)$,因此 $P(\xi \leqslant 2) = 1 - P(\xi = 2) - P(\xi = 3) = 1 - C_4^3 \times 0.2^3 \times 0.8 - C_4^4 \times 0.2^4 = 0.9728$. 故选项 D 正确.

3. 由题意知 $P(E \bigcap F) = P(E)P(F) = \frac{1}{4} \times \frac{1}{4} = \frac{1}{16}$.故选项 B 正确.

4. 设 X 为 10 次投球的命中次数,由题意为独立重复实验,且 $X \sim B\left(10, \frac{1}{2}\right)$,因此
$$P(k=3) = C_{10}^3 \times \left(\frac{1}{2}\right)^3 \times \left(\frac{1}{2}\right)^7 = \frac{15}{128}.$$

5. (1) 记事件 A 为"甲第一轮猜对",事件 B 为"乙第一轮猜对",事件 C 为"甲第二轮猜对",事件 D 为"乙第二轮猜对",事件 E 为"'星队'至少猜对 3 个成语".则由题意知
$$E = ABCD + \overline{A}BCD + A\overline{B}CD + AB\overline{C}D + ABC\overline{D}.$$
因此,由事件的独立性与互斥性可知
$$P(E) = P(ABCD) + P(\overline{A}BCD) + P(A\overline{B}CD) + P(AB\overline{C}D) + P(ABC\overline{D})$$
$$= P(A)P(B)P(C)P(D) + P(\overline{A})P(B)P(C)P(D)$$
$$\quad + P(A)P(\overline{B})P(C)P(D) + P(A)P(B)P(\overline{C})P(D) + P(A)P(B)P(C)P(\overline{D})$$
$$= \frac{3}{4} \times \frac{2}{3} \times \frac{3}{4} \times \frac{2}{3} + 2 \times \left(\frac{1}{4} \times \frac{2}{3} \times \frac{3}{4} \times \frac{2}{3} + \frac{3}{4} \times \frac{1}{3} \times \frac{3}{4} \times \frac{2}{3}\right) = \frac{2}{3}.$$

(2) 由题意,随机变量 X 的可能取值为 0,1,2,3,4,6.由事件的独立性与互斥性得

$$P(X = 0) = \frac{1}{4} \times \frac{1}{3} \times \frac{1}{4} \times \frac{1}{3} = \frac{1}{144},$$

$$P(X = 1) = 2 \times \left(\frac{1}{4} \times \frac{1}{3} \times \frac{1}{4} \times \frac{1}{3} + \frac{1}{4} \times \frac{2}{3} \times \frac{1}{4} \times \frac{1}{3} \right) = \frac{10}{144} = \frac{5}{72},$$

$$P(X = 2) = \frac{3}{4} \times \frac{1}{3} \times \frac{3}{4} \times \frac{1}{3} + \frac{3}{4} \times \frac{1}{3} \times \frac{1}{4} \times \frac{2}{3} + \frac{1}{4} \times \frac{2}{3} \times \frac{3}{4} \times \frac{1}{3}$$

$$+ \frac{1}{4} \times \frac{2}{3} \times \frac{1}{4} \times \frac{2}{3} = \frac{25}{144},$$

$$P(X = 3) = \frac{3}{4} \times \frac{2}{3} \times \frac{1}{4} \times \frac{1}{3} + \frac{1}{4} \times \frac{1}{3} \times \frac{3}{4} \times \frac{2}{3} = \frac{1}{12},$$

$$P(X = 4) = 2 \times \left(\frac{3}{4} \times \frac{2}{3} \times \frac{3}{4} \times \frac{1}{3} + \frac{3}{4} \times \frac{2}{3} \times \frac{1}{4} \times \frac{2}{3} \right) = \frac{60}{144} = \frac{5}{12},$$

$$P(X = 6) = \frac{3}{4} \times \frac{2}{3} \times \frac{3}{4} \times \frac{2}{3} = \frac{1}{4}.$$

因此随机变量 X 的分布列见表 3.6.

表 3.6

X	0	1	2	3	4	6
P	$\frac{1}{144}$	$\frac{5}{72}$	$\frac{25}{144}$	$\frac{1}{12}$	$\frac{5}{12}$	$\frac{1}{4}$

故 X 的数学期望为

$$E(X) = 0 \times \frac{1}{144} + 1 \times \frac{10}{144} + 2 \times \frac{25}{144} + 3 \times \frac{12}{144} + 4 \times \frac{60}{144} + 6 \times \frac{36}{144} = \frac{23}{6}.$$

6. (1) 记 A_1 表示事件"第 2 局结果为甲胜", A_2 表示事件"第 3 局甲参加比赛时,结果为甲负", A 表示事件"第 4 局甲当裁判".则 $A = A_1 A_2$,因此

$$P(A) = P(A_1 A_2) = P(A_1) P(A_2) = \frac{1}{4}.$$

(2) X 的可能取值为 $0, 1, 2$. 记 A_3 表示事件"第 3 局乙和丙比赛时,结果为乙胜", B_1 表示事件"第 1 局比赛结果为乙胜丙", B_2 表示事件"第 2 局乙和甲比赛时,结果为乙胜甲", B_3 表示事件"第 3 局乙参加比赛时,结果为乙负".则

$$P(X = 0) = P(B_1 B_2 A_3) = P(B_1) P(B_2) P(A_3) = \frac{1}{8},$$

$$P(X = 2) = P(\overline{B_1} B_3) = P(\overline{B_1}) P(B_3) = \frac{1}{4},$$

$$P(X = 1) = 1 - P(X = 0) - P(X = 2) = 1 - \frac{1}{8} - \frac{1}{4} = \frac{5}{8}.$$

所以 X 的数学期望为

$$E(X) = 0 \times P(X = 0) + 1 \times P(X = 1) + 2 \times P(X = 2) = \frac{9}{8}.$$

7. (1) 记 A 表示事件"稿件能通过两位初审专家的评审", B 表示事件"稿件恰能通过一位初审专家的评审", C 表示事件"稿件能通过复审专家的评审", D 表示事件"稿件被录用". 则 $D = A + BC$. 因为 $P(A) = 0.5 \times 0.5 = 0.25$, $P(B) = 2 \times 0.5 \times 0.5 = 0.5$, $P(C) = 0.3$, 所以

$$P(D) = P(A + BC) = P(A) + P(BC) = P(A) + P(B)P(C)$$
$$= 0.25 + 0.5 \times 0.3 = 0.40.$$

(2) 记 A_0 表示事件"4 篇稿件中没有 1 篇被录用", A_1 表示事件"4 篇稿件中恰有 1 篇被录用", A_2 表示事件"4 篇稿件中至少有 2 篇被录用". 则 $\overline{A_2} = A_0 + A_1$. 因为

$$P(A_0) = (1 - 0.4)^4 = 0.1269,$$
$$P(A_1) = C_4^1 \times 0.4 \times (1 - 0.4)^3 = 0.3456,$$

所以

$$P(\overline{A_2}) = P(A_0 + A_1) = P(A_0) + P(A_1) = 0.1296 + 0.3456 = 0.4752.$$

故

$$P(A_2) = 1 - P(\overline{A_2}) = 1 - 0.4752 = 0.5248.$$

8. (1) 由统计结果可得 T 的频率分布列为表 3.7.

表 3.7

T(分钟)	25	30	35	40
频率	0.2	0.3	0.4	0.1

以频率估计概率得 T 的分布列为表 3.8.

表 3.8

T	25	30	35	40
P	0.2	0.3	0.4	0.1

故 T 的数学期望为

$$E(T) = 25 \times 0.2 + 30 \times 0.3 + 35 \times 0.4 + 40 \times 0.1 = 32.$$

(2) 设 T_1, T_2 分别表示往、返所需的时间, T_1, T_2 的取值相互独立, 且与 T 的分布列相同. 设事件 A 表示"刘教授共用时间不超过 120 分钟", 讲座时间为 50 分钟, 因此事件 A 对应于"刘教授在路途中的时间不超过 70 分钟".

(解法 1) 则可得事件 A 的概率为

$$P(A) = P(T_1 + T_2 \leqslant 70) = P(T_1 = 25, T_2 \leqslant 45) + P(T_1 = 30, T_2 \leqslant 40)$$
$$+ P(T_1 = 35, T_2 \leqslant 35) + P(T_1 = 40, T_2 \leqslant 30)$$
$$= 0.2 \times 1 + 0.3 \times 1 + 0.4 \times 0.9 + 0.1 \times 0.5 = 0.91.$$

(解法 2)因为

$$P(\overline{A}) = P(T_1 + T_2 > 70) = P(T_1 = 35, T_2 = 40) + P(T_1 = 40, T_2 = 35)$$
$$+ P(T_1 = 40, T_2 = 40)$$
$$= 0.4 \times 0.1 + 0.1 \times 0.4 + 0.1 \times 0.1 = 0.09.$$

所以 $P(A) = 1 - P(\overline{A}) = 1 - 0.09 = 0.91$.

9.(1) 由频率估计概率可得,甲获得优秀的概率为 0.4,乙获得优秀的概率为 0.5,丙获得优秀的概率为 0.5,故甲在校运动会铅球比赛中获得优秀奖的概率为 0.4.

(2) 设甲获得优秀为事件 A_1,乙获得优秀为事件 A_2,丙获得优秀为事件 A_3,则

$$P(X = 0) = P(\overline{A_1}\,\overline{A_2}\,\overline{A_3}) = 0.6 \times 0.5 \times 0.5 = \frac{3}{20},$$

$$P(X = 1) = P(A_1\,\overline{A_2}\,\overline{A_3}) + P(\overline{A_1}A_2\,\overline{A_3}) + P(\overline{A_1}\,\overline{A_2}A_3)$$
$$= 0.4 \times 0.5 \times 0.5 + 0.6 \times 0.5 \times 0.5 + 0.6 \times 0.5 \times 0.5 = \frac{8}{20},$$

$$P(X = 2) = P(A_1 A_2\,\overline{A_3}) + P(A_1\,\overline{A_2}A_3) + P(\overline{A_1}A_2 A_3)$$
$$= 0.4 \times 0.5 \times 0.5 + 0.4 \times 0.5 \times 0.5 + 0.6 \times 0.5 \times 0.5 = \frac{7}{20},$$

$$P(X = 3) = P(A_1 A_2 A_3) = 0.4 \times 0.5 \times 0.5 = \frac{2}{20}.$$

所以 X 的分布列为表 3.9.

表 3.9

X	0	1	2	3
P	$\frac{3}{20}$	$\frac{8}{20}$	$\frac{7}{20}$	$\frac{2}{20}$

故 X 的数学期望为

$$E(X) = 0 \times \frac{3}{20} + 1 \times \frac{8}{20} + 2 \times \frac{7}{20} + 3 \times \frac{2}{20} = \frac{7}{5}.$$

(3) 丙夺冠概率估计值最大.因为铅球比赛无论比赛几次只取最高成绩.比赛一次,丙获得 9.85 的概率为 $\frac{1}{4}$,甲获得 9.80 的概率为 $\frac{1}{10}$,乙获得 9.78 的概率为 $\frac{1}{6}$;并且丙的最高成绩是所有成绩中最高的,所以比赛次数越多,对丙越有利.

第4章 随机变量及其分布

4.1 条件概率与全概率

知识梳理

1. 条件概率及其乘法公式

(1) 条件概率:一般地,设 A,B 为两个随机事件,且 $P(A)>0$,则我们称 $P(B|A)=\dfrac{P(AB)}{P(A)}$ 为在事件 A 发生的条件下,事件 B 发生的条件概率.

(2) 乘法公式:设事件 A,B,则 A,B 同时发生的概率为 $P(AB)=P(A)\cdot P(B|A)$.

(3) 计算条件概率的 3 种方法(以计算 $P(B|A)$ 为例):

① 按照条件概率的意义,即 B 在 A 条件下的概率为事件 A 发生后事件 B 发生的概率,所以以事件 A 发生后的事实为基础,直接计算事件 B 发生的概率;

② 计算出事件 A 发生的概率 $P(A)$,以及 A,B 同时发生的概率 $P(AB)$,再利用 $P(B|A)=\dfrac{P(AB)}{P(A)}$ 即可计算;

③ 计算出事件 A 包含的基本事件数 $n(A)$,以及 A,B 同时发生的基本事件数 $n(AB)$,再利用 $P(B|A)=\dfrac{n(AB)}{n(A)}$ 即可计算.

(4) 条件概率的性质:设 $P(A)>0$,则

① $P(\Omega|A)=1$;

② 如果 B 和 C 是两个互斥事件,那么 $P(B\cup C|A)=P(B|A)+P(C|A)$;

③ 设 $\overline{B}$ 和 B 互为对立事件,则 $P(\overline{B}|A)=1-P(B|A)$.

2. 全概率公式

一般地,设 $A_1,A_2,\cdots,A_n$ 是一组两两互斥的事件,$A_1\cup A_2\cup\cdots\cup A_n=\Omega$,且 $P(A_i)>0(i=1,2,\cdots,n)$,则对任意的事件 $B\subseteq\Omega$,有

$$P(B)=\sum_{i=1}^{n}P(A_i)P(B|A_i).$$

我们称上式为全概率公式.

3．贝叶斯公式

设 $A_1,A_2,\cdots,A_n$ 是一组两两互斥的事件，$A_1 \bigcup A_2 \bigcup \cdots \bigcup A_n = \Omega$，且 $P(A_i)>0$ $(i=1,2,\cdots,n)$，则对任意的事件 $B \subseteq \Omega$，$P(B)>0$，有

$$P(A_i \mid B) = \frac{P(A_i)P(B \mid A_i)}{P(B)} = \frac{P(A_i)P(B \mid A_i)}{\sum\limits_{k=1}^{n} P(A_k)P(B \mid A_k)} \quad (i=1,2,\cdots,n).$$

例题精讲

例1 (2014 全国 II 卷·理 5) 某地区空气质量监测资料表明，一天的空气质量为优良的概率为 0.75，连续两天为优良的概率是 0.6.已知某天的空气质量为优良，则随后一天的空气质量为优良的概率是(   )．

A. 0.8　　　　B. 0.75　　　　C. 0.6　　　　D. 0.45

解析 设第 i 天空气优良记为事件 A_i，则 $P(A_i)=0.75$，$P(A_iA_{i+1})=0.6(i=1,2,\cdots)$，所以"第 1 天空气优良，第 2 天空气也优良"这个事件的概率为

$$P(A_2 \mid A_1) = \frac{P(A_1A_2)}{P(A_1)} = \frac{0.6}{0.75} = 0.8.$$

故选项 A 正确.

点评 本题考查条件概率的计算，直接套用公式即可获得问题的求解，难度不大.通过整理历年的高考真题，可以发现条件概率的考查频率十分低，但考生并不能因此掉以轻心，还是要全面备考.特别是在新高考改革下，任何考点都应熟悉，不能因此而造成没必要的失分.

变式1(2012 湖北卷·理 20)　根据以往的经验，某工程施工期间的降水量 X(单位：mm)对工期的影响见表 4.1.

表 4.1

降水量 X(mm)	$X<300$	$300 \leqslant X<700$	$700 \leqslant X<900$	$X \geqslant 900$
工期延误天数 Y	0	2	6	10

历年气象资料表明，该工程施工期间降水量 X 小于 300，700，900 的概率分别为 0.3，0.7，0.9. 求：

(1) 工期延误天数 Y 的均值与方差；

(2)在降水量 X 至少是 300 mm 的条件下，工期延误不超过 6 天的概率.

解析 (1) 由已知条件和概率的加法公式，得

$$P(X < 300) = 0.3,$$

$$P(300 \leqslant X < 700) = P(X < 700) - P(X < 300) = 0.7 - 0.3 = 0.4,$$

$$P(700 \leqslant X < 900) = P(X < 900) - P(X < 700) = 0.9 - 0.7 = 0.2,$$

因此

$$P(X \geqslant 900) = 1 - P(X < 900) = 1 - (0.3 + 0.4 + 0.2) = 0.1.$$

所以 Y 的分布列见表 4.2.

表 4.2

X	0	2	6	10
P	0.3	0.4	0.2	0.1

于是

$$E(Y) = 0 \times 0.3 + 2 \times 0.4 + 6 \times 0.2 + 10 \times 0.1 = 3,$$

$$D(Y) = (0-3)^2 \times 0.3 + (2-3)^2 \times 0.4 + (6-3)^2 \times 0.2 + (10-3)^2 \times 0.1 = 9.8.$$

故工期延误天数的均值为 3,方差为 9.8.

(2) 由概率的加法公式,得 $P(X \geqslant 300) = 1 - P(X < 300) = 0.7$. 又因为

$$P(300 \leqslant X < 900) = P(X < 900) - P(X < 300) = 0.9 - 0.3 = 0.6,$$

所以由条件概率得

$$P(Y \leqslant 6 \mid X \geqslant 300) = P(X < 900 \mid X \geqslant 300)$$

$$= \frac{P(300 \leqslant X < 900)}{P(X \geqslant 300)} = \frac{0.6}{0.7} = \frac{6}{7}.$$

故在降水量 X 至少是 300 mm 的条件下,工期延误不超过 6 天的概率是 $\frac{6}{7}$.

点评 本题考查条件概率、概率分布列的期望与方差.第(1)问分布列的计算具有一定的灵活性,对考生提取信息的能力有一定的要求;第(2)问在第(1)问的基础上再计算条件概率,就显得水到渠成了.本题问题的设计具有一定的递进性,有利于考生的作答.

变式 2(2022 新高考 I 卷·20) 一医疗团队为研究某地的一种地方性疾病与当地居民的卫生习惯(卫生习惯分为良好和不够良好两类)的关系,在已患该疾病的病例中随机调查了 100 例(称为病例组),同时在未患该疾病的人群中随机调查了 100 人(称为对照组),得到如表 4.3 所示的数据.

表 4.3

	不够良好	良好
病例组	40	60
对照组	10	90

(1) 能否有 99% 的把握认为患该疾病群体与未患该疾病群体的卫生习惯有差异?

(2) 从该地的人群中任选一人,A 表示事件"选到的人卫生习惯不够良好",B 表示事件

"选到的人患有该疾病". $\dfrac{P(B \mid A)}{P(\overline{B} \mid A)}$ 与 $\dfrac{P(B \mid \overline{A})}{P(\overline{B} \mid \overline{A})}$ 的比值是卫生习惯不够良好对患该疾病风险程度的一项度量指标,记该指标为 R.

① 证明:$R = \dfrac{P(A \mid B)}{P(\overline{A} \mid B)} \cdot \dfrac{P(\overline{A} \mid \overline{B})}{P(A \mid \overline{B})}$.

② 利用该调查数据,给出 $P(A \mid B)$,$P(A \mid \overline{B})$ 的估计值,并利用①的结果给出 R 的估计值.

附:$K^2 = \dfrac{n(ad - bc)^2}{(a+b)(c+d)(a+c)(b+d)}$,以及表 4.4.

表 4.4

$P(K^2 \geqslant k)$	0.050	0.010	0.001
k	3.841	6.635	10.828

解析 (1) 由已知

$$K^2 = \dfrac{n(ad-bc)^2}{(a+b)(c+d)(a+c)(b+d)} = \dfrac{200 \times (40 \times 90 - 60 \times 10)^2}{50 \times 150 \times 100 \times 100} = 24,$$

又 $P(K^2 \geqslant 6.635) = 0.01$,$24 > 6.635$,所以有 99% 的把握认为患该疾病群体与未患该疾病群体的卫生习惯有差异.

(2) ① 因为

$$R = \dfrac{P(B \mid A)}{P(\overline{B} \mid A)} \cdot \dfrac{P(\overline{B} \mid \overline{A})}{P(B \mid \overline{A})} = \dfrac{P(AB)}{P(A)} \cdot \dfrac{P(A)}{P(A\overline{B})} \cdot \dfrac{P(\overline{A}\,\overline{B})}{P(\overline{A})} \cdot \dfrac{P(\overline{A})}{P(\overline{A}B)},$$

所以

$$R = \dfrac{P(AB)}{P(B)} \cdot \dfrac{P(B)}{P(A\overline{B})} \cdot \dfrac{P(\overline{A}\,\overline{B})}{P(\overline{B})} \cdot \dfrac{P(\overline{B})}{P(A\overline{B})},$$

故

$$R = \dfrac{P(A \mid B)}{P(\overline{A} \mid B)} \cdot \dfrac{P(\overline{A} \mid \overline{B})}{P(A \mid \overline{B})},$$

② 由已知 $P(A \mid B) = \dfrac{40}{100}$,$P(A \mid \overline{B}) = \dfrac{10}{100}$,又 $P(\overline{A} \mid B) = \dfrac{60}{100}$,$P(\overline{A} \mid \overline{B}) = \dfrac{90}{100}$,所以

$$R = \dfrac{P(A \mid B)}{P(\overline{A} \mid B)} \cdot \dfrac{P(\overline{A} \mid \overline{B})}{P(A \mid \overline{B})} = 6.$$

点评 本题是一道质量很高的试题,以医学研究问背景进行试题的构建,综合考查了独立性检验、条件概率等考点.第(1)问比较平和,容易拿分;第(2)、(3)问考查了高考中比较冷门的条件概率,由于题目涉及的条件概率的式子较为复杂,会给很多考生带来压迫感,加之整套试题难度很大,会给很多考生造成很大的杀伤力.但通过仔细分析试题,发现只要代入相关公式即可获得问题的求解,实际难度并不大.

考题回放

1.(2016 全国Ⅱ卷·理18)某险种的基本保费为 a(单位:元),继续购买该险种的投保人称为续保人,续保人本年度的保费与其上年度的出险次数的关联见表4.5.

表4.5

上年度出险次数	0	1	2	3	4	≥5
保费	0.85a	a	1.25a	1.5a	1.75a	2a

设该险种一续保人一年内出险次数与相应概率见表4.6.

表4.6

一年内出险次数	0	1	2	3	4	≥5
概率	0.30	0.15	0.20	0.20	0.10	0.05

(1)求一续保人本年度的保费高于基本保费的概率;

(2)若一续保人本年度的保费高于基本保费,求其保费比基本保费高出60%的概率;

(3)求续保人本年度的平均保费与基本保费的比值.

2.(2022 新高考全国Ⅱ卷·19)在某地区进行流行病调查,随机调查了100名某种疾病患者的年龄,得到如图4.1所示的样本数据频率分布直方图.

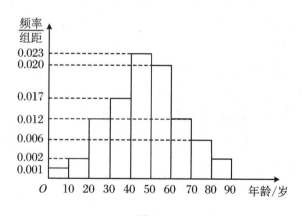

图4.1

(1)估计该地区这种疾病患者的平均年龄(同一组中的数据用该组区间的中点值作代表);

(2)估计该地区一人患这种疾病年龄在区间[20,70)的概率;

(3)已知该地区这种疾病的患病率为 0.1%,该地区年龄位于区间[40,50)的人口占该地区总人口的16%,从该地区任选一人,若此人年龄位于区间[40,50),求此人患该种疾病的概率.(样本数据中的患者年龄位于各区间的频率作为患者年龄位于该区间的概率,精确到0.0001.)

参 考 答 案

1. (1) 设"续保人本年度的保费高于基本保费"为事件 A,则
$$P(A) = 1 - P(\bar{A}) = 1 - (0.30 + 0.15) = 0.55.$$

(2) 设"续保人保费比基本保费高出 60%"为事件 B,则
$$P(B \mid A) = \frac{P(AB)}{P(A)} = \frac{0.10 + 0.05}{0.55} = \frac{3}{11}.$$

(3) 设本年度所交保费为随机变量 X,则其分布列为表 4.7.

表 4.7

X	$0.85a$	a	$1.25a$	$1.5a$	$1.75a$	$2a$
P	0.30	0.15	0.20	0.20	0.10	0.05

因此平均保费为
$$\begin{aligned} E(X) &= 0.85a \times 0.30 + 0.15a + 1.25a \times 0.20 + 1.5a \times 0.20 \\ &\quad + 1.75a \times 0.10 + 2a \times 0.05 \\ &= 0.255a + 0.15a + 0.25a + 0.3a + 0.175a + 0.1a = 1.23a. \end{aligned}$$
故平均保费与基本保费的比值为 1.23.

2. (1) 由题意知,平均年龄为
$$\begin{aligned} \bar{x} &= (5 \times 0.001 + 15 \times 0.002 + 25 \times 0.012 + 35 \times 0.017 + 45 \times 0.023 \\ &\quad + 55 \times 0.020 + 65 \times 0.012 + 75 \times 0.006 + 85 \times 0.002) \times 10 = 44.65(岁). \end{aligned}$$

(2) 设 $A = \{$一人患这种疾病的年龄在区间 $[20,70)\}$,则
$$\begin{aligned} P(A) &= 1 - P(\bar{A}) = 1 - (0.001 + 0.002 + 0.006 + 0.002) \times 10 \\ &= 1 - 0.11 = 0.89. \end{aligned}$$

(3) 设 $B = \{$任选一人年龄位于区间 $[40,50)\}$, $C = \{$任选一人患这种疾病$\}$,则由条件概率公式可得
$$\begin{aligned} P(C \mid B) &= \frac{P(BC)}{P(B)} = \frac{0.1\% \times 0.023 \times 10}{16\%} = \frac{0.001 \times 0.23}{0.16} \\ &= 0.0014375 \approx 0.0014. \end{aligned}$$
故此人患该种疾病的概率为 0.0014.

4.2　随机变量及其分布

知识梳理

1. 随机变量

对于一项随机试验,会有多个可能产生的试验结果,则通过确定一个对应关系,使得每一个试验结果与一个确定的数相对应,在这种对应关系下,数字随着每次试验结果的变化而变化,将这种变化用一个变量进行表示,称这个变量为随机变量.

(1) 事件的量化:将试验中的每个事件用一个数来进行表示,从而用"数"即可表示事件. 例如:在掷硬币的试验中,用 1 表示正面朝上,用 0 表示反面朝上;提到 1,即代表正面向上的事件.将事件量化后,便可进行该试验的数字分析(计算期望与方差),同时也可以简洁地表示事件.

(2) 量化的事件之间通常互为互斥事件.

(3) 随机变量:如果将事件量化后的数构成一个数集,则可将随机变量理解为这个集合的代表元素,它可以取到数集中的每个数,且每取到一个数时,就代表试验的一个结果.例如:在上面掷硬币的试验中,设向上的结果为 ξ,则"$\xi = 1$"代表"正面向上","$\xi = 0$"代表"反面向上".

(4) 随机变量的记法:随机变量通常用 X, Y, ξ, η 等表示.

(5) 随机变量的概率:记 $P(X = x_i)$ 为 X 取 x_i 所代表事件发生的概率.

2. 离散型随机变量

所有取值可以一一列出的随机变量,称为离散型随机变量.

离散型随机变量的取值集合可以是有限集,也可以是无限集.

3. 分布列

一般地,若离散型随机变量 X 可能取得不同值 $x_1, x_2, \cdots, x_i, \cdots, x_n$, X 取每个值 $x_i (i = 1, 2, \cdots, n)$ 的概率 $P(X = x_i) = p_i$ 以表格的形式表示,见表 4.8.

表 4.8

X	x_1	x_2	$\cdots$	x_i	$\cdots$	x_n
P	p_1	p_2	$\cdots$	p_i	$\cdots$	p_n

称上述表格为离散型随机变量 X 的分布列.概率分布列具有的性质如下:

(1) $p_i \geqslant 0 (i = 1, 2, \cdots, n)$.

(2) $p_1 + p_2 + \cdots + p_n = 1$. 此性质的作用为：

① 对于随机变量分布列，概率和为 1，有助于检查所求概率是否正确；

② 若在随机变量取值中有一个复杂情况，可以考虑利用概率和为 1 的特征，先求出其他较为简单情况的概率，再利用间接法求出该复杂情况的概率.

4. 期望

已知离散型随机变量 ξ 的分布列见表 4.9.

表 4.9

ξ	ξ_1	ξ_2	$\cdots$	ξ_i	$\cdots$	ξ_n
P	p_1	p_2	$\cdots$	p_i	$\cdots$	p_n

则称 $p_1\xi_1 + p_2\xi_2 + \cdots + p_n\xi_n$ 的值为 ξ 的期望，记为 $E(\xi)$.

(1) 期望反映了随机变量取值的平均水平，换句话说，就是做了 n 次这样的试验，每次试验随机变量会取一个值（即结果所对应的数），将这些数进行统计，并计算平均数，当 n 足够大时，平均数无限接近一个确定的数，这个数即为该随机变量的期望.

例如：连续投篮 3 次，设投进篮的次数为随机变量 X，那么将这种连续 3 次投篮的试验重复做很多次（比如 10^4 次），统计每次试验中 X 的取值 $X_1, X_2, \cdots, X_{10000}$，则这 10000 个值的代数平均数将十分接近期望 $E(X)$.

(2) 期望的运算法则：若两个随机变量 ξ, η 存在线性对应关系 $\xi = a\eta + b$，则

$$E(\xi) = E(a\eta + b) = aE(\eta) + b.$$

① $\xi = a\eta + b$ 是指随机变量取值存在对应关系，且具备对应关系的一组 (η, ξ) 代表事件的概率相同. 若 η 的分布列见表 4.10，则 $\xi = a\eta + b$ 的分布列见表 4.11.

表 4.10

η	η_1	η_2	$\cdots$	η_n
P	p_1	p_2	$\cdots$	p_n

表 4.11

ξ	$a\eta_1 + b$	$a\eta_2 + b$	$\cdots$	$a\eta_n + b$
P	p_1	p_2	$\cdots$	p_n

② 上述公式体现出通过随机变量的线性关系，可得期望之间的联系. 在某些直接求期望的题目中，若所求期望的随机变量不符合特殊分布，但与一个特殊分布的随机变量间存在这样的关系，那么在计算期望时，便可借助这个特殊分布的随机变量计算出期望.

5. 方差

已知离散型随机变量 ξ 的分布列见表 4.12，且记随机变量 ξ 的期望为 $E(\xi)$，用 $D(\xi)$ 表

示 ξ 的方差,则

$$D(\xi) = p_1 (\xi_1 - E(\xi))^2 + p_2 (\xi_2 - E(\xi))^2 + \cdots + p_n (\xi_n - E(\xi))^2.$$

表 4.12

ξ	ξ_1	ξ_2	$\cdots$	ξ_i	$\cdots$	ξ_n
P	p_1	p_2	$\cdots$	p_i	$\cdots$	p_n

(1) 方差体现了随机变量取值的分散程度.与期望的理解类似,是指做了 n 次这样的试验,每次试验随机变量会取一个值(即结果所对应的数),将这些数进行统计,方差大说明这些数分布得比较分散,方差小说明这些数分布得较为集中(集中在期望值周围).

(2) 在计算方差时,除了可以利用定义式,还可以用以下等式进行计算:设随机变量为 ξ,则

$$D(\xi) = E(\xi^2) - (E(\xi))^2.$$

(3) 方差的运算法则:若两个随机变量 ξ, η 存在线性对应关系 $\xi = a\eta + b$,则

$$D(\xi) = D(a\eta + b) = a^2 D(\eta).$$

例题精讲

例 2 (2019 浙江卷·7)　设 $0 < a < 1$,随机变量 X 的分布列见表 4.13 所示.

表 4.13

X	0	a	1
P	$\dfrac{1}{3}$	$\dfrac{1}{3}$	$\dfrac{1}{3}$

则当 a 在 $(0,1)$ 内增大时,(　　).

A. $D(X)$ 增大　　　　　　　　　B. $D(X)$ 减小

C. $D(X)$ 先增大后减小　　　　D. $D(X)$ 先减小后增大

解析　(解法 1)由随机变量 X 的分布列,得

$$E(X) = 0 \times \frac{1}{3} + a \times \frac{1}{3} + 1 \times \frac{1}{3} = \frac{a+1}{3},$$

$$D(X) = \left(0 - \frac{a+1}{3}\right)^2 \times \frac{1}{3} + \left(a - \frac{a+1}{3}\right)^2 \times \frac{1}{3} + \left(1 - \frac{a+1}{3}\right)^2 \times \frac{1}{3}$$

$$= \frac{2}{9}(a^2 - a + 1) = \frac{2}{9}\left(a - \frac{1}{2}\right)^2 + \frac{1}{6}.$$

所以当 a 在 $(0,1)$ 内增大时,$D(X)$ 先减小后增大.故选项 D 正确.

(解法 2)由随机变量 X 的分布列,得

$$E(X) = 0 \times \frac{1}{3} + a \times \frac{1}{3} + 1 \times \frac{1}{3} = \frac{a+1}{3}.$$

因为变量 X 是离散型随机变量,所以变量 X^2 也是离散型随机变量.随机变量 X^2 的分布列见表 4.14.

表 4.14

X^2	0	a^2	1
P	$\frac{1}{3}$	$\frac{1}{3}$	$\frac{1}{3}$

因此

$$E(X^2) = 0 \times \frac{1}{3} + a^2 \times \frac{1}{3} + 1 \times \frac{1}{3} = \frac{a^2+1}{3}.$$

则由随机变量 X 的性质可知

$$D(X) = E(X^2) - (E(X))^2 = \frac{a^2+1}{3} - \left(\frac{a+1}{3}\right)^2$$

$$= \frac{2}{9}(a^2 - a + 1) = \frac{2}{9}\left(a - \frac{1}{2}\right)^2 + \frac{1}{6}.$$

所以当 a 在 $(0,1)$ 内增大时,$D(X)$ 先减小后增大. 故选项 D 正确.

点评 本题的解法 1 是利用方差的常用公式进行解答的,较容易想到,但是运算量较大;解法 2 则借助方差的一个重要性质优化了运算,提高了解题效率,这是一个很多人不甚了解的公式,读者可自行加以证明,以提高自己的解题能力与水平.

变式 1(2018 浙江卷·7) 设 $0 < p < 1$,随机变量 ξ 的分布列见表 4.15.

表 4.15

ξ	0	1	2
P	$\frac{1-p}{2}$	$\frac{1}{2}$	$\frac{p}{2}$

则当 p 在 $(0,1)$ 内增大时,( ).

A. $D(\xi)$ 减小

B. $D(\xi)$ 增大

C. $D(\xi)$ 先减小后增大

D. $D(\xi)$ 先增大后减小

解析 因为 $E(\xi) = 0 \times \frac{1-p}{2} + 1 \times \frac{1}{2} + 2 \times \frac{p}{2} = p + \frac{1}{2}$,所以

$$D(\xi) = \frac{1-p}{2}\left(p + \frac{1}{2}\right)^2 + \frac{1}{2}\left(\frac{1}{2} - p\right)^2 + \frac{p}{2}\left(\frac{3}{2} - p\right)^2$$

$$= -p^2 + p + \frac{1}{4} = -\left(p - \frac{1}{2}\right)^2 + \frac{1}{2}.$$

于是可知 $D(\xi)$ 是关于 p 的二次函数,对称轴为 $p=\dfrac{1}{2}$.因此当 p 在 $(0,1)$ 上增大时, $D(\xi)$ 先增大再减小.故选项 D 正确.

点评　本题与上一题几乎是一模一样的试题,只是数据略有不同,这体现出高考试题的延续性.除了本题给出的解法,读者也可以独立利用方差的性质 $D(\xi)=E(\xi^2)-(E(\xi))^2$ 加以求解,以提高自己的解题能力.

变式 2(2017 浙江卷·8)　已知随机变量 ξ_i 满足 $P(\xi_i=1)=p_i$, $P(\xi_i=0)=1-p_i(i=1,2)$.若 $0<p_1<p_2<\dfrac{1}{2}$,则(　　).

A. $E(\xi_1)<E(\xi_2)$, $D(\xi_1)<D(\xi_2)$ 　　B. $E(\xi_1)<E(\xi_2)$, $D(\xi_1)>D(\xi_2)$

C. $E(\xi_1)>E(\xi_2)$, $D(\xi_1)<D(\xi_2)$ 　　D. $E(\xi_1)>E(\xi_2)$, $D(\xi_1)>D(\xi_2)$

解析　因为 $E(\xi_1)=p_1$, $E(\xi_2)=p_2$,所以 $E(\xi_1)<E(\xi_2)$.

又因为 $D(\xi_1)=p_1(1-p_1)$, $D(\xi_2)=p_2(1-p_2)$,所以

$$D(\xi_1)-D(\xi_2)=(p_1-p_2)(1-p_1-p_2)<0.$$

因此 $D(\xi_1)<D(\xi_2)$.故选项 A 正确.

点评　本题考查了概率分布背景下的数的比较大小问题,可以使用作差法进行比较,难度适中.熟练掌握数学期望与方差的公式是解决本题的关键.

变式 3(2022 浙江卷·15)　现有 7 张卡片,分别写上数字 1,2,2,3,4,5,6.从这 7 张卡片中随机抽取 3 张,记所抽取卡片上数字的最小值为 ξ,则 $P(\xi=2)=$ _____, $E(\xi)=$ _____.

解析　从写有数字 1,2,2,3,4,5,6 的 7 张卡片中任取 3 张,共有 C_7^3 种取法,其中所抽取的卡片上的数字的最小值为 2 的取法有 $C_4^1+C_2^1C_4^2$ 种,所以

$$P(\xi=2)=\frac{C_4^1+C_2^1C_4^2}{C_7^3}=\frac{16}{35}.$$

由已知可得 ξ 的取值有 1,2,3,4,且

$$P(\xi=1)=\frac{C_6^2}{C_7^3}=\frac{15}{35},\quad P(\xi=2)=\frac{16}{35},$$

$$P(\xi=3)=\frac{C_3^2}{C_7^3}=\frac{3}{35},\quad P(\xi=4)=\frac{1}{C_7^3}=\frac{1}{35},$$

所以

$$E(\xi)=1\times\frac{15}{35}+2\times\frac{16}{35}+3\times\frac{3}{35}+4\times\frac{1}{35}=\frac{12}{7}.$$

点评　本题中每个 ξ 的取值的概率均是一个古典概型问题,由条件求得 ξ 分布列之后,即可由数学期望公式求出其数学期望.本题是一道难度适中的比较温和的试题.

例3　(2013 辽宁卷·理 19)　现有 10 道题,其中 6 道甲类题,4 道乙类题,张同学从

中任取 3 道题解答.

(1) 求张同学至少取到 1 道乙类题的概率;

(2) 已知所取的 3 道题中有 2 道甲类题,1 道乙类题.设张同学答对每道甲类题的概率都是 $\frac{3}{5}$,答对每道乙类题的概率都是 $\frac{4}{5}$,且各题答对与否相互独立.用 X 表示张同学答对题的个数,求 X 的分布列和数学期望.

解析 (1) 设事件 A 表示"张同学所取的 3 道题至少有 1 道乙类题",则 $\overline{A}$ 表示"张同学所取的 3 道题都是甲类题".因为 $P(\overline{A}) = \dfrac{C_6^3}{C_{10}^3} = \dfrac{1}{6}$,所以 $P(A) = 1 - P(\overline{A}) = \dfrac{5}{6}$.

(2) X 所有的可能取值为 $0,1,2,3$.则

$$P(X = 0) = C_2^0 \times \left(\frac{3}{5}\right)^0 \times \left(\frac{2}{5}\right)^2 \times \frac{1}{5} = \frac{4}{125},$$

$$P(X = 1) = C_2^1 \times \left(\frac{3}{5}\right)^1 \times \left(\frac{2}{5}\right)^1 \times \frac{1}{5} + C_2^0 \times \left(\frac{3}{5}\right)^0 \times \left(\frac{2}{5}\right)^2 \times \frac{4}{5} = \frac{28}{125},$$

$$P(X = 2) = C_2^2 \times \left(\frac{3}{5}\right)^2 \times \left(\frac{2}{5}\right)^0 \times \frac{1}{5} + C_2^1 \times \left(\frac{3}{5}\right)^1 \times \left(\frac{2}{5}\right)^1 \times \frac{4}{5} = \frac{57}{125},$$

$$P(X = 3) = C_2^2 \times \left(\frac{3}{5}\right)^2 \times \left(\frac{2}{5}\right)^0 \times \frac{4}{5} = \frac{36}{125}.$$

因此 X 的分布列见表 4.16.

表 4.16

X	0	1	2	3
P	$\frac{4}{125}$	$\frac{28}{125}$	$\frac{57}{125}$	$\frac{36}{125}$

所以 X 的数学期望为

$$E(X) = 0 \times \frac{4}{125} + 1 \times \frac{28}{125} + 2 \times \frac{57}{125} + 3 \times \frac{36}{125} = 2.$$

点评 本题第(1)问考查了常见的古典概型问题,通过组合数公式即可获得问题的求解;第(2)问以答题为背景进行试题的构建,是一种常见的命题方法.本题对随机变量 X 的理解较为容易,每个随机变量取值的概率的计算要确定每类试题答对的个数,同类试题也要确定哪道试题是否答对,这对概率的计算极为重要,否则会造成严重的错误.

变式 1(2012 安徽卷·理 17) 某单位招聘面试,每次从试题库中随机调用一道试题,若调用的是 A 类型试题,则使用后该试题回库,并增补一道 A 类型试题和一道 B 类型试题入库,此次调题工作结束;若调用的是 B 类型试题,则使用后该试题回库,此次调题工作结束.试题库中现共有 $n + m$ 道试题,其中有 n 道 A 类型试题和 m 道 B 类型试题,以 X 表示两次调题工作完成后,试题库中 A 类型试题的数量.

(1) 求 $X = n + 2$ 的概率;

(2) 设 $m = n$,求 X 的分布列和均值(数学期望).

解析 (1) $X = n + 2$ 表示两次调题均为 A 类型试题,概率为 $\dfrac{n}{m+n} \times \dfrac{n+1}{m+n+2} = \dfrac{n(n+1)}{(m+n)(m+n+2)}$.

(2) 当 $m = n$ 时,每次调用的是 A 类型试题的概率为 $p = \dfrac{1}{2}$. 随机变量 X 可取 n,$n+1$,$n+2$,所以

$$P(X = n) = (1-p)^2 = \frac{1}{4}, \quad P(X = n+1) = 2p(1-p) = \frac{1}{2},$$

$$P(X = n+2) = p^2 = \frac{1}{4}.$$

因此 X 的分布列见表 4.17.

表 4.17

X	n	$n+1$	$n+2$
P	$\dfrac{1}{4}$	$\dfrac{1}{2}$	$\dfrac{1}{4}$

故 X 的数学期望为

$$E(X) = n \times \frac{1}{4} + (n+1) \times \frac{1}{2} + (n+2) \times \frac{1}{4} = n + 1.$$

点评 本题以招聘面试的试题调用为背景进行试题的构建,情景熟悉,易于考生尽快切入主题,但由于试题的数量并不是具体的数值,而是用字母表示的,虽然涉及的概率计算与具体的数值的概率计算差别不大,但还是会对不少考生造成较大的干扰. 从引入字母表示这方面来说,本题具有一定的创新性.

例 4 (2021 北京卷·18) 为加快新冠肺炎检测效率,某检测机构采取"k 合 1 检测法",即将 k 个人的拭子样本合并检测,若为阴性,则可以确定所有样本都是阴性的;若为阳性,则还需要对本组的每个人再做检测. 现有 100 人,已知其中 2 人感染病毒.

(1) ① 若采用"10 合 1 检测法",且两名患者在同一组,求总检测次数;

② 已知 10 人分成一组,分 10 组,两名感染患者在同一组的概率为 $\dfrac{1}{11}$,求检测次数 X 的分布列和数学期望 $E(X)$;

(2) 若采用"5 合 1 检测法",检测次数 Y 的期望为 $E(Y)$,试比较 $E(X)$ 和 $E(Y)$ 的大小(直接写出结果).

解析 (1) ① 对每组进行检测,需要 10 次;再对结果为阳性的组中的每个人进行检

测,需要 10 次;所以总检测次数为 20 次.

② 由题意,两名患者在同一组需检测 20 次,不在同一组需检测 30 次,所以 X 可能取 20,30.因此

$$P(X = 20) = \frac{1}{11}, \quad P(X = 30) = 1 - \frac{1}{11} = \frac{10}{11}.$$

则 X 的分布列见表 4.18.

表 4.18

X	20	30
P	$\frac{1}{11}$	$\frac{10}{11}$

所以 X 的数学期望为

$$E(X) = 20 \times \frac{1}{11} + 30 \times \frac{10}{11} = \frac{320}{11}.$$

(2) 由题意,两名患者在同一组需检测 25 次,不在同一组需检测 30 次,因此 Y 可能取 25,30.于是两名感染者在同一组的概率为 $P_1 = \frac{C_{20}^1 C_2^2 C_{98}^3}{C_{100}^5} = \frac{4}{99}$,不在同一组的概率为 $\overline{P_1} = \frac{95}{99}$.则

$$E(Y) = 25 \times \frac{4}{99} + 30 \times \frac{95}{99} = \frac{2950}{99} > E(X).$$

点评 本题以新冠肺炎检测效率为背景进行试题的构建,这也是近期非常热门的一种概率试题的命制方式,在全国各地的模拟试题中屡屡出现,值得考生认真关注.第(1)问的第①小问虽然较为简单,但也为考生对题意的准确理解创造了条件,体现了高考的人性化关怀;第②小问在理解了检测方法的题意的基础上显得比较明朗,考生也就不易做错.第(2)问由于每组人数的改变,概率的计算也相应地增加了难度,体现了高考的选拔功能.

例5 (2013 天津卷·理16) 一个盒子里装有 7 张卡片,其中红色卡片有 4 张,编号分别为 1,2,3,4;白色卡片有 3 张,编号分别为 2,3,4,从盒子中任取 4 张卡片(假设取到任何一张卡片的可能性相同).

(1) 求取出的 4 张卡片中,含有编号为 3 的卡片的概率;

(2) 在取出的 4 张卡片中,红色卡片编号的最大值设为 X,求随机变量 X 的分布列和数学期望.

解析 (1)(解法1)设"取出的 4 张卡片中,含有编号为 3 的卡片"为事件 A,则

$$P(A) = \frac{C_2^1 C_5^3 + C_2^2 C_5^2}{C_7^4} = \frac{6}{7}.$$

所以"取出的 4 张卡片中,含有编号为 3 的卡片"的概率为 $\dfrac{6}{7}$.

(解法2)设"取出的 4 张卡片中,含有编号为 3 的卡片"为事件 A,则

$$P(A) = 1 - P(\bar{A}) = 1 - \frac{C_5^4}{C_7^4} = \frac{6}{7}.$$

所以"取出 4 张卡片中,含有编号为 3 的卡片"的概率为 $\dfrac{6}{7}$.

(2) 随机变量 X 的所有可能值为 $1,2,3,4$.则

$$P(X=1) = \frac{C_3^3}{C_7^4} = \frac{1}{35}, \quad P(X=2) = \frac{C_4^3}{C_7^4} = \frac{4}{35},$$

$$P(X=3) = \frac{C_5^3}{C_7^4} = \frac{2}{7}, \quad P(X=4) = \frac{C_6^3}{C_7^4} = \frac{4}{7}.$$

所以随机变量 X 的分布列见表 4.19.

表 4.19

X	1	2	3	4
P	$\dfrac{1}{35}$	$\dfrac{4}{35}$	$\dfrac{2}{7}$	$\dfrac{4}{7}$

故随机变量 X 的数学期望为

$$E(X) = 1 \times \frac{1}{35} + 2 \times \frac{4}{35} + 3 \times \frac{2}{7} + 4 \times \frac{4}{7} = \frac{17}{5}.$$

点评 本题以抽取卡片这一大家熟悉的场景进行试题的构建,贴近生活,为考生良好的发挥创造了条件.第(1)问的解法 1 使用了直接法,解法 2 使用了间接法,都较为容易理解.第(2)问对随机变量的准确理解是解题最关键的地方,只要能准确理解随机变量的取值意义,本题就能够较为容易地求解出来.读者还可以进行试题的变式思考.如果随机变量改为所有卡片编号的最大值,试题该如何解答?如果题意中的最大值改为最小值,又应该如何解答呢?这些都是各类试题中常见的变式,值得大家举一反三.

变式 1(2009 湖北卷·理 17) 一个盒子里装有 4 张大小形状完全相同的卡片,分别标有数 2,3,4,5;另一个盒子也装有 4 张大小形状完全相同的卡片,分别标有数 3,4,5,6.现从一个盒子中任取一张卡片,其上面的数记为 x;再从另一盒里任取一张卡片,其上面的数记为 y,记随机变量 $\eta = x + y$,求 η 的分布列和数学期望.

解析 依题意,可分别取 $\eta = 5,6,\cdots,11$,则有

$$P(\eta=5) = \frac{1}{4 \times 4} = \frac{1}{16}, \quad P(\eta=6) = \frac{2}{16}, \quad P(\eta=7) = \frac{3}{16},$$

$$P(\eta=8) = \frac{4}{16}, \quad P(\eta=9) = \frac{3}{16}, \quad P(\eta=10) = \frac{2}{16}, \quad P(\eta=11) = \frac{1}{16}.$$

因此 η 的分布列见表 4.20.

表 4.20

η	5	6	7	8	9	10	11
P	$\frac{1}{16}$	$\frac{2}{16}$	$\frac{3}{16}$	$\frac{4}{16}$	$\frac{3}{16}$	$\frac{2}{16}$	$\frac{1}{16}$

故 η 的数学期望为

$$E(\eta) = 5 \times \frac{1}{16} + 6 \times \frac{2}{16} + 7 \times \frac{3}{16} + 8 \times \frac{4}{16} + 9 \times \frac{3}{16} + 10 \times \frac{2}{16} + 11 \times \frac{1}{16} = 8.$$

点评 本题与上一试题的情景是一样的,难度不大.本题虽然随机变量的取值较多,但由于每个取值的概率的计算都十分直接,无需更多的技巧即可求出最终的结果.

变式 2(2005 江西卷・理 19) A、B 两位同学各有 5 张卡片,现以投掷均匀硬币的形式进行游戏,当出现正面朝上时 A 赢得 B 一张卡片,否则 B 赢得 A 一张卡片.规定掷硬币的次数达 9 次时,或在此前某人已赢得所有卡片时游戏终止.设 ξ 表示游戏终止时掷硬币的次数.

(1) 求 ξ 的取值范围;

(2) 求 ξ 的数学期望 $E(\xi)$.

解析 (1) 设正面出现的次数为 m,反面出现的次数为 n,则 $\begin{cases} |m-n| = 5, \\ m+n = \xi, \\ 1 \leqslant \xi \leqslant 9, \end{cases}$ 由此可得:

当 $m=5, n=0$ 或 $m=0, n=5$ 时,$\xi=5$;

当 $m=6, n=1$ 或 $m=1, n=6$ 时,$\xi=7$;

当 $m=7, n=2$ 或 $m=2, n=7$ 时,$\xi=9$.

所以 ξ 的取值范围为 $\{5,7,9\}$.

(2) 由题意及(1)知

$$P(\xi = 5) = 2 \times \left(\frac{1}{2}\right)^5 = \frac{2}{32} = \frac{1}{16},$$

$$P(\xi = 7) = 2 \times C_5^1 \times \left(\frac{1}{2}\right)^7 = \frac{5}{64},$$

$$P(\xi = 9) = 1 - \frac{1}{16} - \frac{5}{64} = \frac{55}{64}.$$

所以 ξ 的分布列见表 4.21.

表 4.21

ξ	5	7	9
P	$\frac{1}{16}$	$\frac{5}{64}$	$\frac{55}{64}$

故 ξ 的数学期望为

$$E(\xi) = 5 \times \frac{1}{16} + 7 \times \frac{5}{64} + 9 \times \frac{55}{64} = \frac{275}{32}.$$

点评　本题虽然命题的背景大家较为熟悉,但问题的设问具有较强的创新性,第(1)问的引入为第(2)问的解答奠定了坚实的基础,如果没有第(1)问的提示,可能对很多考生带来很大的影响.第(1)问可先通过设正面出现的次数为 m,反面出现的次数为 n,然后通过列出相关方程与不等式进行限制随机变量的取值,这也是解答本题最重要、最为关键的一环.第(2)问在第(1)问的基础上,就显得中规中矩,这也是高考试题命制的高明之处,否则会降低试题的区分度,从而导致命题的失败.在第(2)问的概率分布列的解答中,求出 $P(\xi=5)$ 与 $P(\xi=7)$ 后,可利用分布列的性质求出 $P(\xi=9)$.这是求解分布列的一大常见策略.

例6　(2008 福建卷·理20)　某项考试按科目 A、科目 B 依次进行,只有当科目 A 成绩合格时,才可继续参加科目 B 的考试.已知每个科目只允许有一次补考机会,两个科目成绩均合格方可获得证书.现某人参加这项考试,科目 A 每次考试成绩合格的概率均为 $\frac{2}{3}$,科目 B 每次考试成绩合格的概率均为 $\frac{1}{2}$.假设各次考试成绩合格与否均互不影响.

(1) 求他不需要补考就可获得证书的概率;

(2) 在这项考试过程中,假设他不放弃所有的考试机会,记他参加考试的次数为 ξ,求 ξ 的数学期望 $E(\xi)$.

解析　设"科目 A 第一次考试合格"为事件 A_1,"科目 A 补考合格"为事件 A_2;"科目 B 第一次考试合格"为事件 B_1,"科目 B 补考合格"为事件 B_2.

(1) 不需要补考就获得证书的事件为 $A_1 \cdot B_1$,注意到 A_1 与 B_1 相互独立,则

$$P(A_1 \cdot B_1) = P(A_1)P(B_1) = \frac{2}{3} \times \frac{1}{2} = \frac{1}{3}.$$

故该考生不需要补考就获得证书的概率为 $\frac{1}{3}$.

(2) 由已知得 $\xi = 2,3,4$,注意到各事件之间的独立性与互斥性,可得

$$P(\xi = 2) = P(A_1 B_1) + P(\overline{A_1}\ \overline{A_2})$$

$$= \frac{2}{3} \times \frac{1}{2} + \frac{1}{3} \times \frac{1}{3} = \frac{1}{3} + \frac{1}{9} = \frac{4}{9}.$$

$$P(\xi = 3) = P(A_1 \overline{B_1} B_2) + P(A_1 \overline{B_1}\ \overline{B_2}) + P(\overline{A_1} A_2 B_2)$$

$$= \frac{2}{3} \times \frac{1}{2} \times \frac{1}{2} + \frac{2}{3} \times \frac{1}{2} \times \frac{1}{2} + \frac{1}{3} \times \frac{2}{3} \times \frac{1}{2} = \frac{1}{6} + \frac{1}{6} + \frac{1}{9} = \frac{4}{9},$$

$$P(\xi = 4) = P(\overline{A_1} A_2 \overline{B_1} B_2) + P(\overline{A_1} A_2 \overline{B_1}\ \overline{B_2})$$

$$= \frac{1}{3} \times \frac{2}{3} \times \frac{1}{2} \times \frac{1}{2} + \frac{1}{3} \times \frac{2}{3} \times \frac{1}{2} \times \frac{1}{2} = \frac{1}{18} + \frac{1}{18} = \frac{1}{9},$$

故 $E(\xi) = 2 \times \dfrac{4}{9} + 3 \times \dfrac{4}{9} + 4 \times \dfrac{1}{9} = \dfrac{8}{3}$. 因此该考生参加考试次数的数学期望为 $\dfrac{8}{3}$.

点评 本题以考试为背景进行试题的构建, 考生对题意的理解应该不存在任何障碍; 考查了事件的相互独立性、事件的互斥性、概率的计算、数学期望等考点, 是一道典型的概率综合试题. 第(1)问较为直接, 直接利用独立事件的概率公式计算即可, 且此问只有一种情形, 是较为基础的一个问题; 第(2)问则具有较强的灵活性, 注意每项考试的次数的取值均可分为能获得证书与不能获得证书两种情形, 每种情形有可能还要再进一步细细区分不同的情形, 对考生分析问题与解决问题的能力提出了较高的要求.

变式 1(2008 湖南卷・理 16) 甲、乙、丙三人参加了一家公司的招聘面试, 面试合格者可正式签约. 甲表示只要面试合格就签约. 乙、丙则约定: 两人面试都合格就一同签约, 否则两人都不签约. 设每人面试合格的概率都是 $\dfrac{1}{2}$, 且面试是否合格互不影响. 求:

(1) 至少有 1 人面试合格的概率;

(2) 签约人数 ξ 的分布列和数学期望.

解析 用 A, B, C 分别表示事件甲、乙、丙面试合格. 由题意知 A, B, C 相互独立, 且

$$P(A) = P(B) = P(C) = \dfrac{1}{2}.$$

(1) 至少有 1 人面试合格的概率是

$$1 - P(\overline{A}\,\overline{B}\,\overline{C}) = 1 - P(\overline{A})P(\overline{B})P(\overline{C}) = 1 - \left(\dfrac{1}{2}\right)^3 = \dfrac{7}{8}.$$

(2) ξ 的可能取值为 $0, 1, 2, 3$. 则

$$
\begin{aligned}
P(\xi = 0) &= P(\overline{A}\,\overline{B}C) + P(\overline{A}B\overline{C}) + P(\overline{A}\,\overline{B}\,\overline{C}) \\
&= P(\overline{A})P(B)P(\overline{C}) + P(\overline{A})P(\overline{B})P(C) + P(\overline{A})P(\overline{B})P(\overline{C}) \\
&= \left(\dfrac{1}{2}\right)^3 + \left(\dfrac{1}{2}\right)^2 + \left(\dfrac{1}{2}\right)^3 = \dfrac{3}{8},
\end{aligned}
$$

$$
\begin{aligned}
P(\xi = 1) &= P(A\overline{B}C) + P(AB\overline{C}) + P(A\overline{B}\,\overline{C}) \\
&= P(A)P(\overline{B})P(C) + P(A)P(B)P(\overline{C}) + P(A)P(\overline{B})P(\overline{C}) \\
&= \left(\dfrac{1}{2}\right)^3 + \left(\dfrac{1}{2}\right)^3 + \left(\dfrac{1}{2}\right)^3 = \dfrac{3}{8},
\end{aligned}
$$

$$P(\xi = 2) = P(\overline{A}BC) = P(\overline{A})P(B)P(C) = \dfrac{1}{8},$$

$$P(\xi = 3) = P(ABC) = P(A)P(B)P(C) = \dfrac{1}{8}.$$

所以 ξ 的分布列见表 4.22.

表 4.22

ξ	0	1	2	3
P	$\dfrac{3}{8}$	$\dfrac{3}{8}$	$\dfrac{1}{8}$	$\dfrac{1}{8}$

故 ξ 的数学期望为

$$E(\xi) = 0 \times \frac{3}{8} + 1 \times \frac{3}{8} + 2 \times \frac{1}{8} + 3 \times \frac{1}{8} = 1.$$

点评　本题以公司的招聘面试为背景进行试题的构建,富有生活气息,也是概率统计试题命制的一大题材,值得大家特别关注.第(1)问直接计算所求随机事件的概率的情况较多,故可考虑使用间接法,读者也可以思考尝试用直接法进行求解;第(2)问由于乙、丙的签约具有一定的关联性,导致试题的难度增大,也是本题的一大创新之处,值得细细品味.

变式 2(2007 陕西卷·理 18)　某项选拔共有三轮考核,每轮设有一个问题,能正确回答问题者进入下一轮考核,否则即被淘汰.已知某选手能正确回答第一、二、三轮的问题的概率分别为 $\dfrac{4}{5}, \dfrac{3}{5}, \dfrac{2}{5}$,且各轮问题能否正确回答互不影响.

(1) 求该选手被淘汰的概率;

(2) 该选手在选拔中回答问题的个数记为 ξ,求随机变量 ξ 的分布列与数学期望.

(注:本小题结果可用分数表示)

解析　(解法 1)(1) 记"该选手能正确回答第 i 轮的问题"的事件为 $A_i(i=1,2,3)$,则 $P(A_1) = \dfrac{4}{5}, P(A_2) = \dfrac{3}{5}, P(A_3) = \dfrac{2}{5}$.于是该选手被淘汰的概率为

$$P = P(\overline{A_1} + A_1\overline{A_2} + A_2A_2\overline{A_3})$$
$$= P(\overline{A_1}) + P(A_1)P(\overline{A_2}) + P(A_1)P(A_2)P(\overline{A_3})$$
$$= \frac{1}{5} + \frac{4}{5} \times \frac{2}{5} + \frac{4}{5} \times \frac{3}{5} \times \frac{3}{5} = \frac{101}{125}.$$

(解法 2)记"该选手能正确回答第 i 轮的问题"的事件为 $A_i(i=1,2,3)$,则 $P(A_1) = \dfrac{4}{5}, P(A_2) = \dfrac{3}{5}, P(A_3) = \dfrac{2}{5}$.于是该选手被淘汰的概率为

$$P = 1 - P(A_1A_2A_3) = 1 - P(A_1)P(A_2)P(A_3)$$
$$= 1 - \frac{4}{5} \times \frac{3}{5} \times \frac{2}{5} = \frac{101}{125}.$$

(2) ξ 的可能值为 1,2,3.则

$$P(\xi = 1) = P(\overline{A_1}) = \frac{1}{5},$$

$$P(\xi = 2) = P(A_1\overline{A_2}) = P(A_1)P(\overline{A_2}) = \frac{4}{5} \times \frac{2}{5} = \frac{8}{25},$$

$$P(\xi = 3) = P(A_1 A_2) = P(A_1)P(A_2) = \frac{4}{5} \times \frac{3}{5} = \frac{12}{25}.$$

所以 ξ 的分布列见表 4.23.

表 4.23

ξ	1	2	3
P	$\frac{1}{5}$	$\frac{8}{25}$	$\frac{12}{25}$

故 ξ 的数学期望为

$$E(\xi) = 1 \times \frac{1}{5} + 2 \times \frac{8}{25} + 3 \times \frac{12}{25} = \frac{57}{25}.$$

点评 本题与上一道试题的命制方式一样，第(1)问显然使用间接法更为简单；第(2)问要注意回答问题的个数是不确定的，并不是固定的3个，如果考生没有准确理解随机变量的意义，就会造成非常巨大的错误. 在求解 $P(\xi=3)$ 时要注意该选手前两个问题回答正确，第三个问题正确与否均是可以的，因为此时已经回答了3个问题，这是本道试题的一个陷阱，读者需特别引起注意. 当然，利用分布列的性质 $P(\xi=3)=1-P(\xi=1)-P(\xi=2)$ 进行解答也是可以的.

例7 (2007 安徽卷·理20) 在医学生物学试验中，经常以果蝇作为试验对象. 一个关有6只果蝇的笼子里，不慎混入了两只苍蝇(此时笼内共有8只蝇子，6只果蝇和2只苍蝇)，只好把笼子打开一个小孔，让蝇子一只一只地往外飞，直到两只苍蝇都飞出，再关闭小孔. 以 ξ 表示笼内还剩下的果蝇的只数.

(1) 写出 ξ 的分布列(不要求写出计算过程)；

(2) 求数学期望 $E(\xi)$；

(3) 求概率 $P(\xi \geqslant E(\xi))$.

解析 (1) ξ 的分布列见表 4.24.

表 4.24

ξ	0	1	2	3	4	5	6
P	$\frac{7}{28}$	$\frac{6}{28}$	$\frac{5}{28}$	$\frac{4}{28}$	$\frac{3}{28}$	$\frac{2}{28}$	$\frac{1}{28}$

(2) 数学期望 $E(\xi)$ 为

$$E(\xi) = \frac{2}{28} \times (1 \times 6 + 2 \times 5 + 3 \times 4) = 2.$$

(3) 所求的概率 P 为

$$P(\xi \geqslant E(\xi)) = P(\xi \geqslant 2) = \frac{5+4+3+2+1}{28} = \frac{15}{28}.$$

点评　本题的第(1)问是解决后面两问的基础,只要第(1)问做对了,后面的反而更加容易,这在高考试题中是较少出现的,因为第(2)问只需直接使用数学期望的公式即可获得求解,第(3)问只需借助分布列的简单性质即可获得求解,难度都不大.本题的第(1)问反而是最难的,不仅仅随机变量的取值较多,且有些取值的概率的计算较为灵活,需要细致地分析整个问题发生的过程,是一道难度较大的概率试题.

例 8　(2008 北京卷·理 18)　甲、乙等 5 名奥运志愿者被随机地分到 A,B,C,D 四个不同的岗位服务,每个岗位至少有 1 名志愿者.

(1) 求甲、乙两人同时参加 A 岗位服务的概率;

(2) 求甲、乙两人不在同一个岗位服务的概率;

(3) 设随机变量 ξ 为这 5 名志愿者中参加 A 岗位服务的人数,求 ξ 的分布列.

解析　(1) 记"甲、乙两人同时参加 A 岗位服务"为事件 E_A,那么 $P(E_A) = \dfrac{A_3^3}{C_5^2 A_4^4} = \dfrac{1}{40}$,即甲、乙两人同时参加 A 岗位服务的概率是 $\dfrac{1}{40}$.

(2) 记"甲、乙两人同时参加同一岗位服务"为事件 E,那么 $P(E) = \dfrac{A_4^4}{C_5^2 A_4^4} = \dfrac{1}{10}$.所以甲、乙两人不在同一岗位服务的概率是

$$P(\overline{E}) = 1 - P(E) = \frac{9}{10}.$$

(3) 随机变量 ξ 可能取的值为 1,2.事件"$\xi = 2$"是指有两人同时参加 A 岗位服务,则 $P(\xi = 2) = \dfrac{C_5^2 A_3^3}{C_5^3 A_4^4} = \dfrac{1}{4}$.所以 $P(\xi = 1) = 1 - P(\xi = 2) = \dfrac{3}{4}$.因此 ξ 的分布列见表 4.25.

表 4.25

ξ	1	2
P	$\dfrac{3}{4}$	$\dfrac{1}{4}$

点评　本题是一道经典的与分配有关的概率问题,第(1)问如何合理使用排列组合的知识是解题的关键,也是难点所在;第(2)问则再次利用了间接法进行解答,从中我们可以又一次感受到这种方法的重要性.第(3)问虽然随机变量的取值只有两个,但由于两个取值的概率的求解都有一定的困难,通过比较发现,$P(\xi = 1)$ 的计算更为复杂,故可以先计算 $P(\xi = 2)$ 的值,再利用分布列的性质得到 $P(\xi = 1) = 1 - P(\xi = 2)$.本题是一道与排列组合结合地比较好的概率试题,值得大家细细品味.

例9 (20012 湖南卷·理17) 某超市为了解顾客的购物量及结算时间等信息,安排一名员工随机收集了在该超市购物的100位顾客的相关数据,见表4.26.

表4.26

一次购物量	1至4件	5至8件	9至12件	13至16件	17件及以上
顾客数(人)	x	30	25	y	10
结算时间(分钟/人)	1	1.5	2	2.5	3

已知这100位顾客中一次购物量超过8件的顾客占55%.

(1) 确定 x,y 的值,并求顾客一次购物的结算时间 X 的分布列与数学期望;

(2) 若某顾客到达收银台时前面恰有2位顾客需结算,且各顾客的结算相互独立,求该顾客结算前的等候时间不超过2.5分钟的概率.

(注:将频率视为概率)

解析 (1) 由已知得 $25 + y + 10 = 55, x + y = 35$,所以 $x = 15, y = 20$.

该超市所有顾客一次购物的结算时间组成一个总体,所以收集的100位顾客一次购物的结算时间可视为总体的一个容量为100的简单随机样本,将频率视为概率,得

$$P(X = 1) = \frac{15}{100} = \frac{3}{20}, \quad P(X = 1.5) = \frac{30}{100} = \frac{3}{10}, \quad P(X = 2) = \frac{25}{100} = \frac{1}{4},$$

$$P(X = 2.5) = \frac{20}{100} = \frac{1}{5}, \quad P(X = 3) = \frac{10}{100} = \frac{1}{10}.$$

因此 X 的分布列见表4.27.

表4.27

X	1	1.5	2	2.5	3
P	$\frac{3}{20}$	$\frac{3}{10}$	$\frac{1}{4}$	$\frac{1}{5}$	$\frac{1}{10}$

故 X 的数学期望为

$$E(X) = 1 \times \frac{3}{20} + 1.5 \times \frac{3}{10} + 2 \times \frac{1}{4} + 2.5 \times \frac{1}{5} + 3 \times \frac{1}{10} = \frac{19}{10}.$$

(2) 记 A 为事件"该顾客结算前的等候时间不超过2.5分钟",$X_i (i = 1, 2)$ 为该顾客前面第 i 位顾客的结算时间,则

$$P(A) = P(X_1 = 1, X_2 = 1) + P(X_1 = 1, X_2 = 1.5) + P(X_1 = 1.5, X_2 = 1).$$

因为顾客的结算相互独立,且 X_1, X_2 的分布列都与 X 的分布列相同,所以

$$P(A) = P(X_1 = 1) \cdot P(X_2 = 1) + P(X_1 = 1) \cdot P(X_2 = 1.5)$$

$$+ P(X_1 = 1.5) \cdot P(X_2 = 1)$$

$$= \frac{3}{20} \times \frac{3}{20} + \frac{3}{20} \times \frac{3}{10} + \frac{3}{10} \times \frac{3}{20} = \frac{9}{80}.$$

故该顾客结算前的等候时间不超过2.5分钟的概率为$\frac{9}{80}$.

点评 本题是一道概率与统计结合得比较好的经典试题,第(1)问使用了统计学中用样本估计总体的方法,难度不大;第(2)问则需对所求随机事件精准理解,通过细致地分析,可以发现包含三种情形,然后再利用互斥事件与独立事件的概率公式实现问题的求解.

考题回放

1. (2009 广东卷·理12)已知离散型随机变量 X 的分布列见表 4.28.若 $E(X) = 0$,$D(X) = 1$,则 $a = $ _____,$b = $ _____.

表 4.28

X	-1	0	1	2
P	a	b	c	$\frac{1}{12}$

2. (2006 四川卷·理14)设离散型随机变量 ξ 可能取的值为 $1,2,3,4$,$P(\xi = k) = ak + b(k = 1,2,3,4)$,又 ξ 的数学期望 $E(\xi) = 3$,则 $a + b = $ _____.

3. (2009 上海卷·理7)某学校要从 5 名男生和 2 名女生中选出 2 人作为上海世博会志愿者,若用随机变量 ξ 表示选出的志愿者中女生的人数,则数学期望 $E(\xi) = $ _____(结果用最简分数表示).

4. (2021 浙江卷·15)袋中有 4 个红球,m 个黄球,n 个绿球.现从中任取 2 个球,记取出的红球数为 ξ,若取出的 2 个球都是红球的概率为 $\frac{1}{6}$,1 红 1 黄的概率为 $\frac{1}{3}$,则 $m - n = $ _____,$E(\xi) = $ _____.

5. (2011 四川卷·理18)本着健康、低碳的生活理念,租自行车骑游的人越来越多.某自行车租车点的收费标准是每车每次租不超过两小时免费,超过两小时的收费标准为 2 元(不足 1 小时的部分按 1 小时计算).有人独立来该租车点租车骑游.各租一车一次.设甲、乙不超过两小时还车的概率分别为 $\frac{1}{4}$,$\frac{1}{2}$;两小时以上且不超过三小时还车的概率分别为 $\frac{1}{2}$,$\frac{1}{4}$;两人租车时间都不会超过四小时.

(1) 求出甲、乙所付租车费用相同的概率;

(2) 求甲、乙两人所付的租车费用之和为随机变量 ξ,求 ξ 的分布列与数学期望 $E(\xi)$.

6. (2010 北京卷·理17)某同学参加 3 门课程的考试.假设该同学第一门课程取得优秀成绩的概率为 $\frac{4}{5}$,第二、第三门课程取得优秀成绩的概率分别为 $p,q(p > q)$,且不同课程是否取得优秀成绩相互独立. 记 ξ 为该生取得优秀成绩的课程数, 其分布列见表 4.29.

表 4.29

ξ	0	1	2	3
p	$\dfrac{6}{125}$	a	d	$\dfrac{24}{125}$

(1) 求该生至少有 1 门课程取得优秀成绩的概率;

(2) 求 p,q 的值;

(3) 求数学期望 $E(\xi)$.

7. (2010 山东卷·理 18) 某学校举行知识竞赛, 第一轮选拔共设有 A,B,C,D 四个问题, 规则如下:

① 每位参加者计分器的初始分均为 10 分, 答对问题 A,B,C,D 分别加 1 分、2 分、3 分、6 分, 答错任意一题减 2 分;

② 每回答一题, 计分器显示累计分数, 当累计分数小于 8 分时, 答题结束, 淘汰出局; 当累计分数大于或等于 14 分时, 答题结束, 进入下一轮; 当答完 4 题, 累计分数仍不足 14 分时, 答题结束, 淘汰出局;

③ 每位参加者按问题 A,B,C,D 顺序作答, 直至答题结束. 假设甲同学对问题 A,B,C,D 回答正确的概率依次为 $\dfrac{3}{4},\dfrac{1}{2},\dfrac{1}{3},\dfrac{1}{4}$, 且各题回答正确与否相互之间没有影响.

(1) 求甲同学能进入下一轮的概率;

(2) 用 ε 表示甲同学本轮答题结束时答题的个数, 求 ε 的分布列和数学期望 $E(\varepsilon)$.

8. (2009 浙江卷·理 19) 在 $1,2,3,\cdots,9$ 这 9 个自然数中, 任取 3 个数.

(1) 求这 3 个数中恰有 1 个是偶数的概率;

(2) 设 ξ 为这 3 个数中两数相邻的组数 (例如: 若取出的数为 $1,2,3$, 则有两组相邻的数 $1,2$ 和 $2,3$, 此时 ξ 的值是 2), 求随机变量 ξ 的分布列及其数学期望 $E(\xi)$.

9. (2009 江西卷·理 18) 某公司拟资助三位大学生自主创业, 现聘请两位专家, 独立地对每位大学生的创业方案进行评审. 假设评审结果为 "支持" 或 "不支持" 的概率都是 $\dfrac{1}{2}$. 若某人获得两个 "支持", 则给予 10 万元的创业资助; 若只获得一个 "支持", 则给予 5 万元的资助; 若未获得 "支持", 则不予资助, 令 ξ 表示该公司的资助总额.

(1) 写出 ξ 的分布列;

(2) 求数学期望 $E(\xi)$.

10. (2005 重庆卷·18) 在一次购物抽奖活动中, 假设某 10 张券中有一等奖券 1 张, 可获价值 50 元的奖品; 有二等奖券 3 张, 每张可获价值 10 元的奖品; 其余 6 张没有奖, 某顾客从此 10 张券中任抽 2 张, 求:

（1）该顾客中奖的概率；

（2）该顾客获得的奖品总价值 ξ（元）的概率分布列和期望 $E(\xi)$.

11.（2004 全国 I 卷·理 18）一接待中心有 A,B,C,D 四部热线电话,已知某一时刻电话 A,B 占线的概率均为 0.5,电话 C,D 占线的概率均为 0.4,各部电话是否占线相互之间没有影响.假设该时刻有 ξ 部电话占线.试求随机变量 ξ 的概率分布和数学期望.

12.（2011 山东卷·理 18）红队队员甲、乙、丙与蓝队队员 A,B,C 进行围棋比赛,甲对 A,乙对 B,丙对 C 各一盘,已知甲胜 A,乙胜 B,丙胜 C 的概率分别为 $0.6,0.5,0.5$,假设各盘比赛结果相互独立.

（1）求红队至少两名队员获胜的概率；

（2）用 ξ 表示红队队员获胜的总盘数,求 ξ 的分布列和数学期望 $E(\xi)$.

13.（2005 全国 I 卷·理 20）9 粒种子分种在 3 个坑内,每坑 3 粒,每粒种子发芽的概率为 0.5,若一个坑内至少有 1 粒种子发芽,则这个坑不需要补种,若一个坑内的种子都没发芽,则这个坑需要补种.假定每个坑至多补种一次,每补种 1 个坑需 10 元,用 ξ 表示补种费用,写出 ξ 的分布列并求出 ξ 的数学期望.（精确到 0.01）

14.（2006 全国 I 卷·理 18）A、B 是治疗同一种疾病的两种药,用若干试验组进行对比试验.每个试验组由 4 只小白鼠组成,其中 2 只服用 A,另 2 只服用 B,然后观察疗效.若在一个试验组中,服用 A 有效的小白鼠的只数比服用 B 有效的多,就称该试验组为甲类组.设每只小白鼠服用 A 有效的概率为 $\dfrac{2}{3}$,服用 B 有效的概率为 $\dfrac{1}{2}$.

（1）求一个试验组为甲类组的概率；

（2）观察 3 个试验组,用 ξ 表示这 3 个试验组中甲类组的个数,求 ξ 的分布列和数学期望.

15.（2007 江西卷·理 19）某陶瓷厂准备烧制甲、乙、丙三件不同的工艺品,制作过程必须先后经过两次烧制,当第一次烧制合格后方可进入第二次烧制,两次烧制过程相互独立.根据该厂现有的技术水平,经过第一次烧制后,甲、乙、丙三件产品合格的概率依次为 0.5,0.6,0.4,经过第二次烧制后,甲、乙、丙三件产品合格的概率依次为 0.6,0.5,0.75.

（1）求第一次烧制后恰有一件产品合格的概率；

（2）经过前后两次烧制后,合格工艺品的个数为 ξ,求随机变量 ξ 的期望.

参 考 答 案

1. 依题意,得 $\begin{cases} a+b+c+\dfrac{1}{12}=1, \\ -a+0+c+2\times\dfrac{1}{12}=0, \\ a+0+c+2^2\times\dfrac{1}{12}=1, \end{cases}$ 解得 $a=\dfrac{5}{12},b=\dfrac{1}{4},c=\dfrac{1}{4}$.

2. 因为离散型随机变量 ξ 可能取的值为 $1,2,3,4$, $P(\xi=k)=ak+b(k=1,2,3,4)$,所以

$$(a+b)+(2a+b)+(3a+b)+(4a+b)=1,$$

即 $10a+4b=1$.又 ξ 的数学期望 $E(\xi)=3$,则

$$(a+b)+2(2a+b)+3(3a+b)+4(4a+b)=3,$$

即 $30a+10b=3$.联立以上两式,解得 $a=\dfrac{1}{10},b=0$.因此 $a+b=\dfrac{1}{10}$.

3. 由题意知 ξ 的可能取值为 $0,1,2$,因此

$$P(\xi=0)=\frac{C_5^2}{C_7^2}=\frac{10}{21}, \quad P(\xi=1)=\frac{C_5^1 C_2^1}{C_7^2}=\frac{10}{21}, \quad P(\xi=2)=\frac{C_2^2}{C_7^2}=\frac{1}{21}.$$

故 $E(\xi)=0\times\dfrac{10}{21}+1\times\dfrac{10}{21}+2\times\dfrac{1}{21}=\dfrac{4}{7}$.

4. 由题意 $P(\xi=2)=\dfrac{C_4^2}{C_{m+n+4}^2}=\dfrac{1}{6}=\dfrac{6}{36}$,1 红 1 黄的概率为 $\dfrac{C_4^1 C_m^1}{C_{m+n+4}^2}=\dfrac{1}{3}=\dfrac{12}{36}$,所以 $C_{m+n+4}^2=36,C_m^1=3$,解得 $m=3,n=2$,故 $m-n=1$.

由题意,ξ 的可能取值为 $0,1,2$,所以

$$P(\xi=0)=\frac{C_5^2}{C_9^2}=\frac{10}{36}=\frac{5}{18}, \quad P(\xi=1)=\frac{C_4^1 C_5^1}{C_9^2}=\frac{20}{36}=\frac{5}{9}, \quad P(\xi=2)=\frac{1}{6},$$

所以

$$E(\xi)=0\times\frac{5}{18}+1\times\frac{5}{9}+2\times\frac{1}{6}=\frac{8}{9}.$$

5. (1) 甲、乙两人所付费用相同即为 $0,2,4$ 元.设付 0 元的概率为 $P_1=\dfrac{1}{4}\times\dfrac{1}{2}=\dfrac{1}{8}$,付 2 元的概率为 $P_2=\dfrac{1}{2}\times\dfrac{1}{4}=\dfrac{1}{8}$,付 4 元的概率为 $P_3=\dfrac{1}{4}\times\dfrac{1}{4}=\dfrac{1}{16}$.则所付费用相同的概率为

$$P=P_1+P_2+P_3=\frac{5}{16}.$$

(2) ξ 可能取值为 $0,2,4,6,8$.则

$$P(\xi = 0) = \frac{1}{8},$$

$$P(\xi = 2) = \frac{1}{4} \times \frac{1}{4} + \frac{1}{2} \times \frac{1}{2} = \frac{5}{16},$$

$$P(\xi = 4) = \frac{1}{4} \times \frac{1}{4} + \frac{1}{2} \times \frac{1}{4} + \frac{1}{4} \times \frac{1}{2} = \frac{5}{16},$$

$$P(\xi = 6) = \frac{1}{4} \times \frac{1}{4} + \frac{1}{2} \times \frac{1}{4} = \frac{3}{16},$$

$$P(\xi = 8) = \frac{1}{4} \times \frac{1}{4} = \frac{1}{16}.$$

所以 ξ 的分布列见表 4.30.

表 4.30

ξ	0	2	4	6	8
P	$\frac{1}{8}$	$\frac{5}{16}$	$\frac{5}{16}$	$\frac{3}{16}$	$\frac{1}{16}$

故 ξ 的数学期望为

$$E(\xi) = 0 \times \frac{1}{8} + 2 \times \frac{5}{16} + 4 \times \frac{5}{16} + 6 \times \frac{3}{16} + 8 \times \frac{1}{16} = \frac{5}{8} + \frac{5}{4} + \frac{9}{8} + \frac{1}{2} = \frac{7}{2}.$$

6. 事件 $A_i (i = 1,2,3)$ 表示"该生第 i 门课程取得优秀成绩",由题意知

$$P(A_i) = \frac{4}{5}, \quad P(A_2) = p, \quad P(A_3) = q.$$

(1) 由于事件"该生至少有 1 门课程取得优秀成绩"与事件"$\xi = 0$"是对立的,所以"该生至少有 1 门课程取得优秀成绩"的概率是

$$1 - P(\xi = 0) = 1 - \frac{6}{125} = \frac{119}{125}.$$

(2) 由题意知

$$P(\xi = 0) = P(\overline{A_1}\, \overline{A_2}\, \overline{A_3}) = \frac{1}{5}(1 - p)(1 - q) = \frac{6}{125},$$

$$P(\xi = 3) = P(A_1 A_2 A_3) = \frac{4}{5} pq = \frac{24}{125},$$

整理得 $pq = \frac{6}{25}$,$p + q = 1$. 又由 $p > q$,可得 $p = \frac{3}{5}$,$q = \frac{2}{5}$.

(3) 由题意知

$$a = P(\xi = 1) = P(A_1 \overline{A_2}\, \overline{A_3}) + P(\overline{A_1}\, A_2 \overline{A_3}) + P(\overline{A_1}\, \overline{A_2}\, A_3)$$

$$= \frac{4}{5}(1 - p)(1 - q) + \frac{1}{5} p(1 - p) + \frac{1}{5}(1 - p)q = \frac{37}{125},$$

$$b = P(\xi = 2) = 1 - P(\xi = 0) - P(\xi = 1) - P(\xi = 3) = \frac{58}{125}.$$

所以 ξ 的数学期望为

$$E(\xi) = 0 \times P(\xi=0) + 1 \times P(\xi=1) + 2 \times P(\xi=2) + 3 \times P(\xi=3) = \frac{9}{5}.$$

7. 设 A,B,C,D 分别是第一、二、三、四个问题,用 $M_i(i=1,2,3,4)$ 表示甲同学第 i 个问题回答正确,用 $N_i(i=1,2,3,4)$ 表示甲同学第 i 个问题回答错误,则 M_i 与 $N_i(i=1,2,3,4)$ 是对立事件.由题意得

$$P(M_1) = \frac{3}{4}, \quad P(M_2) = \frac{1}{2}, \quad P(M_3) = \frac{1}{3}, \quad P(M_4) = \frac{1}{4},$$

所以

$$P(N_1) = \frac{1}{4}, \quad P(N_2) = \frac{1}{2}, \quad P(N_3) = \frac{2}{3}, \quad P(N_4) = \frac{3}{4}.$$

(1) 记"甲同学能进入下一轮"为事件 Q,则

$$Q = M_1M_2M_3 + N_1M_2M_3M_4 + M_1N_2M_3M_4 + M_1M_2N_3M_4 + N_1M_2N_3M_4.$$

由于每题答题结果相互独立,因此

$$P(Q) = P(M_1M_2M_3 + N_1M_2M_3M_4 + M_1N_2M_3M_4 + M_1M_2N_3M_4 + N_1M_2N_3M_4).$$
$$= P(M_1M_2M_3) + P(N_1M_2M_3M_4) + P(M_1N_2M_3M_4) + P(M_1M_2N_3M_4)$$
$$+ P(N_1M_2N_3M_4)$$
$$= \frac{3}{4} \times \frac{1}{2} \times \frac{1}{3} + \frac{1}{4} \times \frac{1}{2} \times \frac{1}{3} \times \frac{1}{4} + \frac{2}{4} \times \frac{1}{2} \times \frac{1}{3} \times \frac{1}{4} + \frac{3}{4} \times \frac{1}{2} \times \frac{2}{3} \times \frac{1}{4}$$
$$+ \frac{1}{4} \times \frac{1}{2} \times \frac{2}{3} \times \frac{1}{4} = \frac{1}{4}.$$

(2) 由题意可知随机变量 ξ 可能的取值为 $2,3,4$.由于每题的答题结果都是相对独立的,所以

$$P(\xi=2) = P(N_1N_2) = \frac{1}{8},$$

$$P(\xi=3) = P(M_1M_2M_3) + P(M_1N_2M_3) = \frac{3}{4} \times \frac{1}{2} \times \frac{1}{3} + \frac{3}{4} \times \frac{1}{2} \times \frac{2}{3} = \frac{3}{8},$$

$$P(\xi=4) = 1 - P(\xi=2) - P(\xi=3) = 1 - \frac{1}{8} - \frac{3}{8} = \frac{1}{2}.$$

因此随机变量 ξ 的分布列见表4.31.

表4.31

ξ	2	3	4
P	$\frac{1}{8}$	$\frac{3}{8}$	$\frac{1}{2}$

故 ξ 的数学期望为

$$E(\xi) = 2 \times \frac{1}{8} + 3 \times \frac{3}{8} + 4 \times \frac{1}{2} = \frac{27}{8}.$$

8. (1) 记"这 3 个数恰有一个是偶数"为事件 A,则 $P(A) = \dfrac{C_4^1 C_5^2}{C_9^3} = \dfrac{10}{21}$.

(2) 随机变量 ξ 的取值为 $0,1,2$.则 ξ 的分布列见表 4.32.

表 4.32

ξ	0	1	2
P	$\dfrac{5}{12}$	$\dfrac{1}{2}$	$\dfrac{1}{12}$

所以 ξ 的数学期望为

$$E(\xi) = 0 \times \frac{5}{12} + 1 \times \frac{1}{2} + 2 \times \frac{1}{12} = \frac{2}{3}.$$

9. (1) ξ 的所有取值为 $0,5,10,15,20,25,30$,则

$$P(\xi = 0) = \frac{1}{64}, \quad P(\xi = 5) = \frac{3}{32}, \quad P(\xi = 10) = \frac{15}{64}, \quad P(\xi = 15) = \frac{5}{16},$$

$$P(\xi = 20) = \frac{15}{64}, \quad P(\xi = 25) = \frac{3}{32}, \quad P(\xi = 30) = \frac{1}{64}.$$

所以 ξ 的分布列见表 4.33.

表 4.33

ξ	0	5	10	15	20	25	30
P	$\dfrac{1}{64}$	$\dfrac{3}{32}$	$\dfrac{15}{64}$	$\dfrac{5}{16}$	$\dfrac{15}{64}$	$\dfrac{3}{32}$	$\dfrac{1}{64}$

(2) 由(1)知 ξ 的数学期望为

$$E(\xi) = 0 \times \frac{1}{64} + 5 \times \frac{3}{32} + 10 \times \frac{15}{64} + 15 \times \frac{5}{16} + 20 \times \frac{15}{64} + 25 \times \frac{3}{32} + 30 \times \frac{1}{64} = 15.$$

10. (解法 1)(1) 设顾客中奖的概率为 P,则 $P = 1 - \dfrac{C_6^2}{C_{10}^2} = 1 - \dfrac{15}{45} = \dfrac{2}{3}$,即该顾客中奖的概率为 $\dfrac{2}{3}$.

(2) 由题意知 ξ 的所有可能值为 $0,10,20,50,60$,且取这些值的概率分别为

$$P(\xi = 0) = \frac{C_6^2}{C_{10}^2} = \frac{1}{3}, \quad P(\xi = 10) = \frac{C_3^1 C_6^1}{C_{10}^2} = \frac{2}{5},$$

$$P(\xi = 20) = \frac{C_3^2}{C_{10}^2} = \frac{1}{15}, \quad P(\xi = 50) = \frac{C_1^1 C_6^1}{C_{10}^2} = \frac{2}{15},$$

$$P(\xi = 60) = \frac{C_1^1 C_3^1}{C_{10}^2} = \frac{1}{15}.$$

因此 ξ 的分布列见表 4.34.

表 4.34

ξ	0	10	20	50	60
P	$\frac{1}{3}$	$\frac{2}{5}$	$\frac{1}{15}$	$\frac{2}{15}$	$\frac{1}{15}$

故 ξ 的数学期望为

$$E(\xi) = 0 \times \frac{1}{3} + 10 \times \frac{2}{5} + 20 \times \frac{1}{15} + 50 \times \frac{2}{15} + 60 \times \frac{1}{15} = 16.$$

（解法 2）(1) 设顾客中奖的概率为 P，则

$$P = \frac{C_4^1 C_6^1 + C_4^2}{C_{10}^2} = \frac{30}{45} = \frac{2}{3}.$$

(2) ξ 的分布列的求法同解法 1. 由于 10 张券总价值为 80 元，即每张的平均奖品价值为 8 元，从而抽 2 张的平均奖品价值为 $E(\xi) = 2 \times 8 = 16$ 元.

11. 由题意知

$P(\xi = 0) = 0.5^2 \times 0.6^2 = 0.09,$

$P(\xi = 1) = C_2^1 \times 0.5^2 \times 0.6^2 + C_2^1 \times 0.5^2 \times 0.4 \times 0.6 = 0.3,$

$P(\xi = 2) = C_2^2 \times 0.5^2 \times 0.6^2 + C_2^1 \times C_2^1 \times 0.5^2 \times 0.4 \times 0.6 + C_2^2 \times 0.5^2 \times 0.4^2 = 0.37,$

$P(\xi = 3) = C_2^2 \times C_2^1 \times 0.5^2 \times 0.4 \times 0.6 + C_2^1 \times C_2^2 \times 0.5^2 \times 0.4^2 = 0.2,$

$P(\xi = 4) = 0.5^2 \times 0.4^2 = 0.04.$

所以随机变量 ξ 的分布列见表 4.35.

表 4.35

ξ	0	1	2	3	4
P	0.09	0.3	0.37	0.2	0.04

故 ξ 的数学期望为

$$E(\xi) = 0 \times 0.09 + 1 \times 0.3 + 2 \times 0.37 + 3 \times 0.2 + 4 \times 0.04 = 1.8.$$

12. (1) 设甲胜 A 的事件为 D，乙胜 B 的事件为 E，丙胜 C 的事件为 F，则 $\overline{D}, \overline{E}, \overline{F}$ 分别表示甲不胜 A、乙不胜 B、丙不胜 C 的事件. 因为 $P(D) = 0.6, P(E) = 0.5, P(F) = 0.5$，所以由对立事件的概率公式知 $P(\overline{D}) = 0.4, P(\overline{E}) = 0.5, P(\overline{F}) = 0.5$.

红队至少两人获胜的事件有 $DE\overline{F}, D\overline{E}F, \overline{D}EF, DEF$. 由于以上四个事件两两互斥，且各盘比赛的结果相互独立，因此红队至少两人获胜的概率为

$P = P(DE\overline{F}) + P(D\overline{E}F) + P(\overline{D}EF) + P(DEF)$

$= 0.6 \times 0.5 \times 0.5 + 0.6 \times 0.5 \times 0.5 + 0.4 \times 0.5 \times 0.5 + 0.6 \times 0.5 \times 0.5$

$= 0.55.$

(2) 由题意知 ξ 可能的取值为 $0, 1, 2, 3$. 又由(1)知 $\overline{D}E\overline{F}, \overline{D}\,\overline{E}F, D\overline{E}\,\overline{F}$ 是两两互斥事件，

且各盘比赛的结果相互独立,因此

$$P(\xi = 0) = P(\overline{DEF}) = 0.4 \times 0.5 \times 0.5 = 0.1,$$

$$P(\xi = 1) = P(D\overline{EF}) + P(\overline{D}E\overline{F}) + P(\overline{DE}F)$$

$$= 0.4 \times 0.5 \times 0.5 + 0.4 \times 0.5 \times 0.5 + 0.6 \times 0.5 \times 0.5$$

$$= 0.35,$$

$$P(\xi = 3) = P(DEF) = 0.6 \times 0.5 \times 0.5 = 0.15.$$

由对立事件的概率公式得

$$P(\xi = 2) = 1 - P(\xi = 0) - P(\xi = 1) - P(\xi = 3) = 0.4.$$

所以 ξ 的分布列见表 4.36.

表 4.36

ξ	0	1	2	3
P	0.1	0.35	0.4	0.15

故 ξ 的数学期望为

$$E(\xi) = 0 \times 0.1 + 1 \times 0.35 + 2 \times 0.4 + 3 \times 0.15 = 1.6.$$

13. 因为单个坑内的 3 粒种子都不发芽的概率为 $\left(1 - \dfrac{1}{2}\right)^3 = \dfrac{1}{8}$,所以单个坑不需要补种的概率为 $1 - \dfrac{1}{8} = \dfrac{7}{8}$. 故 3 个坑都不需要补种的概率为 $C_3^0 \times \left(\dfrac{1}{8}\right)^0 \times \left(\dfrac{7}{8}\right)^3 \approx 0.670$;恰有 1 个坑需要补种的概率为 $C_3^1 \times \dfrac{1}{8} \times \left(\dfrac{7}{8}\right)^2 \approx 0.287$;恰有 2 个坑需要补种的概率为 $C_3^2 \times \left(\dfrac{1}{8}\right)^2 \times \dfrac{7}{8} \approx 0.041$;3 个坑都需要补种的概率为 $C_3^3 \times \left(\dfrac{1}{8}\right)^3 \times \left(\dfrac{7}{8}\right)^0 \approx 0.002$. 因此补种费用的分布列见表 4.37.

表 4.37

ξ	0	10	20	30
P	0.670	0.287	0.041	0.002

故 ξ 的数学期望为

$$E(\xi) = 0 \times 0.670 + 10 \times 0.287 + 20 \times 0.041 + 30 \times 0.002 = 3.75.$$

14. (1) 设 $A_i(i = 0, 1, 2)$ 表示事件"一个试验组中,服用 A 有效的小鼠有 i 只";$B_i(i = 0, 1, 2)$ 表示事件"一个试验组中,服用 B 有效的小鼠有 i 只". 则依题意有

$$P(A_1) = 2 \times \frac{1}{3} \times \frac{2}{3} = \frac{4}{9}, \quad P(A_2) = \frac{2}{3} \times \frac{2}{3} = \frac{4}{9},$$

$$P(B_0) = \frac{1}{2} \times \frac{1}{2} = \frac{1}{4}, \quad P(B_1) = 2 \times \frac{1}{2} \times \frac{1}{2} = \frac{1}{2}.$$

故所求概率为

$$P = P(B_0 A_1) + P(B_0 A_2) + P(B_1 A_2)$$

$$= \frac{1}{4} \times \frac{4}{9} + \frac{1}{4} \times \frac{4}{9} + \frac{1}{2} \times \frac{4}{9} = \frac{4}{9}.$$

(2) 由题意知 ξ 的可能值为 $0,1,2,3$,且 $\xi \sim B\left(3, \frac{4}{9}\right)$. 则

$$P(\xi = 0) = \left(\frac{5}{9}\right)^3 = \frac{125}{729}, \quad P(\xi = 1) = C_3^1 \times \frac{4}{9} \times \left(\frac{5}{9}\right)^2 = \frac{100}{243},$$

$$P(\xi = 2) = C_3^2 \times \left(\frac{4}{9}\right)^2 \times \frac{5}{9} = \frac{80}{243}, \quad P(\xi = 3) = \left(\frac{4}{9}\right)^3 = \frac{64}{729}.$$

ξ 的分布列见表 4.38.

表 4.38

ξ	0	1	2	3
P	$\dfrac{125}{729}$	$\dfrac{100}{243}$	$\dfrac{80}{243}$	$\dfrac{64}{729}$

则 ξ 的数学期望为 $E(\xi) = 3 \times \dfrac{4}{9} = \dfrac{4}{3}$.

15. 分别记"甲、乙、丙经第一次烧制后合格"为事件 A_1, A_2, A_3.

(1) 设 E 表示第一次烧制后恰好有 1 件合格,则

$$P(E) = P(A_1 \overline{A_2}\, \overline{A_3}) + P(\overline{A_1} A_2 \overline{A_3}) + P(\overline{A_1}\, \overline{A_2} A_3)$$

$$= 0.5 \times 0.4 \times 0.6 + 0.5 \times 0.6 \times 0.6 + 0.5 \times 0.4 \times 0.4 = 0.38.$$

(2)(解法 1)因为每件工艺品经过两次烧制后合格的概率均为 $p = 0.3$,所以 $\xi \sim B(3, 0.3)$,故

$$E(\xi) = np = 3 \times 0.3 = 0.9.$$

(解法 2)分别记"甲、乙、丙经过两次烧制后合格"为事件 A, B, C,则 $P(A) = P(B) = P(C) = 0.3$,所以

$$P(\xi = 0) = (1 - 0.3)^3 = 0.343,$$

$$P(\xi = 1) = 3 \times (1 - 0.3)^2 \times 0.3 = 0.441,$$

$$P(\xi = 2) = 3 \times 0.3^2 \times 0.7 = 0.189,$$

$$P(\xi = 3) = 0.3^3 = 0.027.$$

于是

$$E(\xi) = 0 \times 0.343 + 1 \times 0.441 + 2 \times 0.189 + 3 \times 0.027 = 0.9.$$

4.3 超几何分布

知识梳理

在含有 M 个特殊元素的 N 个元素中,不放回的任取 n 件,其中含有特殊元素的个数记为 X,则

$$P(X = k) = \frac{C_M^k C_{N-M}^{n-k}}{C_N^n} \quad (k = 0, 1, 2, \cdots, m).$$

其中,$m = \min\{M, n\}(n \leqslant N, M \leqslant N; n, M, N \in \mathbf{N}^*)$.其分布列见表 4.39.

表 4.39

X	0	1	$\cdots$	m
P	$\dfrac{C_M^0 C_{N-M}^{n-0}}{C_N^n}$	$\dfrac{C_M^1 C_{N-M}^{n-1}}{C_N^n}$	$\cdots$	$\dfrac{C_M^m C_{N-M}^{n-m}}{C_N^n}$

则称随机变量 X 服从超几何分布,记为 $X \sim H(N, M, n)$.

若 $X \sim H(N, M, n)$,则

$$E(X) = \frac{nM}{N}.$$

例题精讲

例 10 (2015 四川卷·理 17) 某市 A, B 两所中学的学生组队参加辩论赛,A 中学推荐了 3 名男生,2 名女生;B 中学推荐了 3 名男生,4 名女生,两校所推荐的学生一起参加集训.由于集训后队员水平相当,从参加集训的男生中随机抽取 3 人,女生中随机抽取 3 人组成代表队.

(1) 求 A 中学至少有 1 名学生入选代表队的概率;

(2) 某场比赛前,从代表队的 6 名队员中随机抽取 4 人参赛,设 X 表示参赛的男生人数,求 X 的分布列和数学期望.

解析 (1) 由题意,参加集训的男生、女生各 6 名.参赛学生全从 B 中学抽取的概率为 $\dfrac{C_3^3 C_4^3}{C_6^3 C_6^3} = \dfrac{1}{100}$.因此,$A$ 中学至少有 1 名学生入选代表队的概率为 $1 - \dfrac{1}{100} = \dfrac{99}{100}$.

(2) 根据题意,X 的可能取值为 $1, 2, 3$,且取这些值的概率分别为

$$P(X = 1) = \frac{C_3^1 C_3^3}{C_6^4} = \frac{1}{5}, \quad P(X = 2) = \frac{C_3^2 C_3^2}{C_6^4} = \frac{3}{5}, \quad P(X = 3) = \frac{C_3^3 C_3^1}{C_6^4} = \frac{1}{5}.$$

所以 X 的分布列见表 4.40.

表 4.40

X	1	2	3
P	$\frac{1}{5}$	$\frac{3}{5}$	$\frac{1}{5}$

因此 X 的数学期望为

$$E(X) = 1 \times \frac{1}{5} + 2 \times \frac{3}{5} + 3 \times \frac{1}{5} = 2.$$

点评　本题第(1)问直接求解情况比较多,故可考虑间接法进行求解,这是古典概型计算中一个十分常见的技巧;第(2)问是一道典型的超几何分布模型,只要熟悉相关知识,即可获得问题的求解,难度不大.

变式1(2015 重庆卷·理17)　端午节吃粽子是我国的传统习俗.设一盘中装有 10 个粽子,其中豆沙粽 2 个,肉粽 3 个,白粽 5 个,这三种粽子的外观完全相同.从中任意选取 3 个.

(1) 求这三种粽子各取到 1 个的概率;

(2) 设 X 表示取到的豆沙粽个数,求 X 的分布列与数学期望.

解析　(1) 令 A 表示事件"三种粽子各取到 1 个",则由古典概型的概率计算公式得

$$P(A) = \frac{C_2^1 C_3^1 C_5^1}{C_{10}^3} = \frac{1}{4}.$$

(2) 根据题意,X 的所有可能的取值为 $0, 1, 2$,且取这些值的概率分别为

$$P(X = 0) = \frac{C_8^3}{C_{10}^3} = \frac{7}{15}, \quad P(X = 1) = \frac{C_2^1 C_8^2}{C_{10}^3} = \frac{7}{15}, \quad P(X = 2) = \frac{C_2^2 C_8^1}{C_{10}^3} = \frac{1}{15}.$$

因此 X 的分布列见表 4.41.

表 4.41

X	0	1	2
P	$\frac{7}{15}$	$\frac{7}{15}$	$\frac{1}{15}$

故 X 的数学期望为

$$E(X) = 0 \times \frac{7}{15} + 1 \times \frac{7}{15} + 2 \times \frac{1}{15} = \frac{3}{5}.$$

点评　本题以中国传统节日端午节吃粽子这一习俗为背景,具有浓郁的文化内涵与生活气息.第(1)问考查了古典概型问题,利用组合数公式即可得到答案;第(2)问也是一道超几何分布问题,这里虽然涉及三类粽子,但可以把肉粽与白粽归为一类,豆沙粽为另外一类,

通过这样的归类,即可判断此概率分布列是超几何分布模型,求解数学期望时,也可以借助公式 $E(X) = \dfrac{nM}{N} = \dfrac{3 \times 2}{10} = \dfrac{3}{5}$.

变式 2(2017 山东卷·理 18) 在心理学研究中,常采用对比试验的方法评价不同心理暗示对人的影响,具体方法如下:将参加试验的志愿者随机分成两组,一组接受甲种心理暗示,另一组接受乙种心理暗示,通过对比这两组志愿者接受心理暗示后的结果来评价两种心理暗示的作用,现有 6 名男志愿者 $A_1, A_2, A_3, A_4, A_5, A_6$ 和 4 名女志愿者 B_1, B_2, B_3, B_4,从中随机抽取 5 人接受甲种心理暗示,另 5 人接受乙种心理暗示.

(1) 求接受甲种心理暗示的志愿者中包含 A_1 但不包含 B_1 的概率;

(2) 用 X 表示接受乙种心理暗示的女志愿者人数,求 X 的分布列与数学期望 $E(X)$.

解析 (1) 记"接受甲种心理暗示的志愿者中包含 A_1 但不包含 B_1"的事件为 M,则

$$P(M) = \frac{C_8^4}{C_{10}^5} = \frac{5}{18}.$$

(2) 由题意知,X 可取的值为 $0, 1, 2, 3, 4$,且取这些值的概率分别为

$$P(X=0) = \frac{C_6^5}{C_{10}^5} = \frac{1}{42}, \quad P(X=1) = \frac{C_6^4 C_4^1}{C_{10}^5} = \frac{5}{21}, \quad P(X=2) = \frac{C_6^3 C_4^2}{C_{10}^5} = \frac{10}{21},$$

$$P(X=3) = \frac{C_6^2 C_4^3}{C_{10}^5} = \frac{5}{21}, \quad P(X=4) = \frac{C_6^1 C_4^4}{C_{10}^5} = \frac{1}{42}.$$

因此 X 的分布列见表 4.42.

表 4.42

X	0	1	2	3	4
P	$\frac{1}{42}$	$\frac{5}{21}$	$\frac{10}{21}$	$\frac{5}{21}$	$\frac{1}{42}$

故 X 的数学期望为

$$E(X) = 0 \times \frac{1}{42} + 1 \times \frac{5}{21} + 2 \times \frac{10}{21} + 3 \times \frac{5}{21} + 4 \times \frac{1}{42} = 2.$$

点评 本题以心理学研究中的对比试验为背景进行试题的构建,情景虽然较为新颖,但题意并不难理解.第(1)问延续了很多试题的命题方式——考查古典概率模型,难度适中;第(2)问考查的是比较明显的超几何分布模型,相比前面几题,随机变量的取值更多,计算量也就更大,对考生的要求也更高.

变式 3(2009 四川卷·理 18) 为振兴旅游业,四川省 2009 年面向国内发行总量为 2000 万张的熊猫优惠卡,向省外人士发行的是熊猫金卡(简称"金卡"),向省内人士发行的是熊猫银卡(简称"银卡").某旅游公司组织了一个有 36 名游客的旅游团到四川名胜旅游,其中 $\dfrac{3}{4}$ 是省外游客,其余是省内游客.在省外游客中有 $\dfrac{1}{3}$ 持金卡,在省内游客中有 $\dfrac{2}{3}$ 持银卡.

(1) 在该团中随机采访 3 名游客,求恰有 1 人持金卡且持银卡者少于 2 人的概率;

(2) 在该团的省内游客中随机采访 3 名游客,设其中持银卡人数为随机变量 ξ,求 ξ 的分布列及数学期望 $E(\xi)$.

解析 (1) 由题意得,省外游客有 27 人,其中 9 人持金卡;省内游客有 9 人,其中 6 人持银卡.设事件 B 为"采访该团 3 人中,恰有 1 人持金卡且持银卡者少于 2 人",事件 A_1 为"采访该团 3 人中,1 人持金卡,0 人持银卡",事件 A_2 为"采访该团 3 人中,1 人持金卡,1 人持银卡".则

$$P(B) = P(A_1) + P(A_2) = \frac{C_9^1 C_{21}^2}{C_{36}^3} + \frac{C_9^1 C_6^1 C_{21}^1}{C_{36}^3} = \frac{9}{34} + \frac{27}{170} = \frac{36}{85}.$$

所以在该团中随机采访 3 人,恰有 1 人持金卡且持银卡者少于 2 人的概率是 $\frac{36}{85}$.

(2) 根据题意,ξ 的可能取值为 $0,1,2,3$,且取这些值的概率分别为

$$P(\xi = 0) = \frac{C_3^3}{C_9^3} = \frac{1}{84}, \quad P(\xi = 1) = \frac{C_6^1 C_3^2}{C_9^3} = \frac{3}{14},$$

$$P(\xi = 2) = \frac{C_6^2 C_3^1}{C_9^3} = \frac{15}{28}, \quad P(\xi = 3) = \frac{C_6^3}{C_9^3} = \frac{5}{21}.$$

所以 ξ 的分布列见表 4.43.

表 4.43

ξ	0	1	2	3
P	$\frac{1}{84}$	$\frac{3}{14}$	$\frac{15}{28}$	$\frac{5}{21}$

故 ξ 的数学期望为

$$E(\xi) = 0 \times \frac{1}{84} + 1 \times \frac{3}{14} + 2 \times \frac{15}{28} + 3 \times \frac{5}{21} = 2.$$

点评 本题第(1)问所求随机事件包含两种情形,可以利用互斥事件的概率公式进行求解所要求的随机事件的概率,具有一定的灵活性;第(2)问考查的是超几何概率分布模型,难度与上一题相当.

例11 (2012 广东卷·理 17) 某班 50 位学生期中考试数学成绩的频率分布直方图如图 4.2 所示,其中成绩分组区间是 $[40,50)$,$[50,60)$,$[60,70)$,$[70,80)$,$[80,90)$,$[90,100]$.

(1) 求图中 x 的值;

(2) 从成绩不低于 80 分的学生中随机选取 2 人,该 2 人中成绩在 90 分以上(含 90 分)的人数记为 ξ,求 ξ 的数学期望.

解析 (1) 由 $(0.006 \times 3 + 0.01 + 0.054 + x) \times 10 = 1$,解得 $x = 0.018$.

（2）分数在 $[80,90)$，$[90,100]$ 的人数分别是 $50 \times 0.018 \times 10 = 9$ 人，$50 \times 0.006 \times 10 = 3$ 人. 所以 ξ 可能的取值为 $0,1,2$，且取这些值的概率分别为

$$P(\xi = 0) = \frac{C_3^0 C_9^2}{C_{12}^2} = \frac{36}{66} = \frac{6}{11},$$

$$P(\xi = 1) = \frac{C_3^1 C_9^1}{C_{12}^2} = \frac{27}{66} = \frac{9}{22},$$

$$P(\xi = 2) = \frac{C_3^2 C_9^0}{C_{12}^2} = \frac{3}{66} = \frac{1}{22}.$$

所以 ξ 的分布列见表 4.44.

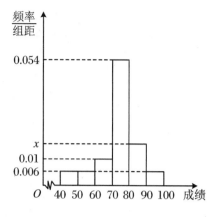

图 4.2

表 4.44

ξ	0	1	2
P	$\frac{6}{11}$	$\frac{9}{22}$	$\frac{1}{22}$

故 ξ 的数学期望是

$$E(\xi) = 0 \times \frac{6}{11} + 1 \times \frac{9}{22} + 2 \times \frac{1}{22} = \frac{11}{22} = \frac{1}{2}.$$

点评 本题是一道极其经典的概率统计综合解答题,结合频率分布直方图进行概率的考查是各类考试中最常考查的一种方式之一,特别需要引起读者的重视！第(1)问利用频率分布直方图每个小长方形的面积之和为 1,即可求出所要求的值.在各类考试中,还可以命制估计众数、百分位数、平均数等问题,读者要熟练掌握这些经典考点,做到心中有数.第(2)问要结合题意先求出分数在 $[80,90)$，$[90,100]$ 的人数,然后再判断出概率模型,从而求得最终的结果.

变式 1(2017 北京卷·理 17) 为了研究一种新药的疗效,选 100 名患者随机分成两组,每组各 50 名,一组服药,另一组不服药.一段时间后,记录了两组患者的生理指标 x 和 y 的数据,并制成图 4.3,其中"*"表示服药者,"+"表示未服药者.

(1) 从服药的 50 名患者中随机选出 1 人,求此人指标 y 的值小于 60 的概率;

(2) 从图中 A,B,C,D 4 人中随机选出 2 人,记 ξ 为选出的 2 人中指标 x 的值大于 1.7 的人数,求 ξ 的分布列和数学期望 $E(\xi)$;

(3) 试判断这 100 名患者中服药者指标 y 数据的方差与未服药者指标 y 数据的方差的大小.(只需写出结论)

解析 (1) 由图可知,在 50 名服药患者中,有 15 名患者指标 y 的值小于 60,则从服药的 50 名患者中随机选出 1 人,此人指标 y 的值小于 60 的概率为 $\frac{15}{50} = \frac{3}{10}$.

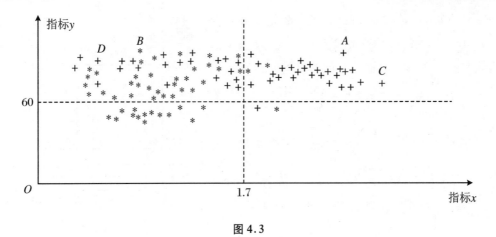

图 4.3

(2) 由图可知 A,C 两人指标 x 的值大于 1.7，B,D 两人指标 x 的值小于 1.7，ξ 的可能取值是 $0,1,2$，且取这些值的概率分别为

$$P(\xi = 0) = \frac{1}{C_4^2} = \frac{1}{6}, \quad P(\xi = 1) = \frac{C_2^1 C_2^1}{C_4^2} = \frac{2}{3}, \quad P(\xi = 2) = \frac{1}{C_4^2} = \frac{1}{6}.$$

所以 ξ 的分布列见表 4.45.

表 4.45

ξ	0	1	2
P	$\frac{1}{6}$	$\frac{2}{3}$	$\frac{1}{6}$

故 ξ 的数学期望为

$$E(\xi) = 0 \times \frac{1}{6} + 1 \times \frac{2}{3} + 2 \times \frac{1}{6} = 1.$$

(3) 由图知 100 名患者中服药者指标 y 数据的方差比未服药者指标 y 数据的方差大.

点评 本题综合考查了古典概型、超几何分布、方差的定义等知识，图表的引入会给不少考生带来一定的障碍.通过分析可以发现，求分布列的常见考查方法有 3 种：一是由统计数据得到离散型随机变量的分布列；二是由古典概型求出离散型随机变量的分布列；三是由互斥事件的概率、相互独立事件同时发生的概率，以及 n 次独立重复试验有 k 次发生的概率求离散型随机变量的分布列.通过分析可知，本题是一道超几何概率模型.

变式 2(2015 山东卷·理 19) 若 n 是一个三位正整数，且 n 的个位数字大于十位数字，十位数字大于百位数字，则称 n 为"三位递增数"(如 $137,359,567$ 等).

在某次数学趣味活动中，每位参加者需从所有的"三位递增数"中随机抽取 1 个数，且只能抽取 1 次.得分规则如下：若抽取的"三位递增数"的三个数字之积不能被 5 整除，参加者得 0 分；若能被 5 整除，但不能被 10 整除，得 -1 分；若能被 10 整除，得 1 分.

(1) 写出所有个位数字是 5 的"三位递增数"；

(2) 若甲参加活动,求甲得分 X 的分布列和数学期望 $E(X)$.

解析 (1) 个位数字是 5 的"三位递增数"分别是 145,245,345,135,235,125.

(2) 由题意知全部"三位递增数"的个数为 $C_9^3 = 84$.甲得分 X 的可能取值是 $-1,0,1$,且取这些值的概率分别为

$$P(X = 0) = \frac{C_8^3}{C_9^3} = \frac{56}{84} = \frac{2}{3}, \quad P(X = -1) = \frac{C_4^2}{C_9^3} = \frac{6}{84} = \frac{1}{14},$$

$$P(X = 1) = 1 - \frac{1}{14} - \frac{2}{3} = \frac{11}{42}.$$

所以甲得分 X 的分布列见表 4.46.

表 4.46

X	-1	0	1
P	$\frac{1}{14}$	$\frac{2}{3}$	$\frac{11}{42}$

故甲得分 X 的数学期望为

$$E(X) = (-1) \times \frac{1}{14} + 0 \times \frac{2}{3} + 1 \times \frac{11}{42} = \frac{4}{21}.$$

点评 本题在一个新概念的背景下,考查了组合、概率、离散型随机变量的分布列等知识,意在考查考生对新知识的理解与应用能力,以及利用所学知识解决问题的能力,解决此类问题的关键是从实际问题中抽象出数学模型.

考题回放

1. (2011 江西卷·理 16)某饮料公司招聘一名员工,现对其进行一项测试,以便确定工资级别.公司准备了两种不同的饮料共 8 杯,其颜色完全相同,并且其中 4 杯为 A 饮料,另外 4 杯为 B 饮料,公司要求此员工一一品尝后,从 8 杯饮料中选出 4 杯 A 饮料.若 4 杯都选对,则月工资定为 3500 元;若 4 杯选对 3 杯,则月工资定为 2800 元;否则月工资定为 2100 元.令 X 表示此员工选对 A 饮料的杯数.假设此员工对 A 和 B 两种饮料没有鉴别能力.

(1) 求 X 的分布列;

(2) 求此员工月工资的期望.

2. (2009 天津卷·理 18)在 10 件产品中,有 3 件一等品,4 件二等品,3 件三等品.从这 10 件产品中任取 3 件,求:

(1) 取出的 3 件产品中一等品件数 X 的分布列和数学期望;

(2) 取出的 3 件产品中一等品件数多于二等品件数的概率.

3. (2014 天津卷·理 16)某大学志愿者协会有 6 名男同学,4 名女同学. 在这 10 名同学中,3 名同学来自数学学院,其余 7 名同学来自物理、化学等其他互不相同的 7 个学院. 现从

这 10 名同学中随机选取 3 名同学，到希望小学进行支教活动（每位同学被选到的可能性相同）.

（1）求选出的 3 名同学是来自互不相同学院的概率；

（2）设 X 为选出的 3 名同学中女同学的人数，求随机变量 X 的分布列和数学期望.

4.（2013 天津卷·理 16）一个盒子里装有 7 张卡片，其中有红色卡片 4 张，编号分别为 1，2，3，4；白色卡片 3 张，编号分别为 2，3，4.从盒子中任取 4 张卡片（假设取到任何一张卡片的可能性相同）.

（1）求取出的 4 张卡片中，含有编号为 3 的卡片的概率；

（2）在取出的 4 张卡片中，红色卡片编号的最大值设为 X，求随机变量 X 的分布列和数学期望.

5.（2011 广东卷·理 17）为了解甲、乙两厂的产品质量，采用分层抽样的方法从甲、乙两厂生产的产品中分别抽取 14 件和 5 件，测量产品中微量元素 x，y 的含量（单位：毫克）.表 4.47 是乙厂的 5 件产品的测量数据.

表 4.47

编号	1	2	3	4	5
x	169	178	166	175	180
y	75	80	77	70	81

（1）已知甲厂生产的产品共有 98 件，求乙厂生产的产品数量；

（2）当产品中的微量元素 x，y 满足 $x \geqslant 175$ 且 $y \geqslant 75$ 时，该产品为优等品.用上述样本数据估计乙厂生产的优等品的数量；

（3）从乙厂抽出的上述 5 件产品中，随机抽取 2 件，求抽取的 2 件产品中优等品数 ξ 的分布列及其均值（即数学期望）.

6.（2018 天津卷·理 16）已知某单位甲、乙、丙三个部门的员工人数分别为 24，16，16.现采用分层抽样的方法从中抽取 7 人，进行睡眠时间的调查.

（1）应从甲、乙、丙三个部门的员工中分别抽取多少人？

（2）若抽出的 7 人中有 4 人睡眠不足，3 人睡眠充足，现从这 7 人中随机抽取 3 人做进一步的身体检查.

① 用 X 表示抽取的 3 人中睡眠不足的员工人数，求随机变量 X 的分布列与数学期望；

② 设 A 为事件"抽取的 3 人中，既有睡眠充足的员工，也有睡眠不足的员工"，求事件 A 发生的概率.

参考答案

1.（1）选对 A 饮料的杯数分别为 $X = 0$，$X = 1$，$X = 3$，$X = 4$，且各取值的概率分别为

$$P(0) = \frac{C_4^0 C_4^4}{C_8^4} = \frac{1}{70}, \quad P(1) = \frac{C_4^1 C_4^3}{C_8^4} = \frac{16}{70},$$

$$P(2) = \frac{C_4^2 C_4^2}{C_8^4} = \frac{36}{70}, \quad P(3) = \frac{C_4^3 C_4^1}{C_8^4} = \frac{16}{70}, \quad P(4) = \frac{C_4^0 C_4^4}{C_8^4} = \frac{1}{70}.$$

所以 X 的分布列见表 4.48.

表 4.48

X	0	1	2	3	4
P	$\frac{1}{70}$	$\frac{16}{70}$	$\frac{36}{70}$	$\frac{16}{70}$	$\frac{1}{70}$

(2) 令 ξ 表示新录用员工的月工资,则其所有可能取值为 $2100, 2800, 3500$,且取这些值的概率分别为

$$P(\xi = 2100) = P(X \leqslant 2) = \frac{36}{70} + \frac{16}{70} + \frac{1}{70} = \frac{53}{70},$$

$$P(\xi = 2800) = P(X = 3) = \frac{16}{70},$$

$$P(\xi = 3500) = P(X = 4) = \frac{1}{70}.$$

所以此员工月工资的期望为

$$E(\xi) = \frac{1}{70} \times 3500 + \frac{16}{70} \times 2800 + \frac{53}{70} \times 2100 = 2280.$$

2. (1) 由于从 10 件产品中任取 3 件的结果为 C_{10}^3,从 10 件产品中任取 3 件,其中恰有 k 件一等品的结果数为 $C_3^k C_7^{3-k}$,那么从 10 件产品中任取 3 件,其中恰有 k 件一等品的概率为

$$P(X = k) = \frac{C_3^k C_7^{3-k}}{C_{10}^3} \quad (k = 0, 1, 2, 3).$$

所以随机变量 X 的分布列见表 4.49.

表 4.49

X	0	1	2	3
P	$\frac{7}{24}$	$\frac{21}{40}$	$\frac{7}{40}$	$\frac{1}{120}$

故 X 的数学期望为

$$E(X) = 0 \times \frac{7}{24} + 1 \times \frac{21}{40} + 2 \times \frac{7}{40} + 3 \times \frac{1}{120} = \frac{9}{10}.$$

(2) 设"取出的 3 件产品中一等品件数多于二等品件数"为事件 A,"恰好取出 1 件一等品和 2 件三等品"为事件 A_1,"恰好取出 2 件一等品"为事件 A_2,"恰好取出 3 件一等品"为事件 A_3. 因为事件 A_1, A_2, A_3 彼此互斥,且 $A = A_1 \bigcup A_2 \bigcup A_3$,

$$P(A_1) = \frac{C_3^1 C_3^2}{C_{10}^3} = \frac{3}{40}, \quad P(A_2) = P(X=2) = \frac{7}{40}, \quad P(A_3) = P(X=3) = \frac{1}{120},$$

所以取出的 3 件产品中一等品件数多于二等品件数的概率为

$$P(A) = P(A_1) + P(A_2) + P(A_3) = \frac{3}{40} + \frac{7}{40} + \frac{1}{120} = \frac{31}{120}.$$

3. (1) 设"选出的 3 名同学来自互不相同的学院"为事件 A,则

$$P(A) = \frac{C_3^1 C_7^2 + C_3^0 C_7^3}{C_{10}^3} = \frac{49}{60}.$$

所以选出的 3 名同学来自互不相同学院的概率为 $\frac{49}{60}$.

(2) 随机变量 X 的所有可能值为 $0,1,2,3$,且

$$P(X=k) = \frac{C_4^k C_6^{3-k}}{C_{10}^3} \quad (k=0,1,2,3).$$

所以随机变量 X 的分布列见表 4.50.

表 4.50

X	0	1	2	3
P	$\frac{1}{6}$	$\frac{1}{2}$	$\frac{3}{10}$	$\frac{1}{30}$

故随机变量 X 的数学期望为

$$E(X) = 0 \times \frac{1}{6} + 1 \times \frac{1}{2} + 2 \times \frac{3}{10} + 3 \times \frac{1}{30} = \frac{6}{5}.$$

4. (1) 设"取出的 4 张卡片中,含有编号为 3 的卡片"为事件 A,则

$$P(A) = \frac{C_2^1 C_5^3 + C_2^2 C_5^2}{C_7^4} = \frac{6}{7}.$$

所以"取出的 4 张卡片中,含有编号为 3 的卡片"的概率为 $\frac{6}{7}$.

(2) 随机变量 X 的所有可能取值为 $1,2,3,4$,且取这些值的概率分别为

$$P(X=1) = \frac{C_3^3}{C_7^4} = \frac{1}{35}, \quad P(X=2) = \frac{C_4^3}{C_7^4} = \frac{4}{35},$$

$$P(X=3) = \frac{C_5^3}{C_7^4} = \frac{2}{7}, \quad P(X=4) = \frac{C_6^3}{C_7^4} = \frac{4}{7}.$$

所以随机变量 X 的分布列见表 4.51.

表 4.51

X	1	2	3	4
P	$\frac{1}{35}$	$\frac{4}{35}$	$\frac{2}{7}$	$\frac{4}{7}$

故随机变量 X 的数学期望为

$$E(X) = 1 \times \frac{1}{35} + 2 \times \frac{4}{35} + 3 \times \frac{2}{7} + 4 \times \frac{4}{7} = \frac{17}{5}.$$

5.（1）设乙厂生产的产品数量为 a 件，则 $\frac{98}{a} = \frac{14}{5}$，解得 $a = 35$. 所以乙厂生产的产品数量为 35 件.

（2）从乙厂抽取的 5 件产品中，编号为 2，5 的产品是优等品，即 5 件产品中有 2 件是优等品，由此可以估算出乙厂生产的优等品的数量为 $35 \times \frac{2}{5} = 14$ 件.

（3）根据题意，ξ 可能的取值为 0，1，2，且取这些值的概率分别为

$$P(\xi = 0) = \frac{C_3^2}{C_5^2} = \frac{3}{10}, \quad P(\xi = 1) = \frac{C_2^1 C_3^1}{C_5^2} = \frac{6}{10}, \quad P(\xi = 2) = \frac{C_2^2}{C_5^2} = \frac{1}{10}.$$

所以 ξ 的分布列见表 4.52.

表 4.52

ξ	0	1	2
P	$\frac{3}{10}$	$\frac{6}{10}$	$\frac{1}{10}$

故 ξ 的数学期望为

$$E(\xi) = 0 \times \frac{3}{10} + 1 \times \frac{6}{10} + 2 \times \frac{1}{10} = \frac{4}{5}.$$

6.（1）由已知，甲、乙、丙三个部门的员工人数之比为 $3 : 2 : 2$，由于采用分层抽样的方法从中抽取 7 人，因此应从甲、乙、丙三个部门的员工中分别抽取 3 人，2 人，2 人.

（2）① 随机变量 X 的所有可能取值为 0，1，2，3. 因为

$$P(X = k) = \frac{C_4^k C_3^{3-k}}{C_7^3} \quad (k = 0, 1, 2, 3).$$

所以随机变量 X 的分布列见表 4.53.

表 4.53

X	0	1	2	3
P	$\frac{1}{35}$	$\frac{12}{35}$	$\frac{18}{35}$	$\frac{4}{35}$

故随机变量 X 的数学期望为

$$E(X) = 0 \times \frac{1}{35} + 1 \times \frac{12}{35} + 2 \times \frac{18}{35} + 3 \times \frac{4}{35} = \frac{12}{7}.$$

② 设事件 B 为"抽取的 3 人中，睡眠充足的员工有 1 人，睡眠不足的员工有 2 人"，事件 C 为"抽取的 3 人中，睡眠充足的员工有 2 人，睡眠不足的员工有 1 人". 则 $A = B \cup C$，且 B

与 C 互斥. 由①知, $P(B) = P(X = 2)$, $P(C) = P(X = 1)$, 故

$$P(A) = P(B \bigcup C) = P(X = 2) + P(X = 1) = \frac{6}{7}.$$

所以事件 A 发生的概率为 $\frac{6}{7}$.

4.4 二 项 分 布

知识梳理

在 n 次独立重复试验中, 事件 A 发生的概率为 p, 设在 n 次试验中事件 A 发生的次数为随机变量 X,

$$P(X = k) = C_n^k p^k (1 - p)^{n-k} \quad (k = 0, 1, 2, \cdots, n).$$

其分布列见表 4.54.

表 4.54

X	0	1	$\cdots$	k	$\cdots$	n
P	$C_n^0 (1-p)^n$	$C_n^1 p (1-p)^{n-1}$	$\cdots$	$C_n^k p^k (1-p)^{n-k}$	$\cdots$	$C_n^n p^n$

则称随机变量 X 服从二项分布, 记为 $X \sim B(n, p)$, 其期望与分差分别为

$$E(X) = np, \quad D(X) = np(1 - p).$$

例题精讲

例 12 (2017 全国 Ⅱ 卷·理 13) 一批产品的二等品率为 0.02, 从这批产品中每次随机取一件, 有放回地抽取 100 次, X 表示抽到的二等品件数, 则 $D(X) = $ _____ .

解析 因为 $X \sim B(100, 0.02)$, 所以 $D(X) = np(1 - p) = 100 \times 0.02 \times 0.98 = 1.96$.

点评 本题考查了服从二项分布的随机变量的方差的计算, 只需直接套用相关公式即可得到答案. 有些基础不扎实的考生可能会由于没有掌握相关公式而想求出随机变量的分布列, 然后再求出数学期望, 最后再根据一般的方差公式来求方差. 这一过程涉及的运算过大, 容易陷入解题困境.

变式 1 (2018 全国 Ⅲ 卷·理 8) 某群体中的每位成员使用移动支付的概率都为 p, 各成员的支付方式相互独立, 设 X 为群体的 10 位成员中使用移动支付的人数, $D(X) = 2.4$,

$P(X=4)<P(X=6)$，则 $p=($).

A. 0.7   B. 0.6   C. 0.4   D. 0.3

(解析) 此分布为二项分布，由二项分布的方差公式 $D(X)=np(1-p)$，得 $10p(1-p)=$ 2.4，解得 $p=0.6$ 或 0.4.又因为 $P(X=4)<P(X=6)$，即 $C_{10}^4 p^4 (1-p)^6 < C_{10}^6 p^6 (1-p)^4$，所以 $p^2>(1-p)^2$，从而可得 $p=0.6$.故选项 B 正确.

点评 本题中的随机变量服从二项分布，这需要考生自己判断，判断后利用服从二项分布的随机变量的方差公式即可求出 p.由于求出的 p 有两个值，还需要根据 $P(X=4)<$ $P(X=6)$ 这一条件排除一个.

例13 (2010 新课标卷·理6) 某种种子每粒发芽的概率都为 0.9,现播种了 1000 粒,对于没有发芽的种子,每粒需再补种 2 粒,补种的种子数记为 X,则 X 的数学期望为( ).

A. 100   B. 200   C. 300   D. 400

(解析) 设发芽的种子数为 Y,则根据题意可得 $X=2(1000-Y)=2000-2Y$.由于随机变量 Y 服从 $Y\sim(1000,0.9)$,有 $E(X)=E(2000-2Y)=2000-2E(Y)=2000-2\times$ $1000\times 0.9=200$.故选项 B 正确.

点评 本题可借助 X 与 Y 的线性关系进行求解,然后再借助有关数学期望的重要公式 $E(aX+b)=aE(X)+b$ 进行求解,难度不大.

变式1(2013 福建卷·理16) 某联欢晚会举行抽奖活动,举办方设置了甲、乙两种抽奖方案,方案甲的中奖率为 $\dfrac{2}{3}$,中奖可以获得 2 分;方案乙的中奖率为 $\dfrac{2}{5}$,中奖可以获得 3 分;未中奖则不得分.每人有且只有一次抽奖机会,每次抽奖中奖与否互不影响,晚会结束后凭分数兑换奖品.

(1) 若小明选择方案甲抽奖,小红选择方案乙抽奖,记他们的累计得分为 X,求 $X\leqslant 3$ 的概率;

(2) 若小明、小红两人都选择方案甲或都选择方案乙进行抽奖,问:他们选择何种方案抽奖,累计得分的数学期望较大?

(解析) (1) 由已知得,小明中奖的概率为 $\dfrac{2}{3}$,小红中奖的概率为 $\dfrac{2}{5}$,且两人中奖与否互不影响.记"这 2 人的累计得分 $X\leqslant 3$"的事件为 A,则事件 A 的对立事件为"$X=5$",因为 $P(X=5)=\dfrac{2}{3}\times\dfrac{2}{5}=\dfrac{4}{15}$,所以 $P(A)=1-P(X=5)=\dfrac{11}{15}$,即"这 2 人的累计得分 $X\leqslant 3$"的概率为 $\dfrac{11}{15}$.

(2) 设小明、小红都选择方案甲抽奖中奖的次数为 X_1,都选择方案乙抽奖中奖的次数

为 X_2，则这两人选择方案甲抽奖累计得分的数学期望为 $E(2X_1)$，选择方案乙抽奖累计得分的数学期望为 $E(3X_2)$. 由已知得 $X_1 \sim B\left(2, \dfrac{2}{3}\right)$，$X_2 \sim B\left(2, \dfrac{2}{5}\right)$，所以

$$E(X_1) = 2 \times \frac{2}{3} = \frac{4}{3}, \quad E(X_2) = 2 \times \frac{2}{5} = \frac{4}{5}.$$

故

$$E(2X_1) = 2E(X_1) = \frac{8}{3}, \quad E(3X_2) = 3E(X_2) = \frac{12}{5}.$$

因为 $E(2X_1) > E(3X_2)$，所以他们都选择方案甲进行抽奖时，累计得分的数学期望较大.

点评 本题主要考查古典概型、离散型随机变量的分布列，以及数学期望等基础知识；考查数据处理能力、运算求解能力和应用意识；考查必然和或然思想.

变式 2（2008 全国 II 卷·理） 购买某种保险，每个投保人每年度向保险公司交纳保费 a 元，若投保人在购买保险的一年度内出险，则可以获得 10000 元的赔偿金. 假定在一年度内有 10000 人购买了这种保险，且各投保人是否出险相互独立. 已知保险公司在一年度内至少支付赔偿金 10000 元的概率为 $1 - 0.999^{10^4}$.

(1) 求一投保人在一年度内出险的概率 p；

(2) 设保险公司开办该项险种业务除赔偿金外的成本为 50000 元，为保证盈利的期望不小于 0，求每位投保人应交纳的最低保费（单位：元）.

（解）（析） 各投保人是否出险互相独立，且出险的概率都是 p，记投保的 10000 人中出险的人数为 ξ，则 $\xi \sim B(10^4, p)$.

(1) 记 A 表示事件"保险公司为该险种至少支付 10000 元赔偿金"，则 $\bar{A}$ 发生当且仅当 $\xi = 0$，所以

$$P(A) = 1 - P(\bar{A}) = 1 - P(\xi = 0) = 1 - (1 - p)^{10^4}.$$

又 $P(A) = 1 - 0.999^{10^4}$，故 $p = 0.001$.

(2) 该险种总收入为 $10000a$ 元，支出是赔偿金总额与成本的和. 支出为 $10000\xi + 50000$，盈利为 $\eta = 10000a - (10000\xi + 50000)$，则盈利的期望为

$$E(\eta) = 10000a - 10000E(\xi) - 50000.$$

由 $\xi \sim B(10^4, 10^{-3})$ 知 $E(\xi) = 10000 \times 10^{-3}$，所以

$$E(\eta) = 10^4 a - 10^4 E(\xi) - 5 \times 10^4 = 10^4 a - 10^4 \times 10^4 \times 10^{-3} - 5 \times 10^4,$$

可得

$$E(\eta) \geqslant 0 \iff 10^4 a - 10^4 \times 10 - 5 \times 10^4 \geqslant 0 \iff a - 10 - 5 \geqslant 0 \iff a \geqslant 15.$$

故每位投保人应交纳的最低保费为 15 元.

点评 本题涉及的数据表面上看起来较为复杂，会给考生带来较大的压力，但是在熟悉问题并借助二项分布的相关知识进行解答之后，发现并没有想象中的复杂. 本题延续了上一题的考法，并在此基础上综合考查了不等式的相关知识.

例14 (2012 四川卷·理 17)　某居民小区有两个相互独立的安全防范系统(简称系统)A 和 B,系统 A 和系统 B 在任意时刻发生故障的概率分别为 $\frac{1}{10}$ 和 p.

(1) 若在任意时刻至少有一个系统不发生故障的概率为 $\frac{49}{50}$,求 p 的值;

(2) 设系统 A 在 3 次相互独立的检测中不发生故障的次数为随机变量 ξ,求 ξ 的概率分布列及数学期望 $E(\xi)$.

解析 (1) 设"至少有一个系统不发生故障"为事件 C,那么 $P(C) = 1 - \frac{1}{10}p = \frac{49}{50}$,解得 $p = \frac{1}{5}$.

(2) 由题意 $\xi \sim B\left(3, \frac{9}{10}\right)$,

$$P(\xi = 0) = C_3^0 \times \left(\frac{1}{10}\right)^3 = \frac{1}{1000},$$

$$P(\xi = 1) = C_3^1 \times \left(\frac{1}{10}\right)^2 \times \left(1 - \frac{1}{10}\right) = \frac{27}{1000},$$

$$P(\xi = 2) = C_3^2 \times \left(\frac{1}{10}\right) \times \left(1 - \frac{1}{10}\right)^2 = \frac{243}{1000},$$

$$P(\xi = 3) = C_3^3 \times \left(\frac{1}{10}\right)^0 \times \left(1 - \frac{1}{10}\right)^3 = \frac{729}{1000}.$$

所以随机变量 ξ 的概率分布列见表 4.55.

表 4.55

ξ	0	1	2	3
P	$\frac{1}{1000}$	$\frac{27}{1000}$	$\frac{243}{1000}$	$\frac{729}{1000}$

故随机变量 ξ 的数学期望为

$$E(\xi) = 0 \times \frac{1}{1000} + 1 \times \frac{27}{1000} + 2 \times \frac{243}{1000} + 3 \times \frac{729}{1000} = \frac{27}{10}.$$

$$\left(\text{或 } E(\xi) = 3 \times \frac{9}{10} = \frac{27}{10}.\right)$$

点评　第(1)问可以利用间接法进行求解,方法的合理选取是解题的关键,难度不大;第(2)问是一道非常基础且常规的二项分布问题,只要熟悉相关知识即可求出最后的答案.

变式1(2008 山东卷·理 18)　甲、乙两队参加奥运知识竞赛,每队 3 人,每人回答一个问题,答对者为本队赢得 1 分,答错得 0 分.假设甲队中每人答对的概率均为 $\frac{2}{3}$,乙队中 3 人

答对的概率分别为 $\dfrac{2}{3},\dfrac{2}{3},\dfrac{1}{2}$，且各人回答正确与否相互之间没有影响. 用 ξ 表示甲队的总得分.

（1）求随机变量 ξ 的分布列和数学期望；

（2）用 A 表示"甲、乙两个队总得分之和等于3"这一事件，用 B 表示"甲队总得分大于乙队总得分"这一事件，求 $P(AB)$.

$\boxed{解\ 析}$（1）由题意知，ξ 的可能取值为 $0,1,2,3$，且取这些值的概率分别为

$$P(\xi = 0) = C_3^0 \times \left(1 - \frac{2}{3}\right)^3 = \frac{1}{27}, \quad P(\xi = 1) = C_3^1 \times \frac{2}{3} \times \left(1 - \frac{2}{3}\right)^2 = \frac{2}{9},$$

$$P(\xi = 2) = C_3^2 \times \left(\frac{2}{3}\right)^2 \times \left(1 - \frac{2}{3}\right) = \frac{4}{9}, \quad P(\xi = 3) = C_3^3 \times \left(\frac{2}{3}\right)^3 = \frac{8}{27}.$$

所以 ξ 的分布列见表 4.56.

表 4.56

ξ	0	1	2	3
P	$\dfrac{1}{27}$	$\dfrac{2}{9}$	$\dfrac{4}{9}$	$\dfrac{8}{27}$

故 ξ 的数学期望为

$$E(\xi) = 0 \times \frac{1}{27} + 1 \times \frac{2}{9} + 2 \times \frac{4}{9} + 3 \times \frac{8}{27} = 2.$$

（2）用 C 表示"甲得2分，乙得1分"这一事件，用 D 表示"甲得3分，乙得0分"这一事件，所以 $AB = C \cup D$，且 C,D 互斥，又因为

$$P(C) = C_3^2 \times \left(\frac{2}{3}\right)^2 \times \left(1 - \frac{2}{3}\right) \times \left(\frac{2}{3} \times \frac{1}{3} \times \frac{1}{2} + \frac{1}{3} \times \frac{2}{3} \times \frac{1}{2} + \frac{1}{3} \times \frac{1}{3} \times \frac{1}{2}\right) = \frac{10}{3^4},$$

$$P(D) = C_3^3 \times \left(\frac{2}{3}\right)^3 \times \left(\frac{1}{3} \times \frac{1}{3} \times \frac{1}{2}\right) = \frac{4}{3^5},$$

所以由互斥事件的概率公式得

$$P(AB) = P(C) + P(D) = \frac{10}{3^4} + \frac{4}{3^5} = \frac{34}{3^5} = \frac{34}{243}.$$

点评 甲队虽然有3位队员，但由于每位队员答对问题的概率均相等，故可以看作独立重复试验，也是随机变量服从二项分布的问题. 第(2)问需要考生具有一定的分析问题的能力，所求事件是两件互为互斥事件的并，需要考生化抽象为具体.

$\boxed{例\ 15}$（2014 辽宁卷·理 18） 一家面包房根据以往某种面包的销售记录，绘制了日销售量的频率分布直方图，如图 4.4 所示. 将日销售量落入各组的频率视为概率，并假设每天的销售量相互独立.

（1）求在未来连续 3 天里,有连续 2 天的日销售量都不低于 100 个,且另一天的日销售量低于 50 个的概率;

（2）用 X 表示在未来 3 天里日销售量不低于 100 个的天数,求随机变量 X 的分布列、期望 $E(X)$ 及方差 $D(X)$.

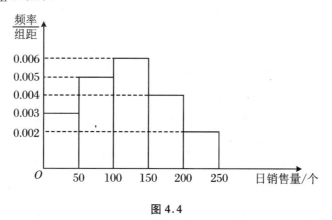

图 4.4

(解析) （1）设 A_1 表示事件"日销售量不低于 100 个", A_2 表示事件"日销售量低于 50 个", B 表示事件"在未来连续 3 天里有连续 2 天日销售量不低于 100 个,且另一天销售量低于 50 个". 则

$$P(A_1) = (0.006 + 0.004 + 0.002) \times 50 = 0.6, \quad P(A_2) = 0.003 \times 50 = 0.15.$$

所以

$$P(B) = 0.6 \times 0.6 \times 0.15 \times 2 = 0.108.$$

（2）根据题意, X 可能的取值为 $0,1,2,3$,相应的概率为

$$P(X = 0) = C_3^0 \times (1 - 0.6)^3 = 0.064,$$
$$P(X = 1) = C_3^1 \times 0.6 \times (1 - 0.6)^2 = 0.288,$$
$$P(X = 2) = C_3^1 \times 0.6^2 \times (1 - 0.6) = 0.432,$$
$$P(X = 3) = C_3^1 \times 0.6^3 = 0.216.$$

所以 X 的分布列见表 4.57.

表 4.57

X	0	1	2	3
P	0.064	0.288	0.432	0.216

因为 $X \sim B(3, 0.6)$,所以期望为 $E(X) = 3 \times 0.6 = 1.8$,方差为 $D(X) = 3 \times 0.6 \times 0.4 = 0.72$.

点评　本题第(1)问是考生极为容易犯错的一类试题,必须特别关注.考生常见的错误在于没有抓住题意的关键词,本题要求连续 3 天里有连续 2 天日销售量都不低于 100 个,且另一天的日销售量低于 50 个,"连续"两字是题眼,可以前 2 天连续,也可以后 2 天连续,因此在计算概率时要乘以 2,这是很多考生容易遗漏的地方.本题与频率分布直方图相结合,这是一类常考的经典试题,要下大力气去解决.

变式 1(2009 广东卷·理 17)　根据空气质量指数 API(为整数)的不同,可将空气质量分级为表 4.58.

表 4.58

API	0~50	51~100	101~150	151~200	201~250	251~300	>300
级别	I	II	III₁	III₂	IV₁	IV₂	V
状况	优	良	轻微污染	轻度污染	中度污染	中度重污染	重度污染

对某城市一年(365 天)的空气质量进行监测,获得的 API 数据按照区间 $[0,50]$,$(50,100]$,$(100,150]$,$(150,200]$,$(200,250]$,$(250,300]$ 进行分组,得到频率分布直方图如图 4.5 所示.

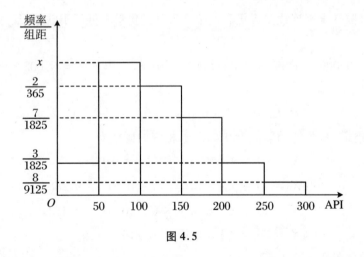

图 4.5

(1) 求直方图中 x 的值;

(2) 计算一年中空气质量分别为良和轻微污染的天数;

(3) 求该城市某一周至少有 2 天的空气质量为良或轻微污染的概率.

$\left(\text{结果用分数表示.已知 } 5^7=78125, 2^7=128, \dfrac{3}{1825}+\dfrac{2}{365}+\dfrac{7}{1825}+\dfrac{3}{1825}+\dfrac{8}{9125}=\dfrac{123}{9125},\right.$

$365=73\times5.\Big)$

解 析　(1) 因为在频率分布直方图中各个小矩形的面积之和等于 1,所以依题意得

$$\left(\frac{3}{1825} + x + \frac{2}{365} + \frac{7}{1825} + \frac{3}{1825} + \frac{8}{9125}\right) \times 50 = 1,$$

又因为 $\frac{3}{1825} + \frac{2}{365} + \frac{7}{1825} + \frac{3}{1825} + \frac{8}{9125} = \frac{123}{9125}$,所以

$$x = \frac{1}{50} - \frac{123}{9125} = \frac{119}{18250}.$$

(2) 由频率分布直方图知,一年中空气质量为良的天数为

$$365 \times \frac{119}{18250} \times 50 = 119(天).$$

一年中空气质量为轻微污染的天数为

$$365 \times \frac{2}{365} \times 50 = 100(天).$$

(3) 由(2)可知,在一年之中空气质量为良或轻微污染的天数共有 $119 + 100 = 219$ 天.

所以,在一年之中任何一天空气质量为良或轻微污染的概率是 $p = \frac{219}{365} = \frac{3}{5}$.设一周中的空气质量为良或轻微污染的天数为 ξ,则 $\xi \sim B\left(7, \frac{3}{5}\right)$,且

$$P(\xi = k) = C_7^k \left(\frac{3}{5}\right)^k \left(1 - \frac{3}{5}\right)^{7-k} \quad (k = 0, 1, 2, \cdots, 7).$$

记"该城市某一周至少有 2 天的空气质量为良或轻微污染"为事件 A,则

$$P(A) = 1 - P(\xi = 0) - P(\xi = 1)$$

$$= 1 - C_7^0 \times \left(\frac{3}{5}\right)^0 \times \left(1 - \frac{3}{5}\right)^7 - C_7^1 \times \left(\frac{3}{5}\right)^1 \times \left(1 - \frac{3}{5}\right)^6$$

$$= 1 - \left(\frac{2}{5}\right)^7 - 7 \times \frac{3}{5} \times \left(\frac{2}{5}\right)^6 = 1 - \frac{2^7 + 21 \times 2^6}{5^7}$$

$$= 1 - \frac{128 + 1344}{78125} = \frac{76653}{78125}.$$

点评　本题阅读量较大,会给很多考生带来较大的压力.第(1)问和第(2)问虽然较为基础,但由于涉及的数据较为复杂,会给不少考生较大的打击.如何合理利用题目给出的参考数据是运算的一大关键,综合考查了考生的数据处理能力.在第(3)问的解答过程中,二项分布模型的判断是解题的关键,直接解答计算量比较大,故可考虑间接法.

变式2(2014 广东卷·理 17)　随机观测生产某种零件的某工厂 25 名工人的日加工零件数(单位:件),获得如下数据:

30,42,41,36,44,40,37,37,25,45,29,43,31,36,49,34,33,43,38,42,32,34,46,39,36
根据上述数据得到样本的频率分布表,见表 4.59.

(1) 确定样本频率分布表中 n_1, n_2, f_1 和 f_2 的值;

(2) 根据上述频率分布表,画出样本频率分布直方图;

(3) 根据样本频率分布直方图,求在该厂任取 4 人,至少有 1 人的日加工零件数落在区

间$(30,35]$的概率.

表 4.59

分组	频数	频率
$[25,30]$	3	0.12
$(30,35]$	5	0.20
$(35,40]$	8	0.32
$(40,45]$	n_1	f_1
$(45,50]$	n_2	f_2

(解)(析) (1) 根据图表可知 $n_1 = 7, n_2 = 2$,故 $f_1 = \dfrac{7}{25} = 0.28, f_2 = \dfrac{2}{25} = 0.08$.

(2) 样本频率分布直方图如图 4.6 所示.

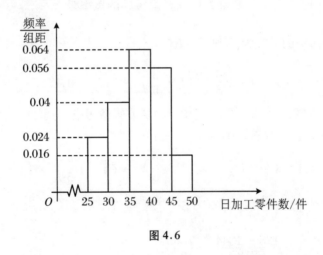

图 4.6

(3) 由(1)知,"任取 1 人,日加工零件数落在区间$(30,35]$"的概率为 $\dfrac{1}{5}$.设"该厂任取 4

人,没有人日加工零件数落在区间$(30,35]$"的事件为 A,则 $P(A) = \left(1 - \dfrac{1}{5}\right)^4 = \left(\dfrac{4}{5}\right)^4$,所以

$$P(\overline{A}) = 1 - \left(\dfrac{4}{5}\right)^4 = \dfrac{369}{625}.$$

点评 本题的前两小问是直接以频率分布直方图的方式进行考查的,其中第(2)问需考生自己绘制直方图.因此对一些重要考点,考生必须全方位掌握.第(3)问是一个易错的问题,不少考生由于没有深入理解题意而造成概率分布模型判断的错误.由于本题任取的 4 人是来自该厂的,而不是样本中的 25 人,因此本题是二项分布模型,而非超几何分布模型,这也是本题最大易错之处,十分值得读者警惕!

例 16 (2012 天津卷·理 16) 现有 4 个人去参加某娱乐活动,该活动有甲、乙两个游戏可供参加者选择.为增加趣味性,约定:每个人通过掷一枚质地均匀的骰子决定自己参加哪个游戏,掷出点数为 1 或 2 的人参加甲游戏,掷出点数大于 2 的人参加乙游戏.

（1）求这 4 个人中恰有 2 人参加甲游戏的概率;

（2）求这 4 个人中参加甲游戏的人数大于参加乙游戏的人数的概率;

（3）用 X,Y 分别表示这 4 个人中参加甲、乙游戏的人数,记 $\xi=|X-Y|$,求随机变量 ξ 的分布列与数学期望 $E(\xi)$.

(解)(析)　由题意得,这 4 个人中每个人参加甲游戏的概率为 $\dfrac{1}{3}$,参加乙游戏的概率为 $\dfrac{2}{3}$.

设"这 4 个人中恰有 i 人参加甲游戏"为事件 $A_i(i=0,1,2,3,4)$,则

$$P(A_i)=C_4^i\left(\frac{1}{3}\right)^i\left(\frac{2}{3}\right)^{4-i}\quad(i=0,1,2,3,4).$$

（1）这 4 个人中恰有 2 人参加甲游戏的概率为

$$P(A_2)=C_4^2\times\left(\frac{1}{3}\right)^2\times\left(\frac{2}{3}\right)^2=\frac{8}{27}.$$

（2）设"这 4 个人中参加甲游戏的人数大于参加乙游戏的人数"为事件 B,则 $B=A_3\bigcup A_4$. A_3 与 A_4 互斥,故

$$P(B)=P(A_3)+P(A_4)=C_4^3\times\left(\frac{1}{3}\right)^3\times\left(\frac{2}{3}\right)^1+C_4^4\times\left(\frac{1}{3}\right)^4=\frac{1}{9}.$$

所以,这 4 个人中参加甲游戏的人数大于参加乙游戏的人数的概率为 $\dfrac{1}{9}$.

（3）根据题意,ξ 的可能取值为 $0,2,4$.因为 A_1 与 A_3 互斥,A_0 与 A_4 互斥,所以

$$P(\xi=0)=P(A_2)=\frac{8}{27},$$

$$P(\xi=2)=P(A_1)+P(A_3)=\frac{40}{81},$$

$$P(\xi=4)=P(A_0)+P(A_4)=\frac{17}{81}.$$

所以 ξ 的分布列见表 4.60.

表 4.60

ξ	0	2	4
P	$\dfrac{8}{27}$	$\dfrac{40}{81}$	$\dfrac{17}{81}$

故 ξ 的数学期望为

$$E(\xi)=0\times\frac{8}{27}+2\times\frac{40}{81}+4\times\frac{17}{81}=\frac{148}{81}.$$

点评　应用性问题是高考命题的一个重要考点,近年来都通过概率问题来考查.对于此

类考题,要注意认真审题,从数学与实际生活两个角度来理解问题的实质,将问题成功转化为古典概型、独立事件、互斥事件等概率模型求解,因此对概率型应用性问题,理解是基础,转化是关键.

考题回放

1. (2015 广东卷·理 13)已知随机变量 X 服从二项分布 $B(n,p)$,若 $E(X)=30$, $D(X)=20$,则 $p=$ _____.

2. (2016 四川卷·理 12)同时抛掷两枚质地均匀的硬币,当至少有一枚硬币正面向上时,就说这次试验成功,则在 2 次试验中成功次数 X 的均值是 _____.

3. (2011 全国大纲卷·理 18)根据以往统计资料,某地车主购买甲种保险的概率为 0.5,购买乙种保险但不购买甲种保险的概率为 0.3,设各车主购买保险相互独立:

(1) 求该地 1 位车主至少购买甲、乙两种保险中的 1 种的概率;

(2) X 表示该地的 100 位车主中,甲、乙两种保险都不购买的车主数.求 X 的数学期望.

4. (2012 四川卷·文 17)某居民小区有两个相互独立的安全防范系统(简称系统)A 和 B,系统 A 和系统 B 在任意时刻发生故障的概率分别为 $\dfrac{1}{10}$ 和 p.

(1) 若在任意时刻至少有一个系统不发生故障的概率为 $\dfrac{49}{50}$,求 p 的值;

(2) 求系统 A 在 3 次相互独立的检测中不发生故障的次数大于发生故障的次数的概率.

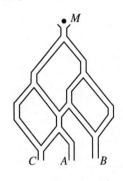

图 4.7

5. (2010 浙江卷·理 19)如图 4.7 所示,一个小球从 M 处投入,通过管道自上而下落到 A 或 B 或 C.已知小球从每个叉口落入左、右两个管道的可能性是相等的.某商家按上述投球方式进行促销活动,若投入的小球落到 A,B,C,则分别设为 1,2,3 等奖.

(1) 已知获得 1,2,3 等奖的折扣率分别为 50%,70%,90%.记随机变量 ξ 为获得 $k(k=1,2,3)$ 等奖的折扣率,求随机变量 ξ 的分布列及数学期望 $E(\xi)$;

(2) 若有 3 人次(投入 1 球为 1 人次)参加促销活动,记随机变量 η 为获得 1 等奖或 2 等奖的人次,求 $P(\eta=2)$.

6. (2009 湖南卷·理 17)为拉动经济增长,某市决定新建一批重点工程,分别为基础设施工程、民生工程和产业建设工程三类,这三类工程所含项目的个数分别占总数的 $\dfrac{1}{2}$,$\dfrac{1}{3}$, $\dfrac{1}{6}$,现在 3 名工人独立地从中任选一个项目参与建设.

（1）求他们选择的项目所属类别互不相同的概率；

（2）记 ξ 为 3 人中选择的项目属于基础设施工程或产业建设工程的人数，求 ξ 的分布列及数学期望.

参 考 答 案

1. 依题可得 $E(X) = np = 30$，且 $D(X) = np(1-p) = 20$，解得 $p = \dfrac{1}{3}$.

2. 依题意可得试验成功的概率为 $p = \dfrac{3}{4}$，且 $X \sim B\left(2, \dfrac{3}{4}\right)$，故 $E(X) = 2 \times \dfrac{3}{4} = \dfrac{3}{2}$.

3. 设该车主购买乙种保险的概率为 p，则由题意知 $p \times (1 - 0.5) = 0.3$，解得 $p = 0.6$.

（1）设所求概率为 P_1，则 $P_1 = 1 - (1 - 0.5) \times (1 - 0.6) = 0.8$. 故该地 1 位车主至少购买甲、乙两种保险中的 1 种的概率为 0.8.

（2）每位车主甲、乙两种保险都不购买的概率为 $(1 - 0.5) \times (1 - 0.6) = 0.2$.

$$X \sim B(100, 0.2), \quad E(X) = 100 \times 0.2 = 20.$$

所以 X 的数学期望是 20 人.

4. （1）设 "至少有一个系统不发生故障" 为事件 C，那么 $P(C) = 1 - \dfrac{1}{10}p = \dfrac{49}{50}$，解得 $p = \dfrac{1}{5}$.

（2）设 "系统 A 在 3 次相互独立的检测中不发生故障的次数大于发生故障的次数" 为事件 D，那么

$$P(D) = C_3^2 \times \dfrac{1}{10} \times \left(1 - \dfrac{1}{10}\right)^2 + \left(1 - \dfrac{1}{10}\right)^3 = \dfrac{972}{1000} = \dfrac{243}{250}.$$

故检测中不发生故障的次数大于发生故障的次数的概率为 $\dfrac{243}{250}$.

5. （1）由题意得 ξ 的分布列见表 4.61.

表 4.61

ξ	50%	70%	90%
P	$\dfrac{3}{16}$	$\dfrac{3}{8}$	$\dfrac{7}{16}$

则随机变量 ξ 的数学期望为

$$E(\xi) = \dfrac{3}{16} \times 50\% + \dfrac{3}{8} \times 70\% + \dfrac{7}{16} \times 90\% = \dfrac{3}{4}.$$

（2）由（1）可知，获得 1 等奖或 2 等奖的概率为 $\dfrac{3}{16} + \dfrac{3}{8} = \dfrac{9}{16}$. 由题意得 $\eta \sim B\left(3, \dfrac{9}{16}\right)$，则

$$P(\eta = 2) = C_3^2 \times \left(\frac{9}{16}\right)^2 \times \left(1 - \frac{9}{16}\right) = \frac{1701}{4096}.$$

6. 记第 i 名工人选择的项目属于基础设施工程、民生工程和产业建设工程分别为事件 $A_i, B_i, C_i (i=1,2,3)$. 由题意知 A_1, A_2, A_3 相互独立, B_1, B_2, B_3 相互独立, C_1, C_2, C_3 相互独立, $A_i, B_j, C_k (i,j,k=1,2,3,$ 且 i,j,k 互不相同$)$ 相互独立, 且 $P(A_i) = \frac{1}{2}$, $P(B_i) = \frac{1}{3}$, $P(C_i) = \frac{1}{6}$.

(1) 他们选择的项目所属类别互不相同的概率为

$$P = 3! \times P(A_1 B_2 C_3) = 6P(A_1)P(B_2)P(C_3) = 6 \times \frac{1}{2} \times \frac{1}{3} \times \frac{1}{6} = \frac{1}{6}.$$

(2)（解法 1）设 3 名工人中选择的项目属于民生工程的人数为 η, 则由已知得 $\eta \sim B\left(3, \frac{1}{3}\right)$, 且 $\xi = 3 - \eta$. 所以

$$P(\xi = 0) = P(\eta = 3) = C_3^3 \times \left(\frac{1}{3}\right)^3 = \frac{1}{27},$$

$$P(\xi = 1) = P(\eta = 2) = C_3^2 \times \left(\frac{1}{3}\right)^3 \times \frac{2}{3} = \frac{2}{9},$$

$$P(\xi = 2) = P(\eta = 1) = C_3^1 \times \frac{1}{3} \times \left(\frac{2}{3}\right)^2 = \frac{4}{9},$$

$$P(\xi = 3) = P(\eta = 0) = C_3^0 \times \left(\frac{2}{3}\right)^3 = \frac{8}{27}.$$

因此 ξ 的分布列见表 4.62.

表 4.62

ξ	0	1	2	3
P	$\frac{1}{27}$	$\frac{2}{9}$	$\frac{4}{9}$	$\frac{8}{27}$

故 ξ 的数学期望为

$$E(\xi) = 0 \times \frac{1}{27} + 1 \times \frac{2}{9} + 2 \times \frac{4}{9} + 3 \times \frac{8}{27} = 2.$$

（解法 2）第 $i(i=1,2,3)$ 名工人选择的项目属于基础工程或产业建设工程分别为事件 D_i, 则由已知, D_1, D_2, D_3 相互独立, 且

$$P(D_i) = P(A_i, C_i) = P(A_i) + P(C_i) = \frac{1}{2} + \frac{1}{6} = \frac{2}{3},$$

所以 $\xi \sim B\left(3, \frac{2}{3}\right)$, 即

$$P(\xi = k) = C_3^k \left(\frac{2}{3}\right)^k \left(\frac{1}{3}\right)^{3-k} \quad (k = 0,1,2,3).$$

故 ξ 的分布列见表 4.63.

表 4.63

ξ	0	1	2	3
P	$\dfrac{1}{27}$	$\dfrac{2}{9}$	$\dfrac{4}{9}$	$\dfrac{8}{27}$

所以 ξ 的数学期望为

$$E(\xi) = 0 \times \frac{1}{27} + 1 \times \frac{2}{9} + 2 \times \frac{4}{9} + 3 \times \frac{8}{27} = 2.$$

4.5 正态分布

知识梳理

1. 正态分布

若 X 是一个随机变量,对任给区间 $(a,b]$,$P(a<X\leqslant b)$ 恰好是正态密度曲线下方和 x 轴上 $(a,b]$ 上方所围成的图形的面积,我们就称随机变量 X 服从参数为 μ 和 σ 的正态分布,简记为 $X\sim N(\mu,\sigma^2)$.

2. 正态密度曲线

函数

$$\varphi_{\mu,\sigma}(x) = \frac{1}{\sqrt{2\pi}\sigma}\mathrm{e}^{-\frac{(x-\mu)^2}{2\sigma^2}} \quad (x \in (-\infty, +\infty)).$$

其中 μ 和 σ 为参数($\sigma>0$,$\mu\in R$),我们称函数 $\varphi_{\mu,\sigma}(x)$ 的图像(图 4.8)为正态密度曲线,简称正态曲线,其中函数 $\varphi_{\mu,\sigma}(x)$ 称为正态密度函数,参数 μ 是正态总体的均值,参数 σ 是正态总体的标准差.

3. 正态密度曲线的性质

正态密度曲线的性质如下:

(1) 曲线位于 x 轴上方,与 x 轴不相交;

(2) 曲线是单峰的,它关于直线 $x=\mu$ 对称;

(3) 曲线在 $x=\mu$ 处达到峰值 $\dfrac{1}{\sqrt{2\pi}\sigma}$;

(4) 曲线与 x 轴之间的面积为 1;

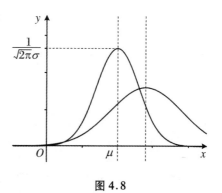

图 4.8

(5) 当 σ 固定时，曲线的位置由 μ 确定，曲线随着 μ 的变化而沿 x 轴平移；

(6) 当 μ 固定时，曲线的形状由 σ 确定：σ 越小，曲线越"瘦高"，表示总体的分布越集中；σ 越大，曲线越"矮胖"，表示总体的分布越分散.

4. 正态分布的常用数据

常用数据有以下 3 个：

(1) $P(\mu - \sigma < X \leqslant \mu + \sigma) = 0.6826$；

(2) $P(\mu - 2\sigma < X \leqslant \mu + 2\sigma) = 0.9544$；

(3) $P(\mu - 3\sigma < X \leqslant \mu + 3\sigma) = 0.9974$.

例题精讲

例 17 (2021 新高考 Ⅱ 卷·6) 某物理量的测量结果服从正态分布 $N(10, \sigma^2)$，则下列结论中不正确的是( )．

A. σ 越小，该物理量一次测量结果落在 $(9.9, 10.1)$ 内的概率越大

B. 该物理量一次测量结果大于 10 的概率为 0.5

C. 该物理量一次测量结果小于 9.99 的概率与大于 10.01 的概率相等

D. 该物理量一次测量结果落在 $(9.9, 10.2)$ 内的概率与落在 $(10, 10.3)$ 内的概率相等

解析 对于选项 A，σ^2 为数据的方差，所以 σ 越小，数据在 $\mu = 10$ 附近越集中，因此测量结果落在 $(9.9, 10.1)$ 内的概率越大，故选项 A 正确.

对于 B，由正态分布密度曲线的对称性可知该物理量一次测量大于 10 的概率为 0.5，故选项 B 正确.

对于 C，由正态分布密度曲线的对称性可知该物理量一次测量结果大于 10.01 的概率与小于 9.99 的概率相等. 故选项 C 正确.

对于 D，因为该物理量一次测量结果落在 $(9.9, 10.0)$ 内的概率与落在 $(10.2, 10.3)$ 内的概率不同，所以一次测量结果落在 $(9.9, 10.2)$ 的概率与落在 $(10, 10.3)$ 的概率不同. 故选项 D 错误.

故不正确的是选项 D.

点评 本题考查了正态分布中参数 σ 的意义，这里 σ 表示标准差，实为数学期望，根据 σ 的意义就可确定选项 A 的正误，结合正态曲线的对称性即可判断出选项 B 与选项 C 都是正确的.

变式 1 (2015 湖南卷·理 7) 在如图 4.9 所示的正方形中随机投掷 10000 个点，则落入阴影部分（曲线 C 为正态分布 $N(0, 1)$ 的密度曲线）的点的个数的估计值为( )．

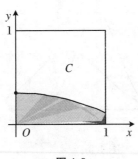

图 4.9

A. 2386 B. 2718 C. 3413 D. 4772

（附：若 $X\sim N(\mu,\sigma^2)$，则 $P(\mu-\sigma<X\leqslant\mu+\sigma)=0.6826$，$P(\mu-2\sigma<X\leqslant\mu+2\sigma)=0.9544$.）

解析　根据正态分布的性质，$P(0<X<1)=\dfrac{1}{2}P(-1<X<1)=0.3413$.故选项 C 正确.

点评　本题直接利用正态曲线的对称性即可获得问题的求解，难度不大.

变式 2（2015 山东卷·理 8）　已知某批零件的长度误差（单位：mm）服从正态分布 $N(0,3^2)$，从中随机取一件，其长度误差落在区间 $(3,6)$ 内的概率为（附：若随机变量 ξ 服从正态分布 $N(\mu,\sigma^2)$，则 $P(\mu-\sigma<\xi<\mu+\sigma)=68.26\%$，$P(\mu-2\sigma<\xi<\mu+2\sigma)=95.44\%$.）（　　）.

A. 4.56%　　B. 13.59%　　C. 27.18%　　D. 31.74%

解析　由题意可知 $P(-3<\xi<3)=68.26\%$，$P(-6<\xi<6)=95.44\%$，因此 $P(3<\xi<6)=\dfrac{1}{2}\times(95.44\%-68.26\%)=13.59\%$.故选项 B 正确.

点评　本题利用正态曲线的对称性即可得到答案，与上一道试题相比，但更加灵活一些.

例 18（2008 湖南卷·理 4）　设随机变量 ξ 服从正态分布 $N(2,9)$，若 $P(\xi>c+1)=P(\xi<c-1)$，则 $c=$（　　）.

A. 1　　B. 2　　C. 3　　D. 4

解析　由题意，得 $(c+1)+(c-1)=2\times2$，即 $c=2$.故选项 B 正确.

点评　本题要求解 c 的值，利用正态曲线的性质，得出 $c+1$ 与 $c-1$ 关于 $x=2$ 对称，对基础不够扎实的考生会造成一定的困扰.

变式 1（2010 山东卷·理 5）　已知随机变量 ξ 服从正态分布 $N(0,\sigma^2)$，若 $P(\xi>2)=0.023$，则 $P(-2\leqslant\xi\leqslant2)=$（　　）.

A. 0.477　　B. 0.628　　C. 0.954　　D. 0.977

解析　由题意，得 $P(-2\leqslant\xi\leqslant2)=0.5-P(\xi>2)=0.5-0.023=0.477$.故选项 A 正确.

点评　本题是正态分布小题的常见考查方式，难度一般.

变式 2（2010 广东卷·理 7）　已知随机变量 X 服从正态分布 $N(3,1)$，且 $P(2\leqslant\xi\leqslant4)=0.6826$，则 $P(X>4)=$（　　）.

A. 0.1588　　B. 0.1587　　C. 0.1586　　D. 0.1585

解析　因为 $P(3\leqslant X\leqslant4)=\dfrac{1}{2}P(2\leqslant X\leqslant4)=0.3413$，$P(X>4)=0.5-P(3\leqslant X\leqslant4)=0.5-0.3413=0.1587$.故选项 B 正确.

点评 本题使用了两次状态曲线的对称性,具有一定的灵活性.

例19 (2008 安徽卷·理10) 设两个正态分布 $N(\mu_1,\sigma_1^2)(\sigma_1>0)$ 和 $N(\mu_2,\sigma_2^2)(\sigma_2>0)$ 的密度函数图像如图 4.10 所示.则有( ).

A. $\mu_1<\mu_2,\sigma_1<\sigma_2$ B. $\mu_1<\mu_2,\sigma_1>\sigma_2$

C. $\mu_1>\mu_2,\sigma_1<\sigma_2$ D. $\mu_1>\mu_2,\sigma_1>\sigma_2$

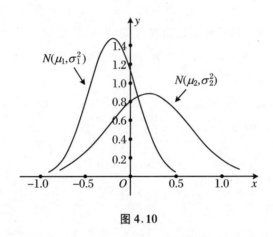

图 4.10

解析 随机变量 X,Y 的正态分布密度函数的图像分别关于 $x=\mu_1,x=\mu_2$ 对称,所以 $\mu_1<\mu_2$.又 σ 越大,曲线越"矮胖";σ 越小,曲线越"瘦高",所以由图像可知 $\sigma_1<\sigma_2$.故选项 A 正确.

点评 本题给出正态分布密度曲线,要求考生判断 μ_1,μ_2 与 σ_1,σ_2 的大小,只要清楚正态分布曲线的两个参数 μ 与 σ 的意义即可得出正确的答案.本题是一道较为基础的试题.

变式 1(2015 湖北卷·理4) 设 $X\sim N(\mu_1,\sigma_1^2)$,$Y\sim N(\mu_2,\sigma_2^2)$,这两个正态分布密度曲线如图 4.11 所示,下列结论中正确的是( ).

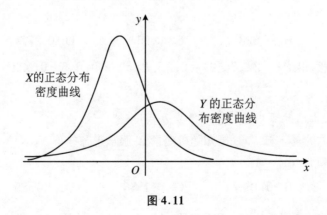

图 4.11

A. $P(Y\geqslant\mu_2)\geqslant P(Y\geqslant\mu_1)$

B. $P(X\leqslant\sigma_2)\leqslant P(X\leqslant\sigma_1)$

C. 对任意正数 t, $P(X \leqslant t) \geqslant P(Y \leqslant t)$

D. 对任意正数 t, $P(X \leqslant t) \geqslant P(Y \leqslant t)$

（解析） 随机变量 X, Y 的正态分布密度函数的图像分别关于 $x = \mu_1$, $x = \mu_2$ 对称, 所以 $\mu_1 < \mu_2$. 又 σ 越大, 曲线越"矮胖"; σ 越小, 曲线越"瘦高", 所以由图像可知 $\sigma_1 < \sigma_2$. 因而选项 C 正确.

点评 本题相比上一题更为灵活, 要根据 μ 与 σ 的意义判断概率的大小, 但考查的内核是一样的, 难度适中.

例20 （2017 全国 I 卷·理 19） 为了监控某种零件的一条生产线的生产过程, 检验员每天从该生产线上随机抽取 16 个零件, 并测量其尺寸（单位: cm）. 根据长期生产经验, 可以认为这条生产线正常状态下生产的零件的尺寸服从正态分布 $N(\mu, \sigma^2)$.

（1）假设生产状态正常, 记 X 表示一天内抽取的 16 个零件中其尺寸在 $(\mu - 3\sigma, \mu + 3\sigma)$ 之外的零件数, 求 $P(X \geqslant 1)$ 及 X 的数学期望;

（2）一天内抽检零件中, 如果出现了尺寸在 $N(\mu - 3\sigma, \mu + 3\sigma)$ 之外的零件, 就认为这条生产线在这一天的生产过程可能出现了异常情况, 需对当天的生产过程进行检查.

① 试说明上述监控生产过程方法的合理性;

② 表 4.64 是检验员在一天内抽取的 16 个零件的尺寸.

表 4.64

9.95	10.12	9.96	9.96	10.01	9.92	9.98	10.04
10.26	9.91	10.13	10.02	9.22	10.04	10.05	9.95

经计算得

$$\bar{x} = \frac{1}{16} \sum_{i=1}^{16} x_i = 9.97,$$

$$s = \sqrt{\frac{1}{16} \sum_{i=1}^{16} (x_i - \bar{x})^2} = \sqrt{\frac{1}{16} \left(\sum_{i=1}^{16} x_i^2 - 16\bar{x}^2 \right)^2} \approx 0.212.$$

其中 x_i 为抽取的第 i 个零件的尺寸（$i = 1, 2, \cdots, 16$）.

用样本平均数 $\bar{x}$ 作为 μ 的估计值 $\hat{\mu}$, 用样本标准差 s 作为 σ 的估计值 $\hat{\sigma}$, 利用估计值判断是否需对当天的生产过程进行检查. 剔除 $(\hat{\mu} - 3\hat{\sigma}, \hat{\mu} + 3\hat{\sigma})$ 之外的数据, 用剩下的数据估计 μ 和 σ（精确到 0.01）.

（附: 若随机变量 Z 服从正态 $N(\mu, \sigma^2)$ 分布, 则 $P(\mu - 3\sigma < Z < \mu + 3\sigma) = 0.9974$, $0.9974^{16} \approx 0.9592$, $\sqrt{0.008} \approx 0.09$.）

（解析） （1）由题意可知, 尺寸在 $(\mu - 3\sigma, \mu + 3\sigma)$ 之内的概率为 $P(\mu - 3\sigma < X < \mu + 3\sigma) = 0.9974$, 从而落在 $(\mu - 3\sigma, \mu + 3\sigma)$ 之外的概率为 0.0026, 故 $X \sim B(16, 0.0026)$. 所以

$$P(X = 0) = C_{16}^0 \times 0.0026^0 \times 0.9974^{16} \approx 0.9592,$$

从而可得

$$P(X \geqslant 1) = 1 - P(X = 0) \approx 0.0408.$$

由题意可知 $X \sim B(16, 0.0026)$,所以 X 的数学期望为

$$E(X) = np = 16 \times 0.0026 = 0.0416.$$

(2) ① 由(1)知尺寸落在 $(\mu - 3\sigma, \mu + 3\sigma)$ 之外的概率为 0.0026,又由正态分布可知尺寸落在 $(\mu - 3\sigma, \mu + 3\sigma)$ 之外的事件为小概率事件,因此上述监控生产过程的方法合理.

② 由题意知

$$\mu - 3\sigma = 9.97 - 3 \times 0.212 = 9.334, \quad \mu + 3\sigma = 9.97 + 3 \times 0.212 = 10.606.$$

因为 $9.22 \notin (\mu - 3\sigma, \mu + 3\sigma)$,所以需对当天的生产过程进行检查.

剔除 9.22 后,$\mu = \dfrac{9.97 \times 16 - 9.22}{15} = 10.02$,故

$$\begin{aligned}
\sigma^2 = \frac{1}{15} \times \big[&2 \times (9.95 - 10.02)^2 + (10.12 - 10.02)^2 + 2 \times (9.96 - 10.02)^2 \\
&+ (10.01 - 10.02)^2 + (9.92 - 10.02)^2 + (9.98 - 10.02)^2 \\
&+ 2 \times (10.04 - 10.02)^2 + (10.26 - 10.02)^2 + (9.91 - 10.02)^2 \\
&+ (10.13 - 10.02)^2 + (10.02 - 10.02)^2 + (10.05 - 10.02)^2 \big] \\
= \; &0.0008.
\end{aligned}$$

故 $\sigma^2 = \sqrt{0.0008} \approx 0.09$.

点评 本题阅读量很大,会对考生造成很大的压力,不少考生由于阅读量过大而放弃答题,对考生的提取信息的能力也与处理数据的能力提出了很高的要求.第(1)问是二项分布与正态分布相结合的一个经典问题,也是各类试题十分常见的命制方式,本小题直接求解情形较多,因此可以使用间接法加以求解;第(2)问对考生的数据处理能力提出了很高的要求,也体现出高考的选拔性功能,考生不仅仅要排除题目中的一些干扰因素,还要根据方差的算法重新计算新的方差.

变式 1(2006 湖北卷·理 19) 在某校举行的数学竞赛中,全体参赛学生的竞赛成绩近似服从正态分布 $N(70, 100)$.已知成绩在 90 分以上(含 90 分)的学生有 12 名.

(1) 试问此次参赛学生总数约为多少人?

(2) 若该校计划奖励竞赛成绩排在前 50 名的学生,试问设奖的分数线约为多少分?

可供查阅的(部分)标准正态分布表($\Phi(x_0) = P(x < x_0)$)见表 4.65.

表 4.65

x_0	0	1	2	3	4	5	6	7	8	9
1.2	0.8849	0.8869	0.888	0.8907	0.8925	0.8944	0.8962	0.8980	0.8997	0.9015
1.3	0.9032	0.9049	0.9066	0.9082	0.9099	0.9115	0.9131	0.9147	0.9162	0.9177
1.4	0.9192	0.9207	0.9222	0.9236	0.9251	0.9265	0.9278	0.9292	0.9306	0.9319
1.9	0.9713	0.9719	0.9726	0.9732	0.9738	0.9744	0.9750	0.9756	0.9762	0.9767
2.0	0.9772	0.9778	0.9783	0.9788	0.9793	0.9798	0.9803	0.9808	0.9812	0.9817
2.1	0.9821	0.9826	0.9830	0.9834	0.9838	0.9842	0.9846	0.9850	0.9854	0.9857

解析　(1) 设参赛学生的分数为 ξ，因为 $\xi \sim N(70,100)$，所以由条件知

$$P(\xi \geqslant 90) = 1 - P(\xi < 90)$$

$$= 1 - \Phi\left(\frac{90-70}{10}\right)$$

$$= 1 - \Phi(2) = 1 - 0.9772 = 0.228.$$

这说明成绩在 90 分以上(含 90 分)的学生人数约占全体参赛人数的 2.28%，因此参赛总人数约为

$$\frac{12}{0.0228} \approx 526(人).$$

(2) 假定设奖的分数线为 x 分，则

$$P(\xi \geqslant x) = 1 - P(\xi < x) = 1 - \Phi\left(\frac{x-70}{10}\right) = \frac{50}{526} = 0.0951,$$

即 $\Phi\left(\dfrac{x-70}{10}\right) = 0.9049$. 查表得 $\dfrac{x-70}{10} \approx 1.31$，解得 $x = 83.1$. 故设奖的分数线约为 83.1 分.

点评　本题是一道难度较大的正态分布试题，难点在于题目只给出了标准正态分布的相关数据，解题时不能直接查表得到相关的概率数据. 因此要通过技术处理把非标准的正态分布转化为标准正态分布问题，这对考生分析问题的能力提出了较高的要求. 一般来说，若 $X \sim N(\mu, \sigma^2)$，则可通过换元 $Y = \dfrac{X-\mu}{\sigma}$，得到 $Y \sim N(0,1)$. 这是解决此题最为关键的一环，通过这样处理之后，即化为常规的正态分布问题.

考题回放

1. (2011 湖北卷·理 5)已知随机变量 ξ 服从正态分布 $N(2, \sigma^2)$，且 $P(\xi < 4) = 0.8$，则 $P(0 < \xi < 2) = (\quad)$.

A. 0.6　　　　B. 0.4　　　　C. 0.3　　　　D. 0.2

2. (2007 湖南卷·理5)设随机变量 ξ 服从标准正态分布 $N(0,1)$，已知 $\Phi(-1.96)=$ 0.025，则 $P(|\xi|<1.96)=$（　　）.

　　A. 0.025　　　　B. 0.050　　　　C. 0.950　　　　D. 0.975

3. (2007 浙江卷·理5)已知随机变量 ξ 服从正态分布 $N(2,\sigma^2)$，$P(\xi\leqslant 4)=0.84$，则 $P(\xi\leqslant 0)=$（　　）.

　　A. 0.16　　　　B. 0.32　　　　C. 0.68　　　　D. 0.84

4. (2007 安徽卷·理10)以 $\Phi(x)$ 表示标准正态总体在区间 $(-\infty,x)$ 内取值的概率，若随机变量 ξ 服从正态分布 $N(\mu,\sigma^2)$，则概率 $P(|\xi-\mu|<\sigma)$ 等于（　　）.

　　A. $\Phi(\mu+\sigma)-\Phi(\mu-\sigma)$　　　　B. $\Phi(1)-\Phi(-1)$

　　C. $\Phi\left(\dfrac{1-\mu}{\sigma}\right)$　　　　　　　　D. $2\Phi(\mu+\sigma)$

5. (2008 重庆卷·理5)已知随机变量 ξ 服从正态分布 $N(3,a^2)$，则 $P(\xi<3)=$（　　）.

　　A. $\dfrac{1}{5}$　　　　B. $\dfrac{1}{4}$　　　　C. $\dfrac{1}{3}$　　　　D. $\dfrac{1}{2}$

6. (2022 新高考 II 卷·13)已知随机变量 X 服从正态分布 $N(2,\sigma^2)$，且 $P(2<X\leqslant 2.5)$ $=0.36$，则 $P(X>2.5)=$ _____.

7. (2009 安徽卷·理11)若随机变量 $X\sim N(\mu,\sigma^2)$，则 $P(X\leqslant\mu)=$ _____.

8. (2007 全国 II 卷·理14)在某项测量中，测量结果 ξ 服从正态分布 $N(1,\sigma^2)$ $(\sigma>0)$. 若 ξ 在 $(0,1)$ 内取值的概率为 0.4，则 ξ 在 $(0,2)$ 内取值的概率为 _____.

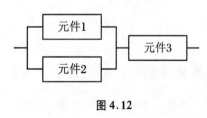

图 4.12

9. (2012 新课标卷·理15)某个部件由三个元件按图 4.12 所示的方式连接而成，元件 1 或元件 2 正常工作，且元件 3 正常工作，则部件正常工作，设三个电子元件的使用寿命（单位：小时）均服从正态分布 $N(1000,50^2)$，且各个元件能否正常相互独立，那么该部件的使用寿命超过 1000 小时的概率为 _____.

10. (2014 全国 I 卷·理18)从某企业的某种产品中抽取 500 件，测量这些产品的一项质量指标值，由测量结果得如图 4.13 所示的频率分布直方图.

(1) 求这 500 件产品质量指标值的样本平均数 $\bar{x}$ 和样本方差 s^2（同一组中的数据用该组区间的中点值作代表）；

(2) 由直方图可以认为，这种产品的质量指标值 Z 服从正态分布 $N(\mu,\sigma^2)$，其中 μ 近似为样本平均数 $\bar{x}$，σ^2 近似为样本方差 s^2.

① 利用该正态分布，求 $P(187.8<Z<212.2)$；

② 某用户从该企业购买了 100 件这种产品，记 X 表示这 100 件产品中质量指标值位于区间 $(187.8,212.2)$ 的产品件数. 利用①的结果，求 $E(X)$.

（附：$\sqrt{150} \approx 12.2$；若 $Z \sim N(\mu, \sigma^2)$，则 $P(\mu - \sigma < Z < \mu + \sigma) = 0.6828$，$P(\mu - 2\sigma < Z < \mu + 2\sigma) = 0.9544$．）

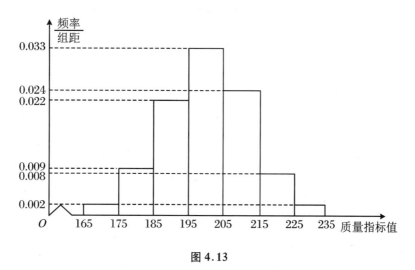

图 4.13

参　考　答　案

1. 由 $P(\xi < 4) = P(\xi \leqslant 2) + P(0 < \xi < 2) = 0.5 + P(0 < \xi < 2) = 0.8$，所以 $P(0 < \xi < 2) = 0.3$．故选项 C 正确．

2. 由正态分布的性质，知 $P(|\xi| < 1.96) = 1 - 2\Phi(-1.96) = 1 - 2 \times 0.025 = 0.950$．故选项 C 正确．

3. 由正态分布的性质，知 $P(\xi \leqslant 0) = 1 - P(\xi \leqslant 4) = 0.16$．故选项 A 正确．

4. 由正态分布的性质，知
$$P(|\xi - \mu| < \sigma) = P(\mu - \sigma < \xi < \mu + \sigma)$$
$$= \Phi\left(\frac{\mu + \sigma - \mu}{\sigma}\right) - \Phi\left(\frac{\mu - \sigma - \mu}{\sigma}\right) = \Phi(1) - \Phi(-1).$$
故选项 B 正确．

5. 由题意得 $\mu = 3$，所以 $P(\xi < 3) = \dfrac{1}{2}$．故选项 D 正确．

6. 因为 $X \sim N(2, \sigma^2)$，所以 $P(X < 2) = P(X > 2) = 0.5$，因此
$$P(X > 2.5) = P(X > 2) - P(2 < X \leqslant 2.5) = 0.5 - 0.36 = 0.14.$$

7. 由正态分布的性质，知 $P(X \leqslant \mu) = 0.5$．

8. 依题意，得正态分布曲线的对称轴为 $\mu = 1$，又 ξ 在 $(0,1)$ 内取值的概率为 0.4，根据对称性 ξ 在 $(0,2)$ 内取值的概率为 0.8．

9. 三个电子元件的使用寿命均服从正态分布 $N(1000, 50^2)$，故得三个电子元件的使用

寿命超过 1000 小时的概率为 $p = \dfrac{1}{2}$,超过 1000 小时时元件 1 或元件 2 正常工作的概率为 $p_1 = 1 - (1-p)^2 = \dfrac{3}{4}$,那么该部件的使用寿命超过 1000 小时的概率为 $p_2 = p_1 \times p = \dfrac{3}{8}$.

10.(1)抽取产品的质量指标值的样本平均数 $\bar{x}$ 为

$$\begin{aligned}\bar{x} = {} & 170 \times 0.02 + 180 \times 0.09 + 190 \times 0.22 + 200 \times 0.33 + 210 \times 0.24 \\ & + 220 \times 0.08 + 230 \times 0.02 = 200.\end{aligned}$$

样本方差 s^2 为

$$\begin{aligned}s^2 = {} & (-30)^2 \times 0.02 + (-20)^2 \times 0.09 + (-10)^2 \times 0.22 + 0 \times 0.33 \\ & + 10^2 \times 0.24 + 20^2 \times 0.08 + 30^2 \times 0.02 = 150.\end{aligned}$$

(2)① 由(1)知 $Z \sim N(200, 150)$,从而

$$P(187.8 < Z < 212.2) = P(200 - 12.2 < Z < 200 + 12.2) = 0.6826.$$

② 由①知,一件产品的质量指标值位于区间 $(187.8, 212.2)$ 的概率为 0.6826.则依题意知 $X \sim B(100, 0.6826)$,所以

$$E(X) = 100 \times 0.6826 = 68.26.$$

4.6　概率统计综合问题

知识梳理

概率是高考数学试题中的重要板块,知识点较多,考查频率颇高.高考中既有选择题、填空题,又有解答题;既有难度不大的基础题,又有较为灵活的难题;既有题意简明的亲切试题,又有冗长繁难、令人望而生畏的试题.本节以高考中较为综合的问题为例,帮助考生高效备考.

例题精讲

例 21（2006 江西卷·文 8）　袋中有 40 个小球,其中红色球 16 个,蓝色球 12 个,白色球 8 个,黄色球 4 个,从中随机抽取 10 个球作成一个样本,则这个样本恰好是按分层抽样方法得到的概率为(　　).

A. $\dfrac{C_4^1 C_8^2 C_{12}^3 C_{16}^4}{C_{40}^{10}}$ 　　　　　　　B. $\dfrac{C_4^2 C_8^1 C_{12}^3 C_{16}^4}{C_{40}^{10}}$

C. $\dfrac{C_4^3 C_8^3 C_{12}^1 C_{16}^4}{C_{40}^{10}}$ 　　　　　　　D. $\dfrac{C_4^1 C_8^3 C_{12}^2 C_{16}^2}{C_{40}^{10}}$

解析 依题意,各层次数量之比为 4∶3∶2∶1,即红球抽 4 个,蓝球抽 3 个,白球抽 2 个,黄球抽 1 个,故选项 A 正确.

点评 本题综合考查了随机抽样中的分层抽样、组合数的计算及古典概率模型等多个知识点,是一道较为经典的概率综合试题.

变式 1(2006 江苏卷·文理 10)　图 4.14 中有一个信号源和 5 个接收器。接收器与信号源在同一个串联线路中时,就能接收到信号,否则就不能接收到信号。若将图中左端的 6 个接线点随机地平均分成 3 组,将右端的 6 个接线点也随机地平均分成 3 组,再把所得 6 组中每组的两个接线点用导线连接,则这 5 个接收器能同时接收到信号的概率是(　　).

A. $\dfrac{4}{45}$

B. $\dfrac{1}{36}$

C. $\dfrac{4}{15}$

D. $\dfrac{8}{15}$

信息源

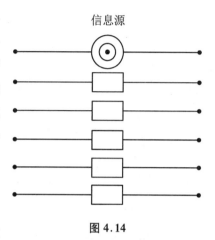

图 4.14

解析 将 6 个接线点随机地平均分成 3 组,共有 $\dfrac{C_6^2 C_4^2 C_2^2}{A_3^3} = 15$ 种结果,5 个接收器能同时接收到信号必须全部在同一个串联线路中,故有 $C_4^1 C_2^1 C_1^1 = 8$ 种结果,所以这 5 个接收器能同时接收到信号的概率是 $\dfrac{8}{15}$,故选项 D 正确.

点评 本题主要考查平均分组问题及概率问题.概率问题的难点在于分析某事件所有可能出现的结果及其表示方法,而运用概率的性质、公式求某事件的概率是解题的关键.

表 4.66

分组	频数
$[1.30, 1.34)$	4
$[1.34, 1.38)$	25
$[1.38, 1.42)$	30
$[1.42, 1.46)$	29
$[1.46, 1.50)$	10
$[1.50, 1.54)$	2
合计	100

例 22(2007 湖北卷·文 17)　在生产过程中,测得纤维产品的纤度(表示纤维粗细的一种量)共有 100 个数据,将数据分组见表 4.66.

(1) 在答题卡上完成频率分布表,并在给定的坐标系中画出频率分布直方图;

(2) 估计纤度落在 $[1.38, 1.50)$ 中的概率,以及纤度小于 1.40 的概率;

(3) 统计方法中,同一组数据常用该组区间的中点值(例如区间 $[1.30, 1.34)$ 的中点值是 1.32)作为代表.据此,估计纤度的数学期望.

解析 (1) 频率分布见表 4.67,频率分布直方图如图 4.15 所示.

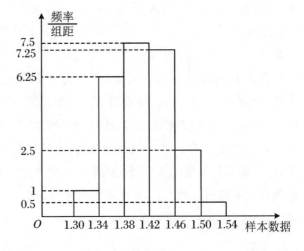

表 4.67

分组	频数	频率
$[1.30,1.34)$	4	0.04
$[1.34,1.38)$	25	0.25
$[1.38,1.42)$	30	0.30
$[1.42,1.46)$	29	0.29
$[1.46,1.50)$	10	0.10
$[1.50,1.54)$	2	0.02
合计	100	1.00

图 4.15

(2) 纤度落在 $[1.38,1.50)$ 中的概率约为 $0.30+0.29+0.10=0.69$,纤度小于 1.40 的概率约为 $0.04+0.25+\dfrac{1}{2}\times0.30=0.44$.

(3) 总体数据的期望约为

$$1.32\times0.04+1.36\times0.25+1.40\times0.30+1.44\times0.29$$
$$+1.48\times0.10+1.52\times0.02=1.4088.$$

点评 本题综合考查了统计中的频率分布表、频率分布直方图,以及概率的计算与期望值的求解;难度不大,是一道较为温和的试题.

变式 1(2016 四川卷・理 16) 我国是世界上严重缺水的国家,某市政府为了鼓励居民节约用水,计划调整居民生活用水收费方案,拟确定一个合理的月用水量标准 x(吨),一位居民的月用水量不超过 x 的部分按平价收费,超出 x 的部分按议价收费.为了了解居民用水情况,通过抽样,获得了某年 100 位居民每人的月均用水量(单位:吨).将数据按照 $[0,0.5)$,$[0.5,1)$,$\cdots$,$[4,4.5]$ 分成 9 组,制成了如图 4.16 所示的频率分布直方图.

(1) 求直方图中 a 的值;

(2) 设该市有 30 万居民,估计全市居民中月均用水量不低于 3 吨的人数,并说明理由;

(3) 若该市政府希望使 85% 的居民每月的用水量不超过标准 x(吨),估计 x 的值,并说明理由.

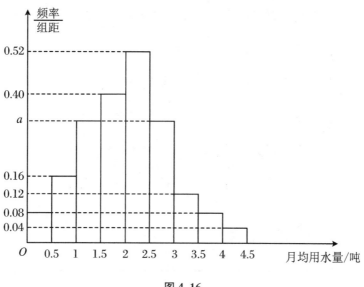

图 4.16

(解)(析)　(1) 由

$$0.5 \times (0.08 + 0.16 + 0.4 + 0.52 + 0.12 + 0.08 + 0.04 + 2a) = 1,$$

解得 $a = 0.3$.

(2) 由频率分布直方图可得月均用水量不低于 3 吨的频率为 $0.5 \times (0.12 + 0.08 + 0.04) = 0.12$, 所以由 $30 \times 0.12 = 3.6$, 得全市居民中月均用水量不低于 3 吨的人数约为 3.6 万.

(3) 由图可得月均用水量低于 2.5 吨的频率为

$$0.5 \times (0.08 + 0.16 + 0.3 + 0.4 + 0.52) = 0.73 < 85\%.$$

月均用水量低于 3 吨的频率为

$$0.5 \times (0.08 + 0.16 + 0.3 + 0.4 + 0.52 + 0.3) = 0.88 > 85\%.$$

所以

$$x = 2.5 + 0.5 \times \frac{0.85 - 0.73}{0.3 \times 0.5} = 2.9 (\text{吨}).$$

点评　本题主要考查频率分布直方图、频率、频数的计算公式等基础知识, 考查学生的分析问题和解决问题的能力. 在频率分布直方图中, 小矩形面积就是相应的频率或概率, 所有小矩形面积之和为 1, 这是解题的关键, 也是识图的基础.

例 23　(2014 重庆卷·理 18)　一盒中装有 9 张各写有一个数字的卡片, 其中 4 张卡片上的数字是 1, 3 张卡片上的数字是 2, 2 张卡片上的数字是 3. 从盒中任取 3 张卡片.

(1) 求所取 3 张卡片上的数字完全相同的概率;

(2) X 表示所取 3 张卡片上的数字的中位数, 求 X 的分布列与数学期望.

(注: 若三个数 a, b, c 满足 $a \leqslant b \leqslant c$, 则称 b 为三个数的中位数.)

解析 (1) 由古典概率型的概率计算公式知所求概率为

$$P = \frac{C_4^3 + C_3^3}{C_9^3} = \frac{5}{84}.$$

(2) 根据题意，X 的所有可能值为 $1,2,3$，且取这些值的概率分别为

$$P(X = 1) = \frac{C_4^2 C_5^1 + C_4^3}{C_9^3} = \frac{17}{42},$$

$$P(X = 2) = \frac{C_3^1 C_4^1 C_2^1 + C_3^2 C_6^1 + C_3^3}{C_9^3} = \frac{43}{84},$$

$$P(X = 3) = \frac{C_2^2 C_7^1}{C_9^3} = \frac{1}{12}.$$

故 X 的分布列见表 4.68.

表 4.68

X	1	2	3
P	$\dfrac{17}{42}$	$\dfrac{43}{84}$	$\dfrac{1}{12}$

所以 X 的数学期望为

$$E(X) = 1 \times \frac{17}{42} + 2 \times \frac{43}{84} + 3 \times \frac{1}{12} = \frac{47}{28}.$$

点评 本题以取卡片为背景进行试题的构建，熟悉此情景，有利于考生的发挥. 求分布列时，对随机变量的精准理解是关键. 本题还涉及中位数，考查比较全面，但需要注意的是计算随机变量取值为 2 时的概率，容易造成错误.

变式 1(2016 天津卷·理 16) 某小组共 10 人，利用假期参加义工活动. 已知参加义工活动次数为 1,2,3 的人数分别为 3,3,4. 现从这 10 人中随机选出 2 人作为该组代表参加座谈会.

(1) 设 A 为事件"选出的 2 人参加义工活动次数之和为 4"，求事件 A 发生的概率；

(2) 设 X 为选出的 2 人参加义工活动次数之差的绝对值，求随机变量 X 的分布列和数学期望.

解析 (1) 由已知得 $P(A) = \dfrac{C_3^1 C_4^1 + C_3^2}{C_{10}^2} = \dfrac{1}{3}$，所以事件 A 发生的概率为 $\dfrac{1}{3}$.

(2) 随机变量 X 的所有可能取值为 $0,1,2$，且取这些值的概率分别为

$$P(X = 0) = \frac{C_3^2 + C_3^2 + C_4^2}{C_{10}^2} = \frac{4}{15},$$

$$P(X = 1) = \frac{C_3^1 C_3^1 + C_3^1 C_4^1}{C_{10}^2} = \frac{7}{15},$$

$$P(X = 2) = \frac{C_3^1 C_4^1}{C_{10}^2} = \frac{4}{15}.$$

所以随机变量 X 的分布列见表 4.69.

表 4.69

X	0	1	2
P	$\dfrac{4}{15}$	$\dfrac{7}{15}$	$\dfrac{4}{15}$

故随机变量 X 的数学期望为

$$E(X) = 0 \times \frac{4}{15} + 1 \times \frac{7}{15} + 2 \times \frac{4}{15} = 1.$$

点评　通过对历年高考真题的研究,我们可以总结出求均值、方差的方法:一是已知随机变量的分布列,求它的均值、方差和标准差,可直接按定义(公式)求解;二是已知随机变量 ξ 的均值、方差,求 ξ 的线性函数 $\eta = a\xi + b$ 的均值、方差和标准差,可直接用 ξ 的均值、方差的性质求解;三是如能分析所给随机变量是服从常用的分布(如两点分布、二项分布等),可直接利用它们的均值、方差公式求解.

例 24　(2014 山东卷·理 18)　乒乓球台面被网分成甲、乙两部分,如图 4.17 所示,甲上有两个不相交的区域 A,B,乙被划分为两个不相交的区域 C,D.某次测试要求队员接到落点在甲上的来球后向乙回球.规定:回球一次,落点在 C 上记 3 分,在 D 上记 1 分,其他情况记 0 分.对落点在 A 上的来球,小明回球的落点在 C 上的概率为 $\dfrac{1}{2}$,在 D 上的概率为 $\dfrac{1}{3}$;对落点在 B 上

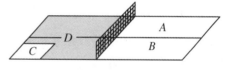

图 4.17

的来球,小明回球的落点在 C 上的概率为 $\dfrac{1}{5}$,在 D 上的概率为 $\dfrac{3}{5}$.假设共有两次来球且落在 A,B 上各一次,小明的两次回球互不影响.求:

(1) 小明两次回球的落点中恰有一次的落点在乙上的概率;

(2) 两次回球结束后,小明得分之和 ξ 的分布列与数学期望.

解析　(1) 设 $G = \{两次回球的落点恰有一次的落点在乙上\}$,$E = \{来球落在 A 处的回球落点在乙上,来球落在 B 处的回球落点在乙外\}$,$F = \{来球落在 B 处的回球落点在乙上,来球落在 A 处的回球落点在乙外\}$.则事件 E 和 F 为互斥事件,故

$$P(G) = P(E) + P(F)$$

$$= \left(\frac{1}{2} + \frac{1}{3}\right) \times \left(1 - \frac{1}{5} - \frac{3}{5}\right) + \left(\frac{1}{5} + \frac{3}{5}\right) \times \left(1 - \frac{1}{2} - \frac{1}{3}\right) = \frac{3}{10}.$$

(2) 根据题意,ξ 可能取的值为 $0,1,2,3,4,6$,且取这些值的概率分别为

$$P(\xi = 0) = \frac{1}{6} \times \frac{1}{5} = \frac{1}{30},$$

$$P(\xi = 1) = \frac{1}{3} \times \left(1 - \frac{1}{5} - \frac{3}{5}\right) + \frac{3}{5} \times \left(1 - \frac{1}{2} - \frac{1}{3}\right) = \frac{1}{6},$$

$$P(\xi = 2) = \frac{1}{3} \times \frac{3}{5} = \frac{1}{5},$$

$$P(\xi = 3) = \frac{1}{2} \times \left(1 - \frac{1}{5} - \frac{3}{5}\right) + \frac{1}{5} \times \left(1 - \frac{1}{2} - \frac{1}{3}\right) = \frac{2}{15},$$

$$P(\xi = 4) = \frac{1}{2} \times \frac{3}{5} + \frac{1}{3} \times \frac{1}{5} = \frac{11}{30},$$

$$P(\xi = 6) = \frac{1}{2} \times \frac{1}{5} = \frac{1}{10}.$$

于是可得 ξ 的分布列见表 4.70.

表 4.70

ξ	0	1	2	3	4	6
P	$\frac{1}{30}$	$\frac{1}{6}$	$\frac{1}{5}$	$\frac{2}{15}$	$\frac{11}{30}$	$\frac{1}{10}$

所以 ξ 的数学期望为

$$E(\xi) = 0 \times \frac{1}{30} + 1 \times \frac{1}{6} + 2 \times \frac{1}{5} + 3 \times \frac{2}{15} + 4 \times \frac{11}{30} + 6 \times \frac{1}{10} = \frac{91}{30}.$$

点评 本题对考生的分析问题的能力提出了较高的要求,第(1)问涉及的随机变量的取值较多,有些取值的概率的计算也具有一定的灵活性,计算量也较大,是一道不可多得的概率好题,值得读者认真回味.

例25 (2013 陕西卷·理 19) 在一场娱乐晚会上,有 5 位民间歌手(1 至 5 号)登台演唱,由现场数百名观众投票选出最受欢迎歌手. 各位观众须彼此独立地在选票上选 3 名歌手,其中观众甲是 1 号歌手的歌迷,他必选 1 号,不选 2 号,另在 3~5 号中随机选 2 名. 观众乙和丙对 5 位歌手的演唱没有偏爱,因此在 1~5 号中随机选 3 名歌手.

(1) 求观众甲选中 3 号歌手且观众乙未选中 3 号歌手的概率;

(2) X 表示 3 号歌手得到观众甲、乙、丙的票数之和,求 X 的分布列和数学期望.

解析 (1) 设 A 表示事件"观众甲选中 3 号歌手",B 表示事件"观众乙选中 3 号歌手",则

$$P(A) = \frac{C_2^1}{C_3^2} = \frac{2}{3}, \quad P(B) = \frac{C_4^2}{C_5^3} = \frac{3}{5}.$$

因为事件 A 与 B 相互独立,所以观众甲选中 3 号歌手且观众乙未选中 3 号歌手的概率为

$$P(A\overline{B}) = P(A)P(\overline{B}) = P(A)(1 - P(B)) = \frac{2}{3} \times \frac{2}{5} = \frac{4}{15}.$$

$$\left(\text{或 } P(A\overline{B}) = \frac{C_2^1 C_4^3}{C_3^2 C_5^3} = \frac{4}{15}.\right)$$

(2) 设 C 表示事件"观众丙选中 3 号歌手",则 $P(C) = \dfrac{C_4^2}{C_5^3} = \dfrac{3}{5}$. 因为 X 可能的取值为 $0, 1, 2, 3$,且取这些值的概率分别为

$$P(X = 0) = P(\overline{A}\,\overline{B}\,\overline{C}) = \frac{1}{3} \times \frac{2}{5} \times \frac{2}{5} = \frac{4}{75},$$

$$P(X = 1) = P(A\overline{B}\,\overline{C}) + P(\overline{A}B\overline{C}) + P(\overline{A}\,\overline{B}C)$$
$$= \frac{2}{3} \times \frac{2}{5} \times \frac{2}{5} + \frac{1}{3} \times \frac{3}{5} \times \frac{2}{5} + \frac{1}{3} \times \frac{2}{5} \times \frac{3}{5} = \frac{20}{75},$$

$$P(X = 2) = P(AB\overline{C}) + P(A\overline{B}C) + P(\overline{A}BC)$$
$$= \frac{2}{3} \times \frac{3}{5} \times \frac{2}{5} + \frac{2}{3} \times \frac{2}{5} \times \frac{3}{5} + \frac{1}{3} \times \frac{3}{5} \times \frac{3}{5} = \frac{33}{75},$$

$$P(X = 3) = P(ABC) = \frac{2}{3} \times \frac{3}{5} \times \frac{3}{5} = \frac{18}{75},$$

所以 X 的分布列见表 4.71.

表 4.71

X	0	1	2	3
P	$\dfrac{4}{75}$	$\dfrac{20}{75}$	$\dfrac{33}{75}$	$\dfrac{18}{75}$

故 X 的数学期望为

$$E(X) = 0 \times \frac{4}{75} + 1 \times \frac{20}{75} + 2 \times \frac{33}{75} + 3 \times \frac{18}{75} = \frac{20 + 66 + 54}{75} = \frac{28}{15}.$$

点评　本题以娱乐活动为背景进行试题的构建,具有一定的趣味性,考生对题目涉及的情景也比较熟悉,试题综合度较高,能很好地考查考生的基本功,是一道较为典型的概率试题.

变式 1(2010 重庆卷·理 17)　在甲、乙等 6 个单位参加的一次"唱读讲传"演出活动中,每个单位的节目集中安排在一起,若采用抽签的方式随机确定各单位的演出顺序(序号为 1,2,…,6),求:

(1) 甲、乙两单位的演出序号至少有一个为奇数的概率;

(2) 甲、乙两单位之间的演出单位个数 ξ 的分布列与期望.

解析　只考虑甲、乙两单位的相对位置,故可用组合计算基本事件数.

(1) 设 A 表示"甲、乙的演出序号至少有一个是奇数",则 $\overline{A}$ 表示"甲、乙的序号为偶数",由等可能性事件的概率计算公式得

$$P(A) = 1 - P(\overline{A}) = 1 - \frac{C_3^2}{C_6^2} = 1 - \frac{1}{5} = \frac{4}{5}.$$

(2) 根据题意,ξ 的所有可能值为 $0, 1, 2, 3, 4$,且取这些值的概率分别为

$$P(\xi = 0) = \frac{5}{C_6^2} = \frac{1}{3}, \quad P(\xi = 1) = \frac{4}{C_6^2} = \frac{4}{15}, \quad P(\xi = 2) = \frac{3}{C_6^2} = \frac{1}{5},$$

$$P(\xi = 3) = \frac{2}{C_6^2} = \frac{2}{15}, \quad P(\xi = 4) = \frac{1}{C_6^2} = \frac{1}{15}.$$

从而知 ξ 的分布列见表 4.72.

表 4.72

ξ	0	1	2	3	4
P	$\frac{1}{3}$	$\frac{4}{15}$	$\frac{1}{5}$	$\frac{2}{15}$	$\frac{1}{15}$

所以 ξ 的数学期望为

$$E(\xi) = 0 \times \frac{1}{3} + 1 \times \frac{4}{15} + 2 \times \frac{1}{5} + 3 \times \frac{2}{15} + 4 \times \frac{1}{15} = \frac{4}{3}.$$

点评 本题第(1)问由于直接计算概率情形比较多,故可考虑间接法;第(2)问随机变量的设计较有新意,对考生的临场分析能力有一定的要求,可以说是一道能够甄别出考生水平的好题.

考题回放

1. (2014 浙江卷·理 12) 随机变量 ξ 的取值为 0,1,2.若 $P(\xi = 0) = \frac{1}{5}$,$E(\xi) = 1$,则 $D(\xi) = $ _____.

2. (2015 上海卷·理 12) 赌博有陷阱.某种赌博每局的规则是:赌客先在标记有 1,2,3,4,5 的卡片中随机摸取一张,将卡片上的数字作为其赌金(单位:元);随后放回该卡片,再随机摸取两张,将这两张卡片上数字之差的绝对值的 1.4 倍作为其奖金(单位:元).若随机变量 ξ_1 和 ξ_2 分别表示赌客在一局赌博中的赌金和奖金,则 $E(\xi_1) - E(\xi_2) = $ _____ 元.

3. (2013 全国 I 卷·理 19) 一批产品需要进行质量检验,检验方案是:先从这批产品中任取 4 件做检验,这 4 件产品中优质品的件数记为 n,如果 $n = 3$,再从这批产品中任取 4 件做检验,若都为优质品,则这批产品通过检验;如果 $n = 4$,再从这批产品中任取 1 件做检验,若为优质品,则这批产品通过检验;其他情况下,这批产品都不能通过检验.假设这批产品的优质品率为 50%,即取出的每件产品是优质品的概率都为 $\frac{1}{2}$,且各件产品是否为优质品相互独立.

(1) 求这批产品通过检验的概率;

(2) 已知每件产品的检验费为 100 元,且抽取的每件产品都需要检验,对这批产品做质量检验所需的费用记为 X(单位:元),求 X 的分布列与数学期望.

4. (2013 北京卷·理 16) 图 4.18 是某市 3 月 1 日至 14 日的空气质量指数趋势图.空气

质量指数小于 100 表示空气质量优良,空气质量指数大于 200 表示空气重度污染,某人随机选择 3 月 1 日至 3 月 13 日中的某一天到达该市,并停留 2 天.

（1）求此人到达当日空气重度污染的概率;

（2）设 X 是此人停留期间空气质量优良的天数,求 X 的分布列与数学期望;

（3）由图判断从哪天开始连续三天的空气质量指数方差最大?（结论不要求证明）

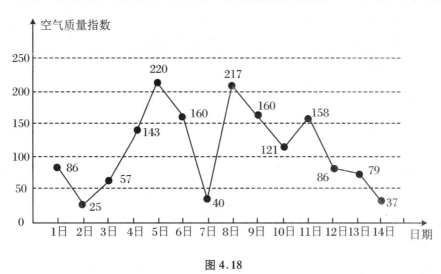

图 4.18

5. （2014 北京卷·理 16）李明在 10 场篮球比赛中的投篮情况见表 4.73（假设各场比赛相互独立）.

表 4.73

场次	投篮次数	命中次数	场次	投篮次数	命中次数
主场 1	22	12	客场 1	18	8
主场 2	15	12	客场 2	13	12
主场 3	12	8	客场 3	21	7
主场 4	23	8	客场 4	18	15
主场 5	24	20	客场 5	25	12

（1）从上述比赛中随机选择一场,求李明在该场比赛中投篮命中率超过 0.6 的概率;

（2）从上述比赛中随机选择一个主场和一个客场,求李明的投篮命中率一场超过 0.6,一场不超过 0.6 的概率;

（3）记 $\bar{x}$ 是表中 10 个命中次数的平均数,从上述比赛中随机选择一场,记 X 为李明在这比赛中的命中次数,比较 $E(X)$ 与 $\bar{x}$ 的大小.（只需写出结论）

6. （2016 北京卷·理 16）A、B、C 三个班共有 100 名学生,为调查他们的体育锻炼情况,通过分层抽样获得了部分学生一周的锻炼时间,数据如表 4.74 所示(单位:小时).

(1) 试估计 C 班的学生人数;

(2) 从 A 班和 C 班抽出的学生中,各随机选取一人,A 班选出的人记为甲,C 班选出的人记为乙,假设所有学生的锻炼时间相对独立,求该周甲的锻炼时间比乙的锻炼时间长的概率;

(3) 再从 A、B、C 三个班中各随机抽取一名学生,他们该周的锻炼时间分别是 7,9,8.25(单位:小时),这 3 个新数据与表格中的数据构成的新样本的平均数记 μ_1,表中数据的平均数记为 μ_0,试判断 μ_0 和 μ_1 的大小.(结论不要求证明)

表 4.74

A 班	6	6.5	7	7.5	8		
B 班	6	7	8	9	10	11	12
C 班	3	4.5	6	7.5	9	10.5	12	13.5

7. (2015 福建卷·理16)某银行规定,一张银行卡若在一天内出现 3 次密码尝试错误,该银行卡将被锁定,小王到银行取钱时,发现自己忘记了银行卡的密码,但是可以确定该银行卡的正确密码是他常用的 6 个密码之一,小王决定从中不重复地随机选择 1 个进行尝试. 若密码正确,则结束尝试;否则继续尝试,直至该银行卡被锁定.

(1)求当天小王的该银行卡被锁定的概率;

(2)设当天小王用该银行卡尝试密码次数为 X,求 X 的分布列和数学期望.

8. (2017 天津卷·理16)从甲地到乙地要经过 3 个十字路口,设各路口信号灯工作相互独立,且在各路口遇到红灯的概率分别为 $\frac{1}{2}$,$\frac{1}{3}$,$\frac{1}{4}$.

(1) 设 X 表示一辆车从甲地到乙地遇到红灯的个数,求随机变量 X 的分布列和数学期望;

(2) 若有 2 辆车独立地从甲地到乙地,求这 2 辆车共遇到 1 个红灯的概率.

参 考 答 案

1. 根据题意可得 ξ 的分布列见表 4.75.

表 4.75

ξ	0	1	2
P	$\frac{1}{5}$	x	y

所以 $x + y + \dfrac{1}{5} = 1$. 又因为 $E(\xi) = 1$，因此 $0 \times \dfrac{1}{5} + 1 \times x + 2 \times y = 1$，由以上两式可解得

$x = \dfrac{3}{5}, y = \dfrac{1}{5}$. 因此

$$D(\xi) = \frac{1}{5} \times (0-1)^2 + \frac{3}{5} \times (1-1)^2 + \frac{1}{5} \times (2-1)^2 = \frac{2}{5}.$$

2. 赌金的分布列见表 4.76.

表 4.76

ξ_1	1	2	3	4	5
P	$\dfrac{1}{5}$	$\dfrac{1}{5}$	$\dfrac{1}{5}$	$\dfrac{1}{5}$	$\dfrac{1}{5}$

所以数学期望为

$$E(\xi)_1 = \frac{1}{5} \times (1+2+3+4+5) = 3.$$

奖金的分布列见表 4.77.

表 4.77

ξ_2	1.4	2.8	4.2	5.6
P	$\dfrac{4}{C_5^2} = \dfrac{2}{5}$	$\dfrac{3}{C_5^2} = \dfrac{3}{10}$	$\dfrac{2}{C_5^2} = \dfrac{1}{5}$	$\dfrac{1}{C_5^2} = \dfrac{1}{10}$

所以数学期望为

$$E(\xi_2) = 1.4 \times \left(\frac{2}{5} \times 1 + \frac{3}{10} \times 2 + \frac{1}{5} \times 3 + \frac{1}{10} \times 4 \right) = 2.8.$$

故 $E(\xi_1) - E(\xi_2) = 0.2$.

3. (1) 设第一次取出的 4 件产品中恰有 3 件优质品为事件 A_1，第一次取出的 4 件产品全是优质品为事件 A_2，第二次取出的 4 件产品都是优质品为事件 B_1，第二次取出的 1 件产品是优质品为事件 B_2，这批产品通过检验为事件 A，则依题意有 $A = (A_1 B_1) \bigcup (A_2 B_2)$，且 $A_1 B_1$ 与 $A_2 B_2$ 互斥，所以

$$P(A) = P(A_1 B_1) + P(A_2 B_2) = P(A_1) P(B_1 \mid A_1) + P(A_2) P(B_2 \mid A_2)$$

$$= \frac{4}{16} \times \frac{1}{16} + \frac{1}{16} \times \frac{1}{2} = \frac{3}{64}.$$

(2) X 可能的取值为 400, 500, 800，且取这些值的概率分别为

$$P(X = 500) = \frac{1}{16}, \quad P(X = 800) = \frac{1}{4},$$

$$P(X = 400) = 1 - \frac{4}{16} - \frac{1}{16} = \frac{11}{16}.$$

所以 X 的分布列见表 4.78.

表 4.78

X	400	500	800
P	$\dfrac{11}{16}$	$\dfrac{1}{16}$	$\dfrac{1}{4}$

故 X 的数学期望为

$$E(X) = 400 \times \frac{11}{16} + 500 \times \frac{1}{16} + 800 \times \frac{1}{4} = 506.25.$$

4.（1）在 3 月 1 日到 3 月 13 日这 13 天中，5 日，8 日这两天空气重度污染．因此，此人到达当日空气重度污染的概率为 $P = \dfrac{2}{13}$.

（2）依题意 $X = 0, 1, 2$，且取这些值的概率分别为

$$P(X = 0) = \frac{5}{13}, \quad P(X = 1) = \frac{4}{13}, \quad P(X = 2) = \frac{4}{13}.$$

所以随机变量 X 的分布列见表 4.79.

表 4.79

X	0	1	2
P	$\dfrac{5}{13}$	$\dfrac{4}{13}$	$\dfrac{4}{13}$

故 X 的数学期望为

$$E(X) = 0 \times \frac{5}{13} + 1 \times \frac{4}{13} + 2 \times \frac{4}{13} = \frac{12}{13}.$$

（3）由题图知，从 3 月 5 日开始连续三天的空气质量指数方差最大．

5.（1）李明在该场比赛中命中率超过 0.6 的概率有主场 2、主场 3、主场 5、客场 2、客场 4，所以李明在该场比赛中投篮命中超过 0.6 的概率为 $P = \dfrac{5}{10} = \dfrac{1}{2}$.

（2）李明主场命中率超过 0.6 的概率为 $P_1 = \dfrac{3}{5}$，命中率不超过 0.6 的概率为 $\overline{P_1} = \dfrac{2}{5}$；客场中命中率超过 0.6 的概率为 $P_2 = \dfrac{2}{5}$，命中率不超过 0.6 的概率为 $\overline{P_2} = \dfrac{3}{5}$．所以李明的投篮命中率一场超过 0.6，一场不超过 0.6 的概率为

$$P = \frac{3}{5} \times \frac{3}{5} + \frac{2}{5} \times \frac{2}{5} = \frac{13}{25}.$$

（3）$E(X) = \bar{x}$.

6.（1）由题意知，抽出的 20 名学生中，来自 C 班的学生有 8 名，根据分层抽样方法，

C 班的学生人数估计为 $100 \times \dfrac{8}{20} = 40$.

（2）设事件 A_i 为"甲是现有样本中 A 班的第 i 个人"（$i = 1, 2, \cdots, 5$）；事件 C_j 为"乙是现有样本中 C 班的第 j 个人"（$j = 1, 2, \cdots, 8$）.则由题意可知

$$P(A_i) = \frac{1}{5} \quad (i = 1, 2, \cdots, 5), \quad P(C_j) = \frac{1}{8} \quad (j = 1, 2, \cdots, 8),$$

$$P(A_i C_j) = P(A_i) P(C_j) = \frac{1}{5} \times \frac{1}{8} = \frac{1}{40} \quad (i = 1, 2, \cdots, 5; j = 1, 2, \cdots, 8).$$

设事件 E 为"该周甲的锻炼时间比乙的锻炼时间长"，则由题意知

$$E = A_1 C_1 \bigcup A_1 C_2 \bigcup A_2 C_1 \bigcup A_2 C_2 \bigcup A_2 C_3 \bigcup A_3 C_1 \bigcup A_3 C_2 \bigcup A_3 C_3$$
$$\bigcup A_4 C_1 \bigcup A_4 C_2 \bigcup A_4 C_3 \bigcup A_5 C_1 \bigcup A_5 C_2 \bigcup A_5 C_3.$$

所以

$$\begin{aligned}
P(E) = {} & P(A_1 C_1) + P(A_1 C_2) + P(A_2 C_1) + P(A_2 C_2) + P(A_2 C_3) \\
& + P(A_3 C_1) + P(A_3 C_2) + P(A_3 C_3) + P(A_4 C_1) + P(A_4 C_2) \\
& + P(A_4 C_3) + P(A_5 C_1) + P(A_5 C_2) + P(A_5 C_3) \\
= {} & 15 \times \frac{1}{40} = \frac{3}{8}.
\end{aligned}$$

（3）根据平均数计算公式，即可知 $\mu_1 < \mu_0$.

7.（1）设"当天小王的该银行卡被锁定"的事件为 A，则 $P(A) = \dfrac{5}{6} \times \dfrac{4}{5} \times \dfrac{3}{4} = \dfrac{1}{2}$.

（2）依题意得，X 所有可能的取值是 $1, 2, 3$，且取这些值的概率分别为

$$P(X = 1) = \frac{1}{6}, \quad P(X = 2) = \frac{1}{6}, \quad P(X = 3) = \frac{2}{3},$$

所以 X 的分布列见表 4.80.

表 4.80

X	1	2	3
P	$\dfrac{1}{6}$	$\dfrac{1}{6}$	$\dfrac{2}{3}$

故 X 的数学期望为

$$E(X) = 1 \times \frac{1}{6} + 2 \times \frac{1}{6} + 3 \times \frac{2}{3} = \frac{5}{2}.$$

8.（1）随机变量 X 的所有可能取值为 $0, 1, 2, 3$，且取这些值的概率分别为

$$P(X = 0) = \left(1 - \frac{1}{2}\right) \times \left(1 - \frac{1}{3}\right) \times \left(1 - \frac{1}{4}\right) = \frac{1}{4},$$

$$P(X = 1) = \frac{1}{2} \times \left(1 - \frac{1}{3}\right) \times \left(1 - \frac{1}{4}\right) + \left(1 - \frac{1}{2}\right) \times \frac{1}{3} \times \left(1 - \frac{1}{4}\right)$$

$$+ \left(1 - \frac{1}{2}\right) \times \left(1 - \frac{1}{3}\right) \times \frac{1}{4} = \frac{11}{24},$$

$$P(X = 2) = \left(1 - \frac{1}{2}\right) \times \frac{1}{3} \times \frac{1}{4} + \frac{1}{2} \times \left(1 - \frac{1}{3}\right) \times \frac{1}{4} + \frac{1}{2} \times \frac{1}{3} \times \left(1 - \frac{1}{4}\right) = \frac{1}{4},$$

$$P(X = 3) = \frac{1}{2} \times \frac{1}{3} \times \frac{1}{4} = \frac{1}{24}.$$

所以随机变量 X 的分布列见表 4.81.

表 4.81

X	0	1	2	3
P	$\frac{1}{4}$	$\frac{11}{24}$	$\frac{1}{4}$	$\frac{1}{24}$

故随机变量 X 的数学期望为

$$E(X) = 0 \times \frac{1}{4} + 1 \times \frac{11}{24} + 2 \times \frac{1}{4} + 3 \times \frac{1}{24} = \frac{13}{12}.$$

(2) 设 Y 表示第一辆车遇到红灯的个数,Z 表示第二辆车遇到红灯的个数,则所求事件的概率为

$$P(Y + Z = 1) = P(Y = 0, Z = 1) + P(Y = 1, Z = 0)$$
$$= P(Y = 0)P(Z = 1) + P(Y = 1)P(Z = 0)$$
$$= \frac{1}{4} \times \frac{11}{24} + \frac{11}{24} \times \frac{1}{4} = \frac{11}{48}.$$

所以,这 2 辆车共遇到 1 个红灯的概率为 $\frac{11}{48}$.

第 5 章　排列组合与概率统计中的经典问题

5.1　组合数与数列

知识梳理

涉及组合数的数列问题是高考数学中常见的一类试题,具有较强的趣味性和灵活性.这类试题的解答往往技巧性较强,需要具有较强的分析问题的能力.因此,此类问题一直是我们学习中的一个难点,考生常常会感到束手无策.本节将结合几道典型的试题,谈谈此类问题的求解策略,以期对大家有所帮助,兹分析如下.

在求解组合数与数列结合的问题时,常常要使用组合数的以下性质:

(1) $C_n^k = \dfrac{n!}{k!(n-k)!}$;

(2) $C_n^k = C_n^{n-k}$;

(3) $C_n^0 + C_n^1 + C_n^2 + \cdots + C_n^n = 2^n$;

(4) $C_n^1 + C_n^3 + C_n^5 + \cdots = C_n^0 + C_n^2 + C_n^4 + \cdots = 2^{n-1}$;

(5) $kC_n^k = nC_{n-1}^{k-1}$;

(6) $C_n^m = C_{n-1}^m + C_{n-1}^{m-1}$.

例题精讲

例 1 (2006 湖北卷・理 15)　将杨辉三角中的每一个数 C_n^r 都换成 $\dfrac{1}{(n+1)C_n^r}$,就得到一个如图 5.1 所示的分数三角形,称为莱布尼茨三角形,从莱布尼茨三角形可看出 $\dfrac{1}{(n+1)C_n^r} + \dfrac{1}{(n+1)C_n^x} = \dfrac{1}{nC_{n-1}^r}$,其中 $x =$ _____. 令 $a_n = \dfrac{1}{3} + \dfrac{1}{12} + \dfrac{1}{30} + \dfrac{1}{60} + \cdots + \dfrac{1}{nC_{n-1}^2} + \dfrac{1}{(n+1)C_n^2}$,则 $\lim\limits_{n \to \infty} a_n =$ _____.

$$\frac{1}{1}$$

$$\frac{1}{2} \quad \frac{1}{2}$$

$$\frac{1}{3} \quad \frac{1}{6} \quad \frac{1}{3}$$

$$\frac{1}{4} \quad \frac{1}{12} \quad \frac{1}{12} \quad \frac{1}{4}$$

$$\frac{1}{5} \quad \frac{1}{20} \quad \frac{1}{30} \quad \frac{1}{20} \quad \frac{1}{5}$$

$$\frac{1}{6} \quad \frac{1}{30} \quad \frac{1}{60} \quad \frac{1}{60} \quad \frac{1}{30} \quad \frac{1}{6}$$

$$\frac{1}{7} \quad \frac{1}{42} \quad \frac{1}{105} \quad \frac{1}{140} \quad \frac{1}{105} \quad \frac{1}{42} \quad \frac{1}{7}$$

······

图 5.1

(解)(析) (解法 1)第一个空通过观察可得 $x = r + 1$.

由题意知

$$\frac{1}{(n+1)C_n^2} = \frac{2}{n(n+1)(n-1)} = \frac{1}{n}\left(\frac{1}{n-1} - \frac{1}{n+1}\right)$$

$$= \frac{1}{n} \times \frac{1}{n-1} - \frac{1}{n} \times \frac{1}{n+1} = \frac{1}{n-1} - \frac{1}{n} - \frac{1}{n} + \frac{1}{n+1}$$

$$= \frac{1}{n-1} + \frac{1}{n+1} - \frac{2}{n}.$$

所以

$$a_n = \frac{1}{3} + \frac{1}{12} + \frac{1}{30} + \frac{1}{60} + \cdots + \frac{1}{nC_{n-1}^2} + \frac{1}{(n+1)C_n^2}$$

$$= \left(1 + \frac{1}{3} - 1\right) + \left(\frac{1}{2} + \frac{1}{4} - \frac{2}{3}\right) + \left(\frac{1}{3} + \frac{1}{5} - \frac{2}{4}\right) + \left(\frac{1}{4} + \frac{1}{6} - \frac{2}{5}\right) + \cdots$$

$$+ \left(\frac{1}{n-2} + \frac{1}{n} - \frac{1}{n-1}\right) + \left(\frac{1}{n-1} + \frac{1}{n+1} - \frac{2}{n}\right)$$

$$= \left(1 + \frac{1}{2} + \frac{1}{3} + \cdots + \frac{1}{n-1}\right) + \left(\frac{1}{3} + \frac{1}{4} + \frac{1}{5} + \frac{1}{6} + \cdots + \frac{1}{n+1}\right)$$

$$- 2\left(\frac{1}{2} + \frac{1}{3} + \cdots + \frac{1}{n}\right)$$

$$= \left[\left(1 + \frac{1}{2} + \frac{1}{3} + \cdots + \frac{1}{n-1}\right) - \left(\frac{1}{2} + \frac{1}{3} + \cdots + \frac{1}{n}\right)\right]$$

$$+ \left[\left(\frac{1}{3} + \frac{1}{4} + \frac{1}{5} + \frac{1}{6} + \cdots + \frac{1}{n+1}\right) - \left(\frac{1}{2} + \frac{1}{3} + \cdots + \frac{1}{n}\right)\right]$$

$$= 1 - \frac{1}{n} + \frac{1}{n+1} - \frac{1}{2} = \frac{1}{2} + \frac{1}{n+1} - \frac{1}{n}.$$

故 $\lim\limits_{n \to \infty} a_n = \dfrac{1}{2}$.

（解法 2）因为

$$\frac{1}{nC_{n-1}^r} - \frac{1}{(n+1)C_n^r} = \frac{1}{n \cdot \dfrac{(n-1)!}{r!(n-1-r)!}} - \frac{1}{(n+1) \cdot \dfrac{n!}{r!(n-r)!}}$$

$$= \frac{r!(n-r-1)!}{n!} - \frac{r!(n-r)!}{(n+1)!}$$

$$= \frac{r!(n-r-1)!}{n!}\left(1 - \frac{n-r}{n+1}\right)$$

$$= \frac{1}{n+1} \cdot \frac{(r+1)!(n-r-1)!}{n!}$$

$$= \frac{1}{(n+1)C_n^{r+1}},$$

所以 $\dfrac{1}{(n+1)C_n^r} + \dfrac{1}{(n+1)C_n^{r+1}} = \dfrac{1}{nC_{n-1}^r}$，因此 $x = r+1$.

由题意知 $\dfrac{1}{(n+1)C_n^1} + \dfrac{1}{(n+1)C_n^2} = \dfrac{1}{nC_{n-1}^1}$，所以

$$\frac{1}{(n+1)C_n^2} = \frac{1}{nC_{n-1}^1} - \frac{1}{(n+1)C_n^1} \quad (n \geqslant 2).$$

因此

$$a_n = \frac{1}{3} + \frac{1}{12} + \frac{1}{30} + \frac{1}{60} + \cdots + \frac{1}{nC_{n-1}^2} + \frac{1}{(n+1)C_n^2}$$

$$= \left(\frac{1}{2C_1^1} - \frac{1}{3C_2^1}\right) + \left(\frac{1}{3C_2^1} - \frac{1}{4C_3^1}\right) + \left(\frac{1}{4C_3^1} - \frac{1}{5C_4^1}\right) + \cdots + \left[\frac{1}{nC_{n-1}^1} - \frac{1}{(n+1)C_n^1}\right]$$

$$= \frac{1}{2C_1^1} - \frac{1}{(n+1)C_n^1} = \frac{1}{2} - \frac{1}{n(n+1)}.$$

故 $\lim\limits_{n \to \infty} a_n = \dfrac{1}{2}$.

点评　本题第一个空的解法 1 通过观察法得到结果，体现了合情推理在解题中的作用；解法 2 则使用了严谨的推理方法，较为烦琐. 第二个空的解法 1 通过代入进行代数变形；解法 2 则利用递推关系进行裂项，两种解法本质上是相同的. 本题考查考生的类比归纳及推理能力，第一个空对比杨辉三角的性质，通过观察、类比、归纳可知莱布尼茨三角形中每行中的任一个数都等于其"脚下"两数之和，故此时 $x = r+1$；第二个空实质上是求莱布尼茨三角形中从第三行起每行的倒数第三项之和，即 $a_n = \dfrac{1}{3C_2^0} + \dfrac{1}{4C_3^1} + \dfrac{1}{5C_4^2} + \cdots + \dfrac{1}{nC_{n-1}^{n-3}} + \dfrac{1}{(n+1)C_n^{n-2}}$.

根据第一个空所推出的结论只需在原式基础上增加一项 $\dfrac{1}{(n+1)C_n^{n-1}}$，则由每行中的任一个数都等于其"脚下"两数之和，并结合给出的数表可逐次向上求和，故 $a_n = \dfrac{1}{2} -$

$\dfrac{1}{(n+1)C_n^{n-1}}$，从而得到最终的答案.

例2 (2011 四川卷·理 20)　设 d 为非零实数，$a_n = \dfrac{1}{n}\left[C_n^1 d + 2C_n^2 d^2 + \cdots + (n-1)C_n^{n-1}d^{n-1} + nC_n^n d^n\right]$ $(n \in \mathbf{N}^*)$.

(1) 写出 a_1, a_2, a_3，并判断 $\{a_n\}$ 是否为等比数列. 若是，给出证明；若不是，说明理由.

(2) 设 $b_n = nda_n$ $(n \in \mathbf{N}^*)$，求数列 $\{b_n\}$ 的前 n 项和 S_n.

解析 (1)（解法 1）利用组合数公式. 因为 $kC_n^k = nC_{n-1}^{k-1}$ $(n \in \mathbf{N}^*)$，所以

$$a_n = \frac{1}{n}\left[C_n^1 d + 2C_n^2 d^2 + \cdots + (n-1)C_n^{n-1}d^{n-1} + nC_n^n d^n\right]$$

$$= \frac{1}{n}\left(nC_{n-1}^0 d + nC_{n-1}^1 d^2 + \cdots + nC_{n-1}^{n-2}d^{n-1} + nC_{n-1}^{n-1}d^n\right)$$

$$= C_{n-1}^0 d + C_{n-1}^1 d^2 + \cdots + C_{n-1}^{n-2}d^{n-1} + C_{n-1}^{n-1}d^n$$

$$= d\left(C_{n-1}^0 + C_{n-1}^1 d + \cdots + C_{n-1}^{n-2}d^{n-2} + C_{n-1}^{n-1}d^{n-1}\right) = d(1+d)^{n-1}.$$

（解法 2）构造递推关系式，利用组合数公式 $C_n^m = C_{n-1}^m + C_{n-1}^{m-1}$. 记

$$T_n = C_n^1 d + 2C_n^2 d^2 + \cdots + (n-1)C_n^{n-1}d^{n-1} + nC_n^n d^n,$$

则

$$T_{n+1} = C_{n+1}^1 d + 2C_{n+1}^2 d^2 + \cdots + (n-1)C_{n+1}^{n-1}d^{n-1} + nC_{n+1}^n d^n + (n+1)C_{n+1}^{n+1}d^{n+1}.$$

两式相减，得

$$\begin{aligned}
T_{n+1} - T_n &= (C_{n+1}^1 - C_n^1)d + 2(C_{n+1}^2 - C_n^2)d^2 + \cdots + n(C_{n+1}^n - C_n^n)d^n \\
&\quad + (n+1)C_{n+1}^{n+1}d^{n+1} \\
&= C_n^0 d + 2C_n^1 d^2 + \cdots + nC_n^{n-1}d^n + (n+1)C_n^n d^{n+1} \\
&= d\left[C_n^1 d + 2C_n^2 d^2 + \cdots + (n-1)C_n^{n-1}d^{n-1} + nC_n^n d^n\right] \\
&\quad + d\left(C_n^0 + C_n^1 d + \cdots + C_n^{n-1}d^{n-1} + C_n^n d^n\right) \\
&= dT_n + d(1+d)^n,
\end{aligned}$$

即 $T_{n+1} = (1+d)T_n + d(1+d)^n$.

① 当 $d = -1$ 时，$T_n = 0$，所以 $a_n = \dfrac{1}{n}T_n = 0$.

② 当 $d \neq -1$ 时，$\dfrac{T_{n+1}}{(1+d)^{n+1}} = \dfrac{T_n}{(1+d)^n} + \dfrac{d}{1+d}$. 所以数列 $\left\{\dfrac{T_n}{(1+d)^n}\right\}$ 是以 $\dfrac{T_1}{1+d} = \dfrac{d}{1+d}$ 为首项，$\dfrac{d}{1+d}$ 为公差的等差数列. 因此

$$\frac{T_n}{(1+d)^n} = \frac{d}{1+d} + (n-1) \times \frac{d}{1+d} = \frac{dn}{1+d},$$

即 $T_n = nd(1+d)^{n-1}$，从而求得

$$a_n = \frac{1}{n}T_n = d(1+d)^{n-1}.$$

当 $d = -1$ 时,$a_n = 0$ 也满足上式,所以无论是否 $d = -1$,均有 $a_n = d(1+d)^{n-1}$.

(解法 3)数学归纳法.由已知可得 $a_1 = d$,$a_2 = d(1+d)$,$a_3 = d(1+d)^2$.猜想:$a_n = d(1+d)^{n-1}$.下面用数学归纳法证明如下:

① 当 $n = 1$ 时,显然结论成立.

② 假设当 $n = k(k \geqslant 1, k \in \mathbf{N}^*)$ 时,结论成立,即 $a_k = d(1+d)^{k-1}$.则当 $n = k+1$ 时,由

$$(k+1)a_{k+1} = C_{k+1}^1 d + 2C_{k+1}^2 d^2 + \cdots + kC_{k+1}^k d^k + (k+1)C_{k+1}^{k+1}d^{k+1},$$

$$ka_k = C_k^1 d + 2C_k^2 d^2 + \cdots + (k-1)C_k^{k-1}d^{k-1} + kC_k^k d^k,$$

两式相减,得

$$\begin{aligned}
(k+1)a_{k+1} - ka_k &= (C_{k+1}^1 - C_k^1)d + 2(C_{k+1}^2 - C_k^2)d^2 + \cdots + k(C_{k+1}^k - C_k^k)d^k \\
&\quad + (k+1)C_{k+1}^{k+1}d^{k+1} \\
&= C_k^0 d + 2C_k^1 d^2 + \cdots + kC_k^{k-1}d^k + (k+1)C_k^k d^{k+1} \\
&= d(C_k^1 d + 2C_k^2 d^2 + \cdots + kC_k^k d^k) + d(C_k^0 + C_k^1 d + C_k^2 d^2 \\
&\quad + \cdots + C_k^k d^k) \\
&= dka_k + d(1+d)^k,
\end{aligned}$$

即 $(k+1)a_{k+1} = k(1+d)a_k + d(1+d)^k$,所以

$$(k+1)a_{k+1} = kd(1+d)^k + d(1+d)^k = (k+1)d(1+d)^k,$$

从而可得 $a_{k+1} = d(1+d)^k$,即 $n = k+1$ 时,结论成立.

因此由①、②可知,$\forall n \in \mathbf{N}^*$,$a_n = d(1+d)^{n-1}$ 成立.

(2)由题意知

$$\begin{aligned}
S_n &= d^2(1+d)^0 + 2d^2(1+d)^1 + 3d^2(1+d)^2 + \cdots + nd^2(1+d)^{n-1} \\
&= d^2[(1+d)^0 + 2(1+d)^1 + 3(1+d)^2 + \cdots + n(1+d)^{n-1}], \quad\quad ①
\end{aligned}$$

$$(1+d)S_n = d^2[(1+d)^1 + 2(1+d)^2 + 3(1+d)^3 + \cdots + n(1+d)^n], \quad\quad ②$$

②－①,得

$$dS_n = -d^2 \cdot \frac{1 \cdot [1-(1+d)^n]}{1-(1+d)} + d^2 n(1+d)^n = d + (d^2 n - d)(1+d)^n.$$

所以

$$S_n = 1 + (dn-1)(1+d)^n.$$

点评　解法 1 首先通过组合数公式 $kC_n^k = nC_{n-1}^{k-1}$ 进行突破,然后再利用二项式定理实现问题的求解,十分巧妙;解法 2 则通过构造递推关系进行解答,这是求解数列问题的常见技巧,在构造递推关系式时使用了组合数公式 $C_{n+1}^m - C_n^m = C_n^{m-1}$,然后转化为常规不含组合数的数列递推问题,突破了解题"瓶颈";解法 3 使用了数学归纳法,这是数列问题的重要求

解方法，对于含有组合数的数列问题当然也不例外，求解过程中也使用了组合数公式 $C_{n+1}^m - C_n^m = C_n^{m-1}$。

例3 (2008 江苏卷·理 23)　请先阅读：在等式 $\cos 2x = 2\cos^2 x - 1 (x \in R)$ 的两边对 x 求导，得 $(\cos 2x)' = (2\cos^2 x - 1)'$，由求导法则，得 $(-\sin 2x) \cdot 2 = 4\cos x \cdot (-\sin x)$，化简得等式 $\sin 2x = 2\sin x \cdot \cos x$。

(1) 利用上题的想法（或其他方法），试由等式 $(1+x)^n = C_n^0 + C_n^1 x + C_n^2 x^2 + \cdots + C_n^n x^n$ ($x \in \mathbf{R}$，正整数 $n \geqslant 2$)，证明：$n[(1+x)^{n-1} - 1] = \sum_{k=2}^n k C_n^k x^{k-1}$。

(2) 对于正整数 $n \geqslant 3$，求证：

① $\sum_{k=1}^n (-1)^k k C_n^k = 0$；

② $\sum_{k=1}^n (-1)^k k^2 C_n^k = 0$；

③ $\sum_{k=0}^n \frac{1}{k+1} C_n^k = \frac{2^{n+1} - 1}{n+1}$。

(解析) (1) 将等式 $(1+x)^n = C_n^0 + C_n^1 x + C_n^2 x^2 + \cdots + C_n^n x^n$ 两边求导，得

$$n(1+x)^{n-1} = C_n^1 + 2C_n^2 x + 3C_n^3 x^2 + \cdots + nC_n^n x^{n-1} = n + \sum_{k=2}^n k C_n^k x^{k-1}.$$

移项得

$$n[(1+x)^{n-1} - 1] = \sum_{k=2}^n k C_n^k x^{k-1}.$$

(2) ① 令 $x = -1$，则由(1)知

$$\sum_{k=1}^n (-1)^k k C_n^k = (-1) \sum_{k=1}^n k C_n^k (-1)^{k-1}$$

$$= (-1) \cdot n(1-1)^{n-1} = 0.$$

② 对等式 $n(1+x)^{n-1} = C_n^1 + 2C_n^2 x + 3C_n^3 x^2 + \cdots + nC_n^n x^{n-1} = \sum_{k=1}^n k C_n^k x^{k-1} (n \geqslant 3)$ 再一次求导，得

$$n(n-1)(1+x)^{n-2} = \sum_{k=2}^n k(k-1) C_n^k x^{k-2}.$$

所以

$$\sum_{k=1}^n (-1)^k k^2 C_n^k = \sum_{k=1}^n (-1)^k k(k-1) C_n^k + \sum_{k=1}^n (-1)^k k C_n^k$$

$$= \sum_{k=1}^n k(k-1) C_n^k (-1)^{k-2} - \sum_{k=1}^n k C_n^k (-1)^{k-1}$$

$$= n(n-1)(1-1)^{n-2} - n(1-1)^{n-1} = 0.$$

③ 因为

$$\frac{1}{k+1}C_n^k = \frac{1}{k+1} \cdot \frac{n!}{k!(n-k)!} = \frac{n!}{(k+1)!(n-k)!}$$

$$= \frac{1}{n+1} \cdot \frac{(n+1)!}{(k+1)!(n-k)!}$$

$$= \frac{1}{n+1} \cdot \frac{(n+1)!}{(k+1)![(n+1)-(k+1)]!}$$

$$= \frac{1}{n+1}C_{n+1}^{k+1},$$

所以

$$\sum_{k=0}^{n}\frac{1}{k+1}C_n^k = \sum_{k=0}^{n}\frac{1}{n+1}C_{n+1}^{k+1} = \frac{1}{n+1}(C_{n+1}^1 + C_{n+1}^1 + \cdots + C_{n+1}^{n+1}) = \frac{2^{n+1}-1}{n+1}.$$

点评　本题是一道非常综合的考题,涉及导数、数列、三角函数、组合数等考点,体现了高考在知识点交叉处命题的特点,对考生综合运用所学知识的能力提出了很高的要求.本题第(1)问借助素材给出的解题提示,不难实现问题的求解,第(2)问则综合考查了赋值法、组合数计算与化简,具有较强的灵活性.

📝 例题精讲

1.(2007 陕西卷·理 22)已知各项全不为零的数列 $\{a_k\}$ 的前 k 项和为 S_k,且 $S_k = \frac{1}{2}a_k a_{k+1}(k \in \mathbf{N}^*)$,其中 $a_1 = 1$.

(1) 求数列 $\{a_k\}$ 的通项公式;

(2) 对任意给定的正整数 $n(n \geqslant 2)$,数列 $\{b_k\}$ 满足 $\frac{b_{k+1}}{b_k} = \frac{k-n}{a_{k+1}}(k = 1,2,\cdots,n-1)$,$b_1 = 1$.求 $b_1 + b_2 + \cdots + b_n$.

2.(2009 上海卷·文 23)已知 $\{a_n\}$ 是公差为 d 的等差数列,$\{b_n\}$ 是公比为 q 的等比数列.

(1) 若 $a_n = 3n+1$,是否存在 $m,k \in \mathbf{N}^*$,有 $a_m + a_{m+1} = a_k$? 请说明理由.

(2) 若 $b_n = aq^n(a,q$ 为常数,且 $aq \neq 0)$ 对任意 m 存在 k,有 $b_m b_{m+1} = b_k$,试求 a,q 满足的充要条件.

(3) 若 $a_n = 2n+1$,$b_n = 3^n$,试确定所有的 p,使数列 $\{b_n\}$ 中存在某个连续 p 项的和是数列中 $\{a_n\}$ 的一项,并证明.

3.(2003 上海卷·文 22/理 19)已知数列 $\{a_n\}$(n 为正整数)是首项是 a_1,公比为 q 的等比数列.

(1) 求和:$a_1 C_2^0 - a_2 C_2^1 + a_3 C_2^2$;$a_1 C_3^0 - a_2 C_3^1 + a_3 C_3^2 - a_4 C_3^3$;

(2) 由(1)的结果归纳概括出关于正整数 n 的一个结论,并加以证明.

(3) (仅文科)设 $q \neq 1$, S_n 是等比数列 $\{a_n\}$ 的前 n 项和,求:

$$S_1 C_n^0 - S_2 C_n^1 + S_3 C_n^2 - S_4 C_n^3 + \cdots + (-1)^n S_{n+1} C_n^n.$$

参 考 答 案

1. (1) 当 $k = 1$ 时,由 $a_1 = S_1 = \dfrac{1}{2} a_1 a_2$ 及 $a_1 = 1$,得 $a_2 = 2$.

当 $k \geqslant 2$ 时,由 $a_k = S_k - S_{k-1} = \dfrac{1}{2} a_k a_{k+1} - \dfrac{1}{2} a_{k-1} a_k$,得 $a_k(a_{k+1} - a_{k-1}) = 2a_k$.

因为 $a_k \neq 0$,所以 $a_{k+1} - a_{k-1} = 2$,从而可得 $a_{2m-1} = 1 + (m-1) \cdot 2 = 2m - 1$, $a_{2m} = 2 + (m-1) \cdot 2 = 2m (m \in \mathbf{N}^*)$. 故 $a_k = k (k \in \mathbf{N}^*)$.

(2) 因为 $a_k = k$,所以 $\dfrac{b_{k+1}}{b_k} = -\dfrac{n-k}{a_{k+1}} = -\dfrac{n-k}{k+1}$. 因此

$$b_k = \frac{b_k}{b_{k-1}} \cdot \frac{b_{k-1}}{b_{k-2}} \cdot \cdots \cdot \frac{b_2}{b_1} \cdot b_1 = (-1)^{k-1} \cdot \frac{(n-k+1)(n-k+2)\cdots(n-1)}{k \cdot (k-1) \cdot \cdots \cdot 2 \cdot 1} \cdot 1$$

$$= (-1)^{k-1} \cdot \frac{1}{n} C_n^k \quad (k = 1, 2, \cdots, n).$$

故

$$b_1 + b_2 + b_3 + \cdots + b_n = \frac{1}{n} \left[C_n^1 - C_n^2 + C_n^3 - \cdots + (-1)^{n-1} C_n^n \right]$$

$$= \frac{1}{n} \left\{ 1 - \left[C_n^0 - C_n^1 + C_n^2 - \cdots + (-1)^n \cdot C_n^n \right] \right\} = \frac{1}{n}.$$

2. (1) 由 $a_m + a_{m+1} = a_k$,得 $6m + 5 = 3k + 1$,整理后可得 $k - 2m = \dfrac{4}{3}$. 因为 $m, k \in \mathbf{N}$,所以 $k - 2m$ 为整数. 因此不存在 $n, k \in \mathbf{N}^*$,使等式成立.

(2) 当 $m = 1$ 时,$b_1 b_2 = b_k$,则 $a^2 q^3 = aq^k$. 因此 $a = q^{k-3}$,即 $a = q^c$,其中 c 是大于或等于 -2 的整数.

反之当 $a = q^c$ 时,其中 c 是大于或等于 -2 的整数,则 $b_n = q^{n+c}$,显然

$$b_m b_{m+1} = q^{m+c} \cdot q^{m+1+c} = q^{2m+1+2c} = b_k,$$

其中 $k = 2m + 1 + c$.

因此 a, q 满足的充要条件是 $a = q^c$,其中 c 是大于或等于 -2 的整数.

(3) 设

$$b_{m+1} + b_{m+2} + \cdots + b_{m+p} = a_k. \qquad (*)$$

则当 p 为偶数时,$(*)$ 式左边为偶数,右边为奇数. 所以当 p 为偶数时,$(*)$ 式不成立.

由 $(*)$ 式得 $\dfrac{3^{m+1}(1 - 3^p)}{1 - 3} = 2k + 1$,整理得

$$3^{m+1}(3^p - 1) = 4k + 2$$

则当 $p = 1$ 时,符合题意.

当 $p \geqslant 3$,且 p 为奇数时,

$$
\begin{aligned}
3^p - 1 &= (1 + 2)^p - 1 \\
&= C_p^0 + C_p^1 \cdot 2^1 + C_p^2 \cdot 2^2 + \cdots + C_p^p \cdot 2^p - 1 \\
&= C_p^1 \cdot 2^1 + C_p^2 \cdot 2^2 + \cdots + C_p^p \cdot 2^p \\
&= 2(C_p^1 + C_p^2 \cdot 2 + \cdots + C_p^p \cdot 2^{p-1}) \\
&= 2[2(C_p^2 + C_p^2 \cdot 2^2 + \cdots + C_p^p \cdot 2^{p-2}) + p].
\end{aligned}
$$

所以由 $3^{m+1}(3^p - 1) = 4k + 2$,得

$$3^{m+1}[2(C_p^2 + C_p^2 \cdot 2^2 + \cdots + C_p^p \cdot 2^{p-2}) + p] = 2k + 1.$$

因此当 p 为奇数时,一定有 m 和 k 使上式成立.

所以当 p 为奇数时,($*$)式都成立.

3. (1)

$$a_1 C_2^0 - a_2 C_2^1 + a_3 C_2^2 = a_1 - 2a_1 q + a_1 q^2 = a_1(1 - q)^2,$$

$$a_1 C_3^0 - a_2 C_3^1 + a_3 C_3^2 - a_4 C_3^3 = a_1 - 3a_1 q + 3a_1 q^2 - a_1 q^3 = a_1(1 - q)^3.$$

(2) 归纳概括的结论为:若数列 $\{a_n\}$ 是首项为 a_1,公比为 q 的等比数列,则

$$a_1 C_n^0 - a_2 C_n^1 + a_3 C_n^2 - a_4 C_n^3 + \cdots + (-1)^n a_{n+1} C_n^n = a_1(1 - q)^n \quad (n \in \mathbf{N}^*).$$

证明如下:

$$
\begin{aligned}
&a_1 C_n^0 - a_2 C_n^1 + a_3 C_n^2 - a_4 C_n^3 + \cdots + (-1)^n a_{n+1} C_n^n \\
&= a_1 C_n^0 - a_1 q C_n^1 + a_1 q^2 C_n^2 - a_1 q^3 C_n^3 + \cdots + (-1)^n a_1 q^n C_n^n \\
&= a_1[C_n^0 - q C_n^1 + q^2 C_n^2 - q^3 C_n^3 + \cdots + (-1)^n q^n C_n^n] = a_1(1 - q)^n.
\end{aligned}
$$

(3) 因为 $S_n = \dfrac{a_1 - a_1 q^n}{1 - q}$,所以

$$
\begin{aligned}
&S_1 C_n^0 - S_2 C_n^1 + S_3 C_n^2 - S_4 C_n^3 + \cdots + (-1)^n S_{n+1} C_n^n \\
&= \frac{a_1 - a_1 q}{1 - q} C_n^0 - \frac{a_1 - a_1 q^2}{1 - q} C_n^1 + \frac{a_1 - a_1 q^3}{1 - q} C_n^2 + \frac{a_1 - a_1 q^4}{1 - q} C_n^3 \\
&\quad + \cdots + (-1)^n \frac{a_1 - a_1 q^{n+1}}{1 - q} C_n^n \\
&= \frac{a_1}{1 - q}[C_n^0 - C_n^1 + C_n^2 - C_n^3 + \cdots + (-1)^n C_n^n] \\
&\quad - \frac{a_1 q}{1 - q}[C_n^0 - q C_n^1 + q^2 C_n^2 - q^3 C_n^3 + \cdots + (-1)^n q^n C_n^n] \\
&= \frac{a_1 q}{q - 1}(1 - q)^n.
\end{aligned}
$$

5.2 二项放缩

知识梳理

对于形如 $\sum_{i=1}^{n} \dfrac{a}{b^n + f(n)} < M(b \in \mathbf{N}^*, b \geqslant 2)$ 的不等式的证明，可以利用二项式定理，把 $b^n = [1+(b-1)]^n$ 进行展开，从而把 $\dfrac{a}{b^n + f(n)}$ 的分母放缩成多项式或单独一个指数式的形式，最终把 $\dfrac{a}{b^n + f(n)}$ 的求和问题放缩为裂项求和或等比数列的求和问题，这是二项式定理在处理数列不等式问题中的重要应用，我们把这种放缩方法称为二项放缩法. 这种方法在解题中具有较强的通法，有极为重要的地位，希望读者通过下面的学习，能开阔视野，提高解题能力.

例题精讲

例 4 (2012 广东卷·理 19)　设数列 $\{a_n\}$ 的前 n 项和为 S_n，满足 $2S_n = a_{n+1} - 2^{n+1} + 1(n \in \mathbf{N}^*)$，且 $a_1, a_2 + 5, a_3$ 成等差数列.

(1) 求 a_1 的值；

(2) 求数列 $\{a_n\}$ 的通项公式；

(3) 证明：$\dfrac{1}{a_1} + \dfrac{1}{a_2} + \cdots + \dfrac{1}{a_n} < \dfrac{3}{2}$.

解析　(1) 因为 $2S_n = a_{n+1} - 2^{n+1} + 1$，所以 $2S_{n+1} = a_{n+2} - 2^{n+2} + 1$，两式相减得
$$a_{n+2} = 3a_{n+1} + 2^{n+1}.$$

因为 $2S_1 = a_2 - 2^2 + 1$，所以 $a_2 = 2a_1 + 3$，从而得 $a_3 = 3a_2 + 4 = 6a_1 + 13$. 又因为 $a_1, a_2 + 5, a_3$ 成等差数列，所以 $2(a_2 + 5) = a_1 + a_3$，整理得 $2(2a_1 + 3 + 5) = a_1 + 6a_1 + 13$，解得 $a_1 = 1$.

(2) 由(1)知 $a_1 = 1, a_2 = 5$，所以可得 $a_{n+1} = 3a_n + 2^n$ 对 $\forall n \in \mathbf{N}^*$ 均成立，因此
$$a_{n+1} = 3a_n + 2^n \iff a_{n+1} + 2^{n+1} = 3(a_n + 2^n).$$

从而得
$$a_n + 2^n = 3(a_{n-1} + 2^{n-1}) = 3^2(a_{n-1} + 2^{n-2}) = \cdots = 3^{n-1}(a_1 + 2) \iff a_n = 3^n - 2^n.$$

(3) (证法 1) 当 $n = 1$ 时，$\dfrac{1}{a_1} = 1 < \dfrac{3}{2}$.

当 $n \geq 2$ 时,

$$\left(\frac{3}{2}\right)^n \geq \left(\frac{3}{2}\right)^2 > 2 \iff 3^n > 2 \times 2^n \iff a_n > 2^n \iff \frac{1}{a_n} < \frac{1}{2^n},$$

所以

$$\frac{1}{a_1} + \frac{1}{a_2} + \cdots + \frac{1}{a_n} < 1 + \frac{1}{2^2} + \frac{1}{2^3} + \cdots + \frac{1}{2^n} = 1 + \frac{1}{2} - \frac{1}{2^n} < \frac{3}{2}.$$

由上式得,对于一切正整数 n, $\frac{1}{a_1} + \frac{1}{a_2} + \cdots + \frac{1}{a_n} < \frac{3}{2}$. 故命题得证.

(证法 2)由(2)得 $\frac{1}{a_n} = \frac{1}{3^n - 2^n}$. 因为当 $n \geq 1$ 时, $3^{n-1} \geq 2^{n-1}$, 所以

$$\frac{1}{a_n} = \frac{1}{3^n - 2^n} = \frac{1}{3^{n-1} + 2 \cdot 3^{n-1} - 2^n} = \frac{1}{3^{n-1} + 2(3^{n-1} - 2^{n-1})} \leq \frac{1}{3^{n-1}}.$$

因此

$$\frac{1}{a_1} + \frac{1}{a_2} + \cdots + \frac{1}{a_n} \leq 1 + \frac{1}{3} + \cdots + \frac{1}{3^{n-1}} = \frac{1 - \left(\frac{1}{3}\right)^n}{1 - \frac{1}{3}} = \frac{3}{2}\left[1 - \left(\frac{1}{3}\right)^n\right] < \frac{3}{2}.$$

故命题得证.

(证法 3)由(2)得

$$\frac{1}{a_n} = \frac{1}{3^n - 2^n} = \frac{1}{3^n\left[1 - \left(\frac{2}{3}\right)^n\right]} < \frac{1}{3^n\left(1 - \frac{2}{3}\right)} = \frac{1}{3^{n-1}}.$$

下同证法 2.

(证法 4)二项放缩. 当 $n \geq 3$ 时,

$$a_n = 3^n - 2^n = (1 + 2)^n - 2^n$$

$$= 1 + C_n^1 \cdot 2 + C_n^2 \cdot 2^2 + \cdots + C_n^{n-1} \cdot 2^{n-1} + 2^n - 2^n$$

$$= 1 + C_n^1 \cdot 2 + C_n^2 \cdot 2^2 + \cdots + C_n^{n-1} \cdot 2^{n-1} > C_n^2 \cdot 2^2 = 2n(n-1).$$

又因为 $a_2 = 5 > 2 \times 2 \times (2-1)$, 所以 $a_n > 2n(n-1)(n \geq 2)$. 因此当 $n \geq 2$ 时,

$$\frac{1}{a_n} < \frac{1}{2n(n-1)} = \frac{1}{2}\left(\frac{1}{n-1} - \frac{1}{n}\right).$$

当 $n = 1$ 时, $\frac{1}{a_1} = 1 < \frac{3}{2}$.

当 $n \geq 2$ 时,

$$\frac{1}{a_1} + \frac{1}{a_2} + \frac{1}{a_3} + \cdots + \frac{1}{a_n} < 1 + \frac{1}{2}\left(1 - \frac{1}{2} + \frac{1}{3} - \frac{1}{4} + \cdots + \frac{1}{n-1} - \frac{1}{n}\right)$$

$$= 1 + \frac{1}{2}\left(1 - \frac{1}{n}\right) < \frac{3}{2}.$$

综上,命题得证.

点评　本题第(2)问难度较大,由于通项公式的分母含有两个指数式,不能直接求和,故

需要使用放缩法进行证明.证法 1 通过把 3^n 放缩为 $2 \cdot 2^n$,从而获得证明.证法 2 则是先通过把分母中指数式的幂指数降低,然后再进行拆项放缩.我们可以给这种方法命名一个名字,三角函数中我们有降幂公式,因此我们不妨把这种放缩方法称为"降幂放缩法".证法 3 利用"知识梳理"中给出的指数型放缩的技巧,自然顺畅.证法 4 则利用二项式定理实施证明,将要证的不等式转化为常规的裂项求和,这也是含指数式的一种极为重要的通法.在上面四种方法中,证法 1 与证法 4 使用了部分放缩法.

例5 (2008 年辽宁卷·理 22) 设函数 $f(x) = \dfrac{\ln x}{1+x} - \ln x + \ln(x+1)$.

(1) 求 $f(x)$ 的单调区间和极值;

(2) 是否存在实数 a,使得关于 x 的不等式 $f(x) \geqslant a$ 的解集为 $(0, +\infty)$? 若存在,求 a 的取值范围;若不存在,试说明理由.

解析 (1) 对函数 $f(x)$ 求导,得

$$f'(x) = \frac{1}{x(1+x)} - \frac{\ln x}{(1+x)^2} - \frac{1}{x} + \frac{1}{x+1} = -\frac{\ln x}{(1+x)^2}.$$

故当 $x \in (0,1)$ 时,$f'(x) > 0$;$x \in (1, +\infty)$ 时,$f'(x) < 0$.所以 $f(x)$ 在 $(0,1)$ 内单调递增,在 $(1, +\infty)$ 内单调递减.由此知 $f(x)$ 在 $(0, +\infty)$ 的极大值为 $f(1) = \ln 2$,没有极小值.

(2) (解法 1)① 当 $a \leqslant 0$ 时,由于

$$f(x) = \frac{(1+x)\ln(1+x) - x\ln x}{1+x} = \frac{\ln(1+x) + x\big[\ln(1+x) - \ln x\big]}{1+x} > 0,$$

故关于 x 的不等式 $f(x) \geqslant a$ 的解集为 $(0, +\infty)$.

② 当 $a > 0$ 时,由 $f(x) = \dfrac{\ln x}{1+x} + \ln\left(1 + \dfrac{1}{x}\right)$,知 $f(2^n) = \dfrac{\ln 2^n}{1 + 2^n} + \ln\left(1 + \dfrac{1}{2^n}\right)$,其中 n 为正整数,且

$$\ln\left(1 + \frac{1}{2^n}\right) < \frac{a}{2} \quad \Leftrightarrow \quad \frac{1}{2^n} < e^{\frac{a}{2}} - 1 \quad \Leftrightarrow \quad n > -\log_2(e^{\frac{a}{2}} - 1).$$

又当 $n \geqslant 2$ 时,

$$\frac{\ln 2^n}{1 + 2^n} = \frac{n\ln 2}{1 + (1+1)^n} < \frac{n\ln 2}{\dfrac{n(n-1)}{2}} = \frac{2\ln 2}{n-1},$$

且

$$\frac{2\ln 2}{n-1} < \frac{a}{2} \quad \Leftrightarrow \quad n > \frac{4\ln 2}{a} + 1.$$

取整数 n_0 满足 $n_0 > -\log_2(e^{\frac{a}{2}} - 1)$,$n_0 > \dfrac{4\ln 2}{a} + 1$,且 $n_0 \geqslant 2$,则

$$f(2^{n_0}) = \frac{n_0 \ln 2}{1 + 2^{n_0}} + \ln\left(1 + \frac{1}{2^{n_0}}\right) < \frac{a}{2} + \frac{a}{2} = a.$$

即当 $a > 0$ 时,关于 x 的不等式 $f(x) \geqslant a$ 的解集不是 $(0, +\infty)$.

故由①、②可知,存在 a,使得关于 x 的不等式 $f(x) \geqslant a$ 的解集为 $(0, +\infty)$,且 a 的取值范围为 $(-\infty, 0]$.

(解法 2)由题意知

$$f(x) = \frac{\ln x}{1+x} - \ln x + \ln(x+1) = \frac{\ln x}{1+x} + \ln \frac{x+1}{x} = \frac{\ln x}{1+x} + \ln\left(1 + \frac{1}{x}\right).$$

① 当 $a \leqslant 0$ 时,

$$f(x) = \frac{\ln x}{1+x} - \ln x + \ln(x+1) = \frac{-x\ln x + (1+x)\ln(x+1)}{1+x}$$

$$= \frac{\ln(x+1) + x[\ln(x+1) - \ln x]}{1+x} > 0,$$

满足题意.

② 当 $a > 0$ 时,易证明 $\ln(x+1) < x$,$\ln x < x$,所以 $\ln \sqrt{x} < \sqrt{x}$,即 $\ln x < 2\sqrt{x}$,且 $\ln\left(1 + \frac{1}{x}\right) < \frac{1}{x}$. 故当 $x \geqslant 1$ 时,

$$f(x) = \frac{\ln x}{1+x} + \ln\left(1 + \frac{1}{x}\right) < \frac{\ln x}{x} + \frac{1}{x} < \frac{2\sqrt{x}}{x} + \frac{1}{x} < \frac{2\sqrt{x}}{x} + \frac{1}{\sqrt{x}} = \frac{3}{\sqrt{x}}.$$

所以当 $x \geqslant \frac{9}{a^2}$ 且 $x \geqslant 1$ 时,$f(x) < \frac{3}{\sqrt{\frac{9}{a^2}}} = a$,不合题意.

故由①、②可知,存在 a,使得关于 x 的不等式 $f(x) \geqslant a$ 的解集为 $(0, +\infty)$,且 a 的取值范围为 $(-\infty, 0]$.

点评 本题是高考中较早出现的取点问题,官方给出的解法 1 使用的是二项式定理进行放缩的,不少读者对此种解法的思维起点感觉较为迷惑,实际上,这是处理指数型数列不等式问题的一种极为重要的方法,具有举足轻重的作用.解法 2 是按照目前流行的取点思想进行解答的,相对而言,整个过程比较简单、顺畅.

考题回放

1. (1991 全国三南卷·理 30)已知 $f(x) = \frac{2^x - 1}{2^x + 1}$.

(1) 证明:$f(x)$ 在 $(-\infty, +\infty)$ 上是增函数.

(2) 证明:对于任意不小于 3 的自然数,都有 $f(n) > \frac{n}{n+1}$.

2. (2014 全国 II 卷·理 17)已知数列 $\{a_n\}$ 满足 $a_1 = 1$,$a_{n+1} = 3a_n + 1$.

(1) 证明 $\left\{a_n + \frac{1}{2}\right\}$ 是等比数列,并求 $\{a_n\}$ 的通项公式.

(2) 证明:$\frac{1}{a_1} + \frac{1}{a_2} + \cdots + \frac{1}{a_n} < \frac{3}{2}$.

参考答案

1. (1) 设 x_1，x_2 为任意两个实数，且 $x_1 < x_2$．因为 $f(x) = \dfrac{2^x - 1}{2^x + 1} = 1 - \dfrac{2}{2^x + 1}$，所以

$$f(x_1) - f(x_2) = \left(1 - \frac{2}{2^{x_1} + 1}\right) - \left(1 - \frac{2}{2^{x_2} + 1}\right)$$

$$= \frac{2}{2^{x_2} + 1} - \frac{2}{2^{x_1} + 1} = 2 \cdot \frac{2^{x_1} - 2^{x_2}}{(2^{x_1} + 1)(2^{x_2} + 1)}.$$

由指数函数的性质可知 $(2^{x_1} + 1)(2^{x_2} + 1) > 0$，$2^{x_1} - 2^{x_2} < 0$，所以 $f(x_1) - f(x_2) < 0$，即 $f(x_1) < f(x_2)$．所以 $f(x)$ 在 $(-\infty, +\infty)$ 上是增函数．

(2) 要证 $f(n) > \dfrac{n}{n+1}$ $(n \in \mathbf{N}^*, n \geqslant 3)$，即证 $1 - \dfrac{2}{2^n + 1} > 1 - \dfrac{1}{n+1}$，亦证 $2^n - 1 > 2n$ $(n \geqslant 3)$．

因为 $2^n = C_n^0 + C_n^1 + C_n^2 + \cdots + C_n^{n-1} + C_n^n$，所以

$$2^n - C_n^0 = C_n^1 + C_n^2 + \cdots + C_n^{n-1} + C_n^n$$

$$= C_n^1 + C_n^{n-1} + (C_n^2 + C_n^3 + \cdots + C_n^{n-2} + C_n^n).$$

又因为 $C_n^0 = 1$，$C_n^1 + C_n^{n-1} = 2n$，当 $n \geqslant 3$ 时，$C_n^2 + C_n^3 \cdots + C_n^{n-2} + C_n^n > 0$，所以 $2^n - 1 > 2n$ $(n \geqslant 3)$．故命题得证．

2. (1) 由 $a_{n+1} = 3a_n + 1$，得 $a_{n+1} + \dfrac{1}{2} = 3\left(a_n + \dfrac{1}{2}\right)$．又因为 $a_1 + \dfrac{1}{2} = \dfrac{3}{2}$，所以 $\left\{a_n + \dfrac{1}{2}\right\}$ 是首项为 $\dfrac{3}{2}$，公比为 3 的等比数列．因此 $a_n + \dfrac{1}{2} = \dfrac{3^n}{2}$，故 $\{a_n\}$ 的通项公式为

$$a_n = \frac{3^n - 1}{2} \quad (n \in \mathbf{N}^*).$$

(2)（证明 1）放缩为等比数列．由(1)得 $\dfrac{1}{a_n} = \dfrac{2}{3^n - 1}$．因为 $3^{n-1} - 1 \geqslant 3^0 - 1 = 0$，所以

$$\frac{1}{a_n} = \frac{2}{3^n - 1} = \frac{2}{2 \cdot 3^{n-1} + 3^{n-1} - 1} \leqslant \frac{2}{2 \cdot 3^{n-1}} = \frac{1}{3^{n-1}}.$$

因此

$$\frac{1}{a_1} + \frac{1}{a_2} + \cdots + \frac{1}{a_n} \leqslant 1 + \frac{1}{3} + \cdots + \frac{1}{3^{n-1}} = \frac{1 - \left(\frac{1}{3}\right)^n}{1 - \frac{1}{3}} = \frac{3}{2}\left[1 - \left(\frac{1}{3}\right)^n\right] < \frac{3}{2}.$$

故命题得证．

（证明 2）裂项放缩．因为当 $n \geqslant 2$ 时，

$$\frac{1}{a_n} = \frac{2}{3^n - 1} = \frac{2(3^n - 1)}{(3^n - 1)^2} < \frac{2 \times 3^n}{(3^n - 1)^2} < \frac{2 \times 3^n}{(3^n - 1)(3^n - 3)}$$

$$= \frac{2 \times 3^{n-1}}{(3^n - 1)(3^{n-1} - 1)} = \frac{1}{3^{n-1} - 1} - \frac{1}{3^n - 1}.$$

当 $n=1$ 时,$\dfrac{1}{a_1}=\dfrac{2}{3-1}=1<\dfrac{3}{2}$.

当 $n\geqslant2$ 时,

$$\dfrac{1}{a_1}+\dfrac{1}{a_2}+\cdots+\dfrac{1}{a_n}\leqslant 1+\left(\dfrac{1}{3-1}-\dfrac{1}{3^2-1}\right)+\left(\dfrac{1}{3^2-1}-\dfrac{1}{3^3-1}\right)$$

$$+\cdots+\left(\dfrac{1}{3^{n-1}-1}-\dfrac{1}{3^n-1}\right)$$

$$=\dfrac{3}{2}-\dfrac{1}{3^n-1}<\dfrac{3}{2}.$$

综上,不等式 $\dfrac{1}{a_1}+\dfrac{1}{a_2}+\cdots+\dfrac{1}{a_n}<\dfrac{3}{2}$ 得证.

(证法 3)由糖水不等式知 $\dfrac{1}{a_n}=\dfrac{2}{3^n-1}<\dfrac{2+1}{3^n-1+1}=\dfrac{3}{3^n}=\dfrac{1}{3^{n-1}}$,所以

$$\dfrac{1}{a_1}+\dfrac{1}{a_2}+\cdots+\dfrac{1}{a_n}\leqslant 1+\dfrac{1}{3}+\cdots+\dfrac{1}{3^{n-1}}=\dfrac{1-\left(\dfrac{1}{3}\right)^n}{1-\dfrac{1}{3}}=\dfrac{3}{2}\left[1-\left(\dfrac{1}{3}\right)^n\right]<\dfrac{3}{2}.$$

故命题得证.

(证法 4)二项放缩.因为

$$3^n=(1+2)^n=C_n^0 2^n+C_n^1 2^{n-1}+C_n^2 2^{n-2}+\cdots+C_n^{n-1}2+C_n^n,$$

所以当 $n\geqslant3$ 时,

$$3^n\geqslant C_n^0 2^n+C_n^1 2^{n-1}+C_n^2 2^{n-2}+C_n^n>C_n^0 2^n+C_n^1 2^{n-1}+C_n^n$$

$$>2^n+2\cdot 2^{n-1}+1=2^{n+1}+1,$$

因此 $3^n-1>2^{n+1}$.故当 $n\geqslant3$ 时,$\dfrac{2}{3^n-1}<\dfrac{2}{2^{n+1}}=\dfrac{1}{2^n}$.

当 $n=1$ 时,$\dfrac{1}{a_1}=\dfrac{2}{3-1}=1<\dfrac{3}{2}$.

当 $n=2$ 时,$\dfrac{1}{a_1}+\dfrac{1}{a_2}=\dfrac{2}{3-1}+\dfrac{2}{3^2-1}=1+\dfrac{1}{4}=\dfrac{5}{4}<\dfrac{3}{2}$.

当 $n\geqslant3$ 时,

$$\dfrac{1}{a_1}+\dfrac{1}{a_2}+\cdots+\dfrac{1}{a_n}<1+\dfrac{1}{4}+\dfrac{1}{2^3}+\cdots+\dfrac{1}{2^n}=1+\dfrac{1}{4}+\dfrac{\dfrac{1}{2^3}\left(1-\dfrac{1}{2^{n-2}}\right)}{1-\dfrac{1}{2}}$$

$$=\dfrac{3}{2}-\dfrac{1}{2^n}<\dfrac{3}{2}.$$

综上,不等式 $\dfrac{1}{a_1}+\dfrac{1}{a_2}+\cdots+\dfrac{1}{a_n}<\dfrac{3}{2}$ 得证.

5.3 组合数与概率

知识梳理

在有些概率问题中,研究对象的元素的个数不确定,往往含有参数,因此概率的计算不可避免地出现了组合数,这类问题的难点往往不在于概率的求解,而是概率用组合数表示出之后的化简与计算.这就需要考生具有较强的组合数化简与计算技巧.因此熟练掌握组合数化简计算的技巧是解决此类问题的关键.下面通过一些例题加以说明.

例题精讲

例6 (2008 湖南卷·理 15) 对有 $n(n \geqslant 4)$ 个元素的总体 $\{1,2,\cdots,n\}$ 进行抽样,先将总体分成两个子总体 $\{1,2,\cdots,m\}$ 和 $\{m+1,m+2,\cdots,n\}$ (m 是给定的正整数,且 $2 \leqslant m \leqslant n-2$),再从每个子总体中各随机抽取 2 个元素组成样本.用 P_{ij} 表示元素 i 和 j 同时出现在样本中的概率,则 $P_{1n} = \underline{\qquad}$;所有 $P_{ij}(1 \leqslant i < j \leqslant n)$ 的和等于 $\underline{\qquad}$.

解析 $P_{1n} = \dfrac{C_{m-1}^1 C_{n-m-1}^1}{C_m^2 C_{n-m}^2} = \dfrac{4(m-1)(n-m-1)}{m(m-1)(n-m)(n-m-1)} = \dfrac{4}{m(n-m)}$.

第二个空可分为以下几种情况计算:

(1) 当 $i,j \in \{1,2,\cdots,m\}$ 时,$P_{ij} = \dfrac{C_m^2}{C_m^2} = 1$.

(2) 当 $i,j \in \{m+1,m+2,\cdots,n\}$ 时,$P_{ij} = 1$.

(3) 当 $i \in \{1,2,\cdots,m\}$,$j \in \{m+1,m+2,\cdots,n\}$ 时,所有 P_{ij} 的和为

$$P_{1j} \cdot m(n-m) = \frac{4}{m(n-m)} \cdot m(n-m) = 4.$$

综上所述,$P_{ij}(1 \leqslant i < j \leqslant n)$ 的和等于 $1+1+4=6$.

点评 本题是一道经典的组合数计算的古典概率模型问题,第一个空 1 与 n 位于不同的子总体里,直接计算即可,涉及的组合数的计算,只需直接代入公式化简即可;第二个空 i 与 j 可以位于同一个子总体里,也可以位于不同的子总体里,因此要用分类讨论的方法加以计算,最后再用互斥事件的概率公式进行求解.

例7 (2017 江苏卷·理 23) 已知一个口袋有 m 个白球,n 个黑球($m,n \in \mathbf{N}^*$,$n \geqslant 2$),些球除颜色外全部相同.现将口袋中的球随机逐个取出,并放入如图 5.2 所示的编号为 $1,2,3,\cdots,m+n$ 的抽屉内,其中第 k 次取出的球放入编号为 k 的抽屉($k=1,2,3,\cdots,m+n$).

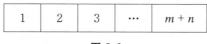

| 1 | 2 | 3 | ⋯ | $m + n$ |

图 5.2

（1）试求编号为 2 的抽屉内放的是黑球的概率 p；

（2）随机变量 X 表示最后一个取出的黑球所在抽屉编号的倒数，$E(X)$ 是 X 的数学期望，证明：$E(X) < \dfrac{n}{(m+n)(n-1)}$.

解 析　（1）编号为 2 的抽屉内放的是黑球的概率 p 为

$$p = \frac{C_{m+n-1}^{n-1}}{C_{m+n}^{n}} = \frac{n}{m+n}.$$

（2）随机变量 X 的概率分布见表 5.1 所示.

表 5.1

X	$\dfrac{1}{n}$	$\dfrac{1}{n+1}$	$\dfrac{1}{n+2}$	⋯	$\dfrac{1}{k}$	⋯	$\dfrac{1}{m+n}$
P	$\dfrac{C_{n-1}^{n-1}}{C_{m+n}^{n}}$	$\dfrac{C_{n}^{n-1}}{C_{m+n}^{n}}$	$\dfrac{C_{n+1}^{n-1}}{C_{m+n}^{n}}$	⋯	$\dfrac{C_{k-1}^{n-1}}{C_{m+n}^{n}}$	⋯	$\dfrac{C_{n+m-1}^{n-1}}{C_{m+n}^{n}}$

所以随机变量 X 的期望为

$$E(X) = \sum_{k=n}^{m+n} \frac{1}{k} \cdot \frac{C_{k-1}^{n-1}}{C_{m+n}^{n}} = \frac{1}{C_{m+n}^{n}} \sum_{k=n}^{m+n} \frac{1}{k} \cdot \frac{(k-1)!}{(n-1)!(k-n)!}.$$

因此

$$E(X) < \frac{1}{C_{m+n}^{n}} \sum_{k=n}^{m+n} \frac{(k-2)!}{(n-1)!(k-n)!}$$

$$= \frac{1}{(n-1)C_{m+n}^{n}} \sum_{k=n}^{m+n} \frac{(k-2)!}{(n-2)!(k-n)!}$$

$$= \frac{1}{(n-1)C_{m+n}^{n}}(1 + C_{n-1}^{n-2} + C_{n}^{n-2} + \cdots + C_{m+n-2}^{n-2})$$

$$= \frac{1}{(n-1)C_{m+n}^{n}}(C_{n-1}^{n-1} + C_{n-1}^{n-2} + C_{n}^{n-2} + \cdots + C_{m+n-2}^{n-2})$$

$$= \frac{1}{(n-1)C_{m+n}^{n}}(C_{n}^{n-1} + C_{n}^{n-2} + \cdots + C_{m+n-2}^{n-2})$$

$$= \cdots = \frac{1}{(n-1)C_{m+n}^{n}}(C_{m+n-2}^{n-1} + C_{m+n-2}^{n-2})$$

$$= \frac{C_{m+n-1}^{n-1}}{(n-1)C_{m+n}^{n}} = \frac{n}{(m+n)(n-1)},$$

即 $E(x) < \dfrac{n}{(m+n)(n-1)}$. 故不等式得证.

点评　本题考查了古典概型概率、随机变量及其分布、数学期望等考点，本题的难点在于不等式的放缩与组合数的化简与计算.在化简与计算的过程中,反复使用了组合数的一个重要公式 $C_n^m = C_{n-1}^m + C_{n-1}^{m-1}$.

例 8 (2014 江西卷·理 21) 随机将 $1,2,\cdots,2n(n \in \mathbf{N}^*, n \geqslant 2)$ 这 $2n$ 个连续正整数分成 A,B 两组,每组 n 个数. A 组最小数为 a_1,最大数为 a_2; B 组最小数为 b_1,最大数为 b_2.记 $\xi = a_2 - a_1, \eta = b_2 - b_1$.

(1) 当 $n = 3$ 时,求 ξ 的分布列和数学期望;

(2) 令 C 表示事件"ξ 和 η 的取值恰好相等",求事件 C 发生的概率 $P(C)$;

(3) 对(2)中的事件 C,$\overline{C}$ 表示 C 的对立事件,判断 $P(C)$ 和 $P(\overline{C})$ 的大小关系,并说明理由.

解析 (1) 当 $n = 3$ 时,ξ 的所有可能取值为 $2,3,4,5$.

将 6 个正整数平均分成 A,B 两组,不同的分组方法共有 $C_6^3 = 20$ 种,随机变量 ξ 的所有可能取值是 $2,3,4,5$,且取这些值的概率分别是

$$P(\xi = 5) = \frac{4}{C_6^3} = \frac{1}{5}, \quad P(\xi = 2) = \frac{4}{C_6^3} = \frac{1}{5},$$

$$P(\xi = 3) = \frac{6}{C_6^3} = \frac{3}{10}, \quad P(\xi = 4) = \frac{6}{C_6^3} = \frac{3}{10}.$$

所以 ξ 的分布列见表 5.2.

表 5.2

ξ	2	3	4	5
P	$\frac{1}{5}$	$\frac{3}{10}$	$\frac{3}{10}$	$\frac{1}{5}$

故 ξ 的数学期望为

$$E(\xi) = 2 \times \frac{1}{5} + 3 \times \frac{3}{10} + 4 \times \frac{3}{10} + 5 \times \frac{1}{5} = \frac{7}{2}.$$

(2) ξ 和 η 恰好相等的所有可能取值为 $n-1, n, n+1, \cdots, 2n-2$.又 ξ 和 η 恰好相等且等于 $n-1$ 时,不同的分组方法有 2 种;ξ 和 η 恰好相等且等于 n 时,不同的分组方法有 2 种;ξ 和 η 恰好相等且等于 $n+k(k=1,2,\cdots,n-2)(n \geqslant 3)$ 时,不同的分组方法有 $2C_{2k}^k$ 种;所以

当 $n=2$ 时,$P(C) = \frac{4}{6} = \frac{2}{3}$;当 $n \geqslant 3$ 时,$P(C) = \dfrac{2\left(2 + \sum\limits_{k=1}^{n-2} C_{2k}^k\right)}{C_{2n}^n}$.

(3) 由(2)知当 $n=2$ 时,$P(\overline{C}) = \frac{1}{3}$,因此 $P(C) > P(\overline{C})$.

当 $n \geqslant 3$ 时,$P(C) < P(\overline{C})$.理由如下:

$$P(C) < P(\overline{C}) \iff 4\left(2 + \sum_{k=1}^{n-2} C_{2k}^k\right) < C_{2n}^n. \qquad\qquad (*)$$

用数学归纳法来证明：

① 当 $n=3$ 时，($*$)式左边 $=4(2+C_2^1)=16$，($*$)式右边 $=C_6^3=20$，所以($*$)式成立.

② 假设 $n=m(m\geqslant 3)$ 时，($*$)式成立，即 $4\left(2+\sum\limits_{k=1}^{m-2}C_{2k}^k\right)<C_{2m}^m$ 成立，则当 $n=m+1$ 时，

$$
\begin{aligned}
(*)\text{式左边} &=4\left(2+\sum_{k=1}^{m+1-2}C_{2k}^k\right)=4\left(2+\sum_{k=1}^{m-2}C_{2k}^k\right)+4C_{2(m-1)}^{m-1}C_{2m}^m+4C_{2(m-1)}^{m-1}\\
&=\frac{(2m)!}{m!\,m!}+\frac{4\cdot(2m-2)!}{(m-1)!\,(m-1)!}\\
&=\frac{(m+1)^2(2m)(2m-2)!(4m-1)}{(m+1)!\,(m+1)!}<\frac{(m+1)!\cdot 2m\cdot(2m-2)!\cdot 4m}{(m+1)!\,(m+1)!}\\
&=C_{2(m+1)}^{m+1}\cdot\frac{2(m+1)m}{(2m+1)(2m-1)}<C_{2(m+1)}^{m+1}=(*)\text{式右边}.
\end{aligned}
$$

即当 $n=m+1$ 时，($*$)式也成立.

综合①、②，对于 $n\geqslant 3$ 的所有正整数，都有 $P(C)<P(\overline{C})$.

点评　本题前两问较为常规，只要具备基本的组合数与概率知识即可获得问题的求解；第(3)问使用了数学归纳法，由于第(2)问已经奠定了解题的基础，在使用数学归纳法借助归纳假设进行放缩后，直接利用组合数的计算公式化简，即可明晰解题方向，化简后的放缩也就显得比较直接.

考题回放

1. (2006 浙江卷·文理 18)甲、乙两袋装有大小相同的红球和白球，甲袋装有 2 个红球，2 个白球；乙袋装有 2 个红球，n 个白球.现从甲、乙两袋中各任取 2 个球.

(1)若 $n=3$，求取到的 4 个球全是红球的概率；

(2)若取到的 4 个球中至少有 2 个红球的概率为 $\dfrac{3}{4}$，求 n.

2. (2013 安徽卷·理 21)某高校数学系计划在周六和周日各举行一次主题不同的心理测试活动，分别由李老师和张老师负责.已知该系共有 n 位学生，每次活动均需该系 k 位学生参加(n 和 k 都是固定的正整数).假设李老师和张老师分别将各种活动通知的信息独立、随机地发给该系 k 位学生，且所发信息都能收到.记该系收到李老师或张老师所发活动通知信息的学生人数为 X.

(1) 求该系学生甲收到李老师或张老师所发活动通知信息的概率；

(2) 求使 $P(X=m)$ 取得最大值的整数 m.

参 考 答 案

1. (1) 记"取到的 4 个球全是红球"为事件 A. 则

$$P(A) = \frac{C_2^2}{C_4^2} \cdot \frac{C_2^2}{C_5^2} = \frac{1}{6} \times \frac{1}{10} = \frac{1}{60}.$$

(2) 记"取到的 4 个球至多有 1 个红球"为事件 B，"取到的 4 个球只有 1 个红球"为事件 B_1，"取到的 4 个球全是白球"为事件 B_2. 则由题意得

$$P(B) = 1 - \frac{3}{4} = \frac{1}{4},$$

$$P(B_1) = \frac{C_2^1 C_2^1}{C_4^2} \cdot \frac{C_n^2}{C_{n+2}^2} + \frac{C_2^2}{C_4^2} \cdot \frac{C_2^1 C_n^1}{C_{n+2}^2} = \frac{2n^2}{3(n+2)(n+1)};$$

$$P(B_1) = \frac{C_2^2}{C_4^2} \cdot \frac{C_n^2}{C_{n+2}^2} = \frac{n(n-1)}{6(n+2)(n+1)},$$

而 $P(B) = P(B_1) + P(B_2)$，所以

$$P(B) = P(B_1) + P(B_2) = \frac{2n^2}{3(n+2)(n+1)} + \frac{n(n-1)}{6(n+2)(n+1)} = \frac{1}{4}.$$

化简得 $7n^2 - 11n - 6 = 0$，解得 $n = 2$ 或 $-\frac{3}{7}$(舍去). 故 $n = 2$.

2. (1) 因为事件 A"学生甲收到李老师所发信息"，与事件 B"学生甲收到张老师所发信息"是相互独立的事件，所以 $\overline{A}$ 与 $\overline{B}$ 相互独立. 由于 $P(A) = P(B) = \frac{C_{n-1}^{k-1}}{C_n^k} = \frac{k}{n}$，故 $P(\overline{A}) = P(\overline{B}) = 1 - \frac{k}{n}$. 因此学生甲收到活动通知信息的概率为

$$P = 1 - \left(1 - \frac{k}{n}\right)^2 = \frac{2kn - k^2}{n^2}.$$

(2) 当 $k = n$ 时，m 只能取 n，故 $P(X = m) = P(X = n) = 1$.

当 $k < n$ 时，整数 m 满足 $k \leqslant m \leqslant t$，其中 t 是 $2k$ 和 n 中的较小者($t = \min\{2k, n\}$). 由于"李老师和张老师各自独立、随机地发活动通知信息给 k 位同学"所包含的基本事件总数为 $(C_n^k)^2$. 当 $X = m$ 时，同时收到李老师和张老师转发信息的学生人数恰为 $2k - m$，仅收到李老师或仅收到张老师转发信息的学生人数均为 $m - k$. 由乘法计数原理知，事件 $\{X = m\}$ 所含的基本事件数为 $C_n^k C_k^{2k-m} C_{n-k}^{m-k} = C_n^k C_k^{m-k} C_{n-k}^{m-k}$. 此时

$$P(X = m) = \frac{C_n^k C_k^{m-k} C_{n-k}^{m-k}}{(C_n^k)^2} = \frac{C_k^{m-k} C_{n-k}^{m-k}}{C_n^k}.$$

当 $k \leqslant m < t$ 时，

$$P(X = m) \leqslant P(X = m+1) \iff C_k^{m-k} C_{n-k}^{m-k} \leqslant C_k^{m+1-k} C_{n-k}^{m+1-k}$$

$$\iff (m - k + 1)^2 \leqslant (n - m)(2k - m) \iff m \leqslant 2k - \frac{(k+1)^2}{n+2}.$$

假如 $k \leqslant 2k - \dfrac{(k+1)^2}{n+2} < t$ 成立，则当 $(k+1)^2$ 能被 $n+2$ 整除时，

$$k \leqslant 2k - \frac{(k+1)^2}{n+2} < 2k + 1 - \frac{(k+1)^2}{n+2} \leqslant t.$$

故 $P(X = m)$ 在 $m = 2k - \dfrac{(k+1)^2}{n+2}$ 和 $m = 2k + 1 - \dfrac{(k+1)^2}{n+2}$ 处取得最大值.

当 $(k+1)^2$ 不能被 $n+2$ 整除时，$P(X = m)$ 在 $m = 2k - \left[\dfrac{(k+1)^2}{n+2}\right]$ 处取得最大值（注：$[x]$ 表示不超过 x 的最大整数）.

下面证明 $k \leqslant 2k - \dfrac{(k+1)^2}{n+2} < t$.

因为 $1 \leqslant k < n$，所以

$$2k - \frac{(k+1)^2}{n+2} - k = \frac{kn - k^2 - 1}{n+2} \geqslant \frac{k(k+1) - k^2 - 1}{n+2} = \frac{k-1}{n+2} \geqslant 0.$$

而 $2k - \dfrac{(k+1)^2}{n+2} - n = -\dfrac{(n-k+1)^2}{n+2} < 0$，故 $2k - \dfrac{(k+1)^2}{n+2} < n$. 显然 $2k - \dfrac{(k+1)^2}{n+2} < 2k$.

因此 $k \leqslant 2k - \dfrac{(k+1)^2}{n+2} < t$.

5.4　取球问题

知识梳理

纵观近几年的高考概率统计问题，往往以实际问题为背景，围绕比赛、娱乐"闯关"、取球等设计问题，考查概率、统计、离散型随机变量及其数字特征在实际问题中的应用，考查数据处理能力、分析问题与解决问题的能力. 本节将在分析研究历年高考题中的取球问题.

在很多随机变量的试题中，常以"取球"作为背景，通过对"取球"提出不同的要求，来考查不同的模型，常见的模型及处理方式如下：

(1) 独立重复试验模型：关键词"可放回抽取"，即下一次的取球试验与上一次的相同.

(2) 超几何分布模型：关键词"不放回的抽取".

(3) 与条件概率相关的模型：此类问题通常包含一个抽球的规则，并一次次地抽取，要注意前一次的结果对后一步抽球的影响.

(4) 古典概型：要注意虽然题目中会说明"相同的"小球，但是为了能使用古典概型（保证基本事件为等可能事件），通常要将"相同的"小球视为"不同的"元素，再利用排列组合知识进行分子、分母的计数.

(5) 数字问题模型:在小球上标注数字,所涉及的问题与数字相关(奇、偶、最大、最小等),解决此类问题时,要将数字模型转化为"怎样取球"的问题,从而转化为前几个类型进行求解.

例题精讲

例9 (2012 浙江卷·理 19) 已知箱中装有 4 个白球和 5 个黑球,且规定:取出 1 个白球得 2 分,取出 1 个黑球得 1 分.现从该箱中任取(无放回,且每球取到的机会均等)3 个球,记随机变量 X 为取出此 3 球所得分之和.

(1) 求 X 的分布列;

(2) 求 X 的数学期望 $E(X)$.

解析 (1) X 的可能取值有 3,4,5,6,且取这些值的概率分别为

$$P(X=3) = \frac{C_5^3}{C_9^3} = \frac{5}{42}, \quad P(X=4) = \frac{C_5^2 C_4^1}{C_9^3} = \frac{10}{21},$$

$$P(X=5) = \frac{C_5^1 C_4^2}{C_9^3} = \frac{5}{14}, \quad P(X=6) = \frac{C_4^3}{C_9^3} = \frac{1}{21}.$$

故所求 X 的分布列见表 5.3.

表 5.3

X	3	4	5	6
P	$\frac{5}{42}$	$\frac{10}{21}$	$\frac{5}{14}$	$\frac{1}{21}$

(2) 由(1)知所求 X 的数学期望 $E(X)$ 为

$$E(X) = \sum_{i=3}^{6} i \cdot P(X=i) = \frac{91}{21} = \frac{13}{3}.$$

点评 取球问题应特别注意每次取球是否是有放回抽取,若是有放回抽取,则每次抽到某种球的概率是一样的,此时多次取球是独立重复试验;如果是无放回抽取,则每次抽到某种球的概率是变化的,往往会命制超几何分布模型或与超几何分布有关的问题.结合题意,本题是无放回抽取,第(1)问除了随机变量的取值与超几何分布不一样之外,求概率的方式与超几何分布完全一致.第(2)问在第(1)问的基础上,直接使用数学期望的公式即可得到答案.

变式 1(2004 浙江卷·理 18) 盒子中有大小相同的球 10 个,其中标号为 1 的球 3 个,标号为 2 的球 4 个,标号为 5 的球 3 个,第一次从盒子中任取 1 个球,放回后第二次再任取 1 个球(假设取到每个球的可能性都相同).记第一次与第二次取到球的标号之和为 ξ.

(1) 求随机变量 ξ 的分布列;

（2）求随机变量 ξ 的期望 $E(\xi)$.

解析（1）由题意可得,随机变量 ξ 的取值可能是 $2,3,4,6,7,10$,且取这些值的概率分别为

$$P(\xi = 2) = \frac{3 \times 3}{10 \times 10} = \frac{9}{100} = 0.09, \quad P(\xi = 3) = \frac{2 \times 3 \times 4}{10 \times 10} = \frac{24}{100} = 0.24,$$

$$P(\xi = 4) = \frac{4 \times 4}{10 \times 10} = \frac{16}{100} = 0.16, \quad P(\xi = 6) = \frac{2 \times 3 \times 3}{10 \times 10} = \frac{18}{100} = 0.18,$$

$$P(\xi = 7) = \frac{2 \times 4 \times 3}{10 \times 10} = \frac{24}{100} = 0.24, \quad P(\xi = 10) = \frac{3 \times 3}{10 \times 10} = \frac{9}{100} = 0.09.$$

随机变量 ξ 的概率分布列见表 5.4.

表 5.4

ξ	2	3	4	6	7	10
P	0.09	0.24	0.16	0.18	0.24	0.09

（2）由（1）知随机变量 ξ 的数学期望为

$$E(\xi) = 2 \times 0.09 + 3 \times 0.24 + 4 \times 0.16 + 6 \times 0.18 + 7 \times 0.24 + 10 \times 0.09 = 5.2.$$

点评　本题也是有放回取球问题,与上一题相比,本题研究的小球的种类由两种变为三种,区别球的种类的方式由球的颜色转变为标号,研究的随机变量由得分之和转变为标号之和,但背景没有多大差异.种类由两种变为三种,因此随机变量的取值也就更多,求解也就更为琐碎,对考生的能力要求也就更高.

例 10（2015 湖南卷·理 20）　某商场举行有奖促销活动,顾客购买一定金额商品后即可抽奖,每次抽奖都是从装有 4 个红球、6 个白球的甲箱和装有 5 个红球、5 个白球的乙箱中,各随机摸出 1 个球,在摸出的 2 个球中,若都是红球,则获一等奖;若只有 1 个红球,则获二等奖;若没有红球,则不获奖.

（1）求顾客抽奖 1 次能获奖的概率;

（2）若某顾客有 3 次抽奖机会,记该顾客在 3 次抽奖中获一等奖的次数为 X,求 X 的分布列和数学期望.

解析（1）（解法 1）记事件 $A_1 = \{$从甲箱中摸出的 1 个球是红球$\}$,$A_2 = \{$从乙箱中摸出的 1 个球是红球$\}$,$B_1 = \{$顾客抽奖 1 次获一等奖$\}$,$B_2 = \{$顾客抽奖 1 次获二等奖$\}$,$C = \{$顾客抽奖 1 次能获奖$\}$.

由题意 A_1 与 A_2 相互独立,$A_1 \overline{A_2}$ 与 $\overline{A_1} A_2$ 互斥,B_1 与 B_2 互斥,且 $B_1 = A_1 A_2$,$B_2 = A_1 \overline{A_2} + \overline{A_1} A_2$,$C = B_1 + B_2$.又因为 $P(A_1) = \frac{4}{10} = \frac{2}{5}$,$P(A_2) = \frac{5}{10} = \frac{1}{2}$,所以

$$P(B_1) = P(A_1 A_2) = P(A_1) P(A_2) = \frac{2}{5} \times \frac{1}{2} = \frac{1}{5},$$

$$P(B_2) = P(A_1 \overline{A_2} + \overline{A_1} A_2) = P(A_1 \overline{A_2}) + P(\overline{A_1} A_2)$$

$$= P(A_1) P(\overline{A_2}) + P(\overline{A_1}) P(A_2)$$

$$= \frac{2}{5} \times \left(1 - \frac{1}{2}\right) + \left(1 - \frac{2}{5}\right) \times \frac{1}{2} = \frac{1}{2},$$

故所求概率为

$$P(C) = P(B_1 + B_2) = P(B_1) + P(B_2) = \frac{1}{5} + \frac{1}{2} = \frac{7}{10}.$$

(解法 2)记事件 $C = \{$顾客抽奖 1 次能获奖$\}$,则

$$P(C) = 1 - P(\overline{C}) = 1 - \frac{6}{10} \times \frac{5}{10} = 1 - \frac{3}{10} = \frac{7}{10}.$$

(2) 顾客抽奖 3 次可视为 3 次独立重复实验.由(1)知,顾客抽奖 1 次获一等奖的概率为 $\frac{1}{5}$,所以 $X \sim B\left(3, \frac{1}{5}\right)$,于是

$$P(X = k) = C_3^K \left(\frac{1}{5}\right)^k \left(\frac{4}{5}\right)^{3-k} \quad (k = 0,1,2,3).$$

由此求得 X 的分布列见表 5.5.

表 5.5

X	0	1	2	3
P	$\frac{64}{125}$	$\frac{48}{125}$	$\frac{12}{125}$	$\frac{1}{125}$

故 X 的数学期望为

$$E(X) = 3 \times \frac{1}{5} = \frac{3}{5}.$$

点评 本题的解法 1 使用了直接法,较为烦琐,获奖分为抽到的 2 个球都是红球与 1 个红球 1 个白球两种情形,其中 1 个红球 1 个白球又分为两种情形,而解法 2 利用对立事件,使用的是间接法,优化了解题过程,提高了解题效率;第(2)问由于有第(1)问作为基础,明显是一个三次独立重复试验问题,利用二项分布的相关知识即可实现问题的求解,难度适中.

变式 1(2013 重庆卷·理 18) 某商场举行的"三色球"购物摸奖活动规定:在一次摸奖中,摸奖者先从装有 3 个红球与 4 个白球的袋中任意摸出 3 个球,再从装有 1 个蓝球与 2 个白球的袋中任意摸出 1 个球,根据摸出 4 个球中红球与蓝球的个数,设一、二、三等奖见表 5.6.

其余情况无奖,且每次摸奖最多只能获得一个奖级.

(1) 求一次摸球恰好摸到 1 个红球的概率;

(2) 求摸奖者在一次摸奖中获奖金额 X 的分布列与数学期望 $E(X)$.

表 5.6

奖级	摸出红、蓝球个数	获奖金额
一等奖	3 红 1 蓝	200 元
二等奖	3 红 0 蓝	50 元
三等奖	2 红 1 蓝	10 元

解析　设 $A_i(i=0,1,2,3)$ 表示摸到 i 个红球，$B_j(j=0,1)$ 表示摸到 j 个蓝球，则 A_i 与 B_j 相互独立.

(1) 恰好摸到 1 个红球的概率为

$$P(A_1) = \frac{C_3^1 C_4^2}{C_7^3} = \frac{18}{35}.$$

(2) X 的所有可能值为 $0,10,50,200$，且取这些值的概率分别为

$$P(X = 200) = P(A_3 B_1) = P(A_3)P(B_1) = \frac{C_3^3}{C_7^3} \times \frac{1}{3} = \frac{1}{105},$$

$$P(X = 50) = P(A_3 B_0) = P(A_3)P(B_0) = \frac{C_3^3}{C_7^3} \times \frac{2}{3} = \frac{2}{105},$$

$$P(X = 10) = P(A_2 B_1) = P(A_2)P(B_1) = \frac{C_3^2 C_4^1}{C_7^3} \times \frac{1}{3} = \frac{12}{105} = \frac{4}{35},$$

$$P(X = 0) = 1 - \frac{1}{105} - \frac{2}{105} - \frac{12}{105} = \frac{6}{7}.$$

所以 X 的分布列见表 5.7.

表 5.7

X	0	10	50	200
P	$\dfrac{6}{7}$	$\dfrac{4}{35}$	$\dfrac{2}{105}$	$\dfrac{1}{105}$

从而 X 的数学期望为

$$E(X) = 0 \times \frac{6}{7} + 10 \times \frac{4}{35} + 50 \times \frac{2}{105} + 200 \times \frac{1}{105} = 4(\text{元}).$$

点评　本题第 (1) 问是一个典型的古典概率模型，实际就是超几何分布模型中的其中一个取值的概率的计算，难度不大；第 (2) 问则是一个经典的抽奖问题，要特别注意抽球的方式，题意要在甲箱与乙箱中分别抽取 1 个球，且这两次抽取是相互独立的，意识到这两点，只要基础扎实，即可获得问题的求解.

变式 2(2005 浙江卷·理 19)　袋子 A 和 B 中装有若干个均匀的红球和白球，从 A 中摸出 1 个红球的概率是 $\dfrac{1}{3}$，从 B 中摸出 1 个红球的概率为 p.

(1) 从 A 中有放回地摸球，每次摸出 1 个，有 3 次摸到红球即停止.

① 求恰好摸 5 次停止的概率；

② 记 5 次之内（含 5 次）摸到红球的次数为 ξ，求随机变量 ξ 的分布列及数学期望 $E(\xi)$.

(2) 若 A，B 两个袋子中的球数之比为 $1:2$，将 A，B 中的球装在一起后，从中摸出 1 个红球的概率是 $\dfrac{2}{5}$，求 p 的值.

解析 (1) ① 所求概率为 $C_4^2 \times \left(\dfrac{1}{3}\right)^2 \times \left(\dfrac{2}{3}\right)^2 \times \dfrac{1}{3} = \dfrac{8}{81}$.

② 随机变量 ξ 的取值可能为 $0,1,2,3$. n 次独立重复试验的概率公式为 $P_n(k) = C_n^k = p^k(1-p)^{n-k}$，故得

$$P(\xi=0) = C_5^0 \times \left(1-\dfrac{1}{3}\right)^5 = \dfrac{32}{243},$$

$$P(\xi=1) = C_5^1 \times \dfrac{1}{3} \times \left(1-\dfrac{1}{3}\right)^4 = \dfrac{80}{243},$$

$$P(\xi=2) = C_5^2 \times \left(\dfrac{1}{3}\right)^2 \times \left(1-\dfrac{1}{3}\right)^3 = \dfrac{80}{243},$$

$$P(\xi=3) = 1 - \dfrac{32+80\times 2}{243} = \dfrac{17}{81}.$$

所以随机变量 ξ 的分布列见表 5.8.

表 5.8

ξ	0	1	2	3
P	$\dfrac{32}{243}$	$\dfrac{80}{243}$	$\dfrac{80}{243}$	$\dfrac{17}{81}$

故 ξ 的数学期望是

$$E(\xi) = 0 \times \dfrac{32}{243} + 1 \times \dfrac{80}{243} + 2 \times \dfrac{80}{243} + 3 \times \dfrac{17}{81} = \dfrac{131}{81}.$$

(2) 设袋子 A 中有 m 个球，则袋子 B 中有 $2m$ 个球，所以

$$\dfrac{\dfrac{1}{3}m + 2mp}{3m} = \dfrac{2}{5},$$

解得 $p = \dfrac{13}{30}$.

点评 本题是有放回取球问题.第(1)问的第①小问是概率试题的一个经典考法，特别需要引起读者的重视，解题的关键是要分析出这 5 次取球中，前 4 次有 2 次抽到红球，2 次抽到白球，第 5 次抽到红球，只要这一过程清楚了，即可准确求出相关概率；第(1)问的第②小问是一个明显的二项分布问题，难度反而更小，只是运算量更大一些.第(2)问是一个基本的古典概型问题，只要根据题意设出袋子 A 和 B 的小球数，利用方程思想即可获得问题的求解.

变式 3(2007 天津卷·理 18)　已知甲盒内有大小相同的 1 个红球和 3 个黑球,乙盒内有大小相同的 2 个红球和 4 个黑球.现从甲、乙两个盒内各任取 2 个球.

(1) 求取出的 4 个球均为黑球的概率;

(2) 求取出的 4 个球中恰有 1 个红球的概率;

(3) 设 ξ 为取出的 4 个球中红球的个数,求 ξ 的分布列和数学期望.

解析　设"从甲盒内取出的 2 个球均为黑球"为事件 A,"从乙盒内取出的 2 个球均为黑球"为事件 B.由于事件 A,B 相互独立,且

$$P(A) = \frac{C_3^2}{C_4^2} = \frac{1}{2}, \quad P(B) = \frac{C_4^2}{C_6^2} = \frac{2}{5}.$$

故取出的 4 个球均为黑球的概率为

$$P(AB) = P(A)P(B) = \frac{1}{2} \times \frac{2}{5} = \frac{1}{5}.$$

(2) 设"从甲盒内取出的 2 个球均为黑球;从乙盒内取出的 2 个球中,1 个是红球,1 个是黑球"为事件 C,"从甲盒内取出的 2 个球中,1 个是红球,1 个是黑球;从乙盒内取出的 2 个球均为黑球"为事件 D.由于事件 C,D 互斥,且

$$P(C) = \frac{C_3^2}{C_4^2} \times \frac{C_2^1 C_4^1}{C_6^2} = \frac{4}{15}, \quad P(D) = \frac{C_3^1}{C_4^2} \times \frac{C_4^2}{C_6^2} = \frac{1}{5},$$

故取出的 4 个球中恰有 1 个红球的概率为

$$P(C + D) = P(C) + P(D) = \frac{4}{15} + \frac{1}{5} = \frac{7}{15}.$$

(3) ξ 可能的取值为 $0,1,2,3$.由(1)、(2)得

$$P(\xi = 0) = \frac{1}{5}, \quad P(\xi = 1) = \frac{7}{15},$$

$$P(\xi = 3) = \frac{C_3^1}{C_4^2} \times \frac{1}{C_6^2} = \frac{1}{30},$$

从而可得

$$P(\xi = 2) = 1 - P(\xi = 0) - P(\xi = 1) - P(\xi = 3) = \frac{3}{10}.$$

所以 ξ 的分布列见表 5.9.

表 5.9

ξ	0	1	2	3
P	$\frac{1}{5}$	$\frac{7}{15}$	$\frac{3}{10}$	$\frac{1}{30}$

故 ξ 的数学期望为

$$E(\xi) = 0 \times \frac{1}{5} + 1 \times \frac{7}{15} + 2 \times \frac{3}{10} + 3 \times \frac{1}{30} = \frac{7}{6}.$$

点评 本题第(1)问由题意可分析出甲盒、乙盒抽到的2个球均为黑色，且相互独立；第(2)问相比第(1)问，要分两种情形进行求解，但每种情形的求解与第(1)问都是相同的；第(3)问在求解随机变量的每个取值的概率时，注意随机变量取0与1的概率前面两问已经求得，故只需求出2与3的取值概率，而2的取值概率相对较为复杂，情形比较多，故可先求出3的取值概率，然后再利用分布列的性质求得2的取值概率.

例11 (2005 山东卷·文18) 袋中装有黑球和白球共7个，从中任取2个球都是白球的概率为 $\frac{1}{7}$. 现有甲、乙两人从袋中轮流摸取1球，甲先取，乙后取，然后甲再取······取后不放回，直到两人中有一人取到白球时即终止，每个球在每一次被取出的机会是等可能的.

(1) 求袋中原有的白球的个数；

(2) 求取球两次终止的概率；

(3) 求甲取到白球的概率.

解析 (1) 设袋中原有 n 个白球，则由题意知

$$\frac{1}{7} = \frac{C_n^2}{C_7^2} = \frac{\dfrac{n(n-1)}{3}}{\dfrac{7 \times 6}{2}} = \frac{n(n-1)}{7 \times 6}.$$

解得 $n = 3$ 或 -2(舍去)，即袋中原有3个白球.

(2) 记"取球两次终止"的事件为 A，则 $P(A) = \frac{4 \times 3}{7 \times 6} = \frac{2}{7}$.

(3) 记"甲取到白球"的事件为 B，"第 i 次取出的球是白球"的事件为 $A_i (i = 1,2,3,4,5)$. 因为甲先取，所以甲只有可能在第1次、第3次和第5次取球，因此 $P(B) = P(A_1 + A_2 + A_3)$. 因为事件 A_1, A_2, A_3 两两互斥，所以

$$P(B) = P(A_1) + P(A_2) + P(A_3)$$

$$= \frac{3}{7} + \frac{4 \times 3 \times 3}{7 \times 6 \times 5} + \frac{4 \times 3 \times 2 \times 1 \times 3}{7 \times 6 \times 5 \times 4 \times 3}$$

$$= \frac{3}{7} + \frac{6}{35} + \frac{1}{35} = \frac{22}{35}.$$

故甲取到白球的概率为 $\frac{22}{35}$.

点评 本题是无放回抽取，但结合题意要分清每次抽取的小球的颜色，因此要考虑抽取的顺序. 本题第(1)问利用古典概型的计算方法，并结合方程的思想即可求得答案；第(2)问则要分析出抽球终止的具体过程，虽然较为简单，但为第(3)问的求解提供了解题思路；第(3)问的解答则具有一定的灵活性，关键要分析出3种取球终止的具体情形，由于有第(2)问作为参照，第(3)问的3种情形的概率计算也就变得相对较为明朗. 本题对考生分析与解决问题的能力要求较高.

变式 1(2008 陕西卷·文 18)　一个口袋中装有大小相同的 2 个红球,3 个黑球和 4 个白球,从口袋中 1 次摸出 1 个球,摸出的球不再放回.

(1) 连续摸球 2 次,求第 1 次摸出黑球,第 2 次摸出白球的概率;

(2) 如果摸出红球,则停止摸球,求摸球次数不超过 3 次的概率.

(解析)(1) 从袋中依次摸出 2 个球共有 A_9^2 种结果,第 1 次摸出黑球、第 2 次摸出白球有 $A_3^1 A_4^1$ 种结果,故所求概率为

$$P_1 = \frac{A_3^1 A_4^1}{A_9^2} = \frac{1}{6} \quad \left(\text{或 } P_1 = \frac{3}{9} \times \frac{4}{8} = \frac{1}{6}\right).$$

(2) 第 1 次摸出红球的概率为 $\frac{A_2^1}{A_9^1}$,第 2 次摸出红球的概率为 $\frac{A_7^1 A_2^1}{A_9^2}$,第 3 次摸出红球的概率为 $\frac{A_7^2 A_2^1}{A_9^3}$,故摸球次数不超过 3 次的概率为

$$P_2 = \frac{A_2^1}{A_9^1} + \frac{A_7^1 A_2^1}{A_9^2} + \frac{A_7^2 A_2^1}{A_9^3} = \frac{7}{12}.$$

点评　本题与上一题的背景其实是相同的,难度也较为适中,只不过抽取的球涉计 3 种颜色,但没有涉及多人进行抽取,因此分析起来也并不很困难,只要基础扎实,熟悉高考中的经典考题,就可较为轻松地获得问题的求解.

考题回放

1. (2015 江苏卷·5)袋中有形状、大小都相同的 4 个球,其中 1 个白球,1 个红球,2 个黄球,从中一次随机摸出 2 个球,则这 2 个球颜色不同的概率为_____.

2. (2008 浙江卷·文 18)一个袋中装有大小相同的黑、白球和红球.已知袋中共有 10 个球.从中任意摸出 1 个球,得到黑球的概率是 $\frac{2}{5}$;从中任意摸出 2 个球,至少得到 1 个白球的概率是 $\frac{7}{9}$.求:

(1) 从中任意摸出 2 个球,得到的都是黑球的概率;

(2) 袋中白球的个数.

3. (2006 江西卷·理 18)某商场举行抽奖促销活动,抽奖规则是:从装有 9 个白球,1 个红球的箱子中每次随机地摸出 1 个球,记下颜色后放回,摸出 1 个红球可获得奖金 10 元;摸出 2 个红球可获得奖金 50 元,现有甲、乙两位顾客,规定:甲摸 1 次,乙摸 2 次,令 ξ 表示甲、乙摸球后获得的奖金总额.求:

(1) ξ 的分布列;

(2) ξ 的数学期望.

4. (2007 天津卷·文 18)已知甲盒内有大小相同的 3 个红球和 4 个黑球,乙盒内有大小相同的 5 个红球和 4 个黑球.现从甲、乙盒内各任取 2 个球.

(1) 求取出的 4 个球均为红球的概率；

(2) 求取出的 4 个球中恰有 1 个红球的概率；

5. (2006 山东卷·理 20)袋中装着标有数字 1, 2, 3, 4, 5 的小球各 2 个, 从袋中任取 3 个小球, 按 3 个小球上最大数字的 9 倍计分, 每个小球被取出的可能性都相等. 用 ξ 表示取出的 3 个小球上的最大数字, 求：

(1) 取出的 3 个小球上的数字互不相同的概率；

(2) 随机变量 ξ 的概率分布和数学期望；

(3) 计分介于 20 分到 40 分之间的概率.

6. (2005 山东卷·理 18)袋中装有黑球和白球共 7 个, 从中任取 2 个球都是白球的概率为 $\dfrac{1}{7}$, 现有甲、乙两人从袋中轮流摸取 1 球, 甲先取, 乙后取, 然后甲再取……取后不放回, 直到两人中有一人取到白球时即终止, 每个球每次被取出的机会是等可能的, 用 X 表示取球终止所需要的取球次数.

(1) 求袋中所有的白球的个数；

(2) 求随机变量 X 的概率分布；

(3) 求甲取到白球的概率.

7. (2008 湖北卷·理 17)袋中有 20 个大小相同的球, 其中记上 0 号的有 10 个, 记上 n 号的有 n 个 $(n = 1, 2, 3, 4)$. 现从袋中任取一球. ξ 表示所取球的标号.

(1) 求 ξ 的分布列、期望和方差；

(2) 若 $\eta = a\xi + b, E(\eta) = 1, D(\eta) = 11$, 试求 a, b 的值.

8. (2012 重庆卷·文 18)甲、乙两人轮流投篮, 每人每次投一球, 约定甲先投且先投中者获胜, 一直到有人获胜或每人都已投球 3 次时投篮结束. 设甲每次投篮投中的概率为 $\dfrac{1}{3}$, 乙每次投篮投中的概率为 $\dfrac{1}{2}$, 且各次投篮互不影响.

(1) 求乙获胜的概率；

(2) 求投篮结束时乙只投了 2 个球的概率.

参 考 答 案

1. 颜色相同的只能是 2 个黄球, 故这 2 个球颜色不同的概率为 $1 - \dfrac{C_2^2}{C_4^2} = \dfrac{5}{6}$.

2. (1) 由题意知, 袋中黑球的个数为 $10 \times \dfrac{2}{5} = 4$. 记"从袋中任意摸出 2 个球, 得到的都是黑球"为事件 A, 则

$$P(A) = \frac{C_4^2}{C_{10}^2} = \frac{2}{15}.$$

(2) 记"从袋中任意摸出 2 个球,至少得到 1 个白球"为事件 B,设袋中白球的个数为 x,则

$$P(B) = 1 - P(\bar{B}) = 1 - \frac{C_{10-x}^2}{C_{10}^2} = \frac{7}{9},$$

解得 $x = 5$.所以袋中白球的个数为 5.

3. (1) ξ 的所有可能取值为 $0, 10, 20, 50, 60$,且取这些值的概率分别为

$$P(\xi = 0) = \frac{9}{10} \times \frac{9}{10} \times \frac{9}{10} = \frac{729}{1000},$$

$$P(\xi = 10) = \frac{1}{10} \times \frac{9}{10} \times \frac{9}{10} + \frac{9}{10} \times \frac{1}{10} \times \frac{9}{10} \times 2 = \frac{243}{1000},$$

$$P(\xi = 20) = \frac{1}{10} \times \left(\frac{1}{10} \times \frac{9}{10} \times 2\right) = \frac{18}{1000},$$

$$P(\xi = 50) = \frac{9}{10} \times \frac{1}{10} \times \frac{1}{10} = \frac{9}{1000},$$

$$P(\xi = 60) = \frac{1}{10} \times \frac{1}{10} \times \frac{1}{10} = \frac{1}{1000}.$$

所以 ξ 的分布列见表 5.10.

表 5.10

ξ	0	10	20	50	60
P	$\frac{729}{1000}$	$\frac{243}{1000}$	$\frac{18}{1000}$	$\frac{9}{1000}$	$\frac{1}{1000}$

(2) 由(1)知 ξ 的数学期望为

$$E(\xi) = 0 \times \frac{729}{1000} + 10 \times \frac{243}{1000} + 20 \times \frac{18}{1000} + 50 \times \frac{9}{1000} + 60 \times \frac{1}{1000} = 3.3.$$

4. (1) 设"从甲盒内取出的 2 个球均为红球"为事件 A,"从乙盒内取出的 2 个球均为红球"为事件 B.由于事件 A, B 相互独立,且

$$P(A) = \frac{C_3^2}{C_7^2} = \frac{1}{7}, \quad P(B) = \frac{C_3^2}{C_9^2} = \frac{5}{18}.$$

故取出的 4 个球均为红球的概率是

$$P(AB) = P(A)P(B) = \frac{1}{7} \times \frac{5}{18} = \frac{5}{126}.$$

(2) 设"从甲盒内取出的 2 个球中,1 个是红球,1 个是黑球;从乙盒内取出的 2 个球均为黑球"为事件 C,"从甲盒内取出的 2 个球均为黑球;从乙盒内取出的 2 个球中,1 个是红球,1 个是黑球"为事件 D.由于事件 C, D 互斥,且

$$P(C) = \frac{C_3^1 C_4^1}{C_7^2} \times \frac{C_4^2}{C_9^2} = \frac{2}{21}, \quad P(D) = \frac{C_4^2}{C_7^2} \times \frac{C_5^1 C_4^1}{C_9^2} = \frac{10}{63}.$$

故取出的 4 个红球中恰有 1 个红球的概率为

$$P(C + D) = P(C) + P(D) = \frac{2}{21} + \frac{10}{63} = \frac{16}{63}.$$

5. (1)(解法 1)"一次取出的 3 个小球上的数字互不相同"的事件记为 A，则

$$P(A) = \frac{C_5^3 \times C_2^1 \times C_2^1 \times C_2^1}{C_{10}^3} = \frac{2}{3}.$$

(解法 2)"一次取出的 3 个小球上的数字互不相同"的事件记为 A，"一次取出的 3 个小球上有两个数字相同"的事件记为 B，则事件 A 和事件 B 是互斥事件，因为 $P(B) = \frac{C_5^1 \times C_2^2 \times C_8^1}{C_{10}^3} = \frac{1}{3}$，所以

$$P(A) = 1 - P(B) = 1 - \frac{1}{3} = \frac{2}{3}.$$

(2)由题意 ξ 所有可能的取值为 $2,3,4,5$，且取这些值的概率分别为

$$P(\xi = 2) = \frac{C_2^2 \times C_2^1 + C_2^1 \times C_2^2}{C_{10}^3} = \frac{1}{30},$$

$$P(\xi = 3) = \frac{C_4^2 \times C_2^1 + C_4^1 \times C_2^2}{C_{10}^3} = \frac{2}{15},$$

$$P(\xi = 4) = \frac{C_6^2 \times C_2^1 + C_6^1 \times C_2^2}{C_{10}^3} = \frac{3}{10},$$

$$P(\xi = 5) = \frac{C_8^2 \times C_2^1 + C_8^1 \times C_2^2}{C_{10}^3} = \frac{8}{15}.$$

所以随机变量 ξ 的分布列表 5.11.

表 5.11

ξ	2	3	4	5
P	$\frac{1}{30}$	$\frac{2}{15}$	$\frac{3}{10}$	$\frac{8}{15}$

因此 ξ 的数学期望为

$$E(\xi) = 2 \times \frac{1}{30} + 3 \times \frac{2}{15} + 4 \times \frac{3}{10} + 5 \times \frac{8}{15} = \frac{13}{3}.$$

(3)记"一次取球所得计分介于 20 分到 40 分之间"的事件为 C，则

$$P(C) = P(\xi = 3 \text{ 或 } \xi = 4) = P(\xi = 3) + P(\xi = 4)$$

$$= \frac{2}{15} + \frac{3}{10} = \frac{13}{30}.$$

6. (1)设袋中原有 n 个白球，由题意知

$$\frac{1}{7} = \frac{C_n^2}{C_7^2} = \frac{\dfrac{n(n-1)}{2}}{\dfrac{7 \times 6}{2}} = \frac{n(n-1)}{7 \times 6},$$

解得 $n = 3$ 或 $n = -2$(舍去),所以袋中原有 3 个白球.

(2) 由题意,ξ 的所有可能取值为 $1,2,3,4,5$,且取这些值的概率分别为

$$P(\xi = 1) = \frac{3}{7}, \quad P(\xi = 2) = \frac{4 \times 3}{7 \times 6} = \frac{2}{7}, \quad P(\xi = 3) = \frac{4 \times 3 \times 2}{7 \times 6 \times 5} = \frac{6}{35},$$

$$P(\xi = 4) = \frac{4 \times 3 \times 2 \times 3}{7 \times 6 \times 5 \times 4} = \frac{3}{35}, \quad P(\xi = 5) = \frac{4 \times 3 \times 2 \times 1 \times 3}{7 \times 6 \times 5 \times 4 \times 3} = \frac{1}{35}.$$

所以 ξ 的分布列见表 5.12.

表 5.12

ξ	1	2	3	4	5
P	$\dfrac{3}{7}$	$\dfrac{2}{7}$	$\dfrac{6}{35}$	$\dfrac{3}{35}$	$\dfrac{1}{35}$

(3) 因为甲先取,所以甲只有可能在第 1 次、第 3 次和第 5 次取球,记"甲取到白球"为事件 A,则

$$P(A) = P(\xi = 1) + P(\xi = 3) + P(\xi = 5) = \frac{22}{35}.$$

7. (1) 由题意,ξ 的所有可能取值为 $0,1,2,3,4$,且取这些值的概率分别为

$$P(\xi = 0) = \frac{10}{20} = \frac{1}{2}, \quad P(\xi = 1) = \frac{1}{20}, \quad P(\xi = 2) = \frac{2}{20} = \frac{1}{10},$$

$$P(\xi = 3) = \frac{3}{20}, \quad P(\xi = 4) = \frac{4}{20} = \frac{1}{5}.$$

所以 ξ 的分布列见表 5.13.

表 5.13

ξ	0	1	2	3	4
P	$\dfrac{1}{2}$	$\dfrac{1}{20}$	$\dfrac{1}{10}$	$\dfrac{3}{20}$	$\dfrac{1}{5}$

故 ξ 的数学期望与方差分别为

$$E(\xi) = 0 \times \frac{1}{2} + 1 \times \frac{1}{20} + 2 \times \frac{1}{10} + 3 \times \frac{3}{20} + 4 \times \frac{1}{5} = \frac{3}{2},$$

$$D(\xi) = \left(0 - \frac{3}{2}\right)^2 \times \frac{1}{2} + \left(1 - \frac{3}{2}\right)^2 \times \frac{1}{20} + \left(2 - \frac{3}{2}\right)^2 \times \frac{1}{10}$$

$$+ \left(3 - \frac{3}{2}\right)^2 \times \frac{3}{20} + \left(4 - \frac{3}{2}\right)^2 \times \frac{1}{5} = \frac{11}{4}.$$

(2) 由 $D(\eta) = a^2$,得 $a^2 \times 2.75 = 2$,即 $a = \pm 2$. 又因为 $E(\eta) = aE(\xi) + b$,所以

当 $a = 2$ 时，由 $1 = 2 \times \dfrac{3}{2} + b$，得 $b = -2$；

当 $a = -2$ 时，由 $1 = -2 \times \dfrac{3}{2} + b$，得 $b = 4$.

因此 $\begin{cases} a = 2, \\ b = -2 \end{cases}$ 或 $\begin{cases} a = -2, \\ b = 4. \end{cases}$

8. 设 A_k，B_k 分别表示甲、乙在第 k 次投篮投中，则

$$P(A_k) = \frac{1}{3}, \quad P(B_k) = \frac{1}{2} \quad (k = 1,2,3).$$

(1) 记"乙获胜"为事件 C，由互斥事件有一个发生的概率与相互独立事件同时发生的概率计算公式，得

$$
\begin{aligned}
P(C) &= P(\overline{A_1}B_1) + P(\overline{A_1}\,\overline{B_1}\,\overline{A_2}B_2) + P(\overline{A_1}\,\overline{B_1}\,\overline{A_2}\,\overline{B_2}\,\overline{A_3}B_3) \\
&= P(\overline{A_1})P(B_1) + P(\overline{A_1})P(\overline{B_1})P(\overline{A_2})P(B_2) \\
&\quad + P(\overline{A_1})P(\overline{B_1})P(\overline{A_2})P(\overline{B_2})P(\overline{A_3})P(B_3) \\
&= \frac{2}{3} \times \frac{1}{2} + \left(\frac{2}{3}\right)^2 \times \left(\frac{1}{2}\right)^2 + \left(\frac{2}{3}\right)^3 \times \left(\frac{1}{2}\right)^3 = \frac{13}{27}.
\end{aligned}
$$

(2) 记"投篮结束时乙只投了 2 个球"为事件 D，则由互斥事件有一个发生的概率与相互独立事件同时发生的概率计算公式，得

$$
\begin{aligned}
P(D) &= (\overline{A_1}\,\overline{B_1}\,\overline{A_2}B_2) + P(\overline{A_1}\,\overline{B_1}\,\overline{A_2}\,\overline{B_2}A_3) \\
&= P(\overline{A_1})P(\overline{B_1})P(\overline{A_2})P(B_2) + P(\overline{A_1})P(\overline{B_1})P(\overline{A_2})P(\overline{B_2})P(A_3) \\
&= \left(\frac{2}{3}\right)^2 \times \left(\frac{1}{2}\right)^2 + \left(\frac{2}{3}\right)^2 \times \left(\frac{1}{2}\right)^2 \times \frac{1}{3} = \frac{4}{27}.
\end{aligned}
$$

5.5　比赛与闯关问题

知识梳理

1. 常见的比赛规则

(1) n 局 m 胜制：这种规则的特点为一旦某方获得 m 次胜利即终止比赛，所以若比赛提前结束，则一定在最后一局比赛中某方达到 m 胜.

(2) 连胜制：规定某方连胜 m 场即终止比赛，所以若提前结束比赛，则最后 m 场连胜且之前没有达到 m 场连胜.

(3) 比分差距制：规定某方比对方多 m 分即终止比赛，此时首先根据比赛局数确定比

分,在得分过程中要注意使两方的分差小于 m.

（4）一票否决制:在比赛的过程中,如果在某一阶段失败,则被淘汰.此类问题要注意若达到第 m 阶段,则意味着前 $m-1$ 个阶段均能通关.

2. 解答此类题目的技巧

（1）善于引入变量表示事件:可用"字母 + 变量角标"的形式表示事件"第几局胜利",例如 A_i 表示"第 i 局比赛胜利",则 $\bar{A}_i$ 表示"第 i 局比赛失败".

（2）善于使用对立事件求概率:若所求事件含情况较多,可以考虑求对立事件的概率,再用 $P(A)=1-P(\bar{A})$ 解出所求事件概率,在处理离散型随机变量分布列时,也可利用概率和为 1 的特点,先求出包含情况较少的事件的概率,再间接求出包含情况较多的事件概率.

📝 **例题精讲**

例12 （2012 山东卷·理 19）　现有甲、乙两个靶.某射手向甲靶射击 1 次,命中的概率为 $\dfrac{3}{4}$,命中得 1 分,没有命中得 0 分;向乙靶射击 2 次,每次命中的概率为 $\dfrac{2}{3}$,每命中 1 次得 2 分,没有命中得 0 分.该射手每次射击的结果相互独立.假设该射手完成以上 3 次射击.

（1）求该射手恰好命中 1 次的概率;

（2）求该射手的总得分 X 的分布列及数学期望 $E(X)$.

解析　（1）该射手恰好命中 1 次的概率为
$$P = \frac{3}{4} \times \left(\frac{1}{3}\right)^2 + \frac{1}{4} \times C_2^1 \times \frac{1}{3} \times \frac{2}{3} = \frac{7}{36}.$$

（2）由题意,X 的所有可能取值为 $0,1,2,3,4,5$,且取这些值的概率分别为
$$P(X=0) = \frac{1}{4} \times \left(\frac{1}{3}\right)^2 = \frac{1}{36}, \quad P(X=1) = \frac{3}{4} \times \left(\frac{1}{3}\right)^2 = \frac{1}{12},$$
$$P(X=2) = \frac{1}{4} \times C_2^1 \times \frac{1}{3} \times \frac{2}{3} = \frac{1}{9}, \quad P(X=3) = \frac{3}{4} \times C_2^1 \times \frac{1}{3} \times \frac{2}{3} = \frac{1}{3},$$
$$P(X=4) = \frac{1}{4} \times \left(\frac{2}{3}\right)^2 = \frac{1}{9}, \quad P(X=5) = \frac{3}{4} \times \left(\frac{2}{3}\right)^2 = \frac{1}{3}.$$

所以 X 的分布列见表 5.14.

表 5.14

X	0	1	2	3	4	5
P	$\dfrac{1}{36}$	$\dfrac{1}{12}$	$\dfrac{1}{9}$	$\dfrac{1}{3}$	$\dfrac{1}{9}$	$\dfrac{1}{3}$

故 X 的数学期望为
$$E(X) = 0 \times \frac{1}{36} + 1 \times \frac{1}{12} + 2 \times \frac{1}{9} + 3 \times \frac{1}{3} + 4 \times \frac{1}{9} + 5 \times \frac{1}{3} = \frac{41}{12}.$$

点评 本题第(1)问,该射手向甲靶、乙靶射击1次命中的概率不一样,因此在计算所求的概率时,要分恰好命中甲靶1次与恰好命中乙靶1次这两种情形,且这两种情形是互斥的.第(2)问在求随机变量的分布列时,由于击中甲靶、乙靶的得分是不一样的,在求解随机变量的取值的概率时,除了要考虑击中的总次数之外,还需明确击中甲靶、乙靶的次数分别为多少.综合考虑了这两个因素之后,就可以利用概率的相关公式进行求解.

变式1(2008 陕西卷·理 18)　某射击测试规则为:每人最多射击3次,击中目标即终止射击,第 i 次击中目标得 $4-i(i=1,2,3)$ 分,3 次均未击中目标得 0 分.已知某射手每次击中目标的概率为 0.8,其各次射击结果互不影响.

(1) 求该射手恰好射击2次的概率;

(2) 该射手的得分记为 ξ,求随机变量 ξ 的分布列及数学期望.

解析 (1)设"该射手第 i 次击中目标"的事件为 $A_i(i=1,2,3)$,则 $P(A_i)=0.8$,$P(\overline{A_i})=0.2$,所以该射手恰好射击2次的概率为

$$P(\overline{A_1}A_2)=P(\overline{A_1})P(A_2)=0.2\times0.8=0.16.$$

(2) 由题意,ξ 可能取的值为 0,1,2,3,且取这些值的概率分别为

$$P(\xi=0)=(1-0.8)^3=0.008,\quad P(\xi=1)=(1-0.8)^2\times0.8=0.032,$$

$$P(\xi=2)=(1-0.8)\times0.8=0.16,\quad P(\xi=3)=0.8.$$

所以 ξ 的分布列见表 5.15.

表 5.15

ξ	0	1	2	3
P	0.008	0.032	0.16	0.8

故 ξ 的数学期望为

$$E(\xi)=0\times0.008+1\times0.032+2\times0.16+3\times0.8=2.752.$$

点评 结合题意,该射手恰好射击2次即为第1次射击不中,第2次射击命中,求解这类命题时,对题意的理解显得尤为重要;第(2)问则需把随机变量的取值翻译为该射手一共射击了多少次,且还需明白哪次命中,哪次不中.这些都搞清楚了,分布列的求解就一目了然了.

变式2(2006 广东卷·16)　某运动员射击一次所得环数 X 的分布见表 5.16.

表 5.16

X	0~6	7	8	9	10
P	0	0.2	0.3	0.3	0.2

现进行两次射击,以该运动员两次射击中最高环数作为他的成绩,并记为 ξ.

(1) 求该运动员两次都命中 7 环的概率;

(2) 求 ξ 的分布列;

(3) 求 ξ 的数学期望 $E(\xi)$.

解析　(1) 由题表知,该运动员两次都命中 7 环的概率为 $P = 0.2 \times 0.2 = 0.04$.

(2) 由题意知,ξ 的可能取值为 $7,8,9,10$,且取这些值的概率分别为

$P(\xi = 7) = 0.04$,

$P(\xi = 8) = 2 \times 0.2 \times 0.3 + 0.3^2 = 0.21$,

$P(\xi = 9) = 2 \times 0.2 \times 0.3 + 2 \times 0.3 \times 0.3 + 0.3^2 = 0.39$,

(或 $P(\xi = 9) = 0.3 \times (0.2 + 0.3) \times 2 + 0.3^2 = 0.39$,)

$P(\xi = 10) = 2 \times 0.2 \times 0.2 + 2 \times 0.3 \times 0.2 + 2 \times 0.3 \times 0.2 + 0.2^2 = 0.36$.

(或 $P(\xi = 10) = 0.2 \times (0.2 + 0.3 + 0.3) \times 2 + 0.2^2 = 0.36$,

或 $P(\xi = 10) = 1 - P(\xi = 7) - P(\xi = 8) - P(\xi = 9) = 0.36$.)

所以 ξ 的分布列见表 5.17.

表 5.17

ξ	7	8	9	10
P	0.04	0.21	0.39	0.36

(3) 由(2)知 ξ 的数学期望为

$$E(\xi) = 7 \times 0.04 + 8 \times 0.21 + 9 \times 0.39 + 10 \times 0.36 = 9.07.$$

点评　本题涉及的射击运动要明确击中的环数,更为具体.这类问题与前两道试题的解题关键之处都是对随机变量取值的精准理解,如本题的随机变量的取值不是两次射击命中的环数之和,而是两次射击中的最高环数.在求解概率时,还要注意明确每次射击命中的环数,否则会造成严重的错误,如 $\xi = 9$,可以是两次都是 9 环;也可以是第 1 次 9 环,第 2 次低于 9 环;还可以是第 1 次低于 9 环,第 2 次 9 环.读者应多加体会,从而做到触类旁通.

例 13　(2005 全国 II 卷·理 19)　甲、乙两队进行一场排球比赛.根据以往经验,单局比赛甲队胜乙队的概率为 0.6,本场比赛采用五局三胜制,即先胜三局的队获胜,比赛结束.设各局比赛相互间没有影响.令 ξ 为本场比赛的局数.求 ξ 的概率分布和数学期望.(精确到 0.0001)

解析　单局比赛甲队胜乙队的概率为 0.6,乙队胜甲队的概率为 $1 - 0.6 = 0.4$.

比赛 3 局结束有两种情况:甲队胜 3 局或乙队胜 3 局.因此

$$P(\xi = 3) = 0.6^3 + 0.4^3 = 0.28.$$

比赛 4 局结束有两种情况:前 3 局中甲队胜 2 局,第 4 局甲队胜;或前 3 局中乙队胜 2

局,第 4 局乙队胜.因此

$$P(\xi = 4) = C_3^2 \times 0.6^2 \times 0.4 \times 0.6 + C_3^2 \times 0.4^2 \times 0.6 \times 0.4 = 0.3744.$$

比赛 5 局结束有两种情况:前 4 局中甲队胜 2 局,乙队胜 2 局,第五局甲胜或乙胜.因此

$$P(\xi = 5) = C_4^2 \times 0.6^2 \times 0.4^2 \times 0.6 + C_4^2 \times 0.4^2 \times 0.6^2 \times 0.4 = 0.3456.$$

所以 ξ 的概率分布(分布列)见表 5.18.

表 5.18

ξ	3	4	5
P	0.28	0.3744	0.3456

故 ξ 的数学期望为

$$E(\xi) = 3 \times 0.28 + 4 \times 0.3744 + 5 \times 0.3456 = 4.0656.$$

点评 本题是一道十分经典的五局三胜制的比赛试题,与前面的试题一样,除了要特别注意对随机变量的意义的理解之外,还应注意每个取值所对应的比赛的具体进程.比如 $\xi=4$,可以是甲队获得比赛的胜利,也可以是乙队获得比赛的胜利;且前三局获胜的队伍获胜两局,输掉一局,且第四局获得比赛的胜利,而不是前四局中任意三局获胜,另外一局输了,这也是本题最大的易错点,读者应特别加以理解并重视.

变式 1(2013 山东卷·理 19) 甲、乙两支排球队进行比赛,约定先胜 3 局者获得比赛的胜利,比赛随即结束.除第五局甲队获胜的概率是 $\frac{1}{2}$ 外,其余每局比赛甲队获胜的概率是 $\frac{2}{3}$.假设每局比赛结果互相独立.

(1) 分别求甲队以 $3:0,3:1,3:2$ 胜利的概率;

(2) 若比赛结果为 $3:0$ 或 $3:1$,则胜利方得 3 分,对方得 0 分;若比赛结果为 $3:2$,则胜利方得 2 分,对方得 1 分,求乙队得分 n 的分布列及数学期望.

解析 (1) 甲队以 $3:0,3:1,3:2$ 胜利的概率分别为

$$P_1 = C_3^3 \times \left(\frac{2}{3}\right)^3 = \frac{8}{27},$$

$$P_2 = C_3^2 \times \left(\frac{2}{3}\right)^2 \times \frac{1}{3} \times \frac{2}{3} = \frac{8}{27},$$

$$P_3 = C_4^2 \times \left(\frac{2}{3}\right)^2 \times \left(\frac{1}{3}\right)^2 \times \frac{1}{2} = \frac{4}{27}.$$

(2) 由题意可知 X 的可能取值为 $3,2,1,0$,且由(1)知

$$P(X = 0) = P_1 + P_2 = \frac{16}{27},$$

$$P(X = 1) = P_3 = \frac{4}{27},$$

$$P(X = 2) = C_3^2 \times \left(1 - \frac{2}{3}\right)^2 \times \left(\frac{2}{3}\right)^2 \times \left(1 - \frac{2}{3}\right) = \frac{4}{27},$$

$$P(X = 3) = C_3^2 \times \left(1 - \frac{2}{3}\right)^2 \times \frac{2}{3} \times \left(1 - \frac{2}{3}\right) + \left(1 - \frac{2}{3}\right)^3 = \frac{1}{9},$$

$$\left(\text{或 } P(X = 3) = 1 - P(X = 0) - P(X = 1) - P(X = 2) = \frac{1}{9}.\right)$$

所以乙队得分 X 的分布列见表 5.19.

表 5.19

X	0	1	2	3
P	$\frac{16}{27}$	$\frac{4}{27}$	$\frac{4}{27}$	$\frac{1}{9}$

故 X 的数学期望为

$$E(X) = 0 \times \frac{16}{27} + 1 \times \frac{4}{27} + 2 \times \frac{4}{27} + 3 \times \frac{1}{9} = \frac{7}{9}.$$

点评　本题与上一题的背景完全相同,赛制也是一样的.只不过第(2)问是指定乙队获得比赛的胜利,且随机变量的意义也是不一样的,但在确定好随机变量的取值所代表的具体意义后,概率计算的方式则是一致的.

例 14 (2012 重庆卷·理 17)　甲、乙两人轮流投篮,每人每次投一球,约定甲先投且先投中者获胜,一直到有人获胜或每人都已投球 3 次时投篮结束.设甲每次投篮投中的概率为 $\frac{1}{3}$,乙每次投篮投中的概率为 $\frac{1}{2}$,且各次投篮互不影响.

(1) 求甲获胜的概率;

(2) 求投篮结束时甲的投球次数 ξ 的分布列与数学期望.

解析　设 A_k, B_k 分别表示甲、乙在第 k 次投篮投中,则

$$P(A_k) = \frac{1}{3}, \quad P(B_k) = \frac{1}{2} \quad k \in \{1, 2, 3\}.$$

(1) 记"甲获胜"为事件 C,由互斥事件有一个发生的概率与相互独立事件同时发生的概率计算公式,得

$$P(C) = P(A_1) + P(\overline{A_1}\,\overline{B_1}A_2) + P(\overline{A_1}\,\overline{B_1}\,\overline{A_2}\,\overline{B_2}A_3)$$

$$= P(A_1) + P(\overline{A_1})P(\overline{B_1})P(A_2) + P(\overline{A_1})P(\overline{B_1})P(\overline{A_2})P(\overline{B_2})P(A_3)$$

$$= \frac{1}{3} + \frac{2}{3} \times \frac{1}{2} \times \frac{1}{3} + \left(\frac{2}{3}\right)^2 \times \left(\frac{1}{2}\right)^2 \times \frac{1}{3} = \frac{1}{3} + \frac{1}{9} + \frac{1}{27} = \frac{13}{27}.$$

(2) 由题意,ξ 的所有可能取值为 1,2,3.由独立性知

$$P(\xi = 1) = P(A_1) + P(\overline{A_1}B_1) = \frac{1}{3} + \frac{2}{3} \times \frac{1}{2} = \frac{2}{3},$$

$$P(\xi = 2) = P(\overline{A_1}\,\overline{B_1}A_2) + P(\overline{A_1}\,\overline{B_1}\,\overline{A_2}B_2) = \frac{2}{3} \times \frac{1}{2} \times \frac{1}{3} + \left(\frac{2}{3}\right)^2 \times \left(\frac{1}{2}\right)^2 = \frac{2}{9},$$

$$P(\xi = 3) = P(\overline{A_1}\,\overline{B_1}\,\overline{A_2}\,\overline{B_2}) = \left(\frac{2}{3}\right)^2 \times \left(\frac{1}{2}\right)^2 = \frac{1}{9}.$$

综上,ξ 的分布列见表 5.20.

表 5.20

ξ	1	2	3
P	$\dfrac{2}{3}$	$\dfrac{2}{9}$	$\dfrac{1}{9}$

故 ξ 的数学期望为

$$E(\xi) = 1 \times \frac{2}{3} + 2 \times \frac{2}{9} + 3 \times \frac{1}{9} = \frac{13}{9}.$$

点评 本题的投篮规则要根据题意来解读,具有一定的新意.第(1)问满足题意的事件包含 3 种情形,计算概率一定要特别关注每种情形的投篮具体进程,如在求解甲第二次投篮获胜时,甲、乙一共投篮了 3 次,即第一轮甲、乙均不中,第二轮甲中即结束投篮,而不是甲中乙不中,这也是考生最容易犯错的地方.第(2)问求分布列时,考虑的细节与第(1)问完全一致,即需要考生知道每个随机变量取值所对应的投篮的具体进程,只不过运算量更大,考生也更容易犯错而已.

变式 1(2008 天津卷·文 18) 甲、乙两个篮球运动员互不影响地在同一位置投球,命中率分别为 $\frac{1}{2}$ 与 p,且乙投球 2 次均未命中的概率为 $\frac{1}{16}$.

(1) 求乙投球的命中率 p;

(2) 求甲投球 2 次,至少命中 1 次的概率;

(3) 若甲、乙两人各投球 2 次,求两人共命中 2 次的概率.

解析 (解法 1)设"甲投球 1 次命中"为事件 A,"乙投球 1 次命中"为事件 B,由题意得

$$(1 - P(B))^2 = (1 - p)^2 = \frac{1}{16},$$

解得 $p = \frac{3}{4}$ 或 $\frac{5}{4}$(舍去).所以乙投球的命中率为 $\frac{3}{4}$.

(解法 2)设"甲投球 1 次命中"为事件 A,"乙投球 1 次命中"为事件 B,由题意得 $P(\overline{B})P(\overline{B}) = \frac{1}{16}$,于是 $P(\overline{B}) = \frac{1}{4}$ 或 $-\frac{1}{4}$(舍去),故 $p = 1 - P(\overline{B}) = \frac{3}{4}$.所以乙投球的命中率为 $\frac{3}{4}$.

(2) (解法 1)由题设和(1)知,$P(A) = \frac{1}{2}$,$P(\overline{A}) = \frac{1}{2}$.故甲投球 2 次至少命中 1 次的概

率为 $1 - P(\overline{A}\,\overline{A}) = \dfrac{3}{4}$.

（解法 2）由题设和(1)知，$P(A) = \dfrac{1}{2}$，$P(\overline{A}) = \dfrac{1}{2}$. 故甲投球 2 次至少命中 1 次的概率为

$$C_2^1 P(A)P(\overline{A}) + P(A)P(A) = \dfrac{3}{4}.$$

（3）由题设和(1)知，$P(A) = \dfrac{1}{2}$，$P(\overline{A}) = \dfrac{1}{2}$，$P(B) = \dfrac{3}{4}$，$P(\overline{B}) = \dfrac{1}{4}$. 甲、乙两人各投球 2 次，共命中 2 次有 3 种情况：甲、乙两人各中 1 次；甲中 2 次，乙 2 次均不中；甲 2 次均不中，乙中 2 次. 概率分别为

$$C_2^1 P(A)P(\overline{A}) \cdot C_2^1 P(B)P(\overline{B}) = 2 \times \dfrac{1}{2} \times \dfrac{1}{2} \times 2 \times \dfrac{3}{4} \times \dfrac{1}{4} = \dfrac{3}{16},$$

$$P(AA) \cdot P(\overline{B}\,\overline{B}) = \dfrac{1}{2} \times \dfrac{1}{2} \times \dfrac{1}{4} \times \dfrac{1}{4} = \dfrac{1}{64},$$

$$P(\overline{A}\,\overline{A}) \cdot P(BB) = \dfrac{1}{2} \times \dfrac{1}{2} \times \dfrac{3}{4} \times \dfrac{3}{4} = \dfrac{9}{64}.$$

所以甲、乙两人各投球 2 次，共命中 2 次的概率为

$$\dfrac{3}{16} + \dfrac{1}{64} + \dfrac{9}{64} = \dfrac{11}{32}.$$

点评　本题难度适中，第(1)问、第(2)问均可以使用直接法与间接法进行求解，这也是比较常见的求解概率的方法，读者应熟练掌握. 第(3)问要求考生具有一定的分类讨论的数学思想.

变式 2(2006 陕西卷·理 18)　甲、乙、丙 3 人投篮，投进的概率分别是 $\dfrac{1}{3}$，$\dfrac{2}{5}$，$\dfrac{1}{2}$.

（1）现 3 人各投篮 1 次，求 3 人都没有投进的概率；

（2）用 ξ 表示乙投篮 3 次的进球数，求随机变量 ξ 的概率分布及数学期望 $E(\xi)$.

解析　(1) 记"甲投篮 1 次投进"为事件 A_1，"乙投篮 1 次投进"为事件 A_2，"丙投篮 1 次投进"为事件 A_3，"3 人都没有投进"为事件 A. 则 $P(A_1) = \dfrac{1}{3}$，$P(A_2) = \dfrac{2}{5}$，$P(A_3) = \dfrac{1}{2}$，所以

$$\begin{aligned}
P(A) &= P(\overline{A_1}\,\overline{A_2}\,\overline{A_3}) = P(\overline{A_1})P(\overline{A_2})P(\overline{A_3}) \\
&= (1 - P(A_1))(1 - P(A_2))(1 - P(A_3)) \\
&= \left(1 - \dfrac{1}{3}\right) \times \left(1 - \dfrac{2}{5}\right) \times \left(1 - \dfrac{1}{2}\right) \\
&= \dfrac{2}{3} \times \dfrac{3}{5} \times \dfrac{1}{2} = \dfrac{1}{5}.
\end{aligned}$$

故 3 人都没有投进的概率为 $\dfrac{1}{5}$.

(2) 依题意,随机变量 ξ 的可能取值有 $0,1,2,3$,且 $\xi \sim B\left(3, \frac{2}{5}\right)$. 所以

$$P(\xi = 0) = \left(\frac{3}{5}\right)^3 = \frac{27}{125}, \quad P(\xi = 1) = C_3^1 \times \frac{2}{5} \times \left(\frac{3}{5}\right)^2 = \frac{54}{125},$$

$$P(\xi = 2) = C_3^2 \times \left(\frac{2}{5}\right)^2 \times \frac{3}{5} = \frac{36}{125}, \quad P(\xi = 3) = \left(\frac{2}{5}\right)^3 = \frac{8}{125}.$$

所以 ξ 的概率分布见表 5.21.

表 5.21

ξ	0	1	2	3
P	$\frac{27}{125}$	$\frac{54}{125}$	$\frac{36}{125}$	$\frac{8}{125}$

故 ξ 的数学期望为

$$E(\xi) = np = 3 \times \frac{2}{5} = \frac{6}{5}.$$

$$\left(\text{或 } E(\xi) = 0 \times \frac{27}{125} + 1 \times \frac{54}{125} + 2 \times \frac{36}{125} + 3 \times \frac{8}{125} = \frac{6}{5}.\right)$$

点评 本题以投篮为背景进行试题的构建,前两道试题都是两人投篮问题,本题第(1)问虽然涉及 3 人投篮问题,但是难度没有增加,反而更加容易切入.第(2)问是一个常规的二项分布问题,只要熟悉相关知识点即可实现问题的求解.

例15 (2019 全国 II 卷·理 18) 11 分制乒乓球比赛,每赢一球得 1 分,当某局打成 10∶10 平后,每球交换发球权,先多得 2 分的一方获胜,该局比赛结束.甲、乙两位同学进行单打比赛,假设甲发球时甲得分的概率为 0.5,乙发球时甲得分的概率为 0.4,各球的结果相互独立.在某局双方 10∶10 平后,甲先发球,两人又打了 X 个球该局比赛结束.

(1) 求 $P(X = 2)$;

(2) 求事件"$X = 4$ 且甲获胜"的概率.

解析 (1) 设双方 10∶10 平后的第 k 个球甲获胜为事件 A_k ($k = 1,2,3,\cdots$),则

$$P(X = 2) = P(A_1 A_2) + P(\overline{A_1}\ \overline{A_2})$$

$$= P(A_1)P(A_2) + P(\overline{A_1})P(\overline{A_2})$$

$$= 0.5 \times 0.4 + 0.5 \times 0.6 = 0.5.$$

(2) 设事件"$X = 4$ 且甲获胜"的概率为

$$P(X = 4 \text{ 且甲获胜}) = P(\overline{A_1} A_2 A_3 A_4) + P(A_1 \overline{A_2} A_3 A_4)$$

$$= P(\overline{A_1})P(A_2)P(A_3)P(A_4) + P(A_1)P(\overline{A_2})P(A_3)P(A_4)$$

$$= (0.5 \times 0.4 + 0.5 \times 0.6) \times 0.5 \times 0.4 = 0.1.$$

点评 本题以乒乓球比赛为背景进行试题的构建,一般来说,考生对乒乓球的比赛规则

普遍比较熟悉,如果不熟悉,题意也已经用比较通俗易懂的语言表述出来了,因此这一比赛情景对考生是比较公平的.试题的解答也延续了比赛问题的一贯特色,关键之处仍然是对比赛的具体进程的分析,过程如果明晰了,解题也就不存在任何障碍了.

变式 1(2012 大纲卷·理 17)　乒乓球比赛规则规定,双方比分在 10 平前,一方连续发球 2 次后,对方再连续发球 2 次,依次轮换.每次发球,胜方得 1 分,负方得 0 分.设在甲、乙的比赛中,每次发球,发球方得 1 分的概率为 0.6,各次发球的胜负结果相互独立.甲、乙的一局比赛中,甲先发球.

(1) 求开始第 4 次发球时,甲、乙的比分为 1 比 2 的概率;

(2) ξ 表示开始第 4 次发球时乙的得分,求 ξ 的数学期望.

解析　(1) 记 A_i 表示事件"第 1 次和第 2 次这两次发球,甲共得 i 分"($i = 0,1,2$);A 表示事件"第 3 次发球,甲得 1 分";B 表示事件"开始第 4 发球时,甲、乙的比分为 $1:2$".则

$$B = A_0 A + A_1 \overline{A}, \quad P(A) = 0.4,$$
$$P(A_0) = 0.4^2 = 0.16, \quad P(A_1) = 2 \times 0.6 \times 0.4 = 0.48.$$

所以

$$\begin{aligned} P(B) &= P(A_0 A + A_1 \overline{A}) = P(A_0 A) + P(A_1 \overline{A}) \\ &= P(A_0) \cdot P(A) + P(A_1) \cdot P(\overline{A}) \\ &= 0.16 \times 0.4 + 0.48 \times (1 - 0.4) = 0.352. \end{aligned}$$

(2) 由(1)及题意知 $P(A_2) = 0.6^2 = 0.36$,ξ 的可能取值为 0,1,2,3,且取这些取值的概率分别为

$$P(\xi = 0) = P(A_2 A) = P(A_2) \cdot P(A) = 0.36 \times 0.4 = 0.144,$$
$$P(\xi = 2) = P(B) = 0.352,$$
$$P(\xi = 3) = P(A_0 \overline{A}) = P(A_0) \cdot P(\overline{A}) = 0.16 \times 0.6 = 0.096,$$
$$P(\xi = 1) = 1 - P(\xi = 0) - P(\xi = 2) - P(\xi = 3)$$
$$= 1 - 0.144 - 0.352 - 0.096 = 0.408.$$

所以 ξ 的分布列见表 5.22.

表 5.22

ξ	0	1	2	3
P	0.144	0.408	0.352	0.096

故 ξ 的数学期望为

$$E(\xi) = 0 \times 0.144 + 1 \times 0.408 + 2 \times 0.352 + 3 \times 0.096 = 1.400.$$

点评　本题对比赛的具体进程的分析要求更高,第(1)问分三种情形,即甲所得的 1 分

可以是第一球得的,也可以是第二球得的,还可以是第三球得的,其余两球则输了,只需明晰甲的得失情况即可.第(2)问是研究乙的得分,解题更为琐碎,但是难度并不是很大.

例16 (2009 全国 I 卷·理 20)　甲、乙二人进行一次围棋比赛,约定先胜 3 局者获得这次比赛的胜利,比赛结束.假设在一局中,甲获胜的概率为 0.6,乙获胜的概率为 0.4,各局比赛结果相互独立,已知前 2 局中,甲、乙各胜 1 局.

(1) 求甲获得这次比赛胜利的概率;

(2) 设 ξ 表示从第 3 局开始到比赛结束所进行的局数,求 ξ 的分布列及数学期望.

解析　记 A_i 表示事件"第 i 局甲获胜" $(i=3,4,5)$;B_j 表示事件"第 j 局乙获胜"$(j=3,4)$.

(1) 记 B 表示事件"甲获得这次比赛的胜利".因前两局中甲、乙各胜一局,故若甲获得这次比赛的胜利,则当且仅当在后面的比赛中甲先胜 2 局,所以 $B = A_3A_4 + B_3A_4A_5 + A_3B_4A_5$.由于各局比赛结果相互独立,故

$$P(B) = P(A_3A_4) + P(B_3A_4A_5) + P(A_3B_4A_5)$$
$$= P(A_3)P(A_4) + P(B_3)P(A_4)P(A_5) + P(A_3)P(B_4)P(A_5)$$
$$= 0.6 \times 0.6 + 0.4 \times 0.6 \times 0.6 + 0.6 \times 0.4 \times 0.6 = 0.648.$$

(2) ξ 的可能取值为 2,3,各局比赛结果相互独立,因此

$$P(\xi = 2) = P(A_3A_4 + B_3B_4) = P(A_3A_4) + P(B_3B_4)$$
$$= P(A_3)P(A_4) + P(B_3)P(B_4)$$
$$= 0.6 \times 0.6 + 0.4 \times 0.4 = 0.52,$$
$$P(\xi = 3) = 1 - P(\xi = 2) = 1 - 0.52 = 0.48.$$

所以 ξ 的分布列见表 5.23.

表 5.23

ξ	2	3
P	0.52	0.48

故 ξ 的数学期望为

$$E(\xi) = 2 \times 0.52 + 3 \times 0.48 = 2.48.$$

点评　本题以围棋比赛为背景进行试题的构建,其比赛规则为大家熟悉的 5 局 3 胜制.第(1)问甲获胜的比分可以是 3:1,也可以是 3:2.甲以 3:1 的比分获胜的情形较为简单,而甲以 3:2 的比分获胜的情形为甲后 3 局中只输了 1 局,可以是第 3 局输,也可以是第 4 局输,这也是考生比较容易犯错的地方.第(3)问由于随机变量的取值只有 2 个,故可考虑计算较为简单的取值概率,根据题意 $\xi=2$ 的概率的计算明显更为容易,过程可以是甲连赢第 3 局和第 4 局,也可以是乙连赢第 3 局和第 4 局,然后再利用分布列的性质求得 $\xi=3$ 的概率.

变式 1(2014 安徽卷·理 17)　甲、乙两人进行围棋比赛,约定先连胜 2 局者直接赢得比赛,若赛完 5 局仍未出现连胜,则判定获胜局数多者赢得比赛.假设每局甲获胜的概率为 $\dfrac{2}{3}$,乙获胜的概率为 $\dfrac{1}{3}$,各局比赛结果相互独立.

(1) 求甲在 4 局以内(含 4 局)赢得比赛的概率;

(2) 记 X 为比赛决出胜负时的总局数,求 X 的分布列和均值(数学期望).

解析　用 A 表示"甲在 4 局以内(含 4 局)赢得比赛",A_k 表示"第 k 局甲获胜",B_k 表示"第 k 局乙获胜",则

$$P(A_k) = \dfrac{2}{3}, \quad P(B_k) = \dfrac{1}{3} \quad (k = 1,2,3,4,5).$$

(1) 由题意知

$$\begin{aligned}
P(A) &= P(A_1 A_2) + P(B_1 A_2 A_3) + P(A_1 B_2 A_3 A_4)\\
&= P(A_1)P(A_2) + P(B_1)P(A_2)P(A_3) + P(A_1)P(B_2)P(A_3)P(A_4)\\
&= \left(\dfrac{2}{3}\right)^2 + \dfrac{1}{3} \times \left(\dfrac{2}{3}\right)^2 + \dfrac{2}{3} \times \dfrac{1}{3} \times \left(\dfrac{2}{3}\right)^2 = \dfrac{56}{81}.
\end{aligned}$$

(2) X 的可能取值为 $2,3,4,5$,且取这些值的概率分别为

$$P(X = 2) = P(A_1 A_2) + P(B_1 B_2) = P(A_1)P(A_2) + P(B_1)P(B_2) = \dfrac{5}{9},$$

$$\begin{aligned}
P(X = 3) &= P(B_1 A_2 A_3) + P(A_1 B_2 B_3)\\
&= P(B_1)P(A_2)P(A_3) + P(A_1)P(B_2)P(B_3) = \dfrac{2}{9},
\end{aligned}$$

$$\begin{aligned}
P(X = 4) &= P(A_1 B_2 A_3 A_4) + P(B_1 A_2 B_3 B_4)\\
&= P(A_1)P(B_2)P(A_3)P(A_4) + P(B_1)P(A_2)P(B_3)P(B_4) = \dfrac{10}{81},
\end{aligned}$$

$$P(X = 5) = 1 - P(X = 2) - P(X = 3) - P(X = 4) = \dfrac{8}{81}.$$

所以 X 的分布列见表 5.24.

表 5.24

X	2	3	4	5
P	$\dfrac{5}{9}$	$\dfrac{2}{9}$	$\dfrac{10}{81}$	$\dfrac{8}{81}$

故 X 的数学期望为

$$E(X) = 2 \times \dfrac{5}{9} + 3 \times \dfrac{2}{9} + 4 \times \dfrac{10}{81} + 5 \times \dfrac{8}{81} = \dfrac{224}{81}.$$

点评　本题的赛制较为特殊,对考生分析问题的能力提出了更高的要求,是一道能综合

考查考生能力与水平的经典考题.本题涉及的每一事件的概率计算虽然并不是很难,但相对较为新颖,是不少考生的痛点所在,体现了命题者锐意创新的魄力.

例17 (2020 全国Ⅰ卷·理 19) 甲、乙、丙三位同学进行羽毛球比赛,约定赛制如下:累计负两场者被淘汰;比赛前抽签决定首先比赛的两人,另一人轮空;每场比赛的胜者与轮空者进行下一场比赛,负者下一场轮空,直至有一人被淘汰;当一人被淘汰后,剩余的两人继续比赛,直至其中一人被淘汰,另一人最终获胜,比赛结束.经抽签,甲、乙首先比赛,丙轮空.设每场比赛双方获胜的概率都为 $\frac{1}{2}$.

(1) 求甲连胜四场的概率;

(2) 求需要进行第五场比赛的概率;

(3) 求丙最终获胜的概率.

解析 (1) 记事件 M 表示"甲连胜四场",则 $P(M) = \left(\frac{1}{2}\right)^4 = \frac{1}{16}$.

(2) 记事件 A 为比赛一场甲输,事件 B 为比赛一场乙输,事件 C 为比赛一场丙输,则四局内结束比赛的概率为

$$P' = P(ABAB) + P(ACAC) + P(BCBC) + P(BABA) = 4 \times \left(\frac{1}{2}\right)^4 = \frac{1}{4}.$$

所以,需要进行第五场比赛的概率为 $P = 1 - P' = \frac{3}{4}$.

(3) 记事件 A 为比赛一场甲输,事件 B 为比赛一场乙输,事件 C 为比赛一场丙输;记事件 D 为甲赢,事件 E 为丙赢,则甲赢的基本事件包括 $BCBC$,$ABCBC$,$ACBCB$,$BABCC$,$BACBC$,$BCACB$,$BCABC$,$BCBAC$.所以甲赢的概率为

$$P(D) = \left(\frac{1}{2}\right)^4 + 7 \times \left(\frac{1}{2}\right)^5 = \frac{9}{32}.$$

由对称性可知,乙赢的概率和甲赢的概率相等,所以丙赢的概率为

$$P(E) = 1 - 2 \times \frac{9}{32} = \frac{7}{16}.$$

点评 本题考查独立事件概率的计算,解答的关键就是列举出符合条件的基本事件,考查计算能力,在概率题中属于难度较大的一类试题.第(1)问可根据独立事件的概率乘法公式,求得事件"甲连胜四场"的概率;第(2)问计算出四局以内结束比赛的概率,然后利用对立事件的概率公式可得所求事件的概率;第(3)问可通过列举出甲赢的事件,结合独立事件的概率乘法公式计算出甲赢的概率,由对称性可知乙赢的概率和甲赢的概率相等,再利用对立事件的概率可得丙赢的概率.本题由于赛制十分特别,加之有轮空情形的出现,给广大考生造成了很大的困扰.

考题回放

1. (2010 广东卷·理 6)甲、乙两队进行排球决赛,现在的情形是甲队只要再赢一局就获冠军,乙队需要再赢两局才能得冠军.若两队每局胜的概率相同,则甲队获得冠军的概率为(　　).

A. $\dfrac{1}{2}$　　　　B. $\dfrac{3}{5}$　　　　C. $\dfrac{2}{3}$　　　　D. $\dfrac{3}{4}$

2. (2007 浙江卷·文 8)甲、乙两人进行乒乓球比赛,比赛规则为"3 局 2 胜",即以先赢 2 局者为胜,根据经验,每局比赛中甲获胜的概率为 0.6,则本次比赛甲获胜的概率是(　　).

A. 0.216　　　B. 0.36　　　C. 0.432　　　D. 0.648

3. (2015 全国 I 卷·理 4)投篮测试中,每人投 3 次,至少投中 2 次才能通过测试.已知某同学每次投篮投中的概率为 0.6,且各次投篮是否投中相互独立,则该同学通过测试的概率为(　　).

A. 0.648　　　B. 0.432　　　C. 0.36　　　D. 0.312

4. (2006 天津卷·理 18)某射手进行射击训练,假设每次射击击中目标的概率为 $\dfrac{3}{5}$,且各次射击的结果互不影响.

(1) 求射手在 3 次射击中,至少有 2 次连续击中目标的概率(用数字作答);

(2) 求射手第 3 次击中目标时,恰好射击了 4 次的概率(用数字作答);

(3) 设随机变量 ξ 表示射手第 3 次击中目标时已射击的次数,求 ξ 的分布列.

5. (2007 重庆卷·文 17)设甲、乙两人每次射击命中目标的概率分别为 $\dfrac{3}{4}$ 和 $\dfrac{4}{5}$,且各次射击相互独立.

(1) 若甲、乙各射击 1 次,求甲命中但乙未命中目标的概率;

(2) 若甲、乙各射击 2 次,求两人命中目标的次数相等的概率.

6. (2010 天津卷·理 18)某射手每次射击击中目标的概率是 $\dfrac{2}{3}$,且各次射击的结果互不影响.

(1) 假设这名射手射击 5 次,求恰有 2 次击中目标的概率;

(2) 假设这名射手射击 5 次,求有 3 次连续击中目标,另外 2 次未击中目标的概率;

(3) 假设这名射手射击 3 次,每次射击,击中目标得 1 分,未击中目标得 0 分,在 3 次射击中,若有 2 次连续击中,而另外 1 次未击中,则额外加 1 分;若 3 次全击中,则额外加 3 分,记 ξ 为射手射击 3 次后的总得分数,求 ξ 的分布列.

7. (2009 辽宁卷·理 19)某人向一目标射击 4 次,每次击中目标的概率为 $\dfrac{1}{3}$.该目标分为 3 个不同的部分,第一、二、三部分面积之比为 1∶3∶6.击中目标时,击中任何一部分的概率与其面积成正比.

(1) 设 X 表示目标被击中的次数,求 X 的分布列;

(2) 若目标被击中 2 次,A 表示事件"第一部分至少被击中 1 次或第二部分被击中 2 次",求 $P(A)$.

8. (2005 北京卷·理 17)甲、乙两人各进行 3 次射击,甲每次击中目标的概率为 $\frac{1}{2}$,乙每次击中目标的概率为 $\frac{2}{3}$.

(1) 记甲击中目标的次数为 ξ,求 ξ 的概率分布及数学期望 $E(\xi)$;

(2) 求乙至多击中目标 2 次的概率;

(3) 求甲恰好比乙多击中目标 2 次的概率.

9. (2013 全国大纲卷·文 20)甲、乙、丙三人进行羽毛球练习赛,其中两人比赛,另一人当裁判,每局比赛结束时,负的一方在下一局当裁判.设各局中双方获胜的概率均为 $\frac{1}{2}$,各局比赛的结果相互独立,第 1 局甲当裁判.

(1) 求第 4 局甲当裁判的概率;

(2) 求前 4 局中乙恰好当 1 次裁判的概率.

10. (2007 陕西卷·文 18)某项选拔共有四轮考核,每轮设有一个问题,能正确回答问题者进入下一轮考核,否则即被淘汰.已知某选手能正确回答第一、二、三、四轮问题的概率分别为 $\frac{4}{5},\frac{3}{5},\frac{2}{5},\frac{1}{5}$,且各轮问题能否正确回答互不影响.

(1) 求该选手进入第四轮才被淘汰的概率;

(2) 求该选手至多进入第三轮考核的概率.

(注:本小题结果可用分数表示)

11. (2008 全国 II 卷·文 19)甲、乙两人进行射击比赛,在一轮比赛中,甲、乙各射击一发子弹.根据以往资料知,甲击中 8 环、9 环、10 环的概率分别为 $0.6,0.3,0.1$,乙击中 8 环、9 环、10 环的概率分别为 $0.4,0.4,0.2$.设甲、乙的射击相互独立.

(1) 求在一轮比赛中甲击中的环数多于乙击中环数的概率;

(2) 求在独立的三轮比赛中,至少有两轮甲击中的环数多于乙击中环数的概率.

12. (2005 江苏卷·20)甲、乙两人各射击一次,击中目标的概率分别是 $\frac{2}{3}$ 和 $\frac{3}{4}$.假设两人射击是否击中目标,相互之间没有影响;每人各射击是否击中目标,相互之间也没有影响.

(1) 求甲射击 4 次,至少有 1 次未击中目标的概率;

(2) 求两人各射击 4 次,甲恰好击中目标 2 次且乙恰好击中目标 3 次的概率;

(3) 假设某人连续 2 次未击中目标,则停止射击.问:乙恰好射击 5 次后,被中止射击的概率是多少?

13.（2008 重庆卷·理 18）甲、乙、丙三人按下面的规则进行乒乓球比赛：第一局由甲、乙参加而丙轮空，以后每一局由前一局的获胜者与轮空者进行比赛，而前一局的失败者轮空.比赛按这种规则一直进行到其中一人连胜两局或打满 6 局时停止.设在每局中参赛者胜负的概率均为 $\frac{1}{2}$，且各局胜负相互独立.求：

（1）打满 3 局比赛还未停止的概率；

（2）比赛停止时已打局数 ξ 的分布列与期望 $E(\xi)$.

14.（2022 全国 II 卷·理 19）甲、乙两个学校进行体育比赛，比赛共设三个项目，每个项目胜方得 10 分，负方得 0 分，没有平局.三个项目比赛结束后，总得分高的学校获得冠军.已知甲学校在三个项目中获胜的概率分别为 0.5，0.4，0.8，各项目的比赛结果相互独立.

（1）求甲学校获得冠军的概率；

（2）用 X 表示乙学校的总得分，求 X 的分布列与期望.

参 考 答 案

1. 乙获得冠军的概率为 $\frac{1}{2} \times \frac{1}{2} = \frac{1}{4}$，则甲队获得冠军的概率为 $1 - \frac{1}{4} = \frac{3}{4}$.故选项 D 正确.

2. 甲获胜由胜胜、胜负胜、负胜胜三个独立事件组成，所以 $P = 0.6^2 + 2 \times 0.6^2 \times 0.4 = 0.648$.故选项 D 正确.

3. 由题意，该同学通过测试的概率为 $C_3^2 \times 0.6^2 \times 0.4 + 0.6^3 = 0.648$.故选项 A 正确.

4.（1）记"射手射击 1 次，击中目标"为事件 A，则在 3 次射击中至少有 2 次连续击中目标的概率为

$$P_1 = P(AA\bar{A}) + P(\bar{A}AA) + P(AAA)$$

$$= \frac{3}{5} \times \frac{3}{5} \times \frac{2}{5} + \frac{2}{5} \times \frac{3}{5} \times \frac{3}{5} + \frac{3}{5} \times \frac{3}{5} \times \frac{3}{5} = \frac{63}{125}.$$

（2）射手第 3 次击中目标时，恰好射击了 4 次的概率为

$$P_2 = C_3^2 \times \left(\frac{3}{5}\right)^2 \times \frac{2}{5} \times \frac{3}{5} = \frac{162}{625}.$$

（3）由题设知"$\xi = k$"的概率为

$$P(\xi = k) = C_{k-1}^2 \left(\frac{3}{5}\right)^2 \times \left(\frac{2}{5}\right)^{k-3} \times \frac{3}{5} = C_{k-1}^2 \left(\frac{3}{5}\right)^3 \times \left(\frac{2}{5}\right)^{k-3} \quad (k \geqslant 3).$$

所以 ξ 的分布列见表 5.25.

表 5.25

ξ	3	4	$\cdots$	k	$\cdots$
P	$\dfrac{27}{125}$	$\dfrac{162}{625}$	$\cdots$	$C_{k-1}^2\left(\dfrac{3}{5}\right)^3\times\left(\dfrac{2}{5}\right)^{k-3}$	$\cdots$

5. (1) 设 A 表示甲命中目标,B 表示乙命中目标,则 A,B 相互独立,且 $P(A)=\dfrac{3}{4}$,

$P(B)=\dfrac{4}{5}$,从而"甲命中但乙未命中目标"的概率为

$$P(A\bar{B})=P(A)P(\bar{B})=\frac{3}{4}\times\left(1-\frac{4}{5}\right)=\frac{3}{20}.$$

(2) 设 A_k 表示甲在 2 次射击中恰好命中 k 次,B_l 表示乙在 2 次射击中恰好命中 l 次.则依题意有

$$P(A_k)=C_2^k\left(\frac{3}{4}\right)^k\left(\frac{1}{4}\right)^{2-k}\quad(k=0,1,2),$$

$$P(B_l)=C_2^l\left(\frac{4}{5}\right)^l\left(\frac{1}{5}\right)^{2-l}\quad(l=0,1,2).$$

所以由独立性知两人命中次数相等的概率为

$$P(A_0B_0)+P(A_1B_1)+P(A_2B_2)=P(A_0)P(B_0)+P(A_1)P(B_1)+P(A_2)P(B_2)$$

$$=\left(\frac{1}{4}\right)^2\times\left(\frac{1}{5}\right)^2+C_2^1\times\frac{3}{4}\times\frac{1}{4}\times C_2^1\times\frac{4}{5}\times\frac{1}{5}$$

$$+C_2^2\times\left(\frac{3}{4}\right)^2\times C_2^2\times\left(\frac{4}{5}\right)^2$$

$$=\frac{1}{16}\times\frac{1}{25}+\frac{3}{4}\times\frac{4}{25}+\frac{9}{16}\times\frac{16}{25}=\frac{193}{400}=0.4825.$$

6. (1) 设 X 为射手在 5 次射击中击中目标的次数,则 $X\sim B\left(5,\dfrac{2}{3}\right)$.在 5 次射击中,恰有 2 次击中目标的概率为

$$P(X=2)=C_5^2\times\left(\frac{2}{3}\right)^2\times\left(1-\frac{2}{3}\right)^3=\frac{40}{243}.$$

(2) 设"第 i 次射击击中目标"为事件 $A_i(i=1,2,3,4,5)$,"射手在 5 次射击中,有 3 次连续击中目标,另外 2 次未击中目标"为事件 A.则

$$P(A)=P(A_1A_2A_3\overline{A_4}\,\overline{A_5})+P(\overline{A_1}A_2A_3A_4\overline{A_5})+P(\overline{A_1}\,\overline{A_2}A_3A_4A_5)$$

$$=\left(\frac{2}{3}\right)^3\times\left(\frac{1}{3}\right)^2+\frac{1}{3}\times\left(\frac{2}{3}\right)^3\times\frac{1}{3}+\left(\frac{1}{3}\right)^2\times\left(\frac{2}{3}\right)^3=\frac{8}{81}.$$

(3) 由题意可知,ξ 的所有可能取值为 $0,1,2,3,6$,且取这些值的概率分别为

$$P(\xi=0)=P(A_1\overline{A_2}\,\overline{A_3})=\left(\frac{1}{3}\right)^3=\frac{1}{27},$$

$$P(\xi = 1) = P(A_1 \overline{A_2} \overline{A_3}) + P(\overline{A_1} A_2 \overline{A_3}) + P(\overline{A_1} \overline{A_2} A_3)$$

$$= \frac{2}{3} \times \left(\frac{1}{3}\right)^2 + \frac{1}{3} \times \frac{2}{3} \times \frac{1}{3} + \left(\frac{1}{3}\right)^2 \times \frac{2}{3} = \frac{2}{9},$$

$$P(\xi = 2) = P(A_1 \overline{A_2} A_3) = \frac{2}{3} \times \frac{1}{3} \times \frac{2}{3} = \frac{4}{27},$$

$$P(\xi = 3) = P(A_1 A_2 \overline{A_3}) + P(\overline{A_1} A_2 A_3)$$

$$= \left(\frac{2}{3}\right)^2 \times \frac{1}{3} + \frac{1}{3} \times \left(\frac{1}{3}\right)^2 = \frac{8}{27},$$

$$P(\xi = 6) = P(A_1 A_2 A_3) = \left(\frac{2}{3}\right)^2 = \frac{8}{27}.$$

所以 ξ 的分布列见表 5.26.

表 5.26

ξ	0	1	2	3	6
P	$\dfrac{1}{27}$	$\dfrac{2}{9}$	$\dfrac{4}{27}$	$\dfrac{8}{27}$	$\dfrac{8}{27}$

7. (1) 依题意 $X \sim B\left(4, \dfrac{1}{3}\right)$，则 ξ 的分布列见表 5.27.

表 5.27

ξ	0	1	2	3	4
P	$\dfrac{16}{81}$	$\dfrac{32}{81}$	$\dfrac{24}{81}$	$\dfrac{8}{81}$	$\dfrac{1}{81}$

(2) 设 A_i 表示事件"第一次击中目标时,击中第 i 部分"$(i = 1, 2)$；B_i 表示事件"第二次击中目标时,击中第 i 部分"$(i = 1, 2)$. 则依题意知 $P(A_1) = P(B_1) = 0.1$, $P(A_2) = P(B_2) = 0.3$. 因为 $A = A_1 \overline{B_1} \bigcup \overline{A_1} B_1 \bigcup A_1 B_1 \bigcup A_2 B_2$, 所以所求的概率为

$$P(A) = P(A_1 \overline{B_1}) + P(\overline{A_1} B_1) + P(A_1 B_1) + P(A_2 B_2)$$

$$= P(A_1) P(\overline{B_1}) + P(\overline{A_1}) P(B_1) + P(A_1) P(B_1) + P(A_2) P(B_2)$$

$$= 0.1 \times 0.9 + 0.9 \times 0.1 + 0.1 \times 0.1 + 0.3 \times 0.3 = 0.28.$$

8. (1) 由题意知

$$P(\xi = 0) = C_3^0 \times \left(\frac{1}{2}\right)^3 = \frac{1}{8}, \quad P(\xi = 1) = C_3^1 \times \left(\frac{1}{2}\right)^3 = \frac{3}{8},$$

$$P(\xi = 2) = C_3^2 \times \left(\frac{1}{2}\right)^3 = \frac{3}{8}, \quad P(\xi = 3) = C_3^3 \times \left(\frac{1}{2}\right)^3 = \frac{1}{8}.$$

所以 ξ 的概率分布列见表 5.28.

表 5.28

ξ	0	1	2	3
P	$\dfrac{1}{8}$	$\dfrac{3}{8}$	$\dfrac{3}{8}$	$\dfrac{1}{8}$

故 ξ 的数学期望为

$$E(\xi) = 0 \times \frac{1}{8} + 1 \times \frac{3}{8} + 2 \times \frac{3}{8} + 3 \times \frac{1}{8} = 1.5 \quad \left(\text{或 } E(\xi) = 3 \times \frac{1}{2} = 1.5\right).$$

(2) 乙至多击中目标 2 次的概率为 $1 - C_3^3 \times \left(\dfrac{2}{3}\right)^3 = \dfrac{19}{27}$.

(3) 设"甲恰比乙多击中目标 2 次"为事件 A,"甲恰击中目标 2 次且乙恰击中目标 0 次"为事件 B_1,"甲恰击中目标 3 次且乙恰击中目标 1 次"为事件 B_2,则 $A = B_1 + B_2$,B_1,B_2 为互斥事件. 所以

$$P(A) = P(B_1) + P(B_2) = \frac{3}{8} \times \frac{1}{27} + \frac{1}{8} \times \frac{2}{9} = \frac{1}{24}.$$

故甲恰好比乙多击中目标 2 次的概率为 $\dfrac{1}{24}$.

9. (1) 记 A_1 表示事件"第 2 局结果为甲胜",A_2 表示事件"第 3 局甲参加比赛时,结果为甲负",A 表示事件"第 4 局甲当裁判". 则 $A = A_1 \times A_2$,所以第 4 局甲当裁判的概率为

$$P(A) = P(A_1 A_2) = P(A_1) P(A_2) = \frac{1}{4}.$$

(2) 记 B_1 表示事件"第 1 局比赛结果为乙胜",B_2 表示事件"第 2 局乙参加比赛时,结果为乙胜",B_3 表示事件"第 3 局乙参加比赛时,结果为乙胜",B 表示事件"前 4 局中乙恰好当 1 次裁判". 则

$$B = \overline{B_1} B_3 + B_1 B_2 \overline{B_3} + B_1 \overline{B_2},$$

所以前 4 局中乙恰好当 1 次裁判的概率为

$$P(B) = P(\overline{B_1} B_3 + B_1 B_2 \overline{B_3} + B_1 \overline{B_2}) = \frac{1}{4} + \frac{1}{8} + \frac{1}{4} = \frac{5}{8}.$$

10. (1) 记"该选手能正确回答第 i 轮问题"为事件 $A_i (i = 1,2,3,4)$,则 $P(A_1) = \dfrac{4}{5}$,$P(A_2) = \dfrac{3}{5}$,$P(A_3) = \dfrac{2}{5}$,$P(A_4) = \dfrac{1}{5}$. 所以该选手进入第四轮才被淘汰的概率为

$$P_1 = P(A_1 A_2 A_3 \overline{A_4}) = P(A_1) P(A_2) P(A_3) P(\overline{A_4}) = \frac{4}{5} \times \frac{3}{5} \times \frac{2}{5} \times \frac{4}{5} = \frac{96}{625}.$$

(2) 该选手至多进入第三轮考核的概率为

$$P_2 = P(\overline{A_1} + A_1 \overline{A_2} + A_1 A_2 \overline{A_3})$$

$$= P(\overline{A_1}) + P(A_1) P(\overline{A_2}) + P(A_1) P(A_2) P(\overline{A_3})$$

$$= \frac{1}{5} + \frac{4}{5} \times \frac{2}{5} + \frac{4}{5} \times \frac{3}{5} \times \frac{3}{5} = \frac{101}{125}.$$

11. 记 A_1，A_2 分别表示甲击中 9 环、10 环，B_1，B_2 分别表示乙击中 8 环、9 环；A 表示在一轮比赛中甲击中的环数多于乙击中的环数；B 表示在三轮比赛中至少有两轮甲击中的环数多于乙击中的环数；C_1，C_2 分别表示三轮中恰有两轮、三轮甲击中的环数多于乙击中的环数.

(1) 由题意知 $A = A_1B_1 + A_2B_1 + A_2B_2$，所以

$$\begin{aligned} P(A) &= P(A_1B_1 + A_2B_1 + A_2B_2) \\ &= P(A_1B_1) + P(A_2B_1) + P(A_2B_2) \\ &= P(A_1)P(B_1) + P(A_2)P(B_1) + P(A_2)P(B_2) \\ &= 0.3 \times 0.4 + 0.1 \times 0.4 + 0.1 \times 0.4 = 0.2. \end{aligned}$$

(2) 由题意知 $B = C_1 + C_2$. 又因为

$$P(C_1) = C_3^2 (P(A))^2 (1 - P(A)) = 3 \times 0.2^2 \times (1 - 0.2) = 0.096,$$
$$P(C_2) = (P(A))^3 = 0.2^3 = 0.008,$$

所以

$$P(B) = P(C_1 + C_2) = P(C_1) + P(C_2) = 0.096 + 0.008 = 0.104.$$

12. (1) 记"甲连续射击 4 次至少有 1 次未击中目标"为事件 A_1. 由题意，射击 4 次相当于做 4 次独立重复实验，所以

$$P(A_1) = 1 - P(\overline{A_1}) = 1 - \left(\frac{2}{3}\right)^4 = \frac{65}{81}.$$

故"甲连续射击 4 次，至少有 1 次未击中目标"的概率为 $\frac{65}{81}$.

(2) 记"甲射击 4 次，恰有 2 次击中目标"为事件 A_2，"乙射击 4 次，恰有 3 次击中目标"为事件 B_2，则

$$P(A_2) = C_4^2 \times \left(\frac{2}{3}\right)^2 \times \left(1 - \frac{2}{3}\right)^{4-2} = \frac{8}{27},$$
$$P(B_2) = C_4^3 \times \left(\frac{3}{4}\right)^3 \times \left(1 - \frac{3}{4}\right)^{4-3} = \frac{27}{64}.$$

甲、乙射击相互独立，故

$$P(A_2B_2) = P(A_2)P(B_2) = \frac{8}{27} \times \frac{27}{64} = \frac{1}{8}.$$

故两人各射击 4 次，甲恰好击中目标 2 次且乙恰好击中目标 3 次的概率为 $\frac{1}{8}$.

(3) 记"乙恰好射击 5 次后被中止射击"为事件 A_3，"乙第 i 次射击未击中"为事件 D_i $(i = 1, 2, 3, 4, 5)$，则 $A_3 = D_5D_4\overline{D_3}(\overline{D_2}\,\overline{D_1})$，且 $P(D_i) = \frac{1}{4}$. 各事件相互独立，故

$$P(A_3) = P(D_5)P(D_4)P(\overline{D_3})P(\overline{D_2 D_1})$$

$$= \frac{1}{4} \times \frac{1}{4} \times \frac{3}{4} \times \left(1 - \frac{1}{4} \times \frac{1}{4}\right) = \frac{45}{1024}.$$

13. 令 A_k, B_k, C_k 分别表示甲、乙、丙在第 k 局中获胜.

(1) 由独立事件同时发生与互斥事件至少有一个发生的概率公式,得"打满 3 局比赛还未停止"的概率为

$$P(A_1 C_2 B_3) + P(B_1 C_2 A_3) = \frac{1}{2^3} + \frac{1}{2^3} = \frac{1}{4}.$$

(2) ξ 的所有可能值为 $2,3,4,5,6$,且取这些值的概率分别为

$$P(\xi = 2) = P(A_1 A_2) + P(B_1 B_2) = \frac{1}{2^2} + \frac{1}{2^2} = \frac{1}{2},$$

$$P(\xi = 3) = P(A_1 C_2 C_3) + P(B_1 C_2 C_3) = \frac{1}{2^3} + \frac{1}{2^3} = \frac{1}{4},$$

$$P(\xi = 4) = P(A_1 C_2 B_3 B_4) + P(B_1 C_2 A_3 A_4) = \frac{1}{2^4} + \frac{1}{2^4} = \frac{1}{8},$$

$$P(\xi = 5) = P(A_1 C_2 B_3 A_4 A_5) + P(B_1 C_2 A_3 B_4 B_5) = \frac{1}{2^5} + \frac{1}{2^5} = \frac{1}{16},$$

$$P(\xi = 6) = P(A_1 C_2 B_3 A_4 C_5) + P(B_1 C_2 A_3 B_4 C_5) = \frac{1}{2^5} + \frac{1}{2^5} = \frac{1}{16}.$$

所以 ξ 的分布列见表 5.29.

表 5.29

ξ	2	3	4	5	6
P	$\frac{1}{2}$	$\frac{1}{4}$	$\frac{1}{8}$	$\frac{1}{16}$	$\frac{1}{16}$

故 ξ 的数学期望为

$$E(\xi) = 2 \times \frac{1}{2} + 3 \times \frac{1}{4} + 4 \times \frac{1}{8} + 5 \times \frac{1}{16} + 6 \times \frac{1}{16} = \frac{47}{16}(局).$$

14. (1) 设甲在三个项目中获胜的事件依次记为 A, B, C,所以甲学校获得冠军的概率为

$$P = P(ABC) + P(\overline{A}BC) + P(A\overline{B}C) + P(AB\overline{C})$$

$$= 0.5 \times 0.4 \times 0.8 + 0.5 \times 0.4 \times 0.8 + 0.5 \times 0.6 \times 0.8 + 0.5 \times 0.4 \times 0.2$$

$$= 0.16 + 0.16 + 0.24 + 0.04 = 0.6.$$

(2) 依题可知, X 的可能取值为 $0, 10, 20, 30$,所以

$$P(X = 0) = 0.5 \times 0.4 \times 0.8 = 0.16,$$

$$P(X = 10) = 0.5 \times 0.4 \times 0.8 + 0.5 \times 0.6 \times 0.8 + 0.5 \times 0.4 \times 0.2 = 0.44,$$

$$P(X = 20) = 0.5 \times 0.6 \times 0.8 + 0.5 \times 0.4 \times 0.2 + 0.5 \times 0.6 \times 0.2 = 0.34,$$

$$P(X = 30) = 0.5 \times 0.6 \times 0.2 = 0.06.$$

即 X 的分布列为表 5.30.

表 5.30

X	0	10	20	30
P	0.16	0.44	0.34	0.06

故 X 的数学期望为

$$E(X) = 0 \times 0.16 + 10 \times 0.44 + 20 \times 0.34 + 30 \times 0.06 = 13.$$

5.6　概率决策问题

知识梳理

所谓概率决策问题是指通过一个实际的生活背景,提供了若干信息,然后要求考生通过理论设计、论证找到解决问题的最佳方案.此类问题多取材于实际生产生活,并结合时政热点、方案与决策等,对学生创新能力、数学应用意识都提出了较高的要求.这类问题往往提供两到三种不同的方案,需要考生利用概率统计的相关知识选择出最佳方案,具有较强的灵活性.

概率决策问题常见的考法主要有以下几种:

(1) 与平均数与方差相关的决策问题.此类决策问题,决策标准相对比较明显.首先,根据题干信息求出平均数与方差;然后,根据平均数与方差的大小给出决策结果.

(2) 与概率大小相关的决策的问题.通过计算相关方案的概率,由概率的大小给出决策结果.

(3) 与数学期望相关的决策问题,决策标准相对比较明显.首先,根据题干信息求出相关事件的概率;然后,求出数学期望;最后,根据数学期望的大小给出决策结果.这类问题也是高考中最常考查的决策问题,特别需要引起考生的重视.

例题精讲

例 18 (2011 辽宁卷·文理 19)　某农场计划种植某种新作物,为此对这种作物的两个品种(分别称为品种甲和品种乙)进行田间试验.选取两大块地,每大块地分成 n 小块地,在总共 $2n$ 小块地中,随机选 n 小块地种植品种甲,另外 n 小块地种植品种乙.

(1)（文）假设 $n=2$，求第一大块地都种植品种甲的概率；

（理）假设 $n=4$，在第一大块地中，种植品种甲的小块地的数目记为 X，求 X 的分布列和数学期望；

(2)（文理）试验时每大块地分成 8 小块，即 $n=8$，试验结束后得到品种甲和品种乙在各小块地上的每公顷产量（单位：kg/hm^2），见表 5.31.

表 5.31

品种甲	403	397	390	404	388	400	412	406
品种乙	419	403	412	418	408	423	400	413

分别求品种甲和品种乙的每公顷产量的样本平均数和样本方差；根据试验结果，你认为应该种植哪一品种？

附：样本数据 $x_1, x_2, \cdots, x_n$ 的样本方差 $s^2 = \dfrac{1}{n}\left[(x_1-\bar{x})^2 + (x_2-\bar{x})^2 + \cdots + (x_n-\bar{x})^2\right]$，其中 $\bar{x}$ 为样本平均数.

解析 (1)（文）设第一大块地中的两小块地编号为 1，2，第二大块地中的两小块地编号为 3，4，令事件 A 为"第一大块地都种品种甲"．从 4 小块地中任选 2 小块地种植品种甲的基本事件共 6 个：$(1,2)$，$(1,3)$，$(1,4)$，$(2,3)$，$(2,4)$，$(3,4)$．而事件 A 包含 1 个基本事件：$(1,2)$．所以 $P(A)=\dfrac{1}{6}$.

（理）X 可能的取值为 0，1，2，3，4，且取这些值的概率分别为

$$P(X=0)=\frac{1}{C_8^4}=\frac{1}{70}, \quad P(X=1)=\frac{C_4^1 C_4^3}{C_8^4}=\frac{8}{35}, \quad P(X=2)=\frac{C_4^2 C_4^2}{C_8^4}=\frac{18}{35},$$

$$P(X=3)=\frac{C_4^3 C_4^1}{C_8^4}=\frac{8}{35}, \quad P(X=4)=\frac{1}{C_8^4}=\frac{1}{70}.$$

所以 X 的分布列见表 5.32.

表 5.32

X	0	1	2	3	4
P	$\dfrac{1}{70}$	$\dfrac{8}{35}$	$\dfrac{18}{35}$	$\dfrac{8}{35}$	$\dfrac{1}{70}$

故 X 的数学期望为

$$E(X)=0\times\frac{1}{70}+1\times\frac{8}{35}+2\times\frac{18}{35}+3\times\frac{8}{35}+4\times\frac{1}{70}=2.$$

(2)（文理）品种甲的每公顷产量的样本平均数和样本方差分别为

$$\bar{x}_甲=\frac{1}{8}\times(403+397+390+404+388+400+412+406)=400,$$

$$s_{\text{甲}}^2 = \frac{1}{8} \times \left[3^2 + (-3)^2 + (-10)^2 + 4^2 + (-12)^2 + 0^2 + 12^2 + 6^2\right] = 57.25.$$

品种乙的每公顷产量的样本平均数和样本方差分别为

$$\bar{x}_{\text{乙}} = \frac{1}{8} \times (419 + 403 + 412 + 418 + 408 + 423 + 400 + 413) = 412,$$

$$s_{\text{乙}}^2 = \frac{1}{8} \times \left[7^2 + (-9)^2 + 0^2 + 6^2 + (-4)^2 + 11^2 + (-12)^2 + 1^2\right] = 56.$$

由以上结果可以看出,品种乙的样本平均数大于品种甲的样本平均数,且两品种的样本方差差异不大,故应该选择种植品种乙.

点评　本题文科第(1)问考查了比较常规的古典概率模型的计算,理科第(1)问考查了超几何分布,难度均不大;第(2)问是一个较为基础的决策问题,可以通过产量的样本平均数与方差的结果进行决策,根据计算结果发现两品种的方差差异不大,而平均数则有较大的差距,因此显然应选择品种乙.

例19　(2006 北京卷·理18)　某公司招聘员工,指定三门考试课程,有两种考试方案.

方案一:考试三门课程,至少有两门及格为考试通过.

方案二:在三门课程中,随机选取两门,这两门都及格为考试通过.

假设某应聘者对三门指定课程考试及格的概率分别是 a, b, c, 且三门课程考试是否及格相互之间没有影响.

(1) 分别求该应聘者用方案一和方案二时考试通过的概率;

(2) 试比较该应聘者在上述两种方案下考试通过的概率的大小.(说明理由)

解析　记该应聘者对三门指定课程考试及格的事件分别为 A, B, C, 则 $P(A) = a$, $P(B) = b$, $P(C) = c$.

(1) 应聘者用方案一考试通过的概率为

$$P_1 = P(AB\bar{C}) + P(\bar{A}BC) + P(A\bar{B}C) + P(ABC)$$
$$= ab(1-c) + bc(1-a) + ac(1-b) + abc = ab + bc + ca - 2abc.$$

应聘者用方案二考试通过的概率为

$$P_2 = \frac{1}{3}P(AB) + \frac{1}{3}P(BC) + \frac{1}{3}P(AC) = \frac{1}{3}(ab + bc + ca).$$

(2) 因为 a, b, $c \in [0,1]$, 所以

$$P_1 - P_2 = \frac{2}{3}(ab + bc + ca) - 2abc$$
$$= \frac{2}{3}\left[ab(1-c) + bc(1-a) + ca(1-b)\right] \geqslant 0.$$

故 $P_1 \geqslant P_2$. 即采用第一种方案,该应聘者考试通过的概率较大.

点评 本题是一道以概率大小为决策依据的经典考题,通过计算两种方案的概率,并结合题意,即可选择出概率较大的方案.

变式1(2008 江西卷·理 18) 因冰雪灾害,某柑橘基地果林严重受损,为此有关专家提出两种拯救果树的方案,每种方案都需分两年实施.若实施方案一,预计第一年可以使柑橘产量恢复到灾前的 1.0 倍、0.9 倍、0.8 倍的概率分别是 0.3,0.3,0.4;第二年可以使柑橘产量为第一年产量的 1.25 倍、1.0 倍的概率分别是 0.5,0.5.若实施方案二,预计第一年可以使柑橘产量达到灾前的 1.2 倍、1.0 倍、0.8 倍的概率分别是 0.2,0.3,0.5;第二年可以使柑橘产量为第一年产量的 1.2 倍、1.0 倍的概率分别是 0.4,0.6.实施每种方案第一年与第二年相互独立,令 $\xi_i(i=1,2)$ 表示方案 i 实施两年后柑橘产量达到灾前产量的倍数.

(1) 写出 ξ_1,ξ_2 的分布列;

(2) 实施哪种方案,两年后柑橘产量超过灾前产量的概率更大?

(3) 不管哪种方案,如果实施两年后柑橘产量达不到、恰好达到、超过灾前产量,预计利润分别为 10 万元、15 万元、20 万元.问:实施哪种方案的平均利润更大?

解析 (1) ξ_1 的所有取值为 0.8,0.9,1.0,1.125,1.25;ξ_2 的所有取值为 0.8,0.96,1.0,1.2,1.44.ξ_1,ξ_2 的分布列分别见表 5.33 和表 5.34.

表 5.33

ξ_1	0.8	0.9	1.0	1.125	1.25
P	0.2	0.15	0.35	0.15	0.15

表 5.34

ξ_2	0.8	0.96	1.0	1.2	1.44
P	0.3	0.2	0.18	0.24	0.08

(2) 令 A、B 分别表示方案一、方案二两年后柑橘产量超过灾前产量这一事件,则

$$P(A) = 0.15 + 0.15 = 0.3, \quad P(B) = 0.24 + 0.08 = 0.32.$$

可见,方案二两年后柑橘产量超过灾前产量的概率更大.

(3) 令 η_i 表示方案 i 所带来的效益,则 η_1,η_2 的分布列分别见表 5.35 和表 5.36.

表 5.35

η_1	10	15	20
P	0.35	0.35	0.3

表 5.36

η_2	10	15	20
P	0.5	0.18	0.32

所以由表可知 $E(\eta_1)=14.75$，$E(\eta_2)=14.1$，即 $E(\eta_1)>E(\eta_2)$．可见，方案一所带来的平均利润更大．

点评 本题第(1)问也是以概率大小为决策依据的，且题意已经明确告知了决策依据，因此难度并不大．概率的计算在第(1)问中已经做好了铺垫，只要利用互斥事件的概率公式即可获得问题的求解；第(3)问则考查了数学期望的计算，较为常规．

例 20 (2013 福建卷·理 16) 某联欢晚会举行抽奖活动，举办方设置了甲、乙两种抽奖方案，方案甲的中奖率为 $\frac{2}{3}$，中奖可以获得 2 分；方案乙的中奖率为 $\frac{2}{5}$，中奖可以得 3 分；未中奖则不得分．每人有且只有一次抽奖机会，每次抽奖中奖与否互不影响，晚会结束后凭分数兑换奖品．

(1) 若小明选择方案甲抽奖，小红选择方案乙抽奖，记他们的累计得分为 X，求 $X\leqslant3$ 的概率；

(2) 若小明、小红两人都选择方案甲或方案乙进行抽奖，问：他们选择何种方案抽奖，累计的得分的数学期望较大？

解析 (1) 由已知得，小明中奖的概率为 $\frac{2}{3}$，小红中奖的概率为 $\frac{2}{5}$，两人中奖与否互不影响，记"这两人的累计得分 $X\leqslant3$"的事件为 A，则 A 事件的对立事件为"$X\leqslant5$"．因为 $P(X=5)=\frac{2}{3}\times\frac{2}{5}=\frac{4}{15}$，所以

$$P(A)=1-P(X=5)=\frac{11}{15}.$$

故这两人的累计得分 $X\leqslant3$ 的概率为 $\frac{11}{15}$．

(2) 设小明、小红都选择方案甲抽奖中奖的次数为 X_1，都选择方案乙抽奖中奖的次数为 X_2，则这两人选择方案甲抽奖累计得分的数学期望为 $E(2X_1)$，选择方案乙抽奖累计得分的数学期望为 $E(3X_2)$．由已知 $X_1\sim B\left(2,\frac{2}{3}\right)$，$X_2\sim B\left(2,\frac{2}{5}\right)$，所以

$$E(X_1)=2\times\frac{2}{3}=\frac{4}{3},\quad E(X_2)=2\times\frac{2}{5}=\frac{4}{5}.$$

从而可得

$$E(2X_1)=2E(X_1)=\frac{8}{3},\quad E(3X_2)=3E(X_2)=\frac{12}{5},$$

因为 $E(2X_1) > E(3X_2)$，所以他们都在选择方案甲进行抽奖时，累计得分的数学期望最大.

点评 本题主要考查古典概型、离散型随机变量的分布列与数学期望等基础知识；考查考生的数据处理能力、运算求解能力与应用意识；考查必然和或然思想. 本题是一道以数学期望作为决策的典型问题，题意也明确说明了以数学期望作为决策的依据，因此只需求出两种方案的数学期望，然后比较数学期望的大小，选择数学期望较大的方案即可. 本题的随机变量 X_1 与 X_2 均服从二项分布，故无须求分布列，直接利用二项分布的数学期望公式求解，然后再利用随机变量的数学期望的性质即可求得两种方案的数学期望.

变式1（2021 新高考 I 卷·17） 某学校组织"一带一路"知识竞赛，有 A,B 两类问题. 每位参加比赛的同学先在两类问题中选择一类并从中随机抽取一个问题回答，若回答错误，则该同学比赛结束；若回答正确，则从另一类问题中再随机抽取一个问题回答，无论回答正确与否，该同学比赛结束. A 类问题中的每个问题回答正确得 20 分，否则得 0 分；B 类问题中的每个问题回答正确得 80 分，否则得 0 分.

已知小明能正确回答 A 类问题的概率为 0.8，能正确回答 B 类问题的概率为 0.6，且能正确回答问题的概率与回答次序无关.

(1) 若小明先回答 A 类问题，记 X 为小明的累计得分，求 X 的分布列；

(2) 为使累计得分的期望最大，小明应选择先回答哪类问题？并说明理由.

解析 (1) 由已知可得，X 的所有可能取值为 0, 20, 100，且取这些值的概率分别为

$$P(X = 0) = 1 - 0.8 = 0.2, \quad P(X = 20) = 0.8 \times (1 - 0.6) = 0.32,$$
$$P(X = 100) = 0.8 \times 0.6 = 0.48.$$

所以 X 的分布列见表 5.37.

表 5.37

X	0	20	100
P	0.2	0.32	0.48

(2) 由(1)可知小明先回答 A 类问题累计得分的期望为

$$E(X) = 0 \times 0.2 + 20 \times 0.32 + 100 \times 0.48 = 54.4.$$

若小明先回答 B 类问题，记 Y 为小明的累计得分，则 Y 的所有可能取值为 0, 80, 100，且取这些值的概率分别为

$$P(Y = 0) = 1 - 0.6 = 0.4, \quad P(Y = 80) = 0.6 \times (1 - 0.8) = 0.12,$$
$$P(Y = 100) = 0.6 \times 0.8 = 0.48.$$

则 Y 的数学期望为 $E(Y) = 0 \times 0.4 + 80 \times 0.12 + 100 \times 0.48 = 57.6$. 因为 $E(Y) > E(X)$，所以为使累计得分的期望最大，小明应选择先回答 B 类问题.

点评 本题考查的概率分布列不是几种特殊的概率分布列模型，而是需要考生根据题

意结合自己的分析加以解答.对随机变量的意义的准确理解,是解答概率分布列问题首先要解决的一个问题.这种类型的概率分布列的每个随机变量的取值概率要具体问题具体分析,一般没有标准化的求解公式,因此对考生的综合数学素养要求更高.第(2)问是一个简单的决策问题,通过比较数学期望的大小即可作出决策,难度不大.

例 21 (2012 全国新课标卷·理 18)　某花店每天以每枝 5 元的价格从农场购进若干枝玫瑰花,然后以每枝 10 元的价格出售.如果当天卖不完,剩下的玫瑰花做垃圾处理.

(1) 若花店一天购进 16 枝玫瑰花,求当天的利润 y(单位:元)关于当天需求量 n(单位:枝,$n \in \mathbf{N}$)的函数解析式;

(2) 花店记录了 100 天玫瑰花的日需求量(单位:枝),整理得表 5.38.

表 5.38

日需求量 n	14	15	16	17	18	19	20
频数	10	20	16	16	15	13	10

以 100 天记录的各需求量的频率作为各需求量发生的概率.

① 若花店一天购进 16 枝玫瑰花,X 表示当天的利润(单位:元),求 X 的分布列、数学期望及方差;

② 若花店计划一天购进 16 枝或 17 枝玫瑰花,你认为应购进 16 枝还是 17 枝? 请说明理由.

解析 (1) 由题意知,当 $n \geqslant 16$ 时,$y = 16 \times (10 - 5) = 80$;当 $n \leqslant 15$ 时,$y = 5n - 5(16 - n) = 10n - 80$.所以可得

$$y = \begin{cases} 10n - 80, & n \leqslant 15, n \in \mathbf{N}^* \\ 80, & n \geqslant 16, n \in \mathbf{N}^* \end{cases}$$

(2) ① 由题意,X 的可能取值为 $60, 70, 80$,且取这些值的概率分别为

$$P(X = 60) = 0.1, \quad P(X = 70) = 0.2, \quad P(X = 80) = 0.7.$$

所以 X 的分布列见表 5.39.

表 5.39

X	60	70	80
P	0.1	0.2	0.7

因此 X 的数学期望与方差分别为

$$E(X) = 60 \times 0.1 + 70 \times 0.2 + 80 \times 0.7 = 76,$$

$$D(X) = 16^2 \times 0.1 + 6^2 \times 0.2 + 4^2 \times 0.7 = 44.$$

② 购进 17 枝时, 当天的利润为
$$y = (14 \times 5 - 3 \times 5) \times 0.1 + (15 \times 5 - 2 \times 5) \times 0.2$$
$$+ (16 \times 5 - 1 \times 5) \times 0.16 + 17 \times 5 \times 0.54 = 76.4.$$
因为 76.4＞76, 所以应购进 17 枝.

点评 本题涉及的情景考生都非常熟悉, 易于进入解题状态, 第(1)问考查了分段函数解析式的求解, 具有一定的综合性, 难度适中. 第(2)问的解题关键是对随机变量取值的精准理解, 对考生的数据处理能力也提出了较高的要求. 本题题意中没有明确告知考生要利用数学期望来决策, 因此需要对问题进行分析, 才能最终确定以数学期望为决策依据, 对不少考生会造成一定的障碍.

变式 1(2016 全国 I 卷 · 理 19) 某公司计划购买 2 台机器, 该种机器使用三年后即被淘汰. 机器有一易损零件, 在购进机器时, 可以额外购买这种零件作为备件, 每个 200 元. 在机器使用期间, 如果备件不足再购买, 则每个 500 元. 现需决策在购买机器时应同时购买几个易损零件, 为此搜集并整理了 100 台这种机器在三年使用期内更换的易损零件数, 得如图 5.3 所示的柱状图.

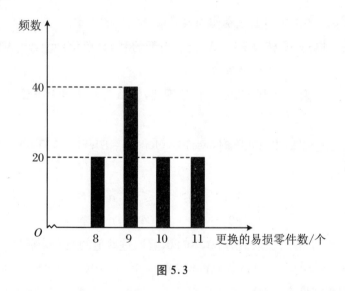

图 5.3

以这 100 台机器更换的易损零件数的频率代替 1 台机器更换的易损零件数发生的概率, 记 X 表示 2 台机器三年内共需更换的易损零件数, n 表示购买 2 台机器的同时购买的易损零件数.

(1) 求 X 的分布列;

(2) 若要求 $P(X \leqslant n) \geqslant 0.5$, 确定 n 的最小值;

(3) 以购买易损零件所需费用的期望值为决策依据, 在 $n = 19$ 与 $n = 20$ 之中选其一, 应选用哪个?

解析 (1) 由柱状图并以频率代替概率可得, 1 台机器在三年内需更换的易损零件数

为 $8,9,10,11$,概率分别为 $0.2,0.4,0.2,0.2$,从而可得

$$P(X = 16) = 0.2 \times 0.2 = 0.04, \quad P(X = 17) = 2 \times 0.2 \times 0.4 = 0.16,$$
$$P(X = 18) = 2 \times 0.2 \times 0.2 + 0.4 \times 0.4 = 0.24,$$
$$P(X = 19) = 2 \times 0.2 \times 0.2 + 2 \times 0.4 \times 0.2 = 0.24,$$
$$P(X = 20) = 2 \times 0.2 \times 0.4 + 0.2 \times 0.2 = 0.2,$$
$$P(X = 21) = 2 \times 0.2 \times 0.2 = 0.08,$$
$$P(X = 22) = 0.2 \times 0.2 = 0.04.$$

所以 X 的分布列见表 5.40.

表 5.40

X	16	17	18	19	20	21	22
P	0.04	0.16	0.24	0.24	0.2	0.08	0.04

(2) 由(1)知 $P(X \leqslant 18) = 0.44, P(X \leqslant 19) = 0.68$,故 n 的最小值为 19.

(3) 记 Y 表示 2 台机器在购买易损零件上所需的费用(单位:元).

当 $n = 19$ 时,

$$E(Y) = 19 \times 200 \times 0.68 + (19 \times 200 + 500) \times 0.2 + (19 \times 200 + 2 \times 500) \times 0.08$$
$$+ (19 \times 200 + 3 \times 500) \times 0.04 = 4040.$$

当 $n = 20$ 时,

$$E(Y) = 20 \times 200 \times 0.88 + (20 \times 200 + 500) \times 0.08$$
$$+ (20 \times 200 + 2 \times 500) \times 0.04 = 4080.$$

可知,当 $n = 19$ 时所需费用的期望值小于 $n = 20$ 时所需费用的期望值,故应选 $n = 19$.

点评 本题第(3)问几乎与上一题第(2)问如出一辙,只要考生能熟练掌握并理解相关问题,解答就会很顺畅.这体现出高考试题的继承性,也再次说明,经典高考试题在备考中的引领作用与重要价值.

例22 (2004 湖北卷·理21) 某突发事件,在不采取任何预防措施的情况下发生的概率为 0.3;一旦发生,将造成 400 万元的损失.现有甲、乙两种相互独立的预防措施可供采用.单独采用甲、乙预防措施所需的费用分别为 45 万元和 30 万元,采用相应预防措施后,此突发事件不发生的概率分别是 0.9 和 0.85.若预防方案允许甲、乙两种预防措施单独采用、联合采用或不采用,请确定预防方案使总费用最少.

(总费用 = 采取预防措施的费用 + 发生突发事件损失的期望值.)

解析 (1) 不采取预防措施时,总费用即损失期望为 $400 \times 0.3 = 120$ 万元.

(2) 若单独采取措施甲,则预防措施费用为 45 万元,发生突发事件的概率为 $1 - 0.9 = 0.1$,损失期望值为 $400 \times 0.1 = 40$ 万元,所以总费用为 $45 + 40 = 85$ 万元.

（3）若单独采取预防措施乙,则预防措施费用为 30 万元,发生突发事件的概率为 $1-0.85=0.15$,损失期望值为 $400\times0.15=60$ 万元,所以总费用为 $30+60=90$ 万元.

（4）若联合采取甲、乙两种预防措施,则预防措施费用为 $45+30=75$ 万元,发生突发事件的概率为 $(1-0.9)\times(1-0.85)=0.015$,损失期望值为 $400\times0.015=6$ 万元,所以总费用为 $75+6=81$ 万元.

综合（1）、（2）、（3）、（4）,比较其总费用可知,应联合采取甲、乙两种预防措施,可使总费用最少.

点评 本题以突发事件为背景进行试题的构建,体现出概率知识的广泛应用性.由题意可知,本题以预防方案的总费用的数学期望为依据进行决策,涉及四种方案,容易造成遗漏,对考生提出了较高的要求.

变式1(2014 湖北卷·理 20) 计划在某水库建一座至多安装 3 台发电机的水电站,过去 50 年的水文资料显示,水库年入流量 X（年入流量：一年内上游来水与库区降水之和,单位：亿立方米）都在 40 以上,其中,不足 80 的年份有 10 年,不低于 80 且不超过 120 的年份有 35 年,超过 120 的年份有 5 年,将年入流量在以上三段的频率作为相应段的概率,并假设各年的年入流量相互独立.

（1）求未来 4 年中,至多有 1 年的年入流量超过 120 的概率；

（2）水电站希望安装的发电机尽可能运行,但每年发电机最多可运行台数受年入流量 X 的限制,并有表 5.41 所示的关系.

表 5.41

年入流量 X	$40<X<80$	$80\leqslant X\leqslant120$	$X>120$
发电机最多可运行台数	1	2	3

若某台发电机运行,则该台年利润为 5000 万元；若某台发电机未运行,则该台年亏损 800 万元.欲使水电站年总利润的均值达到最大,应安装发电机多少台?

解析 （1）依题意得

$$P_1=P(40<X<80)=\frac{10}{50}=0.2,$$

$$P_2=P(80\leqslant X\leqslant120)=\frac{35}{50}=0.7,$$

$$P_3=P(X>120)=\frac{5}{50}=0.1.$$

由二项分布得,在未来 4 年中至多有 1 年的年入流量超过 120 的概率为

$$P=C_4^0(1-P_3)^4+C_4^1(1-P_3)^3P_3=0.9^4+4\times0.9^3\times0.1=0.9477.$$

（2）记水电站年总利润为 Y 万元.

① 安装 1 台发电机的情形:

由于水库年入流量总大于 40, 故 1 台发电机运行的概率为 1, 对应的年利润 $Y = 5000$, 数学期望为 $E(Y) = 5000 \times 1 = 5000$.

② 安装 2 台发电机的情形:

依题意, 当 $40 < X < 80$ 时, 1 台发电机运行, 此时 $Y = 5000 - 800 = 4200$, 因此 $P(Y = 4200) = P(40 < X < 80) = P_1 = 0.2$; 当 $X \geqslant 80$ 时, 2 台发电机运行, 此时 $Y = 5000 \times 2 = 10\,000$, 因此 $P(Y = 10000) = P(X \geqslant 80) = P_2 + P_3 = 0.8$. 由此得 Y 的分布列见表 5.42.

表 5.42

Y	4200	10000
P	0.2	0.8

所以 Y 的数学期望为

$$E(Y) = 4200 \times 0.2 + 10000 \times 0.8 = 8840.$$

③ 安装 3 台发电机的情形:

依题意, 当 $40 < X < 80$ 时, 1 台发电机运行, 此时 $Y = 5000 - 1600 = 3400$, 因此 $P(Y = 3400) = P(40 < X < 80) = P_1 = 0.2$; 当 $80 \leqslant X \leqslant 120$ 时, 2 台发电机运行, 此时 $Y = 5000 \times 2 - 800 = 9200$, 因此 $P(Y = 9200) = P(80 \leqslant X \leqslant 120) = P_2 = 0.7$; 当 $X > 120$ 时, 3 台发电机运行, 此时 $Y = 5000 \times 3 = 15000$, 因此 $P(Y = 15000) = P(X > 120) = P_3 = 0.1$. 由此得 Y 的分布列见表 5.43.

表 5.43

Y	3400	9200	15000
P	0.2	0.7	0.1

所以 Y 的数学期望为

$$E(Y) = 3400 \times 0.2 + 9200 \times 0.7 + 15000 \times 0.1 = 8620.$$

综上, 欲使水电站年总利润的均值达到最大, 应安装发电机 2 台.

点评　本题与上一题背景相近, 对考生的能力要求更高, 是一道非常经典的考题, 希望考生"吃透"这类问题, 熟悉问题解决的关键之处.

变式 2 (2011 安徽卷·理 20)　工作人员需进入核电站完成某项具有高辐射危险的任务, 每次只派一个人进去, 且每个人只派一次, 工作时间不超过 10 分钟, 如果有一个人 10 分钟内不能完成任务则撤出, 再派下一个人. 现在一共只有甲、乙、丙三个人可派, 他们各自能完成任务的概率分别 p_1, p_2, p_3, 假设 p_1, p_2, p_3 互不相等, 且假定各人能否完成任务的事件相互独立.

（1）如果按甲在先、乙次之、丙最后的顺序派人，求任务能被完成的概率．若改变三个人被派出的先后顺序，任务能被完成的概率是否发生变化？

（2）若按某指定顺序派人，这三个人各自能完成任务的概率依次为 q_1, q_2, q_3，其中 q_1, q_2, q_3 是 p_1, p_2, p_3 的一个排列，求所需派出人员数目 X 的分布列和均值（数学期望）$E(X)$．

（3）假定 $1 > p_1 > p_2 > p_3$，试分析以怎样的先后顺序派出人员，可使所需派出的人员数目的均值（数学期望）达到最小．

解析 （1）无论以怎样的顺序派出人员，任务不能被完成的概率都是 $(1 - p_1)(1 - p_2) \cdot (1 - p_3)$，所以任务能被完成的概率与三个人被派出的先后顺序无关，并等于

$$1 - (1 - p_1)(1 - p_2)(1 - p_3) = p_1 + p_2 + p_3 - p_1 p_2 - p_2 p_3 - p_3 p_1 + p_1 p_2 p_3.$$

（2）当依次派出的三个人各自完成任务的概率分别为 q_1, q_2, q_3 时，随机变量 X 的分布列见表 5.44．

表 5.44

X	1	2	3
P	q_1	$(1 - q_1) q_2$	$(1 - q_1)(1 - q_2)$

因此所需派出的人员数目的均值（数学期望）$E(X)$ 是

$$E(X) = q_1 + 2(1 - q_1) q_2 + 3(1 - q_1)(1 - q_2) = 3 - 2q_1 - q_2 + q_1 q_2.$$

（3）（解法 1）由（2）的结论知，当以甲最先、乙次之、丙最后的顺序派人时，所需派出的人员数目的均值为

$$E(X) = 3 - 2p_1 - p_2 + p_1 p_2.$$

根据常理，优先派出完成任务概率大的人，可减少所需派出的人员数目的均值．

下面证明：对于 p_1, p_2, p_3 的任意排列 q_1, q_2, q_3，都有

$$3 - 2q_1 - q_2 + q_1 q_2 \geqslant 3 - 2p_1 - p_2 + p_1 p_2. \qquad (*)$$

事实上，

$$\begin{aligned}
\Delta &= (3 - 2q_1 - q_2 + q_1 q_2) - (3 - 2p_1 - p_2 + p_1 p_2) \\
&= 2(p_1 - q_1) + (p_2 - q_2) - p_1 p_2 + q_1 q_2 \\
&= 2(p_1 - q_1) + (p_2 - q_2) - (p_1 - q_1) p_2 - q_1 (p_2 - q_2) \\
&= (2 - p_2)(p_1 - q_1) + (1 - q_1)(p_2 - q_2) \\
&\geqslant (1 - q_1)[(p_1 + p_2) - (q_1 + q_2)] \\
&\geqslant 0.
\end{aligned}$$

即（*）式成立．

（解法 2）① 可将（2）中所求的 $E(X)$ 改写为 $3 - (q_1 + q_2) + q_1 q_2 - q_1$，若交换前两人的派出顺序，则变为 $3 - (q_1 + q_2) + q_1 q_2 - q_2$．由此可见，当 $q_2 > q_1$ 时，交换前两人的派出顺

序可减小均值.

② 也可将(2)中所求的 $E(X)$ 改写为 $3-2q_1-(1-q_1)q_2$,若交换后两人的派出顺序,则变为 $3-2q_1-(1-q_1)q_3$.由此可见,若保持第一个派出的人选不变,当 $q_3>q_2$ 时,交换后两人的派出顺序也可减小均值.

综合①、②可知,当 $(q_1,q_2,q_3)=(p_1,p_2,p_3)$ 时,$E(X)$ 达到最小.即完成任务概率大的人优先派出,可减小所需派出人员数目的均值.这一结论是合乎常理的.

点评　本题考查相互独立事件的概率计算、离散型随机变量与其分布列、均值等基本知识,以及在复杂情境下处理问题的能力;对考生的抽象概括能力、合情推理能力与演绎推理能力具有较高的要求.

考题回放

1.(2011 陕西卷·文21)如图5.4所示,A 地到火车站共有两条路径 L_1 和 L_2,现随机抽取 100 位从 A 地到火车站的人进行调查,调查结果见表5.45.

表 5.45

所用时间(分钟)	10~20	20~30	30~40	40~50	50~60
选择 L_1 的人数	6	12	18	12	12
选择 L_2 的人数	0	4	16	16	4

(1)试估计 40 分钟内不能赶到火车站的概率;

(2)分别求通过路径 L_1 和 L_2 所用时间落在上表中各时间段内的频率;

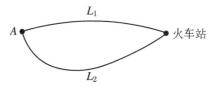

图 5.4

(3)现甲、乙两人分别有 40 分钟和 50 分钟时间用于赶往火车站,为了尽最大可能在允许的时间内赶到火车站,试通过计算说明,他们应如何选择各自的路径.

2.(2011 陕西卷·理20)如图5.4所示,A 地到火车站共有两条路径 L_1 和 L_2,据统计,通过两条路径所用的时间互不影响,所用时间落在各时间段内的频率见表5.45.

表 5.46

时间(分钟)	10~20	20~30	30~40	40~50	50~60
L_1 的频率	0.1	0.2	0.3	0.2	0.2
L_2 的频率	0	0.1	0.4	0.4	0.1

现甲、乙两人分别有 40 分钟和 50 分钟时间用于赶往火车站.

(1)为了尽最大可能在各自允许的时间内赶到火车站,甲和乙应如何选择各自的路径?

(2)用 X 表示甲、乙两人中在允许的时间内能赶到火车站的人数,针对(1)的选择方案,

求 X 的分布列和数学期望.

3. (2012 福建卷·理 17)受轿车在保修期内维修费等因素的影响,企业生产每辆轿车的利润与该轿车首次出现故障的时间有关,某轿车制造厂生产甲、乙两种品牌轿车,保修期均为 2 年,现从该厂已售出的两种品牌轿车中各随机抽取 50 辆,统计的数据见表 5.47.

表 5.47

品牌	甲			乙	
首次出现故障时间 x(年)	$0<x\leqslant1$	$1<x\leqslant2$	$x>2$	$0<x\leqslant2$	$x>2$
轿车数量(辆)	2	3	45	5	45
每辆利润(万元)	1	2	3	1.8	2.9

将频率视为概率,解答下列问题:

(1) 从该厂生产的甲品牌轿车中随机抽取一辆,求首次出现故障发生在保修期内的概率;

(2) 若该厂生产的轿车均能售出,记生产一辆甲品牌轿车的利润为 X_1,生产一辆乙品牌轿车的利润为 X_2,分别求 X_1,X_2 的分布列;

(3) 该厂预计今后这两种品牌轿车销量相当,由于资金限制,只能生产其中一种品牌轿车,若从经济效益的角度考虑,你认为应该生产哪种品牌的轿车? 说明理由.

4. (2006 辽宁卷·理 19)现有甲、乙两个项目,对甲项目每投资 10 万元,一年后利润是 1.2 万元、1.18 万元、1.17 万元的概率分别为 $\dfrac{1}{6}$、$\dfrac{1}{2}$、$\dfrac{1}{3}$;已知乙项目的利润与产品价格的调整有关,在每次调整中价格下降的概率都是 $p(0<p<1)$,设乙项目产品价格在一年内进行 2 次独立的调整,记乙项目产品价格在一年内的下降次数为 ξ,对乙项目每投资 10 万元,ξ 取 0,1,2 时,一年后相应利润是 1.3 万元、1.25 万元、0.2 万元.随机变量 ξ_1,ξ_2 分别表示对甲、乙两项目各投资 10 万元一年后的利润.

(1) 求 ξ_1,ξ_2 的概率分布和数学期望 $E(\xi_1),E(\xi_2)$;

(2) 当 $E(\xi_1)<E(\xi_2)$ 时,求 p 的取值范围.

5. (2014 福建卷·理 18)为回馈顾客,某商场拟通过摸球兑奖的方式对 1000 位顾客进行奖励,规定:每位顾客从一个装有 4 个标有面值的球的袋中一次性随机摸出 2 个球,球上所标的面值之和为该顾客所获的奖励额.

(1) 若袋中所装的 4 个球中有 1 个所标的面值为 50 元,其余 3 个均为 10 元,求:

① 顾客所获的奖励额为 60 元的概率;

② 顾客所获的奖励额的分布列及数学期望;

(2) 商场对奖励总额的预算是 60000 元,并规定袋中的 4 个球只能由标有面值 10 元和 50 元的两种球组成,或标有面值 20 元和 40 元的两种球组成.为了使顾客得到的奖励总额尽可能符合商场的预算,且每位顾客所获的奖励额相对均衡,请对袋中的4个球的面值给出一个合适的设计,并说明理由.

参 考 答 案

1. (1) 由已知共调查了100人,其中40分钟内不能赶到火车站的有 $12+12+16+4=44$ 人,所以用频率估计相应的概率为0.44.

(2) 由题表知,选择 L_1 的有60人,选择 L_2 的有40人,故由调查结果得频率见表5.48所示.

表 5.48

所用时间(分钟)	10~20	20~30	30~40	40~50	50~60
L_1 的频率	0.1	0.2	0.3	0.2	0.2
L_2 的频率	0	0.1	0.4	0.4	0.1

(3) 设 A_1,A_2 分别表示甲选择 L_1 和 L_2 时在40分钟内赶到火车站;B_1,B_2 分别表示乙选择 L_1 和 L_2 时在50分钟内赶到火车站.则由(2)知

$$P(A_1) = 0.1 + 0.2 + 0.3 = 0.6, \quad P(A_2) = 0.1 + 0.4 = 0.5.$$

所以 $P(A_1)>P(A_2)$.故甲应选择路径 L_1.

$$P(B_1) = 0.1 + 0.2 + 0.3 + 0.2 = 0.8, \quad P(B_2) = 0.1 + 0.4 + 0.4 = 0.9.$$

所以 $P(B_2)>P(B_1)$.故乙应选择路径 L_2.

2. (1) A_i 表示事件"甲选择路径 $L_i (i=1,2)$ 时,40分钟内赶到火车站",B_i 表示事件"甲选择路径 $L_i (i=1,2)$ 时,50分钟内赶到火车站".用频率估计相应的概率,则有

$$P(A_1) = 0.1 + 0.2 + 0.3 = 0.6, \quad P(A_2) = 0.1 + 0.4 = 0.5.$$

因为 $P(A_1)>P(A_2)$,所以甲应选择路径 L_1.

$$P(B_1) = 0.1 + 0.2 + 0.3 + 0.2 = 0.8, \quad P(B_2) = 0.1 + 0.4 + 0.4 = 0.9.$$

因为 $P(B_2)>P(B_1)$,所以乙应选择路径 L_2.

(2) 用 A,B 分别表示针对(1)的选择方案,甲、乙在各自允许的时间内赶到火车站,由(1)知 $P(A)=0.6, P(B)=0.9$,又事件 A,B 相互独立,X 的取值是0,1,2,且取这些值后概率分别为

$$P(X = 0) = P(\overline{A}\,\overline{B}) = P(\overline{A})P(\overline{B}) = 0.4 \times 0.1 = 0.04,$$

$$P(X = 1) = P(\overline{A}B + A\overline{B}) = P(\overline{A})P(B) + P(A)P(\overline{B})$$
$$= 0.4 \times 0.9 + 0.6 \times 0.1 = 0.42,$$

$$P(X = 2) = P(AB) = P(A)P(B) = 0.6 \times 0.9 = 0.54.$$

所以 X 的分布列见表 5.49.

表 5.49

X	0	1	2
P	0.04	0.42	0.54

故 X 的数学期望为

$$E(X) = 0 \times 0.04 + 1 \times 0.42 + 2 \times 0.54 = 1.5.$$

3. (1) 设"品牌轿车甲首次出现故障在保修期内"为事件 A,则

$$P(A) = \frac{2+3}{50} = \frac{1}{10}.$$

(2) 依题意 X_1, X_2 的分布列分别见表 5.50 和表 5.51.

表 5.50

X_1	1	2	3
P	$\frac{1}{25}$	$\frac{3}{50}$	$\frac{9}{10}$

表 5.51

X_2	1.8	2.9
P	$\frac{1}{10}$	$\frac{9}{10}$

(3) 由(2)得

$$E(X_1) = 1 \times \frac{1}{25} + 2 \times \frac{3}{50} + 3 \times \frac{9}{10} = 2.86,$$

$$E(X_2) = 1.8 \times \frac{1}{10} + 2.9 \times \frac{9}{10} = 2.79.$$

因为 $E(X_1) > E(X_2)$,所以应生产甲品牌轿车.

4. (1)(解法1) ξ_1 的概率分布见表 5.52.

表 5.52

ξ_1	1.2	1.18	1.17
P	$\frac{1}{6}$	$\frac{1}{2}$	$\frac{1}{3}$

所以 ξ_1 的数学期望为

$$E(\xi_1) = 1.2 \times \frac{1}{6} + 1.18 \times \frac{1}{2} + 1.17 \times \frac{1}{3} = 1.18.$$

由题设得 $\xi \sim B(2,p)$，则 ξ 的概率分布见表 5.53.

表 5.53

ξ	0	1	2
P	$(1-p)^2$	$2p(1-p)$	p^2

故 ξ_2 的概率分布见表 5.54.

表 5.54

ξ_2	1.3	1.25	0.2
P	$(1-p)^2$	$2p(1-p)$	p^2

所以 ξ_2 的数学期望为

$E(\xi_2) = 1.3 \times (1-p)^2 + 1.25 \times 2p(1-p) + 0.2 \times p^2 = -p^2 - 0.1p + 1.3.$

（解法 2）ξ_1 的概率分布见表 5.55.

表 5.55

ξ_1	1.2	1.18	1.17
P	$\dfrac{1}{6}$	$\dfrac{1}{2}$	$\dfrac{1}{3}$

所以 ξ_1 的数学期望为

$$E(\xi_1) = 1.2 \times \frac{1}{6} + 1.18 \times \frac{1}{2} + 1.17 \times \frac{1}{3} = 1.18.$$

设 $A_i(i=1,2)$ 表示事件"第 i 次调整，价格下降"，则

$$P(\xi = 0) = P(\overline{A_1})P(\overline{A_2}) = (1-p)^2,$$

$$P(\xi = 1) = P(\overline{A_1})P(A_2) + P(A_1)P(\overline{A_2}) = 2p(1-p),$$

$$P(\xi = 2) = P(A_1)P(A_2) = p^2.$$

故 ξ_2 的概率分布见表 5.56.

表 5.56

ξ_2	1.3	1.25	0.2
P	$(1-p)^2$	$2p(1-p)$	p^2

所以 ξ_2 的数学期望为

$E(\xi_2) = 1.3 \times (1-p)^2 + 1.25 \times 2p(1-p) + 0.2 \times p^2 = -p^2 - 0.1p + 1.3.$

(2) 由 $E(\xi_1) < E(\xi_2)$，得

$-p^2 - 0.1p + 1.3 > 1.18 \Rightarrow (p+0.4)(p-0.3) < 0 \Rightarrow -0.4 < p < 0.3.$

因为 $0 < p < 1$，所以 $E(\xi_1) < E(\xi_2)$ 时，p 的取值范围是 $0 < p < 0.3$.

5. (1) 设顾客所获的奖励额为 X.

① 依题意，得 $P(X=60) = \dfrac{C_1^1 C_3^1}{C_4^2} = \dfrac{1}{2}$. 即顾客所获的奖励额为 60 元的概率为 $\dfrac{1}{2}$.

② 依题意得，X 的所有可能取值为 $20, 60$，且各自的概率为 $P(X=20) = \dfrac{C_3^2}{C_4^2} = \dfrac{1}{2}$，

$P(X=60) = \dfrac{1}{2}$，所以 X 的分布列见表 5.57.

表 5.57

X	20	60
P	$\dfrac{1}{2}$	$\dfrac{1}{2}$

因此顾客所获的奖励额的期望为

$$E(X) = 20 \times \frac{1}{2} + 60 \times \frac{1}{2} = 40(\text{元}).$$

(2) 根据商场的预算，每个顾客的平均奖励额为 60 元. 所以，先寻找期望为 60 元的可能方案. 对于面值由 10 元和 50 元组成的情况，如果选择 $(10,10,10,50)$ 的方案，因为 60 元是面值之和的最大值，所以期望不可能为 60 元；如果选择 $(50,50,50,10)$ 的方案，因为 60 元是面值之和的最小值，所以期望也不可能为 60 元，因此可能的方案是 $(10,10,50,50)$，记为方案 1.

对于面值为 20 元和 40 元组成的情况，同理可排除 $(20,20,20,40)$ 和 $(40,40,40,20)$ 的方案，所以可能的方案是 $(20,20,40,40)$，记为方案 2.

以下是对两个方案的分析：

对于方案 1，即方案 $(10,10,50,50)$，设顾客所获的奖励额为 X_1，则 X_1 的分布列见表 5.58.

表 5.58

X_1	20	60	100
P	$\dfrac{1}{6}$	$\dfrac{2}{3}$	$\dfrac{1}{6}$

所以 X_1 的期望为

$$E(X_1) = 20 \times \frac{1}{6} + 60 \times \frac{2}{3} + 100 \times \frac{1}{6} = 60.$$

X_1 的方差为

$$D(X_1) = (20 - 60)^2 \times \frac{1}{6} + (60 - 60)^2 \times \frac{2}{3} + (100 - 60)^2 \times \frac{1}{6} = \frac{1600}{3}.$$

对于方案 2,即方案 $(20,20,40,40)$,设顾客所获的奖励额为 X_2,则 X_2 的分布列见表 5.59.

表 5.59

X_2	40	60	80
P	$\frac{1}{6}$	$\frac{2}{3}$	$\frac{1}{6}$

所以 X_2 的期望为

$$E(X_2) = 40 \times \frac{1}{6} + 60 \times \frac{2}{3} + 80 \times \frac{1}{6} = 60.$$

X_2 的方差为

$$D(X_2) = (40 - 60)^2 \times \frac{1}{6} + (60 - 60)^2 \times \frac{2}{3} + (80 - 60)^2 \times \frac{1}{6} = \frac{400}{3}.$$

由于两种方案的奖励额的期望都符合要求,但方案 2 奖励额的方差比方案 1 的小,所以应该选择方案 2.

5.7　概率与数列

知识梳理

通过对历年高考试题的研究,可以发现,概率问题常常与数列知识进行交叉,特别是在新高考背景下,读者更应对这类问题引起足够的重视,做到心中有数.在备考过程中,特别应注意以下两种概率与数列知识进行交叉的命题的方式.

1. 与数列的求和问题进行交叉

常见的交叉类型有以下几种:

(1) 与等差数列或等比数列前 n 项和进行交叉;

(2) 与裂项求和进行交叉;

(3) 与错位相减求和法进行交叉.

(4) 与递推数列进行交叉

2. 常见的交叉类型有以下几种:

(1) 以 $a_{n+1} = a_n + f(n)$ 形式的递推数列为背景进行试题的命制;

(2) 以 $a_{n+1} = pa_n + q$($p \neq 1, q \neq 0$)形式的递推数列为背景进行试题的命制;

(3) 以 $a_{n+1} = pa_n + q^n$($p \neq 1, q \neq 0$)形式的递推数列为背景进行试题的命制;

(4) 以 $a_{n+2} = pa_{n+1} + qa_n$ 形式的递推数列为背景进行试题的命制.

例题精讲

例23 (2004 辽宁卷·理 8) 已知随机变量 ξ 的概率分布见表 5.60.则 $P(\xi = 10) = $ (   ).

表 5.60

ξ	1	2	3	4	5	6	7	8	9	10
P	$\frac{2}{3}$	$\frac{2}{3^2}$	$\frac{2}{3^3}$	$\frac{2}{3^4}$	$\frac{2}{3^5}$	$\frac{2}{3^6}$	$\frac{2}{3^7}$	$\frac{2}{3^8}$	$\frac{2}{3^9}$	m

A. $\frac{2}{3^9}$ B. $\frac{2}{3^{10}}$ C. $\frac{1}{3^9}$ D. $\frac{1}{3^{10}}$

解析 由概率分布的性质,可知 $P(\xi = 1) + P(\xi = 2) + \cdots + P(\xi = 10) = 1$,所以

$$\frac{2}{3} + \frac{2}{3^2} + \cdots + \frac{2}{3^9} + m = 1, 化简得 \frac{\frac{2}{3} \times \left(1 - \frac{1}{3^9}\right)}{1 - \frac{1}{3}} + m = 1, 即 1 - \frac{1}{3^9} + m = 1, 所以 m = \frac{1}{3^9}. 故选$$

项 C 正确.

点评 本题与等比数列求和进行交叉,通过分布列的概率之和等于 1,不难列出等式,然后再利用求和公式实现问题的求解,难度适中.

例24 (2005 江西卷·理 12) 将 $1, 2, \cdots, 9$ 这 9 个数平均分成三组,则每组的三个数都成等差数列的概率为(   ).

A. $\frac{1}{56}$ B. $\frac{1}{70}$ C. $\frac{1}{336}$ D. $\frac{1}{420}$

解析 9 组数平均分成三组的方法有 $\frac{C_9^3 \times C_6^3 \times C_3^3}{A_3^3}$ 种,其中每组三个数成等差数列的分法有:① $(1,2,3), (4,5,6), (7,8,9)$;② $(1,2,3), (4,6,8), (5,7,9)$;③ $(1,3,5), (2,4,6), (7,8,9)$;④ $(1,4,7), (2,5,8), (3,6,9)$;⑤ $(1,5,9), (2,3,4), (6,7,8)$.共 5 组,所以所求概率为 $\frac{5}{\dfrac{C_9^3 \times C_6^3 \times C_3^3}{A_3^3}} = \frac{1}{56}$.故选项 A 正确.

点评 本题考查了古典概率模型,通过平均分组的公式可以求得基本事件数,而每组的三个数都成等差数列这一事件所含的基本事件数可以通过枚举法求得.

例25 （2020 江苏卷·理 23）　甲口袋中装有 2 个黑球和 1 个白球,乙口袋中装有 3 个白球.现从甲、乙两口袋中各任取 1 个球交换放入另一口袋,重复 n 次这样的操作,记甲口袋中黑球个数为 X_n,恰有 2 个黑球的概率为 p_n,恰有 1 个黑球的概率为 q_n.

(1) 求 p_1,q_1 和 p_2,q_2;

(2) 求 $2p_n+q_n$ 与 $2p_{n-1}+q_{n-1}$ 的递推关系式和 X_n 的数学期望 $E(X_n)$(用 n 表示).

解析 (1) 由题意可知 $p_1=\dfrac{1}{3}$,$q_1=\dfrac{2}{3}$.则

$$p_2=\frac{1}{3}p_1+\frac{2}{3}\times\frac{1}{3}q_1=\frac{1}{3}\times\frac{1}{3}+\frac{2}{3}\times\frac{1}{3}\times\frac{2}{3}=\frac{7}{27},$$

$$q_2=\frac{2}{3}p_1+\left(\frac{2}{3}\times\frac{2}{3}+\frac{1}{3}\times\frac{1}{3}\right)q_1=\frac{2}{3}\times\frac{1}{3}+\frac{5}{9}\times\frac{2}{3}=\frac{16}{27}.$$

(2) 由题意可知 $p_{n+1}=\dfrac{1}{3}p_n+\dfrac{2}{3}\times\dfrac{1}{3}q_n=\dfrac{1}{3}p_n+\dfrac{2}{9}q_n$,所以

$$2p_{n+1}=\frac{2}{3}p_n+\frac{4}{9}q_n,$$

$$q_{n+1}=\frac{2}{3}p_n+\left(\frac{2}{3}\times\frac{2}{3}+\frac{1}{3}\times\frac{1}{3}\right)q_n+\frac{2}{3}(1-p_n-q_n)=-\frac{1}{9}q_n+\frac{2}{3},$$

两式相加可得

$$2p_{n+1}+q_{n+1}=\frac{2}{3}p_n+\frac{1}{3}q_n+\frac{2}{3}=\frac{1}{3}(2p_n+q_n)+\frac{2}{3},$$

则 $2p_n+q_n=\dfrac{1}{3}(2p_{n-1}+q_{n-1})+\dfrac{2}{3}$,所以

$$2p_n+q_n-1=\frac{1}{3}(2p_{n-1}+q_{n-1}-1).$$

因为 $2p_1+q_1-1=\dfrac{1}{3}$,数列 $\{2p_n+q_n-1\}$ 是首项为 $\dfrac{1}{3}$,公比为 $\dfrac{1}{3}$ 的等比数列,所以 $2p_n+q_n-1=\left(\dfrac{1}{3}\right)^n$,即 $2p_n+q_n=\left(\dfrac{1}{3}\right)^n+1$,所以

$$E(X_n)=2p_n+q_n+0\times(1-p_n-q_n)=\left(\frac{1}{3}\right)^n+1.$$

点评　本题是一道难度较大的概率试题,难点在于递推关系的建立,不过第(1)问在求解 p_1,q_1 和 p_2,q_2 的过程中会给考生指明一定的解题方向,这体现了从特殊到一般的研究数学问题的方法;在第(2)问建立递推关系时,不难通过第(1)问的计算摸索出 p_{n+1} 与 q_n 的双数列递推关系.本来这是一个较难的数列通项问题,但由于第(2)问有建立 $2p_n+q_n$ 与 $2p_{n-1}+q_{n-1}$ 的递推关系式的解答的提示,这大大降低了本道试题的解题难度,后续的问题只要掌握数列与概率的相关知识即可获得求解.

例26 （2019 全国 I 卷·理 21）　为治疗某种疾病,研制了甲、乙两种新药,希望知道

哪种新药更有效,为此进行动物试验.试验方案如下:每一轮选取两只白鼠对药效进行对比试验.对于两只白鼠,随机选一只施以甲药,另一只施以乙药.一轮的治疗结果得出后,再安排下一轮试验.当其中一种药治愈的白鼠比另一种药治愈的白鼠多4只时,就停止试验,并认为治愈只数多的药更有效.为了方便描述问题,约定:对于每轮试验,若施以甲药的白鼠治愈且施以乙药的白鼠未治愈,则甲药得1分,乙药得 -1 分;若施以乙药的白鼠治愈且施以甲药的白鼠未治愈,则乙药得1分,甲药得 -1 分;若都治愈或都未治愈,则两种药均得0分.甲、乙两种药的治愈率分别记为 α 和 β,一轮试验中甲药的得分记为 X.

(1) 求 X 的分布列;

(2) 若甲药、乙药在试验开始时都赋予4分,$p_i(i=0,1,\cdots,8)$ 表示"甲药的累计得分为 i 时,最终认为甲药比乙药更有效"的概率,则 $p_0=0$,$p_8=1$,$p_i=ap_{i-1}+bp_i+cp_{i+1}(i=1,2,\cdots,7)$,其中 $a=P(X=-1)$,$b=P(X=0)$,$c=P(X=1)$.假设 $\alpha=0.5$,$\beta=0.8$.

① 证明:$\{p_{i+1}-p_i\}(i=0,1,2,\cdots,7)$ 为等比数列.

② 求 p_4,并根据 p_4 的值解释这种试验方案的合理性.

解析 (1) 依题意,X 的所有可能取值为 $-1,0,1$,且取这些值的概率分别为

$$P(X=-1)=(1-\alpha)\beta, \quad P(X=0)=\alpha\beta+(1-\alpha)(1-\beta),$$
$$P(X=1)=\alpha(1-\beta).$$

所以 X 的分布列见表5.61.

表 5.61

X	-1	0	1
P	$(1-\alpha)\beta$	$\alpha\beta+(1-\alpha)(1-\beta)$	$\alpha(1-\beta)$

(2) ① 由(1)得 $a=0.4$,$b=0.5$,$c=0.1$,因此 $p_i=0.4p_{i-1}+0.5p_i+0.1p_{i+1}$,故 $0.1(p_{i+1}-p_i)=0.4(p_i-p_{i-1})$,即 $p_{i+1}-p_i=4(p_i-p_{i-1})$.又因为 $p_1-p_0=p_1\neq0$,所以 $\{p_{i+1}-p_i\}(i=0,1,2,\cdots,7)$ 为公比为4,首项为 p_1 的等比数列.

② 由①可得

$$\begin{aligned}p_8&=p_8-p_7+p_7-p_6+\cdots+p_1-p_0+p_0\\&=(p_8-p_7)+(p_7-p_6)+\cdots+(p_1-p_0)\\&=\frac{4^8-1}{3}p_1.\end{aligned}$$

由于 $p_8=1$,故 $p_1=\dfrac{3}{4^8-1}$.所以

$$p_4=(p_4-p_3)+(p_3-p_2)+(p_2-p_1)+(p_1-p_0)=\frac{4^4-1}{3}p_1=\frac{1}{257}.$$

p_4 表示最终认为甲药更有效的概率,由计算结果可以看出,在甲药治愈率为0.5,乙药

治愈率为 0.8 时,认为甲药更有效的概率为 $p_4 = \dfrac{1}{257} \approx 0.0039$,此时得出错误结论的概率非常小,说明这种试验方案合理.

点评　本题由于试题的文字阅读量较大,加之背景较为新颖,且位于整份高考试题的压轴位置,给考生带来了很大的解题压力.细细品味此题,却发现难度并没有想象中的那么大.第(1)问考查的分布列较为基础,难度适中.第(2)问递推关系已经给出,因此本题可以说完全是数列问题,概率只是外壳.数列的递推关系题目已经给出,是一个常规的二阶线性递推数列 $p_{n+2} = s p_{n+1} + t p_n$,且试题已经给出构造提示,因此可转化为 $p_{n+1} - p_n = f(n)$ 形式的递推数列问题,利用累加法即可获得问题的求解.

考题回放

1. (2007 浙江卷・理15)随机变量 ξ 的分布列见表 5.62.

表 5.62

ξ	-1	0	1
P	a	b	c

其中 a,b,c 成等差数列,若 $E(\xi) = \dfrac{1}{3}$,则 $D(\xi)$ 的值是_____.

2. (2005 广东卷・理18)箱中装有大小相同的黄、白两种颜色的乒乓球,黄、白乒乓球的数量比为 $s:t$.现从箱中每次任意取出一个球,若取出的是黄球,则结束;若取出的是白球,则将其放回箱中,并继续从箱中任意取出一个球,但取球的次数最多不超过 n 次.以 ξ 表示取球结束时已取到白球的次数.

(1) 求 ξ 的分布列;

(2) 求 ξ 的数学期望.

参 考 答 案

1. 因为 a,b,c 成等差数列,所以 $2b = a + c$,又因为 $E(\xi) = \dfrac{1}{3}$,所以 $-a + 0 + c = \dfrac{1}{3}$.

由分布列的性质可知 $a + b + c = 1$,故可解得 $a = \dfrac{1}{6}$,$b = \dfrac{1}{3}$,$c = \dfrac{1}{2}$,所以

$$D(\xi) = \left(-1 - \dfrac{1}{3}\right)^2 \times \dfrac{1}{6} + \left(0 - \dfrac{1}{3}\right)^2 \times \dfrac{1}{3} + \left(1 - \dfrac{1}{3}\right)^2 \times \dfrac{1}{2} = \dfrac{5}{9}.$$

2. 依题意,随机变量 ξ 的可能取值为 $0,1,2,\cdots,n$. 令 A_i 表示"第 i 次取出的是白球"$(i = 0,1,2,\cdots,n)$,$\overline{A_i}$ 表示"第 i 次取出的是黄球"$(i = 0,1,2,\cdots,n)$.则依题意有

$$P(A_i) = \frac{t}{s+t} = p, \quad P(\overline{A}_i) = \frac{s}{s+t} = 1 - p = q \quad (i = 0,1,2,\cdots,n).$$

(1) 因为每次取球是独立的，所以

$$P(\xi = k) = P(A_1 A_2 \cdots A_k \overline{A}_{k+1}) = P(A_1)P(A_2)\cdots P(A_k)P(\overline{A}_{k+1})$$
$$= qp^k \quad (k = 0,1,2,\cdots,n-1),$$
$$P(\xi = n) = P(A_1 A_2 \cdots A_n) = P(A_1)P(A_2)\cdots P(A_n) = p^n.$$

所以 ξ 的分布列见表5.63.

表 5.63

ξ	0	1	2	$\cdots$	$n-1$	n
P	q	qp	qp^2	$\cdots$	qp^{n-1}	p^n

即 ξ 的分布列见表5.64.

表 5.64

ξ	0	1	2	$\cdots$	$n-1$	n
P	$\dfrac{s}{s+t}$	$\dfrac{st}{(s+t)^2}$	$\dfrac{st^2}{(s+t)^3}$	$\cdots$	$\dfrac{st^{n-1}}{(s+t)^n}$	$\dfrac{t^n}{(s+t)^n}$

(2) 由(1)知 ξ 的数学期望为

$$E(\xi) = \sum_{k=0}^{n} kP(\xi = k) = \sum_{k=0}^{n-1} kqp^k + np^n = pq \sum_{k=1}^{n-1} kp^{k-1} + np^n.$$

记

$$S(p) = \sum_{k=1}^{n-1} kp^{k-1} = 1 + 2p + \cdots + (n-1)p^{n-2}, \qquad \text{①}$$

$$pS(p) = \sum_{k=1}^{n-1} kp^k = p + 2p^2 + \cdots + (n-1)p^{n-1}. \qquad \text{②}$$

①－② 得

$$(1-p)S(p) = 1 + p + \cdots + p^{n-2} - (n-1)p^{n-1} = \frac{1-p^{n-1}}{1-p} - (n-1)p^{n-1},$$

所以

$$S(p) = \frac{1-p^{n-1}}{(1-p)^2} - \frac{(n-1)p^{n-1}}{1-p} = \frac{1-p^{n-1}}{q^2} - \frac{(n-1)p^{n-1}}{q}.$$

因此

$$E(\xi) = \frac{p}{q}(1-p^{n-1}) + p^n = \frac{p}{q}(1-p^n) = \frac{t}{s}\left[1 - \left(\frac{t}{s+t}\right)^n\right].$$

5.8　概率与函数

知识梳理

在概率问题中,由于经常涉及研究随机事件的概率的变化规律,而函数是刻画事物变化的极为重要的手段,因此,概率与函数进行交叉也就显得十分自然.在历年高考试题中,概率与函数进行交叉的方式主要有两种:一类是概率与基本初等函数的性质,特别是与分段函数与二次函数的性质进行交叉,这类问题所涉及的函数知识往往较为基础,难度也比较适中,只要考生具备一定的基础,一般都能顺利求解;另外一类则是概率与函数、导数进行交叉,这类问题往往涉及最值或范围问题,而利用导数是求解最值或范围的重要手段,因此与导数进行交叉也显得极为自然.这类问题涉及的知识较为综合,问题解决的指向有时比较模糊,因此往往具有一定的难度,但只要我们熟悉相关问题的来龙去脉,就能通过训练,做到心中有数,触类旁通.

例题精讲

例 27　(2005 湖南卷·理 20)　某城市有甲、乙、丙 3 个旅游景点,一位客人游览这三个景点的概率分别是 0.4,0.5,0.6,且客人是否游览哪个景点互不影响,设 ξ 表示客人离开该城市时游览的景点数与没有游览的景点数之差的绝对值.

(1) 求 ξ 的分布列及数学期望;

(2) 记"函数 $f(x) = x^2 - 3\xi x + 1$ 在区间 $[2, +\infty)$ 上单调递增"为事件 A,求事件 A 的概率.

解析　(1) 分别记"客人游览甲景点","客人游览乙景点","客人游览丙景点"为事件 A_1, A_2, A_3. 由已知 A_1, A_2, A_3 相互独立,且 $P(A_1) = 0.4, P(A_2) = 0.5, P(A_3) = 0.6$.

客人游览的景点数的可能取值为 $0, 1, 2, 3$. 相应地,客人没有游览的景点数的可能取值为 $3, 2, 1, 0$,所以 ξ 的可能取值为 $1, 3$,且各自的概率为

$$P(\xi = 3) = P(A_1 A_2 A_3) + P(\overline{A_1}\ \overline{A_2}\ \overline{A_3})$$

$$= P(A_1)P(A_2)P(A_3) + P(\overline{A_1})P(\overline{A_2})P(\overline{A_3})$$

$$= 2 \times 0.4 \times 0.5 \times 0.6 = 0.24,$$

$$P(\xi = 1) = 1 - 0.24 = 0.76.$$

因此 ξ 的分布列见表 5.65.

表 5.65

ξ	1	3
P	0.76	0.24

故 ξ 的数学期望为

$$E(\xi) = 1 \times 0.76 + 3 \times 0.24 = 1.48.$$

(2)(解法 1)因为 $f(x) = \left(x - \dfrac{3}{2}\xi\right)^2 + 1 - \dfrac{9}{4}\xi^2$,所以函数 $f(x) = x^2 - 3\xi x + 1$ 在区间 $\left[\dfrac{3}{2}\xi, +\infty\right)$ 上单调递增. 要使 $f(x)$ 在 $[2, +\infty)$ 上单调递增,当且仅当 $\dfrac{3}{2}\xi \leqslant 2$,即 $\xi \leqslant \dfrac{4}{3}$. 所以

$$P(A) = P\left(\xi \leqslant \dfrac{4}{3}\right) = P(\xi = 1) = 0.76.$$

(解法 2)由(1)知,ξ 的可能取值为 $1, 3$. 当 $\xi = 1$ 时,函数 $f(x) = x^2 - 3x + 1$ 在区间 $[2, +\infty)$ 上单调递增,当 $\xi = 3$ 时,函数 $f(x) = x^2 - 9x + 1$ 在区间 $[2, +\infty)$ 上不单调递增. 所以

$$P(A) = P(\xi = 1) = 0.76.$$

点评 本题第(2)问渗透二次函数的考查,使得问题具有较强的交叉性,解法 1 利用了二次函数的对称性进行求解,解法 2 则使用了分类讨论的数学思想. 本题难度适中,具有一定的区分度.

例28 (2018 全国 I 卷·理 21) 某工厂的某种产品成箱包装,每箱 200 件,每箱产品在交付用户之前要对产品做检验,如检验出不合格品,则更换为合格品. 检验时,先从这箱产品中任取 20 件做检验,再根据检验结果决定是否对余下的所有产品做检验,设每件产品为不合格品的概率都为 $p(0<p<1)$,且各件产品是否为不合格品相互独立.

(1) 记 20 件产品中恰有 2 件不合格品的概率为 $f(p)$,求 $f(p)$ 的最大值点 p_0.

(2) 现对一箱产品检验了 20 件,结果恰有 2 件不合格品,以(1)中确定的 p_0 作为 p 的值. 已知每件产品的检验费用为 2 元,若有不合格品进入用户手中,则工厂要对每件不合格品支付 25 元的赔偿费用.

① 若不对该箱余下的产品做检验,这一箱产品的检验费用与赔偿费用的和记为 X,求 $E(X)$;

② 以检验费用与赔偿费用和的期望值为决策依据,是否该对这箱余下的所有产品做检验?

解析 (1) 20 件产品中恰有 2 件不合格品的概率为

$$f(p) = C_{20}^2 p^2 (1-p)^{18} = 190 p^2 (1-p)^{18}.$$

因此

$$f'(p) = 190[2p(1-p)^{18} - 18p^2(1-p)^{17}] = 380p(1-p)^{17}(1-10p).$$

令 $f'(p)=0$,得 $p=0.1$.当 $p\in(0,0.1)$ 时,$f'(p)>0$;当 $p\in(0.1,1)$ 时,$f'(p)<0$.所以 $f(p)$ 的最大值点为 $p_0=0.1$.

(2) 由(1)知 $p=0.1$.

① 令 Y 表示余下的 180 件产品中不合格品的件数,依题意知 $Y\sim B(180,0.1)$,$X=20\times 2+25Y$,即 $X=40+25Y$.所以

$$E(X) = E(40+25Y) = 40+25E(Y) = 490.$$

② 如果对余下的产品做检验,则这一箱产品所需要的检验费为 400 元.由于 $E(X)>400$,故应该对余下的产品做检验.

点评　这是一道概率与导数相结合的综合问题.第(1)问是一个二项分布问题,可以利用相关公式进行计算概率,得出概率表达式之后,发现是一个高次的多项式函数,故可利用导数进行求解最值;第(2)问则是一个概率决策题,二项分布的数学期望公式与随机变量的性质的利用是解题的关键.本题具有很强的综合性与新颖性,对考生的综合素养能力具有较高的要求.

变式 1(2021 新高考全国 Ⅱ 卷·21)　一种微生物群体可以经过自身繁殖不断生存下来,设一个这种微生物为第 0 代,经过一次繁殖后为第 1 代,再经过一次繁殖后为第 2 代⋯⋯该微生物每代繁殖的个数是相互独立的且有相同的分布列,设 X 表示 1 个微生物个体繁殖下一代的个数,$P(X=i)=p_i(i=0,1,2,3)$.

(1) 已知 $p_0=0.4,p_1=0.3,p_2=0.2,p_3=0.1$,求 $E(X)$;

(2) 设 p 表示该种微生物经过多代繁殖后临近灭绝的概率,p 是关于 x 的方程 $p_0+p_1x+p_2x^2+p_3x^3=x$ 的一个最小正实根,求证:当 $E(X)\leqslant 1$ 时,$p=1$;当 $E(X)>1$ 时,$p<1$.

(3) 根据你的理解,说明第(2)问结论的实际含义.

解析　(1) 由题意知 $E(X)=0\times 0.4+1\times 0.3+2\times 0.2+3\times 0.1=1$.

(2) 设 $f(x)=p_3x^3+p_2x^2+(p_1-1)x+p_0$,因为 $p_3+p_2+p_1+p_0=1$,故

$$f(x) = p_3x^3+p_2x^2-(p_2+p_0+p_3)x+p_0.$$

① 若 $E(X)\leqslant 1$,则 $p_1+2p_2+3p_3\leqslant 1$,故 $p_2+2p_3\leqslant p_0$.所以

$$f'(x) = 3p_3x^2+2p_2x-(p_2+p_0+p_3).$$

因为 $f'(0)=-(p_2+p_0+p_3)<0$,$f'(1)=p_2+2p_3-p_0\leqslant 0$,所以 $f'(x)$ 有两个不同零点 x_1,x_2,且 $x_1<0<1\leqslant x_2$.当 $x\in(-\infty,x_1)\bigcup(x_2,+\infty)$ 时,$f'(x)>0$;当 $x\in(x_1,x_2)$ 时,$f'(x)<0$;故 $f(x)$ 在 $(-\infty,x_1),(x_2,+\infty)$ 上为增函数,在 (x_1,x_2) 上为减函数.

若 $x_2=1$,因为 $f(x)$ 在 $(x_2,+\infty)$ 为增函数且 $f(1)=0$,而当 $x\in(0,x_2)$ 时,因为 $f(x)$ 在 (x_1,x_2) 上为减函数,故 $f(x)>f(x_2)=f(1)=0$.所以 1 为 $p_0+p_1x+p_2x^2+p_3x^3=x$ 的一个最小正实根.

若 $x_2 > 1$,因为 $f(1) = 0$ 且在 $(0, x_2)$ 上为减函数,所以 1 为 $p_0 + p_1 x + p_2 x^2 + p_3 x^3 = x$ 的一个最小正实根.

综上,若 $E(X) \leqslant 1$,则 $p = 1$.

② 若 $E(X) > 1$,则 $p_1 + 2p_2 + 3p_3 > 1$,故 $p_2 + 2p_3 > p_0$. 此时

$$f'(0) = -(p_2 + p_0 + p_3) < 0, \quad f'(1) = p_2 + 2p_3 - p_0 > 0,$$

故 $f'(x)$ 有两个不同零点 x_3, x_4,且 $x_3 < 0 < x_4 < 1$. 当 $x \in (-\infty, x_3) \bigcup (x_4, +\infty)$ 时,$f'(x) > 0$;当 $x \in (x_3, x_4)$ 时,$f'(x) < 0$. 故 $f(x)$ 在 $(-\infty, x_3)$,$(x_4, +\infty)$ 上为增函数,在 (x_3, x_4) 上为减函数,而 $f(1) = 0$,所以 $f(x_4) < 0$. 又 $f(0) = p_0 > 0$,故 $f(x)$ 在 $(0, x_4)$ 存在一个零点 p,且 $p < 1$. 所以 p 为 $p_0 + p_1 x + p_2 x^2 + p_3 x^3 = x$ 的一个最小正实根,此时 $p < 1$. 故当 $E(X) > 1$ 时,$p < 1$.

(3) 意义:若每一个该种微生物繁殖后代的平均数不超过 1,则若干代后必然灭绝;若繁殖后代的平均数超过 1,则若干代后被灭绝的概率小于 1.

点评 本题取材于生命科学中的真实问题,体现了概率在生命科学中的应用. 本题考查了考生的数学抽象、直观想象、逻辑推理等数学核心素养,重点考查了考生综合应用概率、方程、函数、导数等知识和方法解决实际问题的能力,体现了"基础性,综合性,应用性,创新性"的考查要求. 在实施新高考后,这类问题值得广大考生特别关注.

例29 (2011 全国大纲卷·理 22) (1) 设函数 $f(x) = \ln(1+x) - \dfrac{2x}{x+2}$,证明:当 $x > 0$ 时,$f(x) > 0$.

(2) 从编号 1 到 100 的 100 张卡片中每次随即抽取一张,然后放回,用这种方式连续抽取 20 次,设抽得的 20 个号码互不相同的概率为 p. 证明:$p < \left(\dfrac{9}{10}\right)^{19} < \dfrac{1}{e^2}$.

解析 (1) 因为 $f'(x) = \dfrac{x^2}{(x+1)(x+2)^2}$,当 $x > 0$ 时,$f'(x) > 0$,所以 $f(x)$ 为增函数. 又 $f(0) = 0$,因此当 $x > 0$ 时,$f(x) > 0$.

(2) 由题意知 $p = \dfrac{100 \times 99 \times 98 \times \cdots \times 81}{100^{20}}$. 因为 $99 \times 81 < 90^2$,$98 \times 82 < 90^2$,$\cdots$,$91 \times 89 < 90^2$,所以 $p < \left(\dfrac{9}{10}\right)^{19}$. 由 (1) 知当 $x > 0$ 时,$\ln(1+x) > \dfrac{2x}{x+2}$. 因此

$$\left(1 + \dfrac{2}{x}\right) \ln(1+x) > 2.$$

在上式中,令 $x = \dfrac{1}{9}$,则 $19 \ln \dfrac{10}{9} > 2$,即 $\left(\dfrac{10}{9}\right)^{19} > e^2$. 所以

$$p < \left(\dfrac{9}{10}\right)^{19} < \dfrac{1}{e^2}.$$

点评 本题以概率为背景,考查了估值问题,通过观察容易得到 $p < \left(\dfrac{9}{10}\right)^{19}$ 的证明,另

外一边的不等式可结合题意中给出的不等式通过恰当的赋值实现问题的解决.本题是一道难度较大的概率综合问题,值得大家细细品味.

考题回放

1.(2017 全国Ⅲ卷·理 18)某超市计划按月订购一种酸奶,每天进货量相同,进货成本每瓶 4 元,售价每瓶 6 元,未售出的酸奶降价处理,以每瓶 2 元的价格当天全部处理完.根据往年销售经验,每天需求量与当天最高气温(单位:℃)有关.如果最高气温不低于 25,需求量为 500 瓶;如果最高气温位于区间 $[20,25)$,需求量为 300 瓶;如果最高气温低于 20,需求量为 200 瓶.为了确定六月份的订购计划,统计了前三年六月份各天的最高气温数据,得表 5.66 所示的频数分布表.

表 5.66

最高气温	$[10,15)$	$[15,20)$	$[20,25)$	$[25,30)$	$[30,35)$	$[35,40)$
天数	2	16	36	25	7	4

以最高气温位于各区间的频率代替最高气温位于该区间的概率.

(1) 求六月份这种酸奶一天的需求量 X(单位:瓶)的分布列;

(2) 设六月份一天销售这种酸奶的利润为 Y(单位:元).当六月份这种酸奶一天的进货量 n(单位:瓶)为多少时,Y 的数学期望达到最大值?

2.(2008 海南、宁夏卷·理 19)A、B 两个投资项目的利润率分别为随机变量 X_1 和 X_2.根据市场分析,X_1 和 X_2 的分布列分别见表 5.67 和表 5.68.

表 5.67

X_1	5%	10%
P	0.8	0.2

表 5.68

X_2	2%	8%	12%
P	0.2	0.5	0.3

(1) 在 A、B 两个项目上各投资 100 万元,Y_1 和 Y_2 分别表示投资项目 A 和 B 所获得的利润,求方差 $D(Y_1)$,$D(Y_2)$;

(2) 将 $x(0 \leqslant x \leqslant 100)$ 万元投资 A 项目,$100-x$ 万元投资 B 项目,$f(x)$ 表示投资 A 项目所得利润的方差与投资 B 项目所得利润的方差的和.求 $f(x)$ 的最小值,并指出 x 为何值时,$f(x)$ 取到最小值.(注:$D(aX+b)=a^2D(X)$.)

3.(2007 辽宁卷·理 19)某企业准备投产一批特殊型号的产品,已知该种产品的成本 C 与产量 q 的函数关系式为 $C=\dfrac{q^3}{3}-3q^2+20q+10(q>0)$.该种产品的市场前景无法确定,有三种可能出现的情况,各种情形发生的概率及产品价格 p 与产量 q 的函数关系式见表5.69.

表 5.69

市场情形	概率	价格 p 与产量 q 的函数关系式
好	0.4	$p = 164 - 3q$
中	0.4	$p = 101 - 3q$
差	0.2	$p = 70 - 3q$

设 L_1, L_2, L_3 分别表示市场情形好、中、差时的利润,随机变量 ξ_k 表示当产量为 q 而市场前景无法确定的利润.

(1) 分别求利润 L_1, L_2, L_3 与产量 q 的函数关系式;

(2) 当产量 q 确定时,求期望 $E(\xi_q)$;

(3) 试问:产量 q 取何值时,$E(\xi_q)$ 取得最大值?

参 考 答 案

1. (1) 由题意易知需求量 X 可取 $200, 300, 500$,且取这些值的概率分别为

$$P(X = 200) = \frac{2 + 16}{30 \times 3} = \frac{1}{5}, \quad P(X = 300) = \frac{36}{30 \times 3} = \frac{2}{5},$$

$$P(X = 500) = \frac{25 + 7 + 4}{30 \times 3} = \frac{2}{5}.$$

所以 X 的分布列见表 5.70.

表 5.70

X	200	300	500
P	$\frac{1}{5}$	$\frac{2}{5}$	$\frac{2}{5}$

(2) ① 当 $n \leqslant 200$ 时,$Y = n(6 - 4) = 2n$,此时 $Y_{\max} = 400$,当 $n = 200$ 时取到.

② 当 $200 < n \leqslant 300$ 时,

$$Y = \frac{4}{5} \cdot 2n + \frac{1}{5}[200 \times 2 + (n - 200) \cdot (-2)] = \frac{8}{5}n + \frac{800 - 2n}{5} = \frac{6n + 800}{5}.$$

此时 $Y_{\max} = 520$,当 $n = 300$ 时取到.

③ 当 $300 < n \leqslant 500$ 时,

$$Y = \frac{1}{5}[200 \times 2 + (n - 200) \cdot (-2)] + \frac{2}{5}[300 \times 2 + (n - 300) \cdot (-2)]$$

$$+ \frac{2}{5} \cdot n \cdot 2 = \frac{3200 - 2n}{5}.$$

此时 $Y < 520$.

④ 当 $n \geqslant 500$ 时,易知 Y 一定小于③的情况.

综上所述,当 $n = 300$ 时,Y 取到最大值,为 520.

2.（1）由题设可知 Y_1 和 Y_2 的分布列分别见表 5.71 和表 5.72.

表 5.71

Y_1	5	10
P	0.8	0.2

表 5.72

Y_2	2	8	12
P	0.2	0.5	0.3

所以由表 5.70 知 Y_1 的数学期望为 $E(Y_1) = 5 \times 0.8 + 10 \times 0.2 = 6$,故其方差为

$$D(Y_1) = (5 - 6)^2 \times 0.8 + (10 - 6)^2 \times 0.2 = 4.$$

由表 5.71 知 Y_2 的数学期望为 $E(Y_2) = 2 \times 0.2 + 8 \times 0.5 + 12 \times 0.3 = 8$,故其方差为

$$D(Y_2) = (2 - 8)^2 \times 0.2 + (8 - 8)^2 \times 0.5 + (12 - 8)^2 \times 0.3 = 12.$$

（2）由题意及（1）知

$$f(x) = D\left(\frac{x}{100}Y_1\right) + D\left(\frac{100 - x}{100}Y_2\right) = \left(\frac{x}{100}\right)^2 D(Y_1) + \left(\frac{100 - x}{100}\right)^2 D(Y_2)$$

$$= \frac{4}{100^2}\left[x^2 + 3(100 - x)^2\right] = \frac{4}{100^2}(4x^2 - 600x + 3 \times 100^2),$$

当 $x = \frac{600}{2 \times 4} = 75$ 时,$f(x) = 3$ 为最小值.

3.（1）由题意可得

$$L_1 = (164 - 3q) \cdot q - \left(\frac{q^3}{3} - 3q^2 + 20q + 10\right) = -\frac{q^3}{3} + 144q - 10 \quad (q > 0).$$

同理可得

$$L_2 = -\frac{q^3}{3} + 81q - 10 \quad (q > 0),$$

$$L_3 = -\frac{q^3}{3} + 50q - 10 \quad (q > 0).$$

（2）由期望的定义可知

$$E(\xi_q) = 0.4L_1 + 0.4L_2 + 0.2L_3$$

$$= 0.4 \times \left(-\frac{q^3}{3} + 144q - 10\right) + 0.4 \times \left(-\frac{q^3}{3} + 81q - 10\right)$$

$$+ 0.2 \times \left(-\frac{q^3}{3} + 50q - 10\right) = -\frac{q^3}{3} + 100q - 10.$$

（3）由（2）可知 $E(\xi_q)$ 是产量 q 的函数,设 $f(q) = E(\xi_q) = -\frac{q^3}{3} + 100q - 10(q > 0)$,

则得 $f'(q) = -q^2 + 100.$ 令 $f'(q) = 0$ 解得 $q = 10$ 或 -10(舍去).

由题意及问题的实际意义(或当 $0 < q < 10$ 时,$f'(q) > 0$;当 $q > 10$ 时,$f'(q) < 0$)可知,当 $q = 10$ 时,$f(q)$ 取得最大值,即 $E(\xi_q)$ 最大时的产量 q 为 10.

5.9 概率与其他

知识梳理

概率除了与数列、函数进行交叉之外,还常常与方程、不等式、对数、立体几何、解析几何、平面向量等问题进行交叉,体现出高考试题的多样性与综合性.因此,这类问题对考生提出了较高的综合利用所学知识求解问题的能力.希望读者通过本节的学习,提高应用知识的能力与水平,从而提高自己的数学核心素养.

例题精讲

例30 (2020 新高考全国 I 卷·12) (多选题)信息熵是信息论中的一个重要概念.设随机变量 X 所有可能的取值为 $1,2,\cdots,n$,且 $P(X=i)=p_i>0\ (i=1,2,\cdots,n)$,$\sum_{i=1}^{n} p_i=1$,定义 X 的信息熵 $H(X)=-\sum_{i=1}^{n} p_i \log_2 p_i$.(　　).

A. 若 $n=1$,则 $H(X)=0$

B. 若 $n=2$,则 $H(X)$ 随着 p_i 的增大而增大

C. 若 $p_i=\dfrac{1}{n}(i=1,2,\cdots,n)$,则 $H(X)$ 随着 n 的增大而增大

D. 若 $n=2m$,随机变量 Y 所有可能的取值为 $1,2,\cdots,m$,且 $P(Y=j)=p_j+p_{2m+1-j}$ $(j=1,2,\cdots,m)$,则 $H(X)\leqslant H(Y)$

解析 对于选项 A,若 $n=1$,则 $i=1$,$p_1=1$,故 $H(X)=-(1\times\log_2 1)=0$.所以选项 A 正确.

对于选项 B,若 $n=2$,则 $i=1,2$,$p_2=1-p_1$.所以

$$H(X)=-[p_1\cdot\log_2 p_1+(1-p_1)\cdot\log_2(1-p_1)].$$

当 $p_1=\dfrac{1}{4}$ 时,$H(X)=-\left(\dfrac{1}{4}\times\log_2\dfrac{1}{4}+\dfrac{3}{4}\times\log_2\dfrac{3}{4}\right)$;当 $p_1=\dfrac{3}{4}$ 时,$H(X)=-\left(\dfrac{3}{4}\times\log_2\dfrac{3}{4}+\dfrac{1}{4}\times\log_2\dfrac{1}{4}\right)$,两者相等.所以选项 B 错误.

对于选项 C,若 $p_i=\dfrac{1}{n}(i=1,2,\cdots,n)$,则

$$H(X)=-\left(\dfrac{1}{n}\times\log_2\dfrac{1}{n}\right)\times n=-\log_2\dfrac{1}{n}=\log_2 n.$$

因此 $H(X)$ 随着 n 的增大而增大. 所以选项 C 正确.

对于选项 D,若 $n=2m$,随机变量 Y 的所有可能的取值为 $1,2,\cdots,m$,且 $P(Y=j)=p_j+p_{2m+1-j}(j=1,2,\cdots,m)$.所以

$$H(X)=-\sum_{i=1}^{2m}p_i\cdot\log_2 p_i=\sum_{i=1}^{2m}p_i\cdot\log_2\frac{1}{p_i}$$

$$=p_1\cdot\log_2\frac{1}{p_1}+p_2\cdot\log_2\frac{1}{p_2}+\cdots+p_{2m-1}\cdot\log_2\frac{1}{p_{2m-1}}+p_{2m}\cdot\log_2\frac{1}{p_{2m}}.$$

$$H(Y)=(p_1+p_{2m})\cdot\log_2\frac{1}{p_1+p_{2m}}+(p_2+p_{2m-1})\cdot\log_2\frac{1}{p_2+p_{2m-1}}$$

$$+\cdots+(p_m+p_{m+1})\cdot\log_2\frac{1}{p_m+p_{m+1}}$$

$$=p_1\cdot\log_2\frac{1}{p_1+p_{2m}}+p_2\cdot\log_2\frac{1}{p_2+p_{2m-1}}+\cdots+p_{2m-1}\cdot\log_2\frac{1}{p_2+p_{2m-1}}$$

$$+p_{2m}\cdot\log_2\frac{1}{p_1+p_{2m}}.$$

因为 $p_i>0(i=1,2,\cdots,2m)$,所以 $\dfrac{1}{p_i}>\dfrac{1}{p_i+p_{2m+1-i}}$,从而可得 $\log_2\dfrac{1}{p_i}>\log_2\dfrac{1}{p_i+p_{2m+1-i}}$,因此 $p_i\cdot\log_2\dfrac{1}{p_i}>p_i\cdot\log_2\dfrac{1}{p_i+p_{2m+1-i}}$,故 $H(X)>H(Y)$.所以选项 D 错误.

故选项 A、C 正确.

点评　本题情景新颖,与对数、不等式等知识点进行交叉,具有较大的难度.对于选项 A,求得 $H(X)$,由此判断出选项 A 的正误;对于选项 B,利用特殊值法进行排除;对于选项 C,计算出 $H(X)$,利用对数函数的性质可判断出选项 C 的正误;对于选项 D,计算出 $H(X)$,$H(Y)$,利用基本不等式和对数函数的性质判断出选项 D 的正误.

例 31（2013 湖北卷・理 9）　如图 5.5 所示,将一个各面都涂了油漆的正方体,切割为 125 个同样大小的小正方体. 经过搅拌后,从中随机取一个小正方体,记它的涂漆面数为 X,则 X 的均值 $E(X)=(\quad)$.

A. $\dfrac{126}{125}$　　B. $\dfrac{6}{5}$　　C. $\dfrac{168}{125}$　　D. $\dfrac{7}{5}$

解析　三面涂有油漆的有 8 块,两面涂有油漆的有 36 块,一面涂有油漆的有 54 块,没有涂有油漆的有 27 块,所以

$$E(X)=3\times\frac{8}{125}+2\times\frac{36}{125}+1\times\frac{54}{125}=\frac{6}{5}.$$

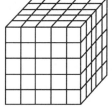

图 5.5

点评　本题以正方体为背景考查了分布列、古典概率模型和数学期望的计算,对考生的空间想象能力具有一定的要求.

变式 1（2005 湖北卷・理 12）　以平行六面体 $ABCD\text{-}A'B'C'D'$ 的任意 3 个顶点为顶点

作三角形,从中随机取出 2 个三角形,则这 2 个三角形不共面的概率 p 为(　　).

A. $\dfrac{367}{385}$ 　　　　 B. $\dfrac{376}{385}$ 　　　　 C. $\dfrac{192}{385}$ 　　　　 D. $\dfrac{18}{385}$

(解析) 以平行六面体 $ABCD$-$A'B'C'D'$ 的任意 3 个顶点为顶点作三角形共有 $C_8^2 = 56$ 个,从中随机取出 2 个三角形共有 $C_{56}^2 = 28 \times 55$ 种取法,其中 2 个三角形共面的为 $12C_4^2 = 12 \times 6$,所以以平行六面体 $ABCD$-$A'B'C'D'$ 的任意 3 个顶点为顶点作三角形,从中随机取出 2 个三角形,则这 2 个三角形不共面的概率为 $p = 1 - \dfrac{12 \times 6}{C_{56}^2} = 1 - \dfrac{18}{385} = \dfrac{367}{385}$.故选项 A 正确.

点评 本题以立体几何中确定的平面问题为背景进行试题的构建,由于直接计算所求事件的概率较为困难,故可借助间接法.

变式 2(2012 江西卷·理 18)　如图 5.6 所示,从 $A_1(1,0,0)$,$A_2(2,0,0)$,$B_1(0,1,0)$, $B_2(0,2,0)$,$C_1(0,0,1)$,$C_2(0,0,2)$ 这 6 个点中随机选取 3 个点,将这 3 个点及原点 O 两两相连构成一个"立体",记该"立体"的体积为随机变量 V(如果选取的 3 个点与原点在同一个平面内,此时"立体"的体积 $V = 0$).

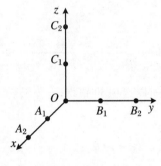

图 5.6

(1) 求 $V = 0$ 的概率;

(2) 求 V 的分布列及数学期望 $E(V)$.

(解析) (1) 从 6 个点中随机选取 3 个点,共有 $C_6^3 = 20$ 种方法,选取的 3 个点与原点在同一个平面内的方法有 $C_3^1 C_4^3 = 12$ 种,因此 $V = 0$ 的概率为

$$P(V = 0) = \dfrac{12}{20} = \dfrac{3}{5}.$$

(2) 依题意,V 的可能取值为 $0, \dfrac{1}{6}, \dfrac{1}{3}, \dfrac{2}{3}, \dfrac{4}{3}$.

V 的分布列见表 5.73.

表 5.73

V	0	$\dfrac{1}{6}$	$\dfrac{1}{3}$	$\dfrac{2}{3}$	$\dfrac{4}{3}$
P	$\dfrac{3}{5}$	$\dfrac{1}{20}$	$\dfrac{3}{20}$	$\dfrac{3}{20}$	$\dfrac{1}{20}$

故 V 的数学期望为

$$E(V) = 0 \times \dfrac{3}{5} + \dfrac{1}{6} \times \dfrac{1}{20} + \dfrac{1}{3} \times \dfrac{3}{20} + \dfrac{2}{3} \times \dfrac{3}{20} + \dfrac{4}{3} \times \dfrac{1}{20} = \dfrac{9}{40}.$$

点评 本题以立体几何中的体积问题为背景进行试题的构建,考查组合数公式、随机变

量的概率,以及离散型随机变量的分布列、数学期望等.在高考中,概率解答题一般有两大方向的考查:一是以频率分布直方图为载体,考查统计学中常见的数据特征,如平均数、中位数、频数、频率或古典概型;二是以应用题为载体,考查古典概型、独立事件的概率以及随机变量的期望与方差等.

例32 (2005 全国Ⅲ卷·理 15)　设 l 为平面上过点 $(0,1)$ 的直线,l 的斜率等可能地取 $-2\sqrt{2}$,$-\sqrt{3}$,$-\dfrac{\sqrt{5}}{2}$,0,$\dfrac{\sqrt{5}}{2}$,$\sqrt{3}$,$2\sqrt{2}$,用 ξ 表示坐标原点到 l 的距离,则随机变量 ξ 的数学期望 $E(\xi)=$＿＿＿＿.

解析　(解法1)由题意及原点 $(0,0)$ 到直线 $y=kx+1$ 的距离 $d=\dfrac{1}{\sqrt{k^2+1}}$,知随机变量 ξ 的分布列见表 5.74.

表 5.74

斜率 k	$-2\sqrt{2}$	$-\sqrt{3}$	$-\dfrac{\sqrt{5}}{2}$	0	$\dfrac{\sqrt{5}}{2}$	$\sqrt{3}$	$2\sqrt{2}$
ξ	$\dfrac{1}{3}$	$\dfrac{1}{2}$	$\dfrac{2}{3}$	1	$\dfrac{2}{3}$	$\dfrac{1}{2}$	$\dfrac{1}{3}$
P	$\dfrac{1}{7}$	$\dfrac{1}{7}$	$\dfrac{1}{7}$	$\dfrac{1}{7}$	$\dfrac{1}{7}$	$\dfrac{1}{7}$	$\dfrac{1}{7}$

故随机变量 ξ 的数学期望为

$$E(\xi)=\frac{1}{7}\times\left(1+\frac{1}{3}+\frac{1}{3}+\frac{1}{2}+\frac{1}{2}+\frac{2}{3}+\frac{2}{3}\right)=\frac{4}{7}.$$

(解法2)随机变量可能的取值为 $x_1=\dfrac{1}{3}$,$x_2=\dfrac{1}{2}$,$x_3=\dfrac{2}{3}$,$x_4=1$,它们的概率分别为 $p_1=\dfrac{2}{7}$,$p_2=\dfrac{2}{7}$,$p_3=\dfrac{2}{7}$,$p_4=\dfrac{1}{7}$.所以随机变量 ξ 的数学期望为

$$E(\xi)=\frac{2}{7}\times\frac{1}{3}+\frac{2}{7}\times\frac{1}{2}+\frac{2}{7}\times\frac{2}{3}+\frac{1}{7}\times 1=\frac{4}{7}.$$

点评　本题以解析几何为背景进行试题的构建,要求考生理解随机变量、数学期望等概念,会写离散型随机变量的分布列,并能在此基础之上求其数学期望.准确确定随机变量的所有可能取值及其概率是正确解题的关键.细心也是解决此类问题的保证,平时应多进行数的复杂运算,少用计算器,以便在高考中争取时间,提高解题效率.

例33 (2013 江西卷·理 18)　小波以游戏方式决定是参加学校合唱团还是参加学校排球队.游戏规则为:以 O 为起点,再从 A_1,A_2,A_3,A_4,A_5,A_6,A_7,A_8(图 5.7)这 8 个点中任取两点分别为终点得到两个向量,记这两个向量的数量积为 X.若 $X=0$ 就参加学校合

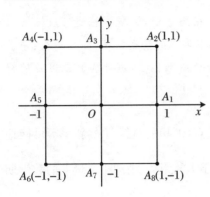

图 5.7

唱团, 否则就参加学校排球队.

(1) 求小波参加学校合唱团的概率;

(2) 求 X 的分布列和数学期望.

解析 (1) 从 8 个点中任取两点为向量终点的不同取法共有 $C_8^2 = 28$ 种, 当 $X = 0$, 即两向量的夹角为直角时, 有 8 种情形; 所以小波参加学校合唱团的概率为 $P(X = 0) = \dfrac{8}{28} = \dfrac{2}{7}$.

(2) 两向量数量积 X 的所有可能取值为 $-2, -1, 0, 1$. 当 $X = -2$ 时, 有 2 种情形; 当 $X = -1$ 时, 有 10 种情形; 当 $X = 1$ 时, 有 8 种情形. 所以 X 的分布列见表 5.75.

表 5.75

X	-2	-1	0	1
P	$\dfrac{1}{14}$	$\dfrac{5}{14}$	$\dfrac{2}{7}$	$\dfrac{2}{7}$

故 X 的数学期望为

$$E(X) = (-2) \times \frac{1}{14} + (-1) \times \frac{5}{14} + 0 \times \frac{2}{7} + 1 \times \frac{2}{7} = -\frac{3}{14}.$$

点评 本题以平面向量为背景进行试题的构建, 令人耳目一新. 第(1)问即求两个向量互相垂直的概率, 可以用列举法求解随机事件的概率; 第(2)问在求分布列时, 同样使用了列举法, 对于没有特别规律的计数, 一般采用列举法, 这一点考生应特别注意.

例34 (2009 江苏卷·理23) 对于正整数 $n \geq 2$, 用 T_n 表示关于 x 的一元二次方程 $x^2 + 2ax + b = 0$ 有实数根的有序数组 (a, b) 的组数, 其中 $a, b \in \{1, 2, \cdots, n\}$ (a 和 b 可以相等); 对于随机选取的 $a, b \in \{1, 2, \cdots, n\}$ (a 和 b 可以相等), 记 P_n 为关于 x 的一元二次方程 $x^2 + 2ax + b = 0$ 有实数根的概率.

(1) 求 T_{n^2} 和 P_{n^2};

(2) 求证: 对任意正整数 $n \geq 2$, 有 $P_n > 1 - \dfrac{1}{\sqrt{n}}$.

$\left(\text{参考公式}: 1^2 + 2^2 + 3^2 + \cdots + n^2 = \dfrac{n(n+1)(2n+1)}{6}.\right)$

解析 (1) 因为方程 $x^2 + 2ax + b = 0$ 有实数根, 所以 $\Delta = 4a^2 - 4b \geq 0$, 即 $b \leq a^2$.

① 当 $n \leq a \leq n^2$ 时, $n^2 \leq a^2$, 又 $b \in \{1, 2, \cdots, n^2\}$, 故总有 $b \leq a^2$, 此时 a 有 $n^2 - n + 1$ 种取法, b 有 n^2 种取法, 所以共有 $(n^2 - n + 1)n^2$ 组有序数组 (a, b) 满足条件.

② 当 $1 \leqslant a \leqslant n-1$ 时,满足 $1 \leqslant b \leqslant a^2$ 的 b 有 a^2 个,所以共有

$$1^2 + 2^2 + 3^2 + \cdots + (n-1)^2 = \frac{n(n-1)(2n-1)}{6}$$

组有序数组 (a,b) 满足条件.

因此由①、②可得

$$T_{n^2} = (n^2 - n + 1)n^2 + \frac{n(n-1)(2n-1)}{6} = \frac{n(6n^3 - 4n^2 + 3n + 1)}{6}.$$

从而可得

$$P_{n^2} = \frac{T_{n^2}}{n^4} = \frac{6n^3 - 4n^2 + 3n + 1}{6n^3}.$$

(2) 我们只需证明:对于随机选取的 $a,b \in \{1,2,\cdots,n\}$,方程 $x^2 + 2ax + b = 0$ 无实数根的概率 $1 - P_n < \frac{1}{\sqrt{n}}$.

若方程 $x^2 + 2ax + b = 0$ 无实数根,则 $\Delta = 4a^2 - 4b < 0$,即 $a^2 < b$.由 $b \leqslant n$ 知 $a < \sqrt{n}$. 因此,满足 $a^2 < b$ 的有序数组 (a,b) 的组数小于 $n\sqrt{n}$,从而方程 $x^2 + 2ax + b = 0$ 无实数根的概率 $1 - P_n < \frac{n\sqrt{n}}{n^2} = \frac{1}{\sqrt{n}}$,所以 $P_n > 1 - \frac{1}{\sqrt{n}}$.

点评　本题的概率问题与方程、不等式、数列进行交叉,考查概率的基本知识和计数原理,以及考生综合利用所求知识和探究问题的能力,对考生的要求很高,难度较大.

考题回放

1. (2005 广东卷·8)先后抛掷两枚均匀的正方体骰子(它们的 6 个面分别标有点数 1, 2,3,4,5,6),骰子朝上的面的点数分别为 X,Y,则 $\log_{2X} Y = 1$ 的概率为(　　).

A. $\frac{1}{6}$　　　　B. $\frac{5}{36}$　　　　C. $\frac{1}{12}$　　　　D. $\frac{1}{2}$

2. (2009 安徽卷·理 18)考察正方体 6 个面的中心,甲从这 6 个点中任意选 2 个点连成直线,乙也从这 6 个点中任意选 2 个点连成直线,则所得的两条直线相互平行但不重合的概率等于(　　).

A. $\frac{1}{75}$　　　　B. $\frac{2}{75}$　　　　C. $\frac{3}{75}$　　　　D. $\frac{4}{75}$

3. (2022 全国 Ⅱ 卷·理 15)从正方体的 8 个顶点中任选 4 个,则这 4 个点在同一个平面的概率为_____.

4. (2010 福建卷·文 18)设平面向量 $\boldsymbol{a}_m = (m,1)$,$\boldsymbol{b}_n = (2,n)$,其中 $m,n \in \{1,2,3,4\}$.

(1) 请列出有序数组 (m,n) 的所有可能结果;

(2) 记"使得 $\boldsymbol{a}_m \perp (\boldsymbol{a}_m - \boldsymbol{b}_n)$ 成立的 (m,n)"为事件 A,求事件 A 发生的概率.

5. (2010 福建卷·理 16)设 S 是不等式 $x^2 - x - 6 \leqslant 0$ 的解集,整数 $m,n \in S$.

（1）记"使得 $m+n=0$ 成立的有序数组 (m,n)"为事件 A，试列举 A 包含的基本事件；

（2）设 $\xi=m^2$，求 ξ 的分布列及其数学期望 $E(\xi)$.

6.（2007 海南、宁夏卷·文20（节选））设有关于 x 的一元二次方程为 $x^2+2ax+b^2=0$. 若 a 是从 $0,1,2,3$ 四个数中任取的一个数，b 是从 $0,1,2$ 三个数中任取的一个数，求上述方程有实根的概率.

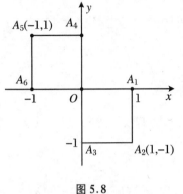

图 5.8

7.（2013 江西卷·文18）小波以游戏的方式决定是去打球、唱歌还是去下棋.游戏规则为：以 O 为起点，再从 A_1,A_2,A_3,A_4,A_5,A_6（图5.8）这 6 个点中任取 2 点分别为终点得到 2 个向量，记这 2 个向量的数量积为 X，若 $X>0$，就去打球；若 $X=0$，就去唱歌；若 $X<0$，就去下棋.

（1）写出数量积 X 的所有可能取值；

（2）分别求小波去下棋的概率和不去唱歌的概率.

参 考 答 案

1. 满足 $\log_{2X}Y=1$ 的 X,Y 有 $(1,2)$，$(2,4)$，$(3,6)$ 这 3 种情况，而总的可能数有 36 种，所以 $p=\dfrac{3}{36}=\dfrac{1}{12}$，故选项 C 正确.

2. 如图 5.9 所示，甲从这 6 个点中任意选 2 个点连成直线，乙也从这 6 个点中任意选 2 个点连成直线，共有 $C_6^2\times C_6^2=15\times15=225$ 种不同取法，其中所得的两条直线相互平行但不重合的有 $AC/\!/DB$，$AD/\!/CB$，$AE/\!/BF$，$AF/\!/BE$，$CE/\!/FD$，$CF/\!/ED$，共 6 组，因为甲、乙选择顺序可不同，所以共 12 对.所以所求概率为 $p=\dfrac{12}{225}=\dfrac{4}{75}$，故选项 D 正确.

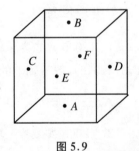

图 5.9

3. 从正方体的 8 个顶点中任取 4 个，有 $n=C_8^4=70$ 个结果，这 4 个点在同一个平面的有 $m=6+6=12$ 个，故所求概率为 $P=\dfrac{m}{n}=\dfrac{12}{70}=\dfrac{6}{35}$.

4.（1）有序数组 (m,n) 的所有可能结果为 $(1,1)$，$(1,2)$，$(1,3)$，$(1,4)$，$(2,1)$，$(2,2)$，$(2,3)$，$(2,4)$，$(3,1)$，$(3,2)$，$(3,3)$，$(3,4)$，$(4,1)$，$(4,2)$，$(4,3)$，$(4,4)$，共 16 个.

（2）由 $\boldsymbol{a}_m\perp(\boldsymbol{a}_m-\boldsymbol{b}_n)$ 得 $m^2-2m+1-n=0$，即 $n=(m-1)^2$.由于 $m,n\in\{1,2,3,4\}$，故事件 A 包含的基本事件为 $(2,1)$ 和 $(3,4)$，共 2 个.又基本事件的总数为 16，故所求的概率为 $P(A)=\dfrac{2}{16}=\dfrac{1}{8}$.

5. (1) 由 $x^2 - x - 6 \leqslant 0$ 得 $-2 \leqslant x \leqslant 3$,即 $S = \{x \mid -2 \leqslant x \leqslant 3\}$,由于 $m,n \in \mathbf{Z}, m,n \in S$ 且 $m + n = 0$,所以 A 包含的基本事件为 $(-2,2),(2,-2),(-1,1),(1,-1),(0,0)$.

(2) 由于 m 的所有不同取值为 $-2,-1,0,1,2,3$,所以 $\xi = m^2$ 的所有不同取值为 $0,1,4,9$,且

$$P(\xi = 0) = \frac{1}{6}, \quad P(\xi = 1) = \frac{2}{6} = \frac{1}{3},$$

$$P(\xi = 4) = \frac{2}{6} = \frac{1}{3}, \quad P(\xi = 9) = \frac{1}{6}.$$

故的分布列见表 5.76.

表 5.76

ξ	0	1	4	9
P	$\frac{1}{6}$	$\frac{1}{3}$	$\frac{1}{3}$	$\frac{1}{6}$

所以 ξ 的数学期望为

$$E(\xi) = 0 \times \frac{1}{6} + 1 \times \frac{1}{3} + 4 \times \frac{1}{3} + 9 \times \frac{1}{6} = \frac{19}{6}.$$

6. 设事件 A 为"方程 $a^2 + 2ax + b^2 = 0$ 有实根". 当 $a > 0, b > 0$ 时,方程 $x^2 + 2ax + b^2 = 0$ 有实根的充要条件为 $a \geqslant b$.

由题意,基本事件共 12 个:$(0,0),(0,1),(0,2),(1,0),(1,1),(1,2),(2,0),(2,1),(2,2),(3,0),(3,1),(3,2)$.其中第一个数表示 a 的取值,第二个数表示 b 的取值.事件 A 中包含 9 个基本事件,故事件 A 发生的概率为 $P(A) = \frac{9}{12} = \frac{3}{4}$.

7. (1) 依题意,X 的所有可能取值为 $-2,-1,0,1$.

(2) 当 $X = -2$ 时,有 $\overrightarrow{OA_2} \cdot \overrightarrow{OA_5}$,共 1 种.

当 $X = -1$ 时,有 $\overrightarrow{OA_1} \cdot \overrightarrow{OA_5}, \overrightarrow{OA_1} \cdot \overrightarrow{OA_6}, \overrightarrow{OA_2} \cdot \overrightarrow{OA_4}, \overrightarrow{OA_2} \cdot \overrightarrow{OA_6}, \overrightarrow{OA_3} \cdot \overrightarrow{OA_4}, \overrightarrow{OA_3} \cdot \overrightarrow{OA_5}$,共 6 种.

当 $X = 0$ 时,有 $\overrightarrow{OA_1} \cdot \overrightarrow{OA_3}, \overrightarrow{OA_1} \cdot \overrightarrow{OA_4}, \overrightarrow{OA_3} \cdot \overrightarrow{OA_6}, \overrightarrow{OA_4} \cdot \overrightarrow{OA_6}$,共 4 种.

当 $X = 1$ 时,有 $\overrightarrow{OA_1} \cdot \overrightarrow{OA_2}, \overrightarrow{OA_2} \cdot \overrightarrow{OA_3}, \overrightarrow{OA_4} \cdot \overrightarrow{OA_5}, \overrightarrow{OA_5} \cdot \overrightarrow{OA_6}$,共 4 种.

故可能的情况共 15 种.所以小波去下棋的概率为

$$P_1 = (X = -2) + P(X = -1) = \frac{1}{15} + \frac{6}{15} = \frac{7}{15}.$$

因为去唱歌的概率为 $P_2 = P(X = 0) = \frac{4}{15}$,所以小波不去唱歌的概率为

$$P = 1 - P_2 = 1 - \frac{4}{15} = \frac{11}{15}.$$

中国科学技术大学出版社中学数学用书(部分)